职业教育"十四五"规划教材
财会专业课证岗一体化教材·校企合作系列

初级会计电算化
——金蝶 KIS 专业版软件（第二版）

苏　梅　潘文丽　李　燕○主　编
张红梅　韦晓岚　林　蕊○副主编

图书在版编目(CIP)数据

初级会计电算化：金蝶 KIS 专业版软件 / 苏梅，潘文丽，李燕主编. —2 版. —上海：立信会计出版社，2023.11(2024.12重印)
　　ISBN 978-7-5429-7502-7

Ⅰ.①初… Ⅱ.①苏… ②潘… ③李… Ⅲ.①会计电算化-高等职业教育-教材 Ⅳ.①F232

中国国家版本馆 CIP 数据核字(2024)第 008110 号

策划编辑　　余　榕
责任编辑　　孙　勇
美术编辑　　吴博闻

初级会计电算化——金蝶 KIS 专业版软件(第二版)
CHUJI KUAIJI DIANSUANHUA JINDIE KIS ZHUANYEBAN RUANJIAN

出版发行	立信会计出版社		
地　　址	上海市中山西路 2230 号	邮政编码	200235
电　　话	(021)64411389	传　　真	(021)64411325
网　　址	www.lixinaph.com	电子邮箱	lixinaph2019@126.com
网上书店	http://lixin.jd.com		http://lxkjcbs.tmall.com
经　　销	各地新华书店		
印　　刷	常熟市人民印刷有限公司		
开　　本	787 毫米×1092 毫米	1/16	
印　　张	19.75		
字　　数	506 千字		
版　　次	2023 年 11 月第 2 版		
印　　次	2024 年 12 月第 2 次		
书　　号	ISBN 978-7-5429-7502-7/F		
定　　价	49.00 元		

如有印订差错,请与本社联系调换

职业教育"十四五"规划教材
财会专业课证岗一体化教材·校企合作系列
编委会名单

主　　　任　　张红梅　广西金融职业技术学院(广西银行学校)
　　　　　　　　　　　　　教授

副　主　任　　徐建宁　北京东大正保科技有限公司
　　　　　　　　　　　　　(中华会计网校)高级会计师

参编行业专家　（排名不分先后）
　　　　　　　　　农初勤　广西南宁海翔会计师事务所所长
　　　　　　　　　　　　　高级会计师
　　　　　　　　　蒋海娟　广西安驰财务管理有限责任公司　董事长
　　　　　　　　　黄河景　新道科技股份有限公司　工程师
　　　　　　　　　李　昕　中联集团教育有限公司　工程师
　　　　　　　　　李高齐　浙江衡信教育有限责任公司　工程师

学校主要编写人员　（排名不分先后）
　　　　　　　　　张　祺　陈　园　吴　瑶　苏　梅　李思静
　　　　　　　　　李　燕　陈苗苗　周平欢　蒙环宁　玉秋兰
　　　　　　　　　马靖杰　刘　喆　陈　添　陈素萍　蒙丽容

GENERAL PREFACE 总　　序

随着"互联网＋"的快速发展,教育信息化"十三五"规划提出了职业教育信息化建设的目标任务和重点措施,在线教育、数字化教学已经成为传统教育行业转型的重要方向。开发适应"互联网＋"教育的教材,以教育信息化全面推动教育现代化,促进教育公平,提升教育质量,为培养现代化建设所需要的高素质人才提供保障,已成为当前教材建设和改革的重中之重。

广西金融职业技术学院(广西银行学校)作为广西唯一的专门培养财经人才的全日制高等职业教育学校,享有"广西金融人才培养的摇篮"之美誉,其会计专业实力雄厚,有一支业务水平高、教学能力强、专兼结合、双师型的优秀教学团队。近年来,学校在大力推进教育教学改革的基础上,在专业建设方面取得明显成效,毕业生就业率达到95％以上,毕业生双证率(毕业证＋相关资格证书)达到99％以上,地域品牌效应显著,已经成为广西职业院校中会计专业学生规模最大的学校。近年来,学校专任教师依据教学改革成果,结合职业教育人才培养目标和大数据与会计专业群特点,与用友、新道、中联、百望、浙江衡信、厦门网中网等龙头企业开展校企合作,带动兄弟学校,在会计专业理事分会的指导下,联合行业、企业专家,推出一套基于"互联网＋"教育教学改革理念的课证岗融合的高质量的职业教育"十四五"规划教材。

本套教材由校企共同研发,着重体现课证岗融合和产学合作的特点:

（1）从职业岗位能力培养出发，注重学生职业能力的养成。职业能力培养是职业院校的人才培养目标，会计职业能力培养围绕学生的职业道德素养养成和职业技能训练来开展。本套教材从会计职业能力入手，每个模块把"基础知识""岗位技能""职业素养"等教学内容有机结合，按任务和活动设置职业能力目标，引导学生有效学习。

（2）关注学生职业资格证书考试的需求，立体化特色鲜明。当前，会计从业资格证书已经被取消，学生在校能够考取的会计职业资格证书为初级会计师资格证书，本套教材注重对初级会计师资格证书考试相关知识的规划和整合，文字通俗易懂，配备知识点归纳、比较、总结的图表，以及大量形象化的案例和典型考点等内容，让学生边思边学，边做边学。对于重要事项和考点列有"温馨提示"和"特别提醒"等内容，并配备二维码链接，将教材学习和实训、测试、互动等辅助教学资源紧密结合，实现资源立体化，为教师和学生提供全面的教学支持。

（3）注重学生可持续发展和继续教育的需求。本套教材在突出培养学生动手能力的同时，充分考虑职业院校学生的职业发展需求和综合能力培养；在融入会计专业理论知识的同时兼顾学生继续教育和终身学习的要求，丰富教学资源的内容及其呈现途径，引导学生持续性学习。

（4）校企合作。为了更好地融合课证岗的知识内容，本套教材由我校与中华会计网校共同组织专业老师编写，融合了学校专任老师丰富的教学经验以及中华会计网校老师丰富题库资源和证书考试指导经验。校企共同确定教材大纲和编写内容，既满足教师对学生职业能力培养的需要，又满足了学生证书考试的需求。

本套教材根据我国现行的企业会计准则体系和最新的税收政策法规编写,不论是课程标准开发,还是项目载体的设计、教学方法的改革和创新,都凝结了编写队伍在会计示范特色专业及实训基地建设中的心血和多年的教学经验。本套教材的出版,将会为财会专业职业教育教材建设的不断发展提供新的助力。

张红梅

FOREWORD 前 言

本教材是编者根据高等职业教育特点,结合多年企业财务工作经验和教学科研经验,基于在财务工作中遇到的案例,遵循最新《企业会计准则》,以培养学生职业能力为目的而编写的。

本教材以企业的实际人才需求为出发点,以各模块的应用为中心,以体例创新为原则,以增强学生的理解能力为导向,以制造业的业务数据为基础,包括认知金蝶 KIS 云专业版 V15.1、账套管理、基础设置、初始化、账务处理、固定资产管理、工资管理、销售管理、采购管理、生产管理、仓存管理、应收应付、存货核算、出纳管理、报表与分析 15 个模块,以及 2 套模拟试题和参考答案(可通过扫描二维码使用)。

本教材有以下特点:

第一,教学资源配套齐全。教材使用者欲使用配套教学资源,可发送邮件至 1256523583@qq.com 联系索取。

第二,目标导向。本教材每个模块都设有[考核目标][实践目标][思政目标]和[知识点思维导图],四者互相支撑,共同为学生提供学习导航服务。

第三,体例创新。本教材各章的每一个具体任务都设有"知识链接""岗位任务""操作步骤"和"模块测试",对每一个知识点都尽力详细讲解,力争每一个操作步骤的介绍都图文并茂,对每一个易出错的环节都以文字形式作特别提醒,力求在讲解全面且突出重点的情况下,将理论层层剖析,与实践深度融合。

第四，可实现分层次教学。本教材内含四套账：第一套账用于呈现每个具体任务中的操作步骤；第二套账用于讲解每个"模块测试"内的"业务题"；第三、第四套账是为"模拟试题"而设置的。其中，第一套账由所有学生完成；第二套账由基础扎实、操作速度较快的学生完成；第三、第四套账由天赋较高、操作速度极快的学生完成。

本教材由广西金融职业技术学院和南宁市第六职业技术学校一线授课教师合作编写完成，苏梅、潘文丽和李燕担任本教材的主编，张红梅、韦晓岚、林蕊担任本教材的副主编。苏梅负责模块3、模块4、模块5、模块7、模块8、模块9、模块10、模块11、模块12、模块13和模块15的编写，并负责教材的总纂；潘文丽负责模块测试、两套模拟试题及其参考答案的编写；李燕负责模块1、模块2、模块14的编写；张红梅和韦晓岚负责模块6的编写；林蕊负责各模块思政案例的编写。

虽然编者已尽最大的努力，但由于时间和水平所限，本教材如有不当之处，期待各位教师、同学和广大读者提出建议并通过邮件发送至1256523583@qq.com，我们会高度重视，及时修改。

编　者

2023年11月

模拟试题一

模拟试题二

模拟试题一
参考答案

模拟试题二
参考答案

CONTENTS 目 录

模块 1　认知金蝶 KIS 云专业版 V15.1 ……………………………………… 001
 任务 1.1　基本认知 …………………………………………………………… 002
 任务 1.2　软件安装与卸载 …………………………………………………… 005
 任务 1.3　常见故障 …………………………………………………………… 007
 模块测试 ………………………………………………………………………… 009

模块 2　账套管理 ………………………………………………………………… 011
 任务 2.1　常用功能 …………………………………………………………… 012
 任务 2.2　其他功能 …………………………………………………………… 018
 模块测试 ………………………………………………………………………… 019

模块 3　基础设置 ………………………………………………………………… 021
 任务 3.1　公共资料 …………………………………………………………… 022
 任务 3.2　财务资料 …………………………………………………………… 043
 任务 3.3　业务资料 …………………………………………………………… 050
 模块测试 ………………………………………………………………………… 054

模块 4　初始化 …………………………………………………………………… 061
 任务 4.1　业务初始化 ………………………………………………………… 062
 任务 4.2　财务初始化 ………………………………………………………… 069
 任务 4.3　出纳初始化 ………………………………………………………… 079
 模块测试 ………………………………………………………………………… 082

模块 5　账务处理 ………………………………………………………………… 086
 任务 5.1　凭证处理 …………………………………………………………… 087
 任务 5.2　期末处理事项 ……………………………………………………… 096
 模块测试 ………………………………………………………………………… 111

模块 6　固定资产管理 …………………………………………………………… 114
 任务 6.1　固定资产增减变动 ………………………………………………… 115
 任务 6.2　固定资产生成凭证 ………………………………………………… 122
 任务 6.3　期末处理 …………………………………………………………… 126

模块测试 ··· 131

模块 7　工资管理 ·· 134
任务 7.1　基础资料 ··· 135
任务 7.2　工资核算 ··· 145
任务 7.3　费用分配 ··· 154
任务 7.4　工资审核 ··· 157
模块测试 ··· 158

模块 8　销售管理 ·· 162
任务 8.1　销售环节核算 ·· 163
任务 8.2　查询 ··· 175
模块测试 ··· 178

模块 9　采购管理 ·· 180
任务 9.1　采购环节核算 ·· 181
任务 9.2　查询 ··· 191
模块测试 ··· 192

模块 10　生产管理 ·· 194
任务 10.1　生产环节核算 ·· 195
任务 10.2　入库成本核算 ·· 204
模块测试 ··· 208

模块 11　仓存管理 ·· 209
任务 11.1　出入库 ·· 210
任务 11.2　盘点 ··· 212
模块测试 ··· 215

模块 12　应收应付 ·· 217
任务 12.1　收付款单据 ··· 218
任务 12.2　核销单 ·· 224
任务 12.3　生成凭证 ·· 226
模块测试 ··· 231

模块 13　存货核算 ·· 233
任务 13.1　存货出入库核算 ··· 235
任务 13.2　业务生成凭证 ·· 242
任务 13.3　期末处理事项 ·· 256

模块测试 ………………………………………………………………………………… 261

模块 14　出纳管理 ……………………………………………………………………… 264
　　任务 14.1　现金日记账 …………………………………………………………………… 265
　　任务 14.2　银行存款日记账 ……………………………………………………………… 270
　　任务 14.3　支票管理 ……………………………………………………………………… 277
　　任务 14.4　出纳结账 ……………………………………………………………………… 280
　　模块测试 ………………………………………………………………………………… 281

模块 15　报表与分析 ……………………………………………………………………… 283
　　任务 15.1　对外报表 ……………………………………………………………………… 285
　　任务 15.2　企业内部需求报表 …………………………………………………………… 290
　　模块测试 ………………………………………………………………………………… 297

模块 1

认知金蝶 KIS 云专业版 V15.1

【考核目标】
1. 认知金蝶 KIS 软件的通用功能和金蝶云专业版 V15.1 软件的新增功能。
2. 认知金蝶 KIS 云专业版 V15.1 安装要求与安装方法。
3. 认知金蝶 KIS 云专业版 V15.1 常见故障。

【实践目标】
1. 掌握金蝶 KIS 云专业版 V15.1 的安装方法。
2. 掌握金蝶 KIS 云专业版 V15.1 的卸载方法。
3. 掌握金蝶 KIS 云专业版 V15.1 常见故障的解决方法。

【思政目标】
1. 培养学生细致、谨慎、有条不紊的财经专业素质。
2. 引导学生克服对互联网时代财会工具的抵触和畏惧心理,积极学习云财务软件。
3. 培养学生不畏困难、艰苦奋斗、敢于创新的职业品质和精益求精的大国工匠精神。

【知识点思维导图】

认知金蝶 KIS 云专业版 V15.1
- 基本认知
  - 金蝶 KIS 专业版简介
  - 金蝶 KIS 云专业版 V15.1 功能更新
- 软件安装与卸载
  - 安装要求
  - 安装与卸载
- 常见故障
  - 用户冲突
  - 连接失败

 思政案例

2021 年 8 月,金蝶集团董事会主席兼 CEO 徐少春曾在金蝶国际中报发布时表示,金蝶将继续坚定不移地向云订阅服务模式转型,全面贯彻"平台＋人财税＋生态"战略,不断提升产品和服务的用户体验。他强调,未来 3 年将用订阅模式再造一个金蝶。当前,我国大型企业管理

软件市场显示出国产化替代趋势,在这一不可抵挡的潮流中,金蝶要夺回的不止是市场份额,还有中国企业对中国软件的信心。

2022年3月16日晚间,金蝶国际发布了2021年年度业绩报告。报告显示,报告期内,集团实现收入约41.74亿元人民币,较2020年同期增长约24.4%;集团云业务实现收入同比增长44.2%,增加至约27.58亿元人民币,在总收入中占比约为66.1%。这表明金蝶云转型战略已取得阶段性胜利。

早在2014年,金蝶便率先开启云转型,并于2020年成功实现集团营业收入超过一半来自云业务的战略目标。2021年,云业务已成为金蝶营收的核心增长点。随着云转型的阶段性成功,金蝶也将主要衡量指标从以往的云占比,转变为更能体现企业业务模式健康状况的年经常性收入。年报显示,2021年金蝶云订阅服务年经常性收入约为人民币15.7亿元,同比增长58.5%,云订阅服务相关的合同负债实现同比增长64.6%,集团经营性现金流同比增长39.6%,增加至约6.61亿元人民币。

金蝶订阅模式转变带来的最直观的改变,是客户满意度和客户粘性的大幅提升。年报显示,金蝶云•苍穹和金蝶云•星瀚总计实现收入约3.85亿元人民币,同比增长102.9%。同时,金蝶云•苍穹和金蝶云•星瀚的客户续费率超过120%。在云订阅模式成为企业主要盈利模式之后,金蝶和客户之间不再是一次性合作的买卖关系,而是持续的战略合作伙伴关系。这也直接促成金蝶在云服务市场取得遥遥领先的地位。云业务及多条产品线业绩的高质量增长,以及市场龙头地位的持续夯实,使金蝶不断获得资本市场的认可。

资料来源:https://baijiahao.baidu.com/s?id=17275144596125493898&wfr=spider&for=pc。

问题:通过对案例的分析与讨论,你得到何种启示?了解金蝶云订阅模式的发展历程,分析从事会计工作应当具备何种职业品质与精神?

任务1.1 基本认知

活动1.1.1 金蝶KIS专业版简介

一、知识链接

金蝶KIS专业版V10.0以上版本具有以下通用模块:

第一,账务处理模块。账务处理是核心模块,涵盖凭证处理、账簿处理、期末处理等。凭证处理可以帮助企业完成日常业务的核算工作,可直接处理各类本外币业务、数量金额核算业务,同时具有自动生成收付转通知单、引出标准格式凭证、多项目核算、自动校验各种平衡关系、处理表外科目凭证等功能。账簿处理基于快而准的多种查询筛选功能,总账可按科目级别、币别、科目范围等查询,明细账可按期间范围、币别、科目范围查询。账簿处理的"账簿"有多栏账、数量金额明细账、核算项目分类总账等,并且输出格式优化美观,以帮助企业及时掌握企业经营状况。期末处理用于期末进行制造费用和产成品成本的结转、期末调汇和损益结转等，帮助企业完成期末的核算处理工作。

第二，固定资产管理模块。系统提供固定资产管理功能，帮助企业进行固定资产的全面管理：可自动处理有关固定资产的购入、报废、变动等业务，并进行相应的账务处理；可自动按照固定资产的使用情况计提折旧，并进行折旧费用的分配；还提供了各种固定资产管理报表，帮助企业全面掌握固定资产的使用情况。

第三，工资管理模块。工资管理模块提供了简便易行的计算公式和灵活多变的项目设置，帮助企业进行工资的计算，准确及时地分配工资费用。同时，利用系统提供的多张工资报表，企业可及时掌握企业人员的薪资和人工成本。

第四，销售管理模块。系统可实现多种类型的销售业务处理，包括现销、赊销、委托代销、分期收款和销售退货业务。系统具备强大的客户管理功能，可实现对客户进行多级分类管理、客户信息管理、销售价格与折扣管理、客户销售情况统计分析。系统的销售报价管理有新增、审核等基本功能，支持从销售价格资料中自动获取价格。系统的订单管理有新增和审核等功能、自动结清或手工结清订单的功能、有跟踪和催查销售订单的功能、随时跟踪销售订单的执行情况功能，同时还支持手工录入价格和从价格资料中自动获取价格的功能。系统的出库管理和发票管理有新增和审核等功能、红蓝字功能、对等核销功能，支持普通发票和增值税发票业务处理。销售管理模块丰富的采购报表支持客户多角度、多维度的数据统计分析。

第五，采购管理模块。系统可实现多种类型的采购业务处理，包括现购、赊购和采购退货业务。系统提供各种供应商管理功能，包括供应商分级分类管理、供应商信息管理、采购价格及折扣管理和采购情况跟踪查询。系统的订单管理有新增和审核等功能、自动结清或手工结清订单的功能、有跟踪和催查采购订单的功能、随时跟踪采购订单的执行情况功能，同时还支持手工录入价格和从价格资料中自动获取价格的功能。系统的入库管理和发票管理有新增、审核等功能、红蓝字功能、对等核销功能，支持普通发票和增值税发票业务处理。采购管理模块丰富的采购报表同样也支持客户多角度、多维度的数据统计分析。

第六，生产管理模块。系统提供采购建议功能，可以根据下达生产数量和库存数量，为企业生成各种外购原材料的采购数量，既能保证原材料的充足供应，又能将库存数量降到最低。针对产品生产周期超过一个会计期间的企业，系统提供了约当产量法进行成本核算，通过在产品产量录入功能确认在产品数量和约当系数，保证产品入库成本的准确核算。通过费用分摊功能，系统根据用户所选的产品入库单进行分配，用户可以手工录入每个产品入库单中每个产品的间接费用，也可以按照产品数量、按材料成本和按工时进行自动分配。通过生产成本核算功能，系统可以自动计算产品入库成本，解决小型生产型企业成本核算复杂的问题。

第七，仓存管理模块。系统提供了八种常规出入库业务处理功能及组装业务管理功能，可以辅助即时的盘点和调拨业务，实现库存管理全过程的监管。通过启用批次管理、保质期跟踪、库龄管理和存量（安全库存）管理，使企业对存货的收发存状况了如指掌。同时灵活的存货辅助属性管理功能可以实现对存货标准规格型号之外的特性参数的直观统计和跟踪。智能化的库存预警功能可自动提示存货的短缺、超储等异常和到期状况。丰富的仓存报表支持客户多角度、多维度的数据统计分析和形成合理的库存报告。

第八，应收应付模块。系统的应收应付模块可以进行往来业务的核算和管理；按照自定义条件查阅、浏览往来对账单；利用账龄分析表对往来款项的账龄结构进行分析等。

第九，存货核算模块。系统实现了完备的总仓、分仓核算管理。系统内置四大基本存货核算方法，可以实现单品核算，满足企业日趋精细化管理的需要；提供外购入库、估价入账、其他入库和自制入库的入库成本核算功能，可以实现采购费用的自动分摊。综合的存货发出成本的核算功能和异常发出成本的处理功能，使核算能完全真实地反映实际存货成本；灵活的库存调整功能在完善事中控制的同时，提供事后处理的灵活手段，使数据更精准、可靠。

第十，出纳管理模块。系统提供了企业出纳人员所需要的现金日记账、银行日记账、资金日报表以及与银行对账、支票管理等功能，极大地简化了出纳人员的工作。出纳系统与账务系统功能分离但数据却紧密联结共享，合理的数据共享模式可使会计与出纳人员更能高效地独立工作。

第十一，报表与分析模块。报表分析模块提供了资产负债表、利润表、现金流量表以及功能强大的自定义报表等。自定义报表提供了报表转化功能和数十种取数公式，用户可以从账务系统取数，可以自行编制出满足各种需求的会计及管理报表。报表分析模块的报表分析功能可对资产、负债、利润、财务指标、自定义报表等进行数据分析，可采用结构分析、比较分析、趋势分析等方法，分析结果既可以用表格方式输出，也可以用图形的方式输出。

二、岗位任务

了解金蝶 KIS 专业版的基本功能。

三、操作步骤(无)

活动 1.1.2　金蝶 KIS 云专业版 V15.1 功能更新[①]

一、知识链接

第一，仓存管理功能全面支持 WEB 化。仓存管理功能支持的业务单据有：采购订单、采购入库单、销售订单、销售出库单、生产领料单、产品入库单、其他出库单、其他入库单、盘点单、盘盈入库单、盘亏毁损单、调拨单。仓存管理功能支持的报表有：采购订单执行情况表、销售订单统计表、销售(出库)毛利润明细表、商品库存余额表、商品收发明细表、商品收发汇总表、生产领料汇总表。仓存管理功能支持的基础资料有：客户管理、供应商管理、商品管理、仓存管理、部门管理、职员管理、计量单位管理、商品辅助属性管理、辅助资料管理、自定义核算项目。

第二，新增 KIS 微订货 WEB 版。KIS 微订货 WEB 版帮助企业快速构建 B2B 订货平台，以订单处理为核心，实现公告、商品类目管理、商品管理、经销商管理、加盟信息管理、订单管理等核心功能，它通过与云进销存数据集成，帮助企业实现生意成功。

第三，KIS 轻分析。KIS 轻分析功能预设业务和财务报表数据源；支持根据预设数据源进行分析方案的自定义；支持根据分析方案将报表发布到手机端使用；支持手机端自动更新分析方案数据。

第四，产品功能持续优化。金蝶 KIS 云专业版 V15.1 支持《民间非营利组织会计制度》，支持最新增值税税率，支持最新会计准则和报表格式，支持对接 KIS 云桌面 V6.0 的远程应

---

① 金蝶 KIS 专业版是基于 PC 端的，不能进行异地或者移动办公；云专业版最大特点就是移动化，可实现异地办公需求。云专业版是专业版的一种高级版本。

用;同步 V15.0 发布后的所有补丁。

二、岗位任务

了解金蝶 KIS 云专业版 V15.1 的新功能。

三、操作步骤(无)

任务 1.2 软件安装与卸载

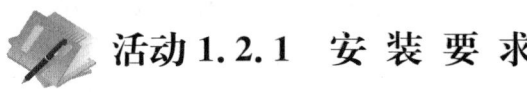

活动 1.2.1 安 装 要 求

一、知识链接

1. 服务器端

CPU 最低要求 1.6 GHz Pentium 4 处理器,推荐 3.0 GHz Pentium 4 处理器及以上;内存最低 RAM 要 2G,推荐 8G 内存;硬盘需要 20 GB 以上的可用空间,需要 DVD-ROM 驱动器;要 Super VGA(1 024 * 768)或更高分辨率的显示器(32 位真彩色);需要 Microsoft 鼠标或兼容的指点设备。

2. 客户端

CPU 最低要求 1.6 GHz Pentium 4 处理器,推荐 3.0 GHz Pentium 4 处理器及以上;内存最低 RAM 要求 1G,推荐 4G 内存;硬盘需要 10G 以上的可用空间,需要 DVD-ROM 驱动器;需要 Super VGA(1 024 * 768)或更高分辨率的显示器(32 位真彩色);需要 Microsoft 鼠标或兼容的指点设备。

3. 操作系统要求

支持以下操作系统:

(1) Windows XP 专业版(32 位)(SP3)、简体中文版。

(2) Windows Server 2003 标准版/企业版、简体中文版(32 位)(SP2)(不支持 64 位)。

(3) Windows Server 2003R2 标准版/企业版、简体中文版(32 位)(SP2)(不支持 64 位)。

(4) Windows 7 旗舰版、简体中文版(32/64 位均支持)。

(5) Windows Server 2008 标准版、简体中文版(32/64 位均支持)。

(6) Windows Server 2008R2 企业版、简体中文版(64 位)。

(7) Windows 8 企业版、简体中文版(32/64 位均支持)。

(8) Windows 8.1 专业版、简体中文版(32/64 位均支持)。

(9) Windows 10 专业版、简体中文版(32/64 位均支持)。

(10) Windows 2012 企业版、简体中文版(64 位)。

(11) Windows 2012R2 标准版、简体中文版(64 位)。

(12) Windows Server 2016 DataCenter 简体中文版(64 位)。

4. 关于数据库安装

第一,金蝶 KIS 云专业版安装盘中自带了 SQL 2008 Express 数据库(在安装金蝶 KIS 云专业版服务器端时,可以根据操作系统的版本自动安装)。

第二,如果并发用户在 5 个之内,可以使用金蝶 KIS 云专业版自带的 SQL 2008 Express 数据库,如果希望获得更好的性能,建议使用中文版 SQL server 2008 及以上版本的数据库。

第三,如果并发用户超过 5 个,不建议使用金蝶 KIS 云专业版自带的 SQL 2008 Express 数据库,建议使用中文版 SQL server 2008 及以上版本的数据库。

第四,如果需要使用 SQL Server 数据库,需先安装好 SQL Server 数据库,再安装金蝶 KIS 云专业版。

第五,在安装 SQL Server 时,在设置"身份认证模式"的地方,选择混合模式。安装完数据库后请一定重新启动机器。

二、岗位任务

了解 Windows 10 系统中金蝶 KIS 云专业版 V15.1 的安装注意事项。

三、操作步骤(无)

活动 1.2.2 安装与卸载

一、知识链接

1. 金蝶 KIS 云专业版 V15.1 安装

通过金蝶官网下载安装程序。执行安装程序中的"金蝶 KIS 云专业版 V15.1 安装程序.exe"。选择需要安装的组件:客户端、服务器端、老板报表;同时阅读并同意"用户许可协议",设置安装文件路径,点击【立即安装】,系统会自动根据客户的选择与设置进行软件安装。如果选择了安装服务器端,系统会默认检测是否安装了需要的数据库,如果没有,金蝶安装程序会根据操作系统版本,自动帮客户安装上 SQL 2008 Express 数据库。如果安装过程中出现"正在配置 SQL",必须先重新启动系统的提示,这是 SQL 2008 Express 自身的提示,点击"确定"按钮,重启电脑后,请按上述步骤重新执行安装程序,系统将继续进行金蝶 KIS 云专业版的安装。

2. 金蝶 KIS 云专业版 V15.1 卸载

第一种,直接使用金蝶卸载程序。单击【开始】→【程序】→【金蝶 KIS 云专业版】→【卸载金蝶 KIS 云专业版】。

第二种,使用操作系统的卸载应用程序的功能。单击【开始】→【设置】→【控制面板】,双击【添加/删除程序】图标。在【安装/卸载】标签中,选择【金蝶 KIS 云专业版】,然后单击【删除】。系统将询问用户是否真的要删除本系统,选择【是】,系统将执行卸载操作。注意:公共的动态连接库程序请在慎重考虑后确定是否删除。

二、岗位任务

尝试安装与卸载金蝶 KIS 云专业版 V15.1 软件。

三、操作步骤

读者可通过本教材前言中的联系方式获取金蝶 KIS 云专业版 V15.1 软件安装程序。

任务1.3 常见故障

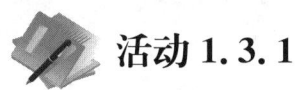 活动1.3.1 用户冲突

一、知识链接

在操作过程中,时常出现一些故障,关闭金蝶软件也没有办法清除,需要寻找其他方法。

二、岗位任务

操作过程提示"当前使用的功能与其他功能和其他用户有冲突,目前无法使用",解决该冲突。

三、操作步骤

第一步,点击【确定】按钮,如图1-1所示。电脑屏幕左下角点击【开始】→【所有程序】→【金蝶 KIS 云专业版】→【工具】→【系统工具】,如图1-2所示。

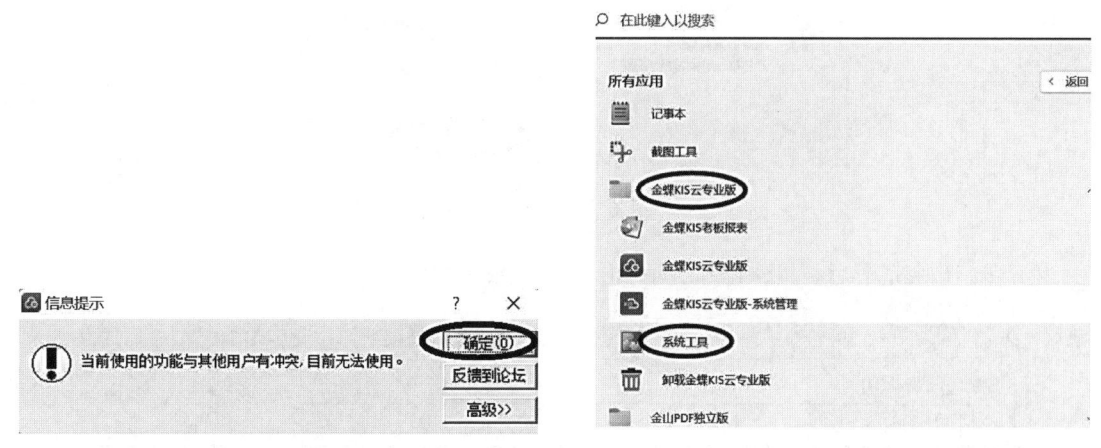

图1-1 冲突提示　　　　　　　　图1-2 打开系统工具

第二步,系统弹出"金蝶 KIS 系统工具"窗口,点击【系统工具】→【打开】,系统弹出系统登录窗口,点击【确定】按钮,如图1-3所示。

图 1-3 系统工具

第三步,系统进入网络控制窗口,点击【✎】图标,如图 1-4 所示。

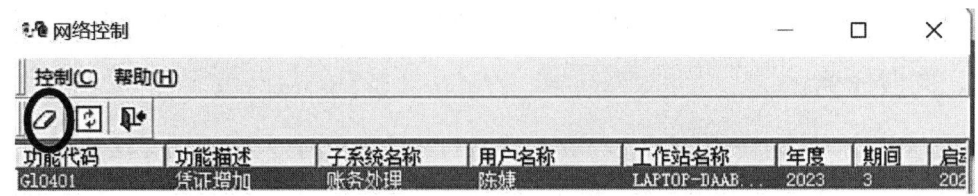

图 1-4 网络控制 1

第四步,系统弹出确认清除提示,点击【是】按钮,如图 1-5 所示。

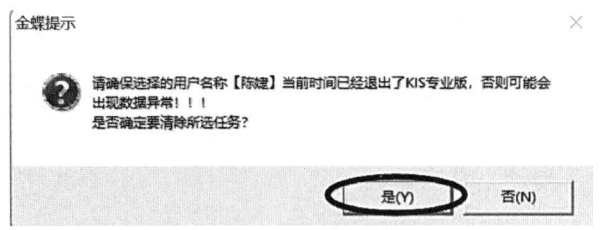

图 1-5 清除任务

第五步,清除完毕后,如图 1-6 所示,再重新登录即可。

图 1-6 网络控制 2

活动1.3.2 连接失败

一、知识链接

在操作过程中,可能出现一些故障,可通过关闭金蝶解决。

二、岗位任务

操作过程提示"无法建立数据连接"或"定义的应用程序或对象错误",处理该提示。

三、操作步骤

第一步,点击【确定】,如图1-7或图1-8所示。

图1-7 无法连接数据

图1-8 程序或对象错误

第二步,关闭金蝶,重新登录,在个别情况下需多登录几次。

模块测试

一、单项选择题

1. 购买一套金蝶软件,可以做(　　)本账。
  A. 一　　　　　　　B. 二　　　　　　　C. 三　　　　　　　D. 多
2. 下列模块中,属于金蝶软件核心模块的是(　　)。
  A. 固定资产管理　　　　　　　B. 账务处理
  C. 生产管理　　　　　　　　　D. 报表与分析
3. 下列各项中,属于金蝶KIS软件常见故障的是(　　)。
  A. 冲突故障　　　　　　　　　B. 数据库停止运行
  C. 未启用加密服务器　　　　　D. 以上均是
4. 启用(　　)任务后,金蝶KIS软件才能登录。
  A. 关闭防火墙　　　　　　　　B. 启用加密服务器
  C. 链接局域网　　　　　　　　D. 安装SQL服务器

二、多项选择题

1. 下列各项中,属于软件日常维护制度的有(　　)。
  A. 操作制度　　B. 数据管理制度　　C. 系统维护制度　　D. 财务制度

2. 下列各项中,属于金蝶 KIS 软件安装注意事项的有(　　)。
A. 暂停使用防病毒软件和防火墙　　　B. 关闭防火墙
C. 关闭数据执行保护　　　　　　　　D. 使用 administrator 用户登录操作系统

3. 金蝶 KIS 专业版 V13.0 新增的功能有(　　)。
A. 增加财务参数"凭证制单与审核不能为同一人"
B. 物料增加通用属性
C. 订单增加"交货日期"选项控制
D. 新增关账功能

4. 金蝶 KIS 软件的安装模式有(　　)。
A. 单机模式安装　　　　　　　　　　B. 客户端—服务器模式
C. 自定义模式　　　　　　　　　　　D. 服务器模式

5. 安装金蝶 KIS 软件前需要检查的内容有(　　)。
A. 计算机是否符合系统配置要求
B. 是否已经正确安装了符合要求的操作系统
C. 是否进行了网络或者虚拟网络配置
D. 卸载旧版本前是否妥善备份有用数据

6. 销售管理模块可实现(　　)类型的销售业务处理。
A. 现销、赊销　　B. 销售退货　　C. 委托代销　　D. 分期收款

7. 安装金蝶 KIS 专业版 V13.0 需要满足的硬件环境条件有(　　)。
A. 客户端 CPU 内存 1G 以上
B. 硬盘内存 10G 以上
C. 驱动器无要求
D. CPU 要求 1.6 GHz Pentium 4 处理器以上

8. 安装金蝶 KIS 软件需要满足的软件环境条件有(　　)。
A. Windows 7 Home 版
B. Windows 8(32 Home)
C. Windows XP Professional(32 位)
D. Windows 7 旗舰版(32/64 位)

三、判断题

1. 安装金蝶 KIS 软件时,安装目录可以使用中文名字,电脑名不能为中文名。(　　)
2. 新建账套最好放 C 盘。(　　)
3. 数据库停止运行后,关闭金蝶 KIS 软件,再次进入即可启用数据库。(　　)
4. 金蝶 KIS 软件试用版最多可以结账 3 次。(　　)
5. 安装金蝶 KIS 软件之前,必须安装 SQL 数据库。(　　)

四、业务题

1. 工业企业和商业企业选择金蝶 KIS 软件作为财务软件时,它们分别该启用哪个模块进行账务处理?
2. 在金蝶 KIS 软件的日常维护制度中,还可以增加哪项制度,以使维护制度更加完善?
3. 利用课余时间,通过家用电脑练习安装任意一个版本的金蝶 KIS 软件。

模块 2

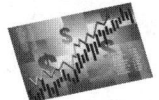

账 套 管 理

【考核目标】
1. 认知金蝶 KIS 云专业版 V15.1 新建账套、备份账套、恢复账套和删除账套功能。
2. 认知金蝶 KIS 云专业版 V15.1 的收缩账套、升级账套功能。

【实践目标】
1. 掌握金蝶 KIS 云专业版 V15.1 新建账套、备份账套、恢复账套和删除账套功能的操作。
2. 掌握金蝶 KIS 云专业版 V15.1 的收缩账套、升级账套功能的操作。

【思政目标】
1. 培养学生细致、准确、有条不紊的财经专业素质。
2. 培养学生诚实、守信、坚持原则的职业道德。
3. 加强学生的法律意识,引导学生树立社会责任意识。

【知识点思维导图】

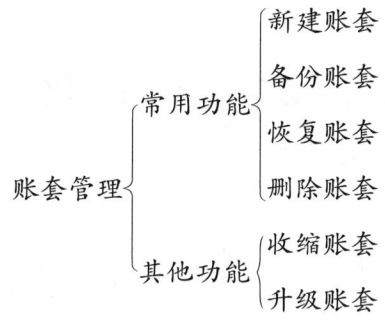

 思政案例

2016 年年末,公准肉食品股份有限公司(简称公准股份)的货币资金高得离奇,总资产 8.4 亿元中居然有 6.7 亿元货币资金(几乎都是虚增出来的),面对这样的报表,会计师事务所也敢出无保留意见审计报告。

经查,证监会发现公准股份存在以下违法事实:公准股份伪造财务数据,2014 年、2015 年、2016 年年度报告存在虚假记载。为抬高公准股份的股价从而通过股权质押获取融资,时任公准股份董事长、总经理韩义文决策,指使财务人员进行财务造假。公准股份在2014年、2015年、2016年间对内部管理与对外披露的会计核算分别设置账套:2014年设置了002号和099号两个账套;2015年设置了001号、002号和099号3个账套;2016年设置了001号、002号、088号和099号4个账套。其中2014年099号、2015年099号、2016年001号账套核算的数据用于内部管理,上述账套均以真实发生的业务为依据进行记账;2014年002号、2015年002号、2016年002号账套核算的数据用于编制对外披露的报表,伪造的财务数据都记录于上述3个账套中。此外,公准股份全资子公司绥棱天昊养殖有限公司、公准股份控股子公司黑龙江省七合畜牧集团有限公司各有1套账,编号为005号账、007号账。

根据当事人违法行为的事实、性质、情节与社会危害程度,依据2005年《证券法》第一百九十三条第一款、第三款的规定,证监会决定:

一、责令公准肉食品股份有限公司改正违法行为,给予警告,并处以60万元的罚款;

二、对韩义文给予警告,并处以90万元的罚款,其中作为直接负责的主管人员罚款30万元,作为实际控制人罚款60万元;

三、对宫传忠、肖丽荣给予警告,并分别处以15万元的罚款;

四、对晁烨、孙运国给予警告,并分别处以10万元的罚款;

五、对韩义平、霍志秋给予警告,并分别处以5万元的罚款;

六、对吴秋辉、高东升、艾晶给予警告,并分别处以3万元的罚款。

资料来源:https://view.inews.qq.com/a/20201216A0I9IJ00。

问题:通过对该案例的分析与讨论,你从中得到何种启示?公准股份虚设账套的行为违反了哪些会计职业道德?

任务 2.1 常用功能

活动 2.1.1 新建账套

一、知识链接

账套是一个数据库文件,用于存储所有业务数据,会计人员开展工作都必须先登录账套。一个账套只能处理一个企业的业务,理论上标准版金蝶财务软件可建立999个账套,它可以同时处理多家企业的业务。用户需注意,一旦建账成功,不可修改启用的会计期间。

二、岗位任务

新建一个账套,账套号采用默认值,账套名称是高新电脑公司,账套路径自由设置,公司名称是广西南宁高新电脑公司,公司为增值税一般纳税人,税率为13%,启用会计期间为2023年3月,本位币为人民币,本位币代码采用默认值,本位币小数位采用默认值,采用新会计准则科目,选择"记"作为凭证字。

三、操作步骤

第一步,点击【开始】→【金蝶 KIS 云专业版】→【金蝶 KIS 云专业版-系统管理】→【系统管理】,或者点击桌面【金蝶 KIS 云专业版-系统管理】→【系统管理】,系统弹出系统管理登录界面,点击左上角【账套管理】→【新建账套】,如图 2-1 所示。

图 2-1　账套管理和新建账套

第二步,系统弹出新建账套窗口,账套号使用默认值,在账套名称栏输入"高新电脑公司",账套路径自由设置,在公司名称栏输入"广西南宁高新电脑公司",点击【下一步】按钮,如图 2-2 所示。

第三步,选择"一般纳税人",在税率栏输入"13%",设置"2023 年 3 月"作为启用会计期间,选择"人民币"作为本位币,点击【下一步】按钮,如图 2-3 所示。

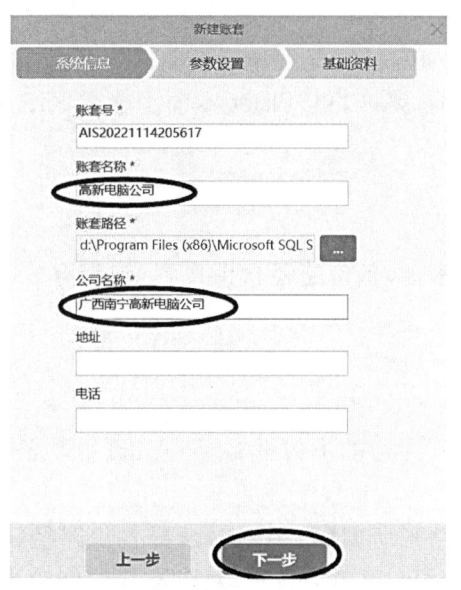

图 2-2　系统信息

图 2-3　参数设置

第四步,选择"新会计准则科目",点击【记】→【开始建账】,建账完成后点击【确定】按钮,如图 2-4 所示。

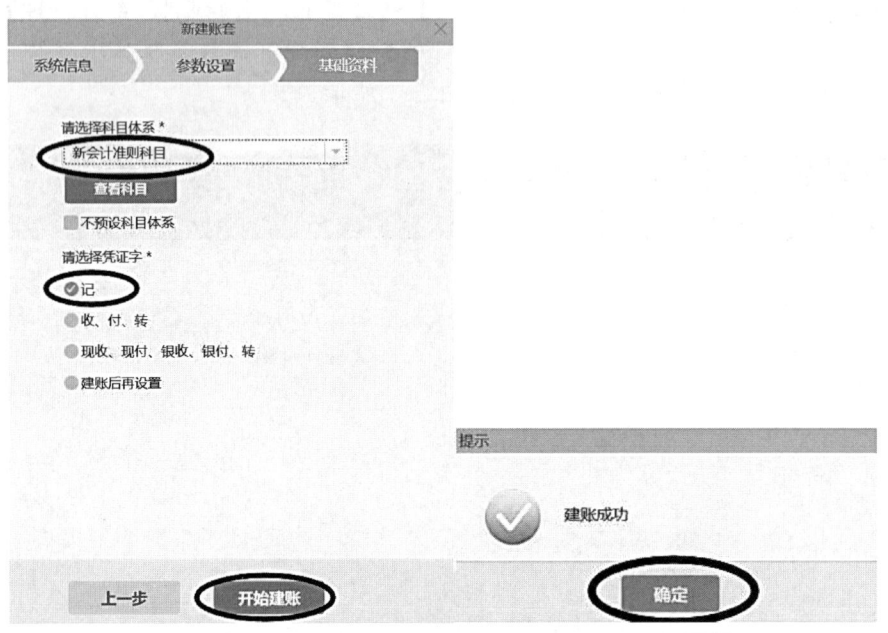

图 2-4　基础资料与建账成功

活动 2.1.2　备 份 账 套

一、知识链接

备份可以防止数据丢失,提高工作效率。下列四种情况下建议企业做好备份:第一,每日工作结束后;第二,月末结账前;第三,年度结账前;第四,更新旧版本前。金蝶 KIS 云专业版 V15.1 软件拥有"云盘备份"功能。

二、岗位任务

手工备份活动 2.1.1 新建的高新电脑公司账套,备份路径自由设置(建议存放在 C 盘之外以自己名字命名的文件夹)。

三、操作步骤

第一步,选择高新电脑公司账套,点击"更多"旁边的下拉框" ",点击【手动备份】按钮,如图 2-5 所示。

第二步,系统弹出备份账套窗口,点击备份路径所属【 】按钮,选择备份路径,一般不备份在 C 盘(许多学校机房电脑的 C 盘关机后会还原),文件名称可以修改,建议修改为"账套名称+备份日期+个人姓名",方便后期识别,点击【确定】按钮,备份完成后弹出备份成功提示,

图 2-5 手工备份

生成尾缀为 bak 和 dbb 的文件各一个,再次点击【确定】按钮,如图 2-6 所示。

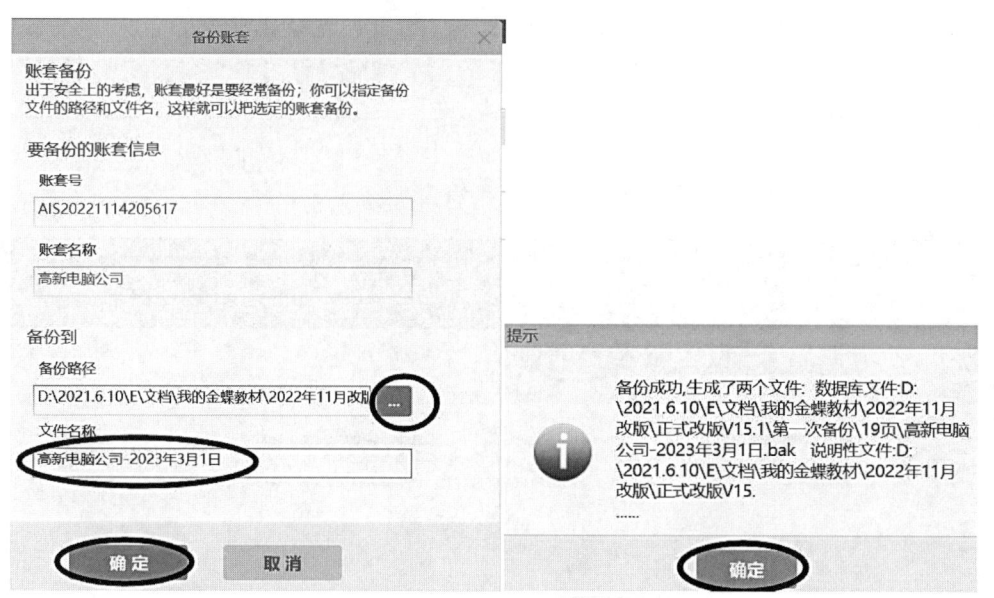

图 2-6 备份账套

 随堂思考

自动备份账套和手工备份账套有什么区别?

提示:自动备份账套可以设置备份方案,如每 3 天的 14:00 系统自动备份一次;而手工备份可以随时操作。

活动 2.1.3 恢 复 账 套

一、知识链接

如果账套出错,在前期已经备份的情况下,可以通过恢复账套的方式还原出错前的数据。在每次账务处理前,可以恢复前期备份的账套。

二、岗位任务

将活动 2.1.2 备份的"高新电脑公司"账套恢复为账套号和账套名称都改为"gaoxin"的账套。

> **随堂思考**
>
> 恢复账套时有什么注意事项?
>
> 提示:恢复账套时,账套号和账套名称不能和系统内已有的账套号和账套名称重复,否则系统将提示"账套号已经存在"和"账套名重复",导致无法恢复账套。

三、操作步骤

第一步,点击【恢复账套】按钮,如图 2-7 所示。

图 2-7 恢复账套

第二步,系统弹出恢复账套窗口,找到并点击活动 2.1.2 备份的文件"高新电脑公司-2023 年 3 月 1 日.dbb",将账套号和账套名称都改成"gaoxin",点击【确定】按钮,如图 2-8 所示。

第三步,系统稍后提示"账套恢复成功",点击【确定】按钮,这时账套管理的界面多了一个"gaoxin"账套,如图 2-9 所示。

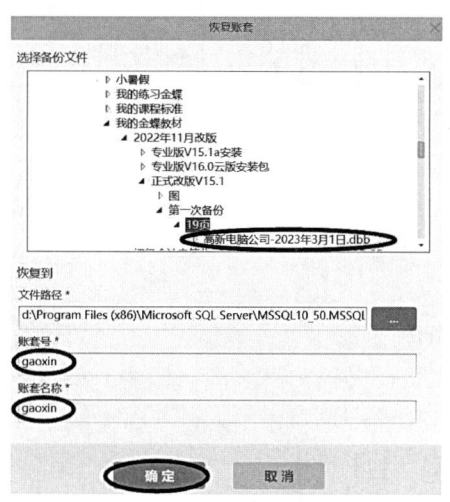

图 2-8　选择账套

图 2-9　账套恢复成功

 活动 2.1.4　删 除 账 套

一、知识链接

为了节约硬盘空间,可以将不再使用的账套删除。

二、岗位任务

删除活动 2.1.3 恢复的名为"gaoxin"的账套。

三、操作步骤

第一步,选择"gaoxin"账套,点击"更多"旁边的下拉框" ",点击【删除】按钮,如图 2-10 所示。

图 2-10　删除账套

第二步,系统弹出信息提示"删除前是否备份该账套",点击【否】,如图 2-11 所示。

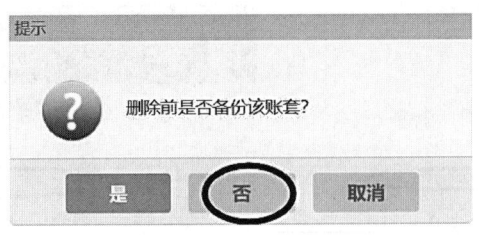

图 2-11　删除前备份

任务 2.2　其 他 功 能

活动 2.2.1　收 缩 账 套

一、知识链接

经过一段时间后,业务数据量变大,系统会为了安全性而记录很多过程和日志,这会造成账套膨胀过快,进而影响系统性能,因此,金蝶提供了一个收缩账套的功能,可以将膨胀过快的账套进行体积收缩,收缩后的账套日志文件大小不超过一定内存。

二、岗位任务

本活动无岗位任务。

三、操作步骤

选择任意账套,点击"更多"旁边的下拉框"",点击【收缩】按钮,如图 2-12 所示。

图 2-12　账套收缩

活动 2.2.2　升 级 账 套

一、知识链接

假如"高新电脑公司"账套是在金蝶 KIS 专业版 V13.0 中新建完成的,要想在金蝶 KIS 云专业版 V15.1 中使用,恢复账套后(恢复到 V15.1 中)必须升级成功才能使用。

二、岗位任务(无)

三、操作步骤

恢复"13.0 版本—高新电脑公司"账套,选择账套,点击"更多"旁边的下拉框" ",点击【升级】按钮,如图 2-13 所示。

图 2-13　账套升级

模 块 测 试

参考答案

一、单项选择题

1. 出纳系统的启用期间在(　　)设置。
   A. 维护账套选项里的"银行对账及出纳启用期间"
   B. 账务系统的启用期间
   C. 不用设置,自动和账务系统的启用期间一致
   D. 初始化时

2. 已经使用的账套,可以修改(　　)。

A. 启用期间 B. 公司地址及电话
C. 启用年度 D. 记账本位币

3. KIS 软件中账套的文件名格式是（　　）。
A. ＊.AIB B. ＊.AIS C. ＊.BAT D. ＊.BAK

二、多项选择题

1. 新建账套后,(　　)参数不能修改。
A. 账套文件名 B. 选择的企业行业
C. 定义的会计科目结构 D. 会计期间界定方式

2. 备份的方法有(　　)。
A. 系统备份 B. 手工备份 C. 自动备份 D. 关机备份

3. 金蝶 KIS 软件具备(　　)账套管理功能。
A. 删除 B. 新建 C. 恢复 D. 备份

三、判断题

1. 金蝶账套的系统管理员账户不可以清除其他操作员的密码。（　　）
2. 登录系统时,密码连续输错 3 次时系统会自动关闭。（　　）
3. 账套只有月结时才可以备份。（　　）
4. 在低版本的金蝶 KIS 软件中建立的账套,需要先升级才能够恢复账套。（　　）
5. 恢复账套时,账套号可以自由设置。（　　）
6. 恢复账套时,账套名称不能和系统内已有的账套名称重复,否则系统将提示"账套名重复",导致无法恢复账套。（　　）
7. 自动备份安全可靠,有了自动备份,就不再需要手工备份。（　　）

四、业务题

1. 参考活动 2.1.1,新建一个账套,要求如下:账套号是 AIS20220101,账套名称是硕通科技 2022,数据库路径可以自由选择,公司名称是硕通科技有限公司,公司地址是北京市海淀区桃源路 8 号,联系电话是 010-87654321,公司为增值税一般纳税人,税率为 13％,启用会计期间为 2022 年 11 月,本位币为人民币,本位币代码采用默认值,本位币小数位采用默认值,采用新会计准则科目,不预设科目体系,选择"记"作为凭证字。

2. 参考活动 2.1.2,手工备份业务题 1 新建的账套;备份路径设置在 E 盘,以自己名字命名的文件夹内;同时设置自动备份账套,备份方案为每天上午 10:00,备份路径同手工备份。

3. 参考活动 2.1.3,恢复业务题 2 备份的账套"硕通科技 2022",恢复的账套号和恢复名称都可以自由设置。

4. 参考活动 2.1.4,删除业务题 3 恢复的账套。

模块 3

基 础 设 置

【考核目标】　认知金蝶 KIS 云专业版 V15.1 的公共资料、业务资料和财务资料的功能。

【实践目标】
1. 掌握金蝶 KIS 云专业版 V15.1 公共资料、业务资料和财务资料设置的基本操作。
2. 后续操作出错后,能找到基础设置错误的原因并修改。

【思政目标】
1. 培养学生细致、谨慎、有条不紊的财经专业素质。
2. 加深学生对不相容职务相分离原则的理解,引导学生深刻认识会计工作岗位职责的重要性和严肃性。
3. 引导学生树立严守纪律红线和法律底线的思想观念。

【知识点思维导图】

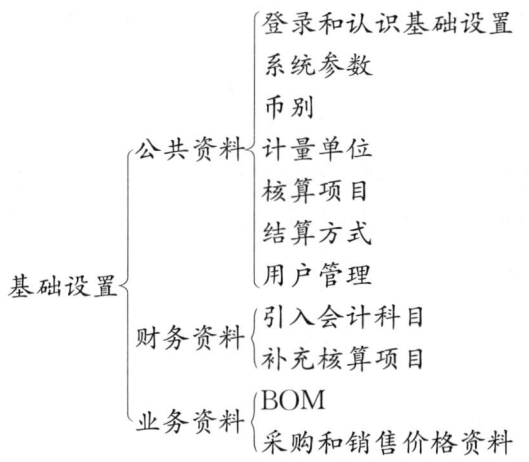

思政案例

2022 年 5 月 17 日,山西省河津市农村经济事务中心会计、执法监督股股长许世平,因挪用公款罪被判处有期徒刑 12 年。经查实,在 3 年多时间里,许世平挪用公款 55 次、金额巨大。

河津市纪委监委对许世平严重违纪违法问题开展立案审查调查。调查中,许世平挪用套取公款的数字"账单"令调查人员震惊:2018年9次挪用公款共计94万余元,2019年12次挪用公款共计296万余元,2020年15次挪用公款共计240万余元,2021年19次挪用公款共计206万余元。许世平像蚂蚁搬家一样,55次将贪婪的"黑手"伸向单位公款。

公款被轻易挪用,暴露出财会制度的监管漏洞。为什么许世平能够瞒天过海地实施55次挪用公款?"这跟该单位资金、账户管理方面制度不健全有关。"河津市纪委监委第二派驻纪检监察组组长薛军说。

据介绍,河津市农村经济事务中心在财务人员设置上,没有设置出纳,许世平一人兼任出纳和会计,保管和使用财务票据和印鉴,这跟会计法规定的钱账分管原则相背离,在实践中无法形成有效的监督制约机制。此外,河津市农村经济事务中心没有明确的财务印鉴使用审批程序、财政支付管理规定等制度,单位法人章也由许世平保管,导致许世平屡屡挪用公款。调查中,河津市农村经济事务中心、财政局及财政国库支付中心等监管部门工作人员和分管领导多次提到,许世平是"经验丰富的老会计",他们盲目地认为他不会出差错,因此没有严格落实日常监管制度。大额资金流向无人过问、款项用途从未细查、预留印鉴管理不当、年终审计把关不严,给国家造成巨大经济损失。

资料来源:https://baijiahao.baidu.com/s?id=17383775177290263588&wfr=spider&for=pc。

问题:通过对案例的分析与讨论,你从中得到何种启示?结合在系统中增加用户、设置用户权限的系列操作,谈谈你对会计工作岗位职责的重要性和严肃性的理解。

任务 3.1 公 共 资 料

活动 3.1.1 登录和认识基础设置

一、知识链接

基础设置的内容涉及公共资料、业务资料和财务资料。基础设置的正确与否直接影响后续操作的正确性。经过后续的操作,用户将无法再次更改部分前期的基础设置。

二、模块任务

登录"高新电脑公司"账套,熟悉基础设置界面。

三、操作步骤

第一步,使用"Manager"的身份登录,双击桌面上的【金蝶KIS云专业版】,系统弹出"系统登录"窗口,点击"登录到"右边的" "图标,如图3-1所示。

第二步,系统进入"系统登录"窗口,选择"高新电脑公司",点击【确定】按钮,如图3-2所示。

第三步,进入金蝶操作平台的界面,点击左下角【基础设置】,这时界面上就会显示公共资料、业务资料和财务资料三大基础设置模块,如图3-3所示。

图 3-1　登录

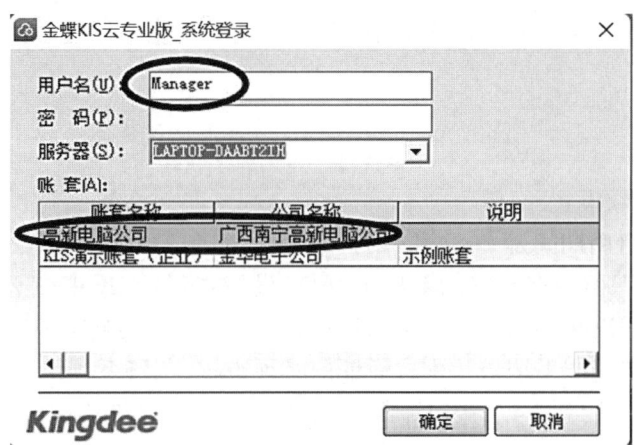

图 3-2　选择账套登录

图 3-3　基础设置三大模块

随堂思考

选择的账套不对,会有什么后果?

提示:金蝶 KIS 专业版允许多个账套并存,但一次只能操作一个账套,不同的账套代表的企业、期间和操作业务的起止点都有所不同,因此必须选择正确的账套。

活动 3.1.2 系统参数

一、知识链接

系统参数包含系统信息、会计期间、财务参数、出纳参数、业务基础参数和业务参数六个部分,这些参数设置完成后,后续工作中若有变化,还可以修改,但记账本位币和启用期间等除外。

二、岗位任务

进行以下系统参数设置:

(1) 3 个系统的启用期间是 2023 年 3 月。

(2) 财务系统在保留原有设置的基础上,要求设置:审核与反审核必须为同一人、凭证过账前必须审核、录入凭证时必须指定现金流量项目、不允许修改删除业务凭证、凭证审核和制单不能为同一人,固定资产系统卡片生成凭证前必须审核、工资系统结账前必须审核。

(3) 出纳系统要求设置:与总账对账期末余额不等时不允许结账和允许从总账引入日记账、允许在日记账输入凭证字号。

(4) 业务系统在保留原有设置的基础上,取消允许负库存出库和取消允许负库存结账,同时要求设置在仓库出现负库存时提示和存货核算系统中结账检查未记账的单据。

三、操作步骤

第一步,修改系统日期为"2023 年 3 月 1 日",使用"Manager"的身份登录,点击【基础设置】按钮,如图 3-4 所示,再点击公共资料下方的【系统参数】按钮,系统弹出"系统参数"窗口,点击系统上方【系统信息】选项卡,在此处可以补充企业具体信息,如图 3-5 所示。

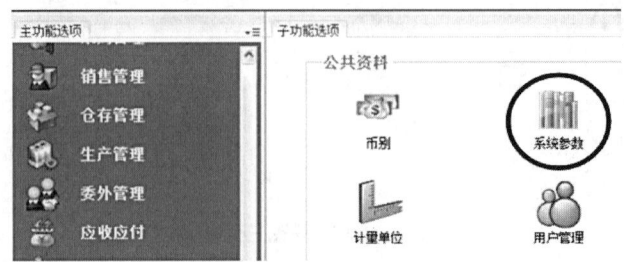

图 3-4 系统参数

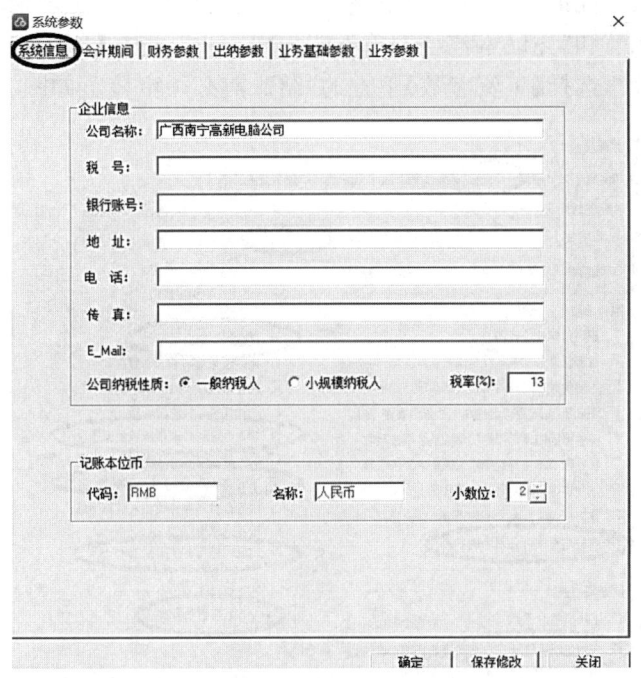

图 3-5　系统信息

第二步,点击【会计期间】窗口,可查看会计期间,如图 3-6 所示。

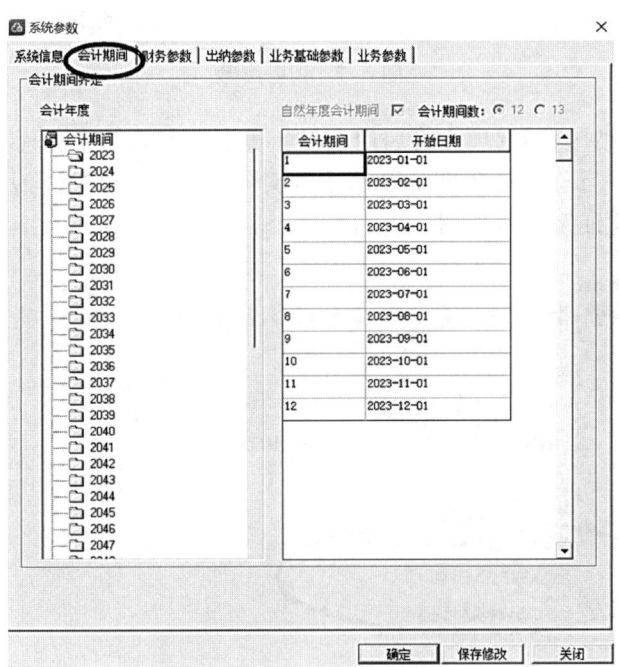

图 3-6　设置会计期间

第三步,点击【财务参数】窗口,【启用会计期间】选择"3",选择【财务参数】下方的"审核与反审核必须为同一人""凭证过账前必须审核""录入凭证时必须指定现金流量项目""不允许修改/删除业务系统凭证"和"凭证审核与制单不能为同一人",选择【固定资产参数】下方的"卡片生成凭证前必须审核",选择【工资参数】下方的"结账前必须审核",如图3-7所示。

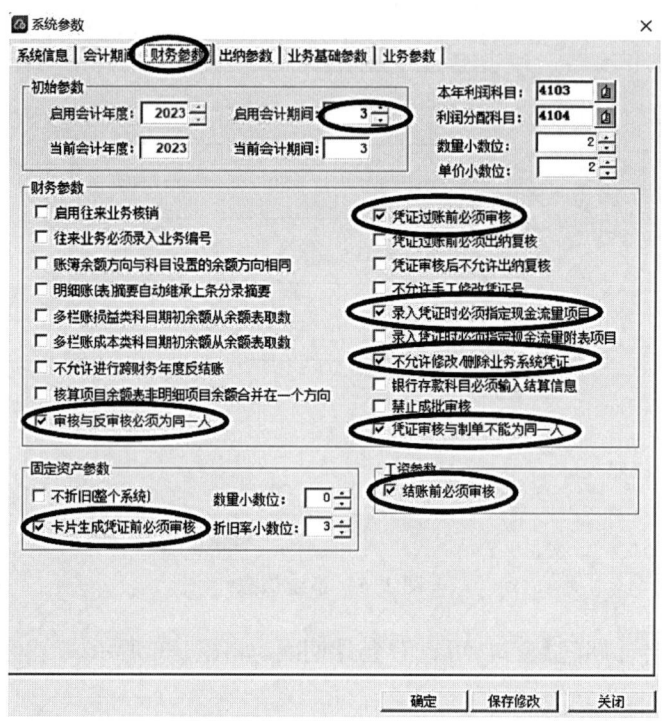

图3-7　财务参数

第四步,点击【出纳参数】选项卡,【启用会计年度】选择"2023"年,启用会计期间选择"3",在出纳参数下面勾选"与总账对账期末余额不等时不允许结账""允许从总账引入日记账"和"允许在日记账输入凭证字号",如图3-8所示。

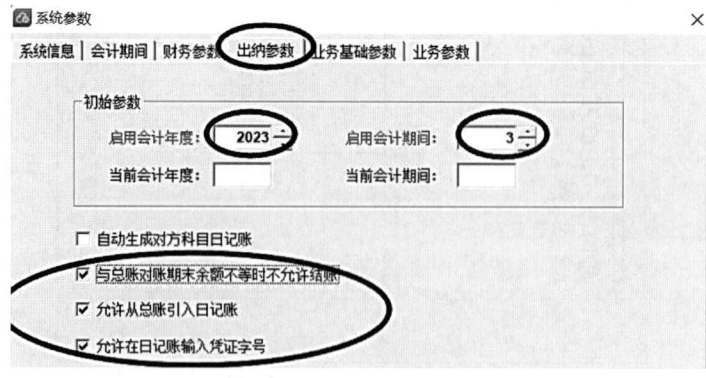

图3-8　出纳参数

第五步,点击【业务基础参数】选项卡,【启用会计年度】选择"2023"年,【启用会计期间】选择"3",取消"允许负库存出库""允许负库存结账",如图3-9所示。

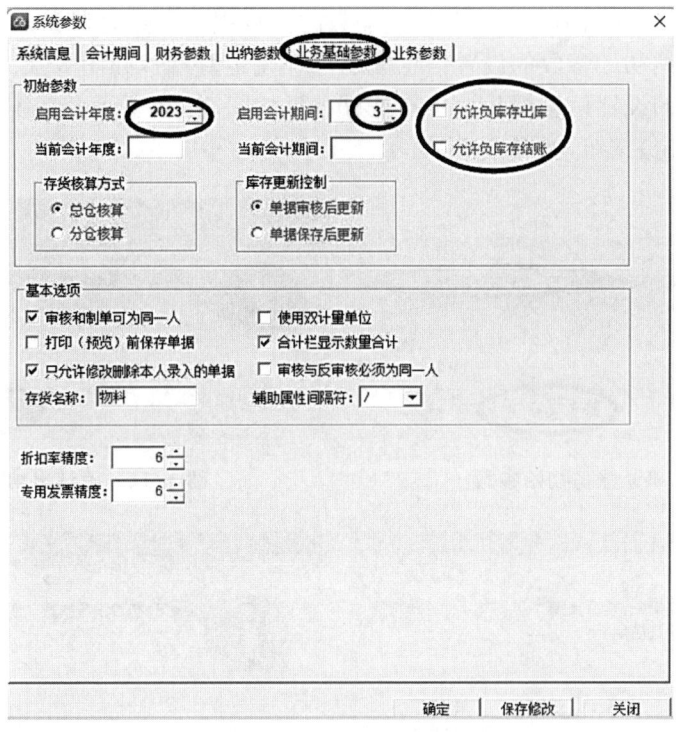

图 3-9　业务基础参数

第六步，点击【业务参数】选项卡，选择【仓库参数】下方的"出现负库存时提示"，选择【存货核算参数】下方的"结账检查未记账的单据"，点击【确定】按钮，如图 3-10 所示。

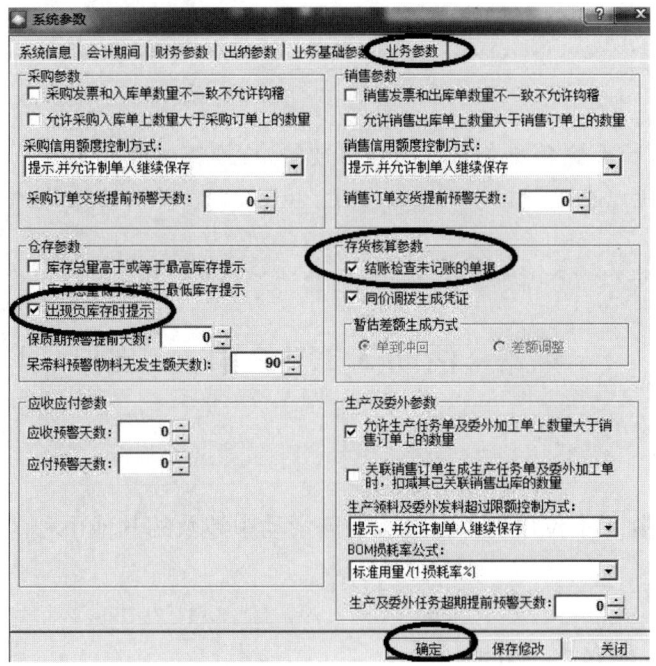

图 3-10　业务参数

第七步,这时系统弹出请确认账务初始参数的信息提示,点击【是】按钮,如图3-11所示。系统弹出请确认出纳初始参数的设置信息提示,点击【是】按钮,如图3-12所示。系统弹出请确认业务初始参数的设置信息提示,点击【是】按钮,如图3-13所示。系统最后弹出需要重新登录提示,点击【确定】按钮,如图3-14所示。

图3-11　确认账务初始参数　　　　图3-12　确认出纳初始参数

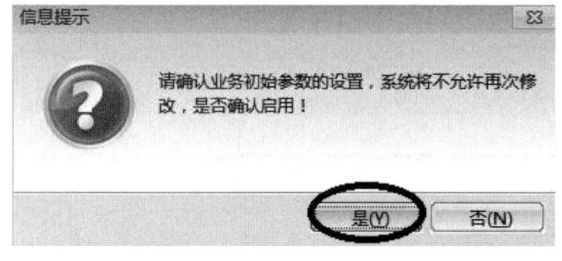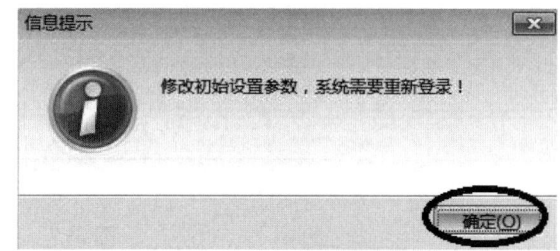

图3-13　确认业务初始参数　　　　图3-14　重新登录

随堂思考

财务系统、出纳系统和业务系统的启用期间,后续还能修改吗?

提示:不能,所以在进行图3-11、图3-12和图3-13所示的操作时,需要反复确认各系统启用时间。

活动3.1.3　币　　别

一、知识链接

币别是本位币、除了本位币以外在经济业务活动中涉及的其他币种。

二、岗位任务

币别的相关设置如表3-1所示。

表 3-1　　　　　　　　　　　　　　　币　　别

币别代码	币别名称	记账汇率	折算方式
HKD	港币	0.888 8	浮动汇率

三、操作步骤

第一步，使用"Manager"的身份登录，点击【基础设置】按钮，再点击公共资料下方的【币别】按钮，系统进入币别设置界面，点击【新增】按钮，如图 3-15 所示。

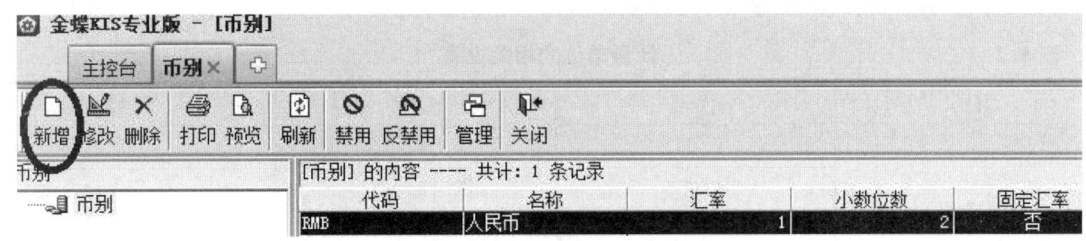

图 3-15　币别设置界面

第二步，系统弹出"币别—新增"窗口，输入币别代码"HKD"，输入币别名称"港币"，输入记账汇率"0.888 8"，选择"浮动汇率"，点击【确定】按钮，如图 3-16 所示。

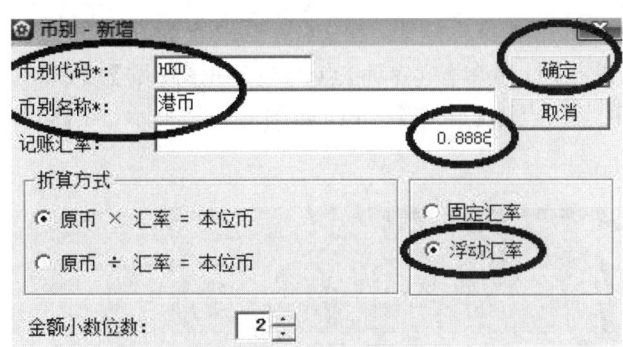

图 3-16　新增港币

第三步，系统回到币别设置界面，新增港币成功，如图 3-17 所示。

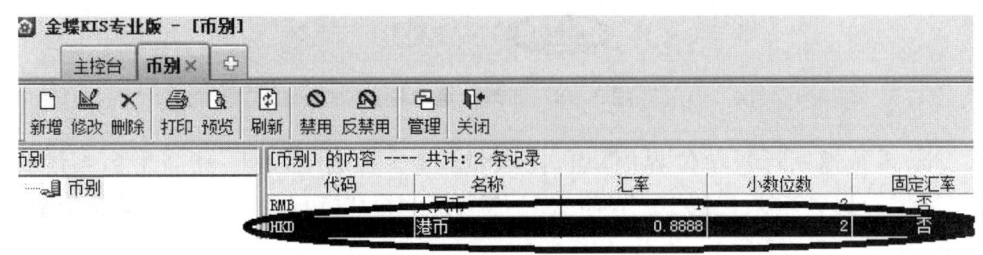

图 3-17　新增港币成功

活动 3.1.4 计量单位

一、知识链接

不同的存货和固定资产有不同的计量标准,需要不同的计量单位,如台、件、斤、个等。

二、岗位任务

计量单位的相关设置如表 3-2 所示。

表 3-2　　　　　　　　　　　计量单位的相关设置

组别	代码	名称	系数
数量组	01	台	1
	02	件	1
	03	辆	1
	04	箱	1
重量组	11	千克	1

三、操作步骤

第一步,使用"Manager"的身份登录,点击【基础设置】按钮,再点击公共资料下方的【计量单位】选项卡,系统进入"计量单位"界面,点击左上角【新增】按钮,系统弹出"新增计量单位组"窗口,输入"数量组",点击【确定】按钮,如图 3-18 所示。用同样的方法可以设置"重量组"。

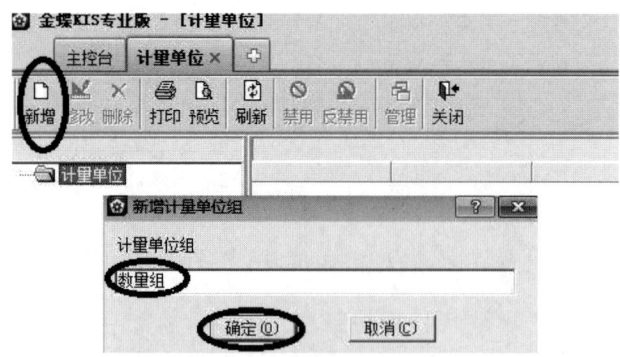

图 3-18　新增计量单位组

第二步,系统返回计量单位界面,点击【数量组】→右侧空白处→【新增】,系统弹出"计量单位—新增"窗口,输入代码"01",输入名称"台",输入换算率"1",点击【确定】按钮,如图 3-19 所示。

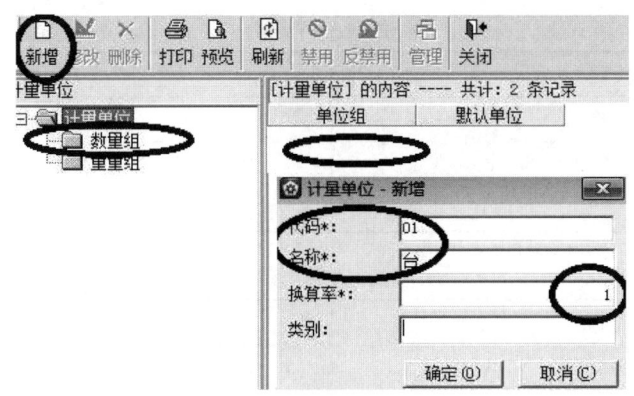

图 3-19　新增计量单位

第三步,全部计量单位设置完毕后,如图 3-20 所示。

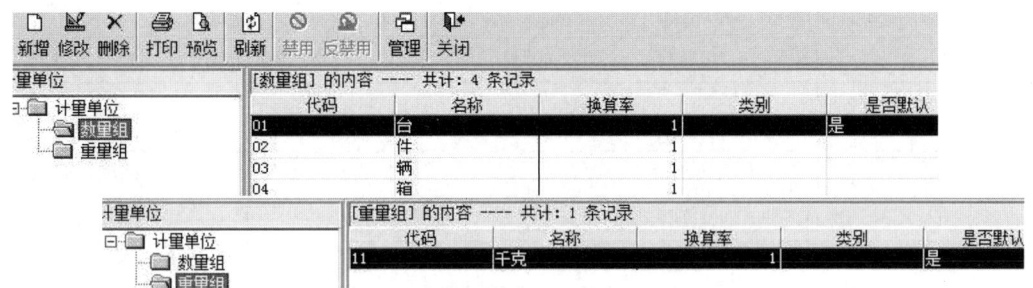

图 3-20　新增单位完毕

 活动 3.1.5　核 算 项 目

一、知识链接

核算项目是构成单据的必要信息,如单据需要录入客户、部门、职员、物料、仓库和供应商,核算项目可以设置在会计科目内,作为会计科目的明细科目。

二、岗位任务

新增客户档案、供应商档案、部门档案、职员档案、仓库档案等核算项目,如表 3-3 至表 3-7 所示。

表 3-3　　　　　　　　　　　客　户　档　案

代码	名称	信用额(元)	结算期限(天)
01	南宁高科	100 000	60
02	桂林硅谷	50 000	60
03	北海科技		

表 3-4　　　　　　　　　　供 应 商 档 案

代码	名称
01	南宁电科城
02	玉林科技
03	南宁新新科技

表 3-5　　　　　　　　　　部 门 档 案

代码	名称
01	总经办
02	财务部
03	销售部
04	采购部
05	生产部
06	仓储部

表 3-6　　　　　　　　　　职 员 档 案

代码	职员	部门	职员类别
01	郑波	总经办	合同工
02	苏眉	财务部	合同工
03	陈婕	财务部	合同工
04	许雄	采购部	合同工
05	李艳	销售部	合同工
06	吕增	生产部	合同工
07	雷娟	仓储部	合同工

表 3-7　　　　　　　　　　仓 库 档 案

代码	名称
01	原材料库
02	半成品库
03	成品库
04	包装物库

 随堂思考

为什么不设置物料档案？

提示：必须先引入会计科目并且完成原材料和库存商品的科目设置（选择数量金额辅助核算、选择数量组和缺省单位）之后才能操作，所以物料档案的设置操作安排在活动3.2.2。

三、操作步骤

第一步，使用"Manager"的身份登录，点击【基础设置】，再点击公共资料下方的【核算项目】，系统进入"基础资料—项目核算"界面，点击"核算项目"下的"客户"，再点击左上角【新增】按钮，如图 3-21 所示。

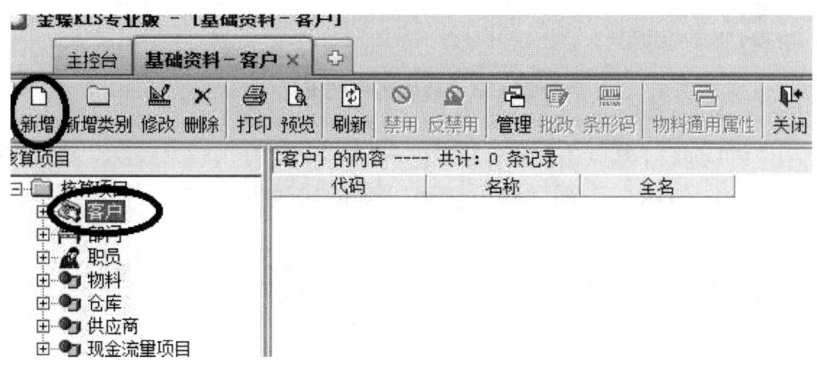

图 3-21　新增核算项目

第二步，系统弹出"客户-新增"窗口，输入代码"01"，输入名称"南宁高科"，输入信用额度"100 000"，选择结算期限"60 天"，点击【保存】按钮，如图 3-22 所示。

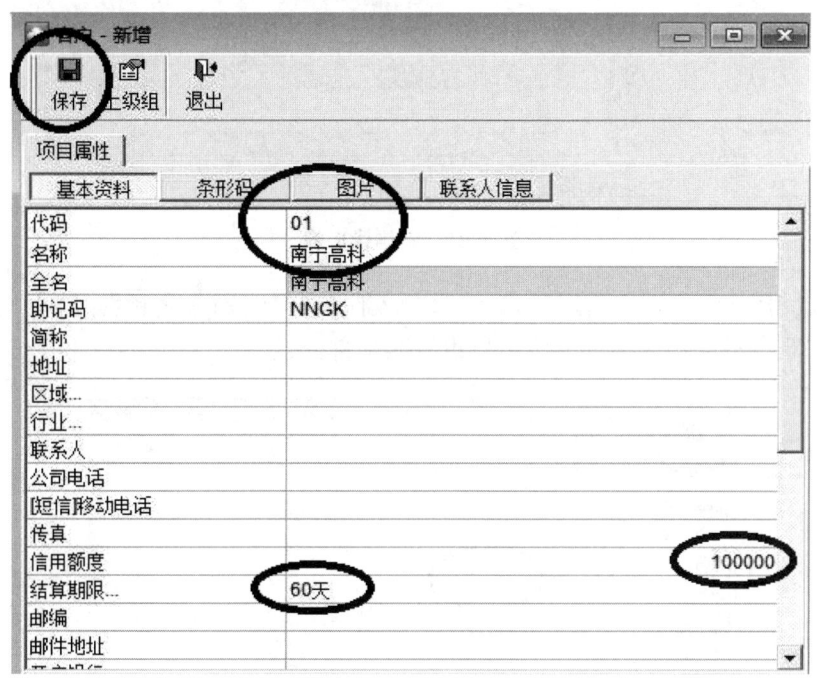

图 3-22　新增客户

第三步，系统回到"基础资料—核算项目"界面，这时界面发生了变化，全部设置完毕后，如图 3-23 所示。

图 3-23 新增客户档案后

第四步,点击"供应商",再点击【新增】按钮,输入代码"01",输入名称"南宁电科城",点击【保存】按钮,如图 3-24 所示。用同样的方法可以设置其他供应商。

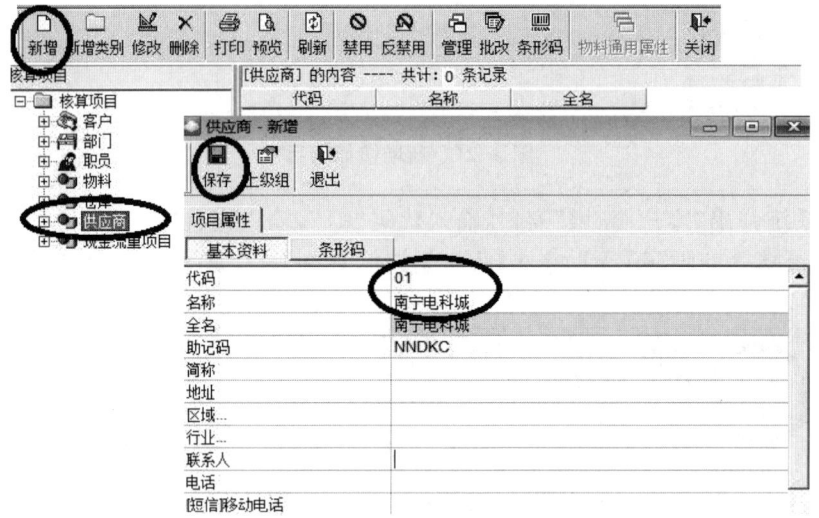

图 3-24 新增供应商

第五步,点击"部门",再点击【新增】按钮,输入代码"01",输入名称"总经办",点击【保存】按钮,如图 3-25 所示。用同样的方法可以设置其他部门。

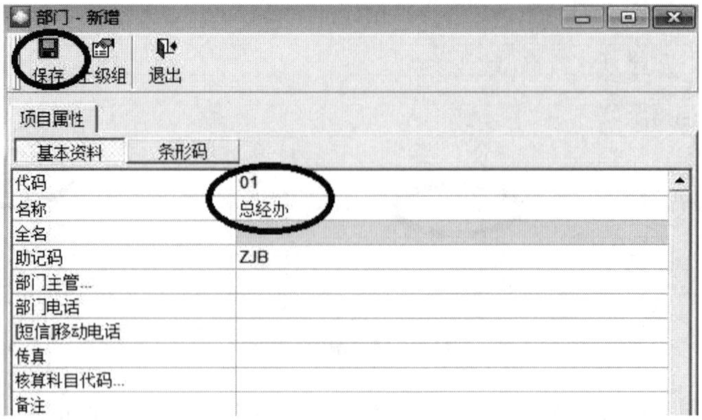

图 3-25 新增部门

第六步,点击"职员",再点击【新增】按钮,输入代码"01",输入名称"郑波",选择职员类别"合同工",点击【保存】按钮,如图 3-26 所示。用同样的方法可以设置其他职员。

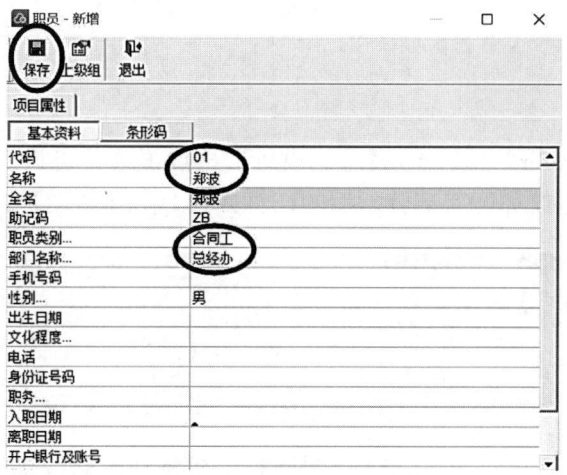

图 3-26　新增职员

第七步,点击"仓库",再点击【新增】按钮,输入代码"01",输入名称"原材料库",点击【保存】按钮,如图 3-27 所示。用同样的方法可以设置其他仓库。

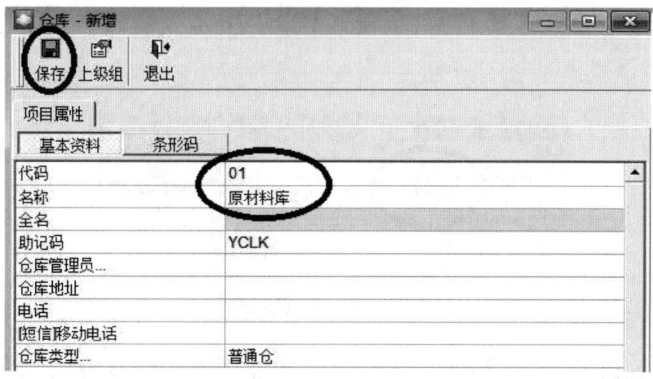

图 3-27　新增仓库

活动 3.1.6　结 算 方 式

一、知识链接

金蝶 KIS 云专业版 V15.1 自带现金、电汇、信汇、商业汇票和银行汇票五种结算方式。设置完明细科目后,再设置结算方式,还可以设置结算方式所对应的银行存款明细科目。

二、岗位任务

结算方式的设置如表 3-8 所示。

表 3-8　　　　　　　　　　　　结　算　方　式

代码	名称	科目代码
JF06	支票	尚无需设置

三、操作步骤

第一步，使用"Manager"登录，点击【基础设置】，再点击公共资料下方的【结算方式】，系统弹出"结算方式"界面，系统原配有部分常用的结算方式，点击【新增】按钮，如图 3-28 所示。

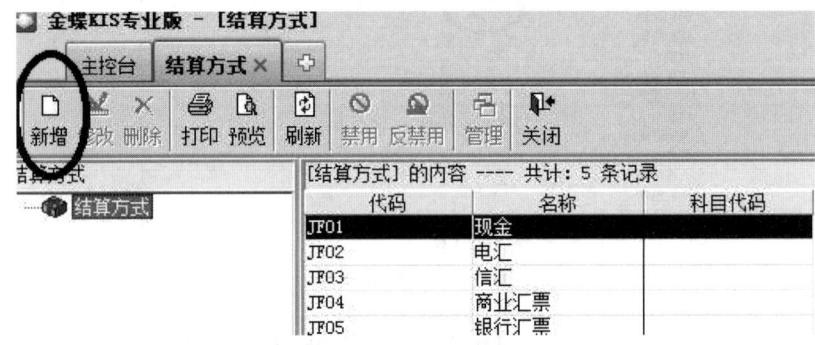

图 3-28　结算方式

第二步，系统弹出结算方式新增窗口，输入代码"JF06"，输入名称"支票"，点击【确定】按钮，如图 3-29 所示。

图 3-29　新增支票

第三步，系统回到【结算方式】界面，这时界面增加了支票结算方式，如图 3-30 所示。

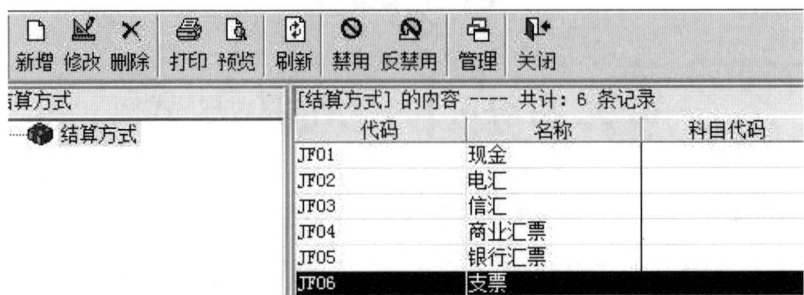

图 3-30　新增支票

活动 3.1.7 用 户 管 理

一、知识链接

用户管理是指对使用该账套的操作人员进行管理,控制指定用户可以登录到指定账套,还可控制用户具体操作权限。

二、岗位任务

用户权限设置如表 3-9 所示。

表 3-9　　　　　　　　　　　　　用 户 权 限

用户名	用户组	权限
苏　眉	系统管理员组	所有权限
陈　婕	财务组	所有查询权,基础资料、账务处理、固定资产、工资、应收应付管理、报表、采购发票、销售发票、存货系统中的记账凭证查询、业务生成凭证和业务凭证模板
许　雄	采购组	所有查询权,采购管理
李　艳	销售组	所有查询权,销售管理
吕　增	生产组	所有查询权,生产管理
雷　娟	仓储组	所有查询权,仓存管理和存货管理

三、操作步骤

第一步,使用"Manager"的身份登录,点击【基础设置】,再点击公共资料下方的【用户管理】,系统弹出【用户管理】界面,点击【新建用户组】,系统弹出【用户组属性】窗口,输入用户组名"财务组",点击【确定】按钮,如图 3-31 所示。用同样的方法可以新建其他用户组。

 随堂思考

系统管理员组用户的权限有哪些特殊性?
提示:系统管理员组用户默认拥有全部权限,所以只需将"苏眉"添加进系统管理员组,无需再进行权限设置。若为一个用户设置全部权限,该用户所拥有的权限和系统管理员组用户的权限仍存在差异。

第二步,系统返回【用户管理】界面,点击【新建用户】,系统弹出【新增用户】窗口,选择【用户】,点击用户姓名右边的"🖿"图标,双击名称"苏眉",如图 3-32 所示。

第三步,系统返回【新增用户】窗口,选择【用户组】,系统进入【新增用户-用户组】窗口,双击【系统管理员组】,点击【确定】按钮,如图 3-33 所示。用同样的方法可以新建其他用户。苏眉属于系统管理员组,默认拥有全部权限,无需再进行权限设置。

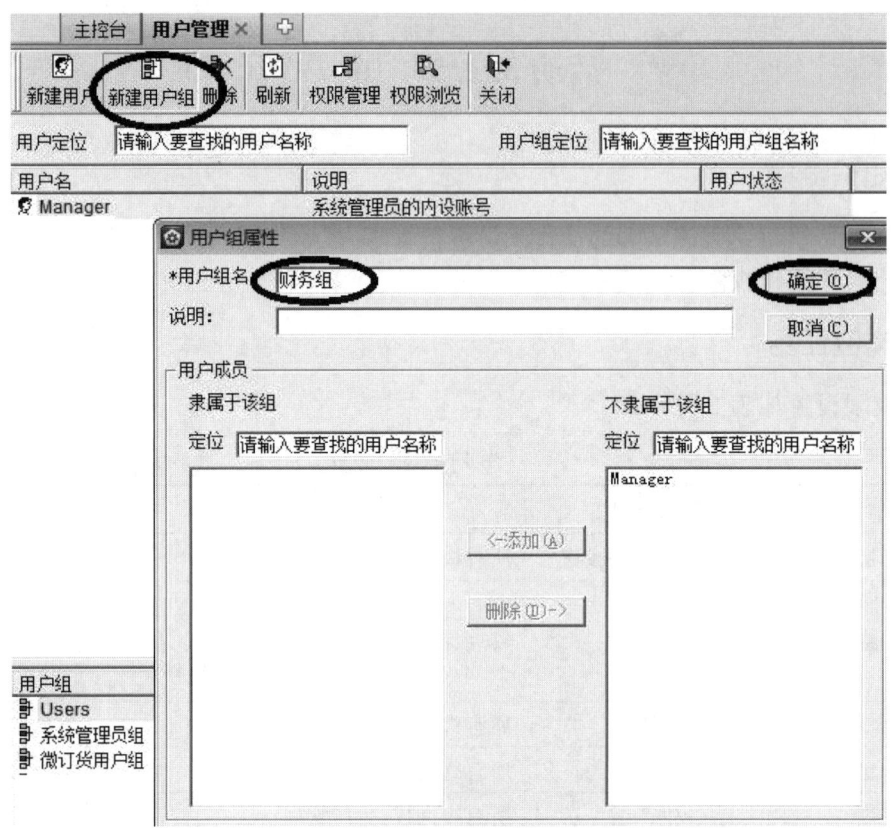

图 3-31　用户属性

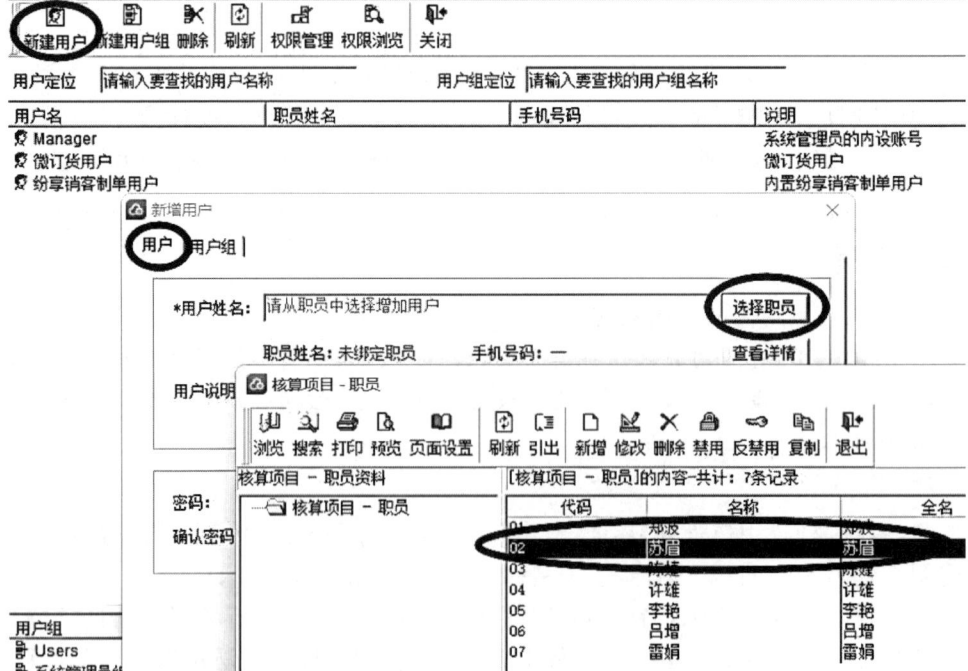

图 3-32　选择用户名

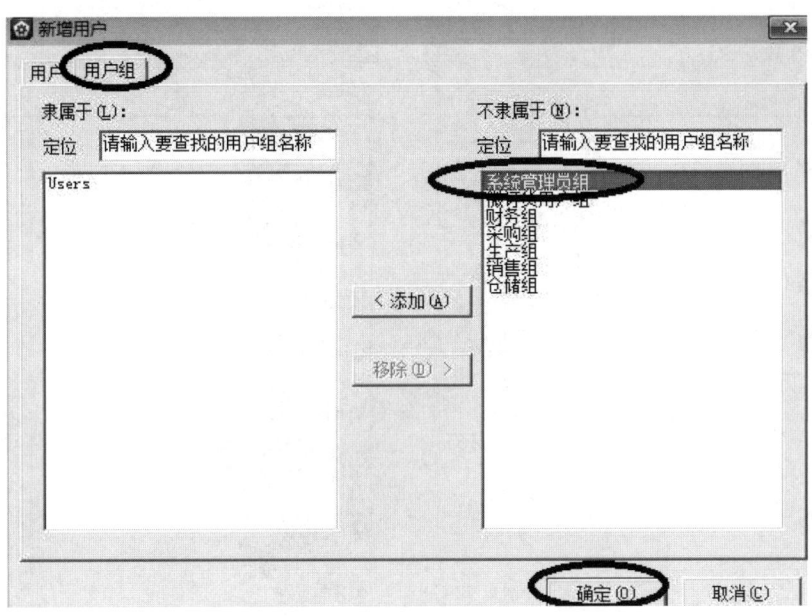

图 3-33 选择用户组

第四步,系统返回【用户管理】界面,点击【陈婕】→【权限管理】,系统弹出【用户管理-权限管理(陈婕)】窗口,首先,点击【查询权】(将所有查询权设置完毕),如图 3-34 所示;其次,再按照图 3-35 和图 3-36 将陈婕的剩余权限勾选完毕,点击【授权】按钮。

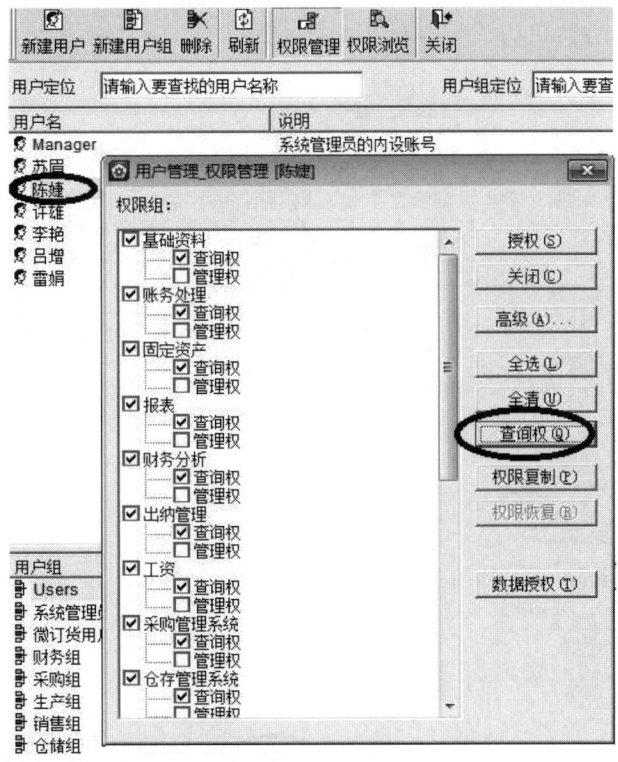

图 3-34 陈婕权限 1

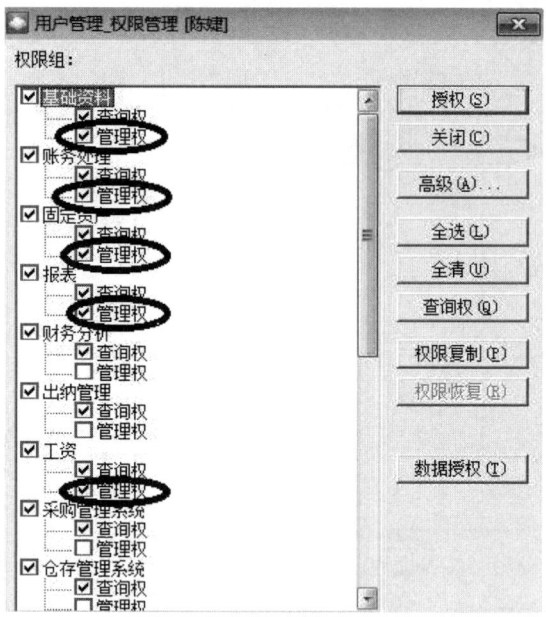

图 3-35 陈婕权限 2

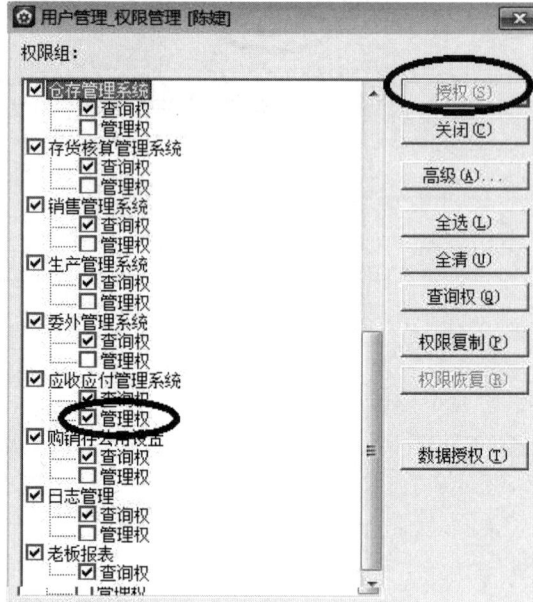

图 3-36 陈婕权限 3

第五步,采购发票和销售发票权限的设置有所不同,首先,点击【高级】→【购销存单据(其他)】,再分别点击【采购发票】→【全选】→【授权】,如图 3-37 所示;其次,点击【销售发票(蓝字)】→【全选】→【授权】,如图 3-38 所示;最后,点击【销售发票(红字)】→【全选】→【授权】,如图 3-39 所示。用同样方法可以设置其他用户的权限。

图 3-37 陈婕权限 4

图 3-38　陈婕权限 5

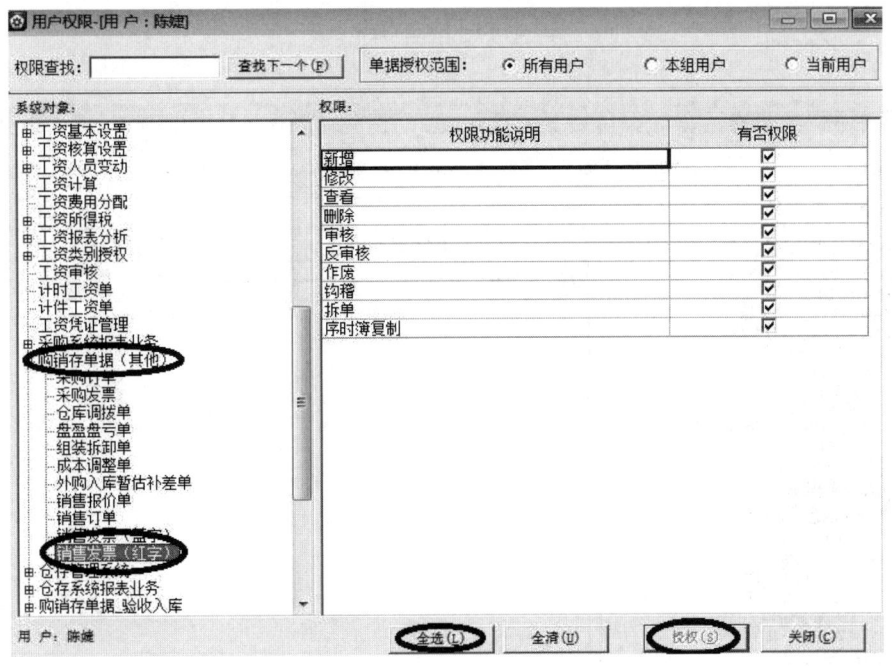

图 3-39　陈婕权限 6

第六步，下拉并分别点击【存货核算管理系统】→【记账凭证查询】→【全选】→【授权】【业务生成凭证】→【全选】→【授权】和【业务凭证模板】→【全选】→【授权】，如图 3-40、图 3-41 和图 3-42 所示。

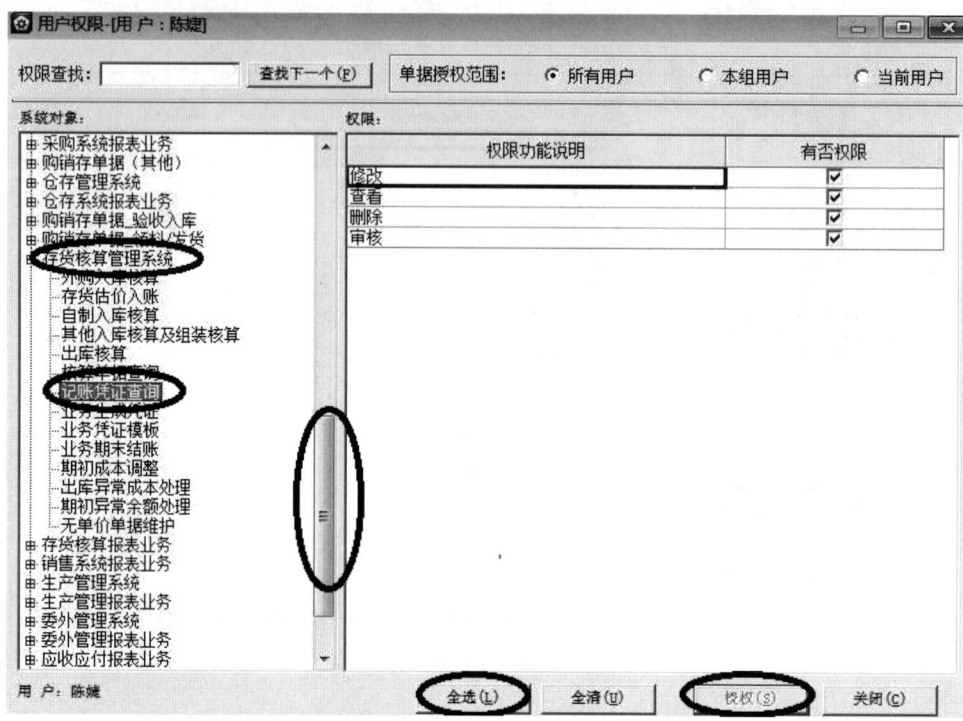

图 3-40　陈婕权限 7

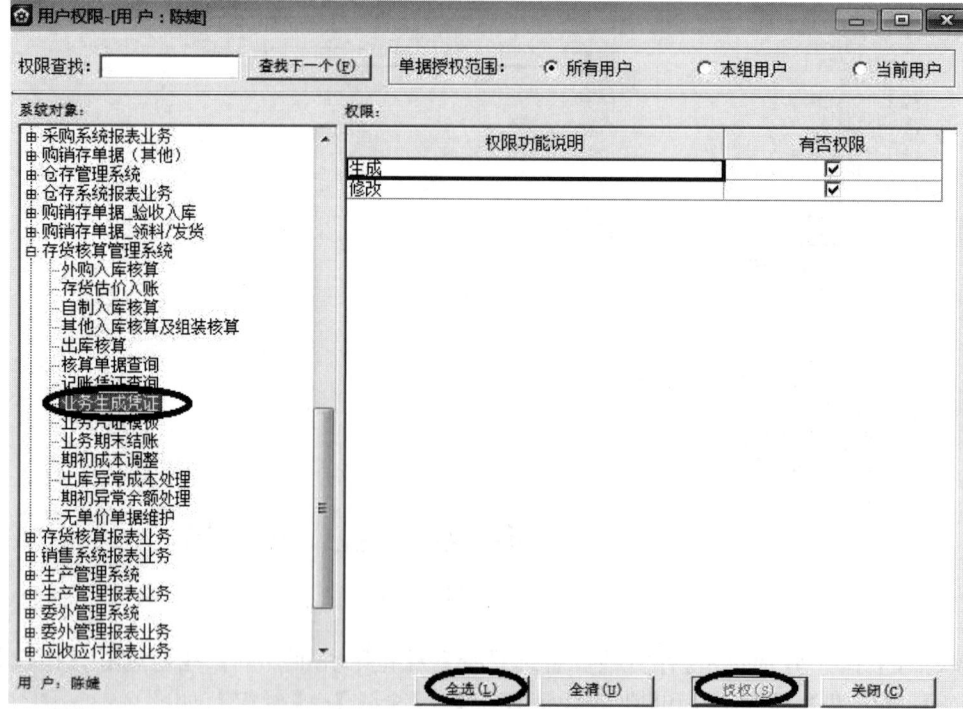

图 3-41　陈婕权限 8

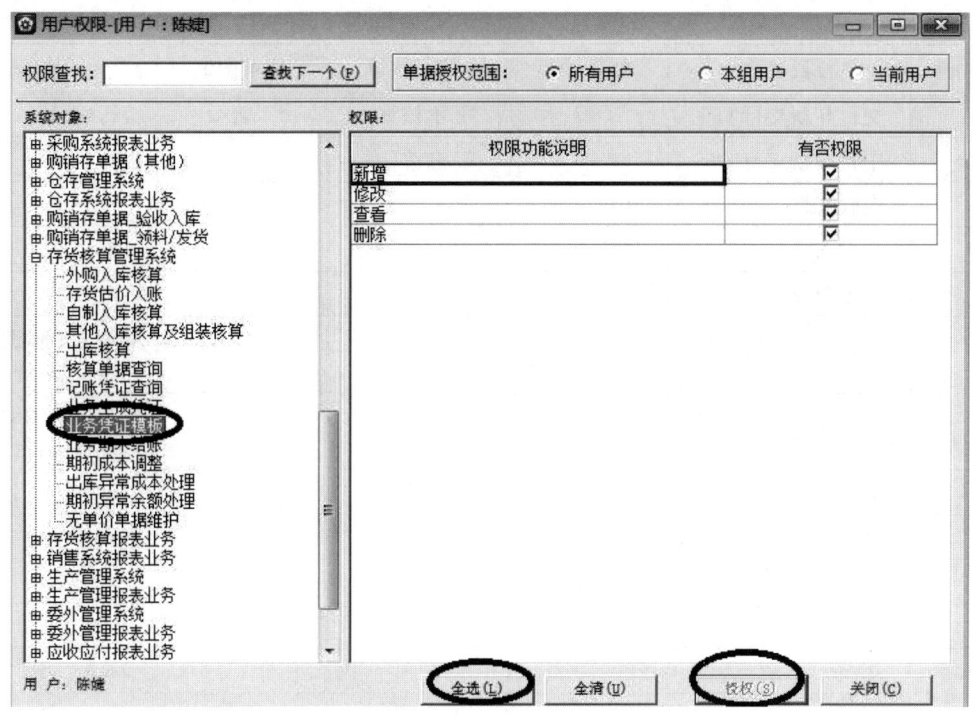

图 3-42 陈婕权限 9

任务 3.2 财务资料

 活动 3.2.1 引入会计科目

一、知识链接

金蝶 KIS 云专业版 V15.1 中有企业会计制度科目、小企业会计制度科目、新会计准则科目、2013 年小企业会计准则科目、新会计准则科目(含明细科目)、民间非营利组织会计科目。在建账时,选择不同的会计制度,呈现的会计科目也不同。

二、岗位任务

使用"Manager"的身份登录,按表 3-10 新增和修改会计科目。

表 3-10　　　　　　　　　　　　　会计科目表

科目代码	科目名称	核算项目	外币核算	期末调汇	其他
1001.01	人民币		不核算	否	现金科目
1001.02	港币		港币	是	现金科目

（续表）

科目代码	科目名称	核算项目	外币核算	期末调汇	其他
1002.01	交行高新支行655		不核算	否	银行科目
1002.02	中行高新支行588		港币	是	银行科目
1122	应收账款	客户			
1123	预付账款	供应商			
1221	其他应收款	职员、部门			
1403	原材料	物料			数量金额辅助核算 计量单位：件
1405	库存商品	物料			数量金额辅助核算 计量单位：台
1601.01	交通工具				
1601.02	办公设备				
2202	应付账款	供应商			
2203	预收账款	客户			
4001.01	郑波				
4001.02	苏眉				
5001.01	基本生产成本				
5001.01.01	直接材料				
5001.01.02	直接人工				
5001.01.03	制造费用转入				
5101.01	折旧费				
5101.02	水电费				
5101.03	工资				
5101.04	其他				
6601.01	差旅费				
6601.02	折旧费				
6601.03	工资				
6602.01	折旧费	部门			
6602.02	业务招待费	部门			
6602.03	差旅费	部门			
6602.04	工资	部门			
6602.05	办公费	部门			
6602.06	其他	部门			
6603.01	利息				
6603.02	调汇				
6603.03	其他				

三、操作步骤

第一步,使用"Manager"的身份登录,点击【基础设置】按钮,再点击财务资料下方的【会计科目】,系统进入【会计科目】界面,如图 3-43 所示。

图 3-43 会计科目

> **随堂思考**
> 不同的科目模板类型有什么不同?
> 提示:要正确选择科目模板类型,不同科目模板的会计科目有差异。

会计科目的新增和修改只列示"1001.02 港币"和"1122 应收账款"的操作步骤,用同样的方法修改和新增其他会计科目。

第二步,新增"1001.02 港币"。点击【会计科目】窗口中的【新增】,系统弹出【会计科目-新增】窗口,输入科目代码"1001.02",输入科目名称"港币",选择外币核算"港币",选择"期末调汇",点击【保存】按钮,如图 3-44 所示。

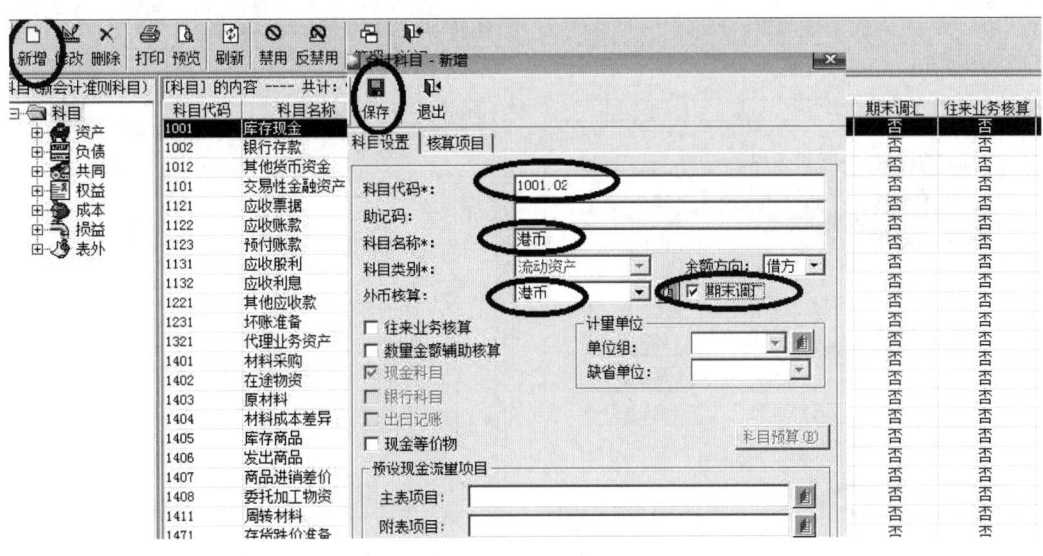

图 3-44 新增港币

第三步，修改"1122 应收账款"。双击【应收账款】，系统弹出【会计科目-修改】窗口，选择【核算项目】，如图 3-45 所示。系统进入【会计科目-修改】窗口，在【核算项目】界面点击【增加核算项目类别】，系统弹出【核算项目类别】窗口，点击【客户】→【确定】按钮，如图 3-46 所示。系统返回【会计科目-修改】窗口，在【核算项目】界面，点击【保存】按钮，如图 3-47 所示。

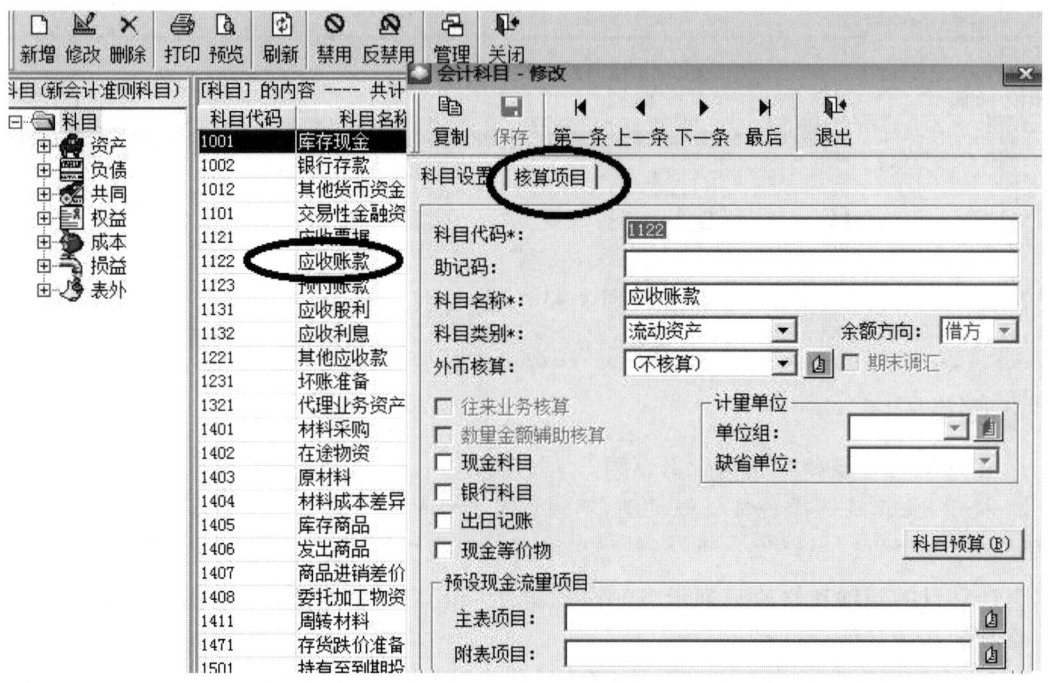

图 3-45　修改应收账款 1

图 3-46　修改应收账款 2　　　　　图 3-47　修改应收账款 3

剩余部分科目的设置如图 3-48、图 3-49 和图 3-50 所示。

模块 3　基础设置 | 047

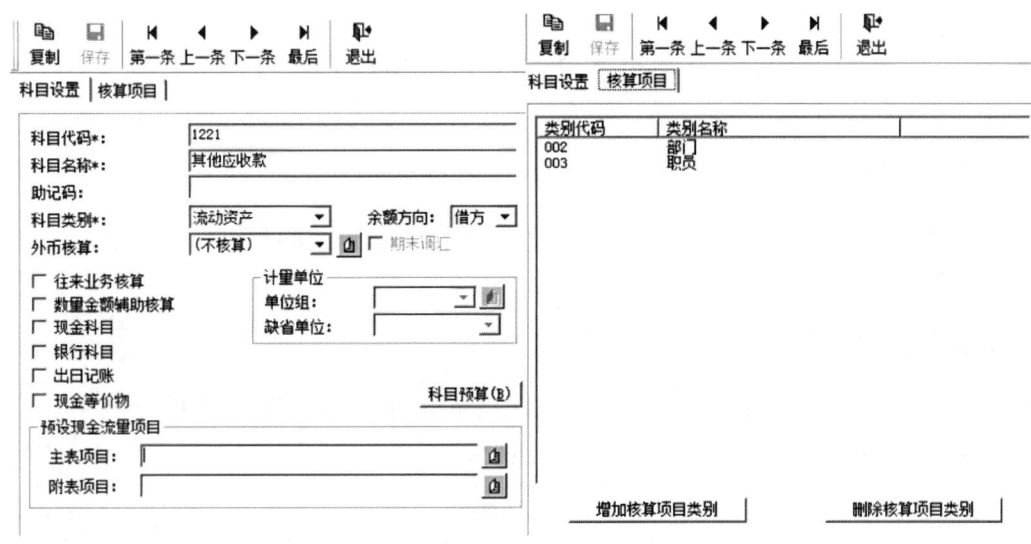

图 3-48　其他应收款

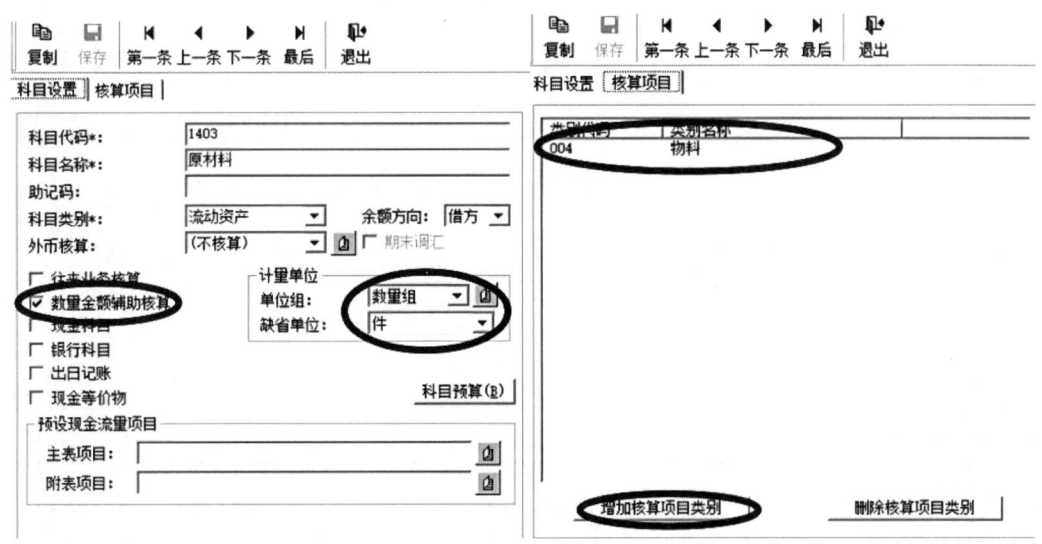

图 3-49　原材料

图 3-50　成本类科目

活动 3.2.2 补充核算项目

一、知识链接

操作完成原材料和库存商品的会计科目设置(选择数量金额辅助核算、选择数量组和缺省单位),才能操作物料档案的设置。

二、岗位任务

使用"Manager"的身份登录,新增如表 3-11 所示的物料档案的核算项目。

表 3-11　　　　　　　　　　　物 料 档 案

物料大类	1. 原材料							3. 产成品	
代码	1.01	1.02	1.03	1.04	1.05	1.06	1.07	3.01	3.02
名称	主板	CPU	硬盘	电源	机箱	主板	CPU	电脑	电脑
型号	H	H				G	G	H	G
属性	外购							自制	
计量单位组	数量组								
计量单位	件							台	
计价方法	加权平均法								
存货科目代码	1403							1405	
销售收入科目代码	6051							6001	
销售成本科目代码	6402							6401	

随堂思考

物料的属性有什么作用?

提示:物料的属性必须选正确,否则 BOM 单据将无法录入原材料信息。

三、操作步骤

第一步,使用"Manager"的身份登录,点击【基础设置】→【核算项目】,系统进入【核算项目】界面,点击【物料】→【新增】,系统弹出【物料-新增】窗口 1,点击【上级组】,系统弹出【物料-新增】窗口 2,输入代码"1",输入名称"原材料",点击【保存】→【退出】按钮,如图 3-51 所示。用同样的方法可以设置其他上级组。

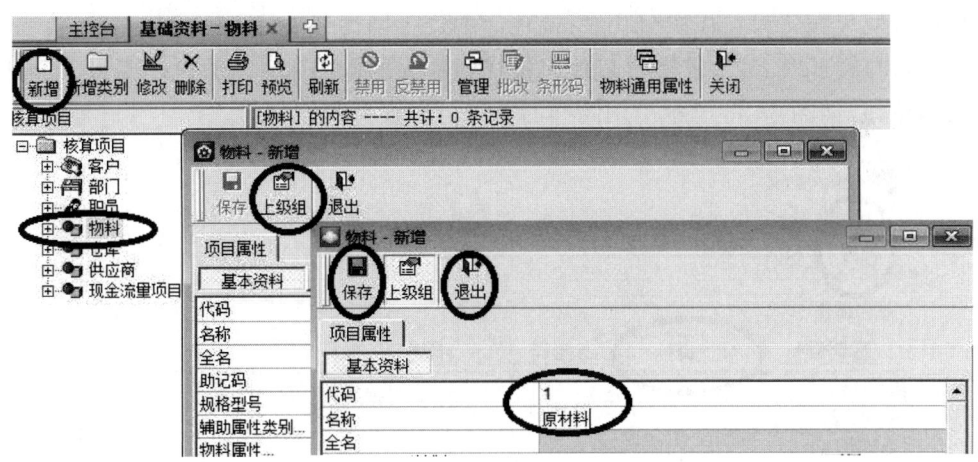

图 3-51 新增上级组

> **随堂思考**
>
> 设置物料之前,是否必须先设置上级组?
> 提示:是的。

第二步,点击【物料】→【新增】,系统弹出【物料-新增】窗口,在【项目属性】界面下点击【基本资料】,输入代码"1.01",输入名称"主板",输入型号"H",选择属性"外购",选择计量单位组"数量组",默认基本计量单位,选择采购计量单位、销售计量单位和库存计量单位"件",点击【保存】按钮,如图 3-52 所示。在【项目属性】界面下点击【物流资料】,选择计量方法"加权平均

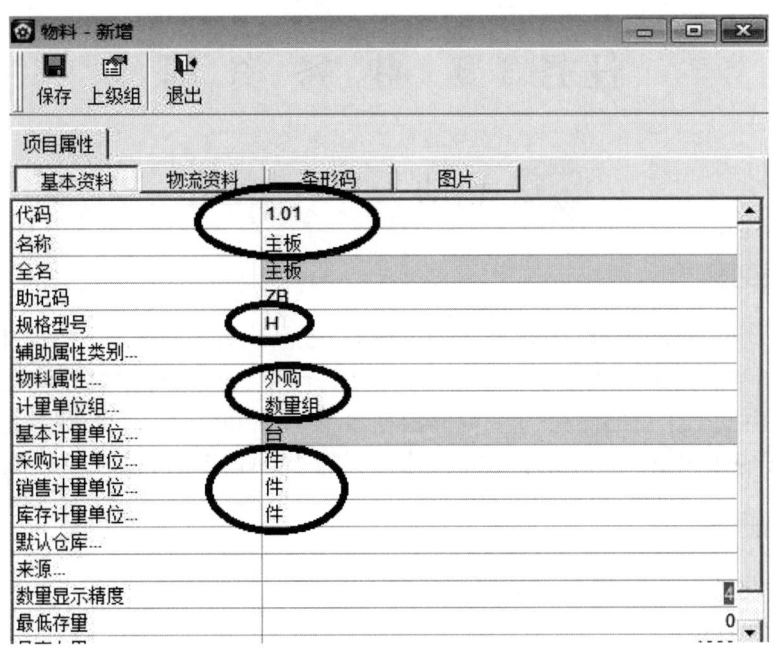

图 3-52 新增物料 1

法",选择或者输入存货科目代码"1403",选择或者输入销售收入科目代码"6051",选择或者输入销售成本科目代码"6402",这些科目代码选择与输入的前提条件都是已经引入了会计科目,点击【保存】按钮,如图 3-53 所示。用同样的方法可以设置其他物料。

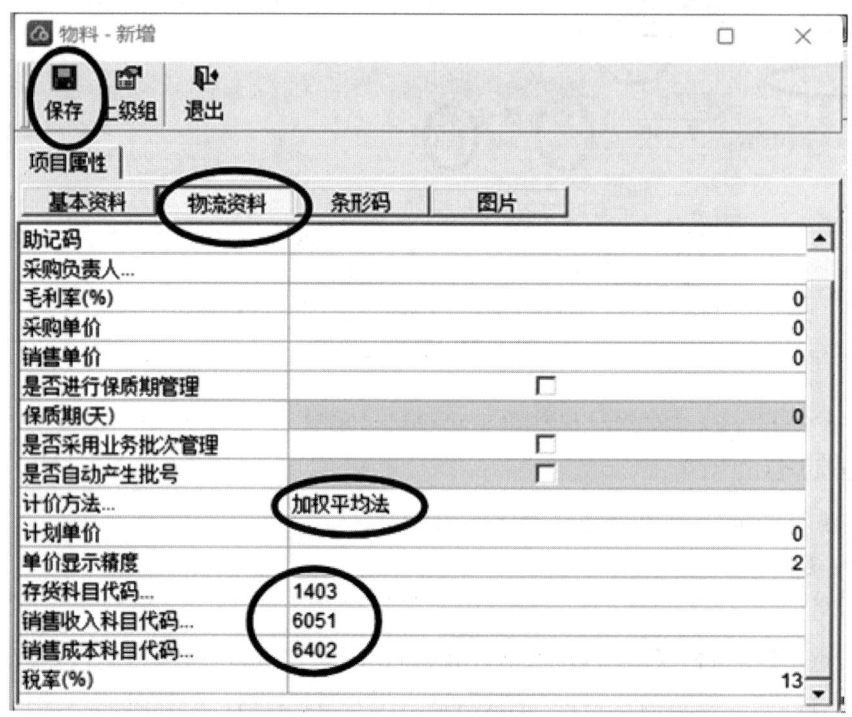

图 3-53 新增物料 2

任务3.3 业 务 资 料

活动 3.3.1 BOM

一、知识链接

物料清单(bill of material,简称 BOM),是指产成品或者半成品的原材料构成情况,具体而言,BOM 是指某一产成品或者半成品是由哪些原材料组成、每种原材料消耗多少数量。例如,一个面包是由 0.1 千克的面粉、0.2 克的白糖、1 个鸡蛋和 0.001 克的酵母粉组成。一个完整的 BOM 档案应该包括物料关系和数量关系。设置 BOM 档案可以减轻后期工作量。

二、岗位任务

BOM 表的设置如表 3-12 所示。

表 3-12　　　　　　　　　　　　BOM 表

电脑组					
1 台电脑(型号 H)			1 台电脑(型号 G)		
代码	名称	用量	代码	名称	用量
1.01	主板(H)	1件	1.06	主板(G)	1件
1.02	CPU(H)	1件	1.07	CPU(G)	1件
1.03	硬盘	1件	1.03	硬盘	1件
1.04	电源	1件	1.04	电源	1件
1.05	机箱	1件	1.05	机箱	1件

三、操作步骤

第一步，使用"Manager"的身份登录，点击【基础设置】按钮，再点击业务资料下方的【BOM】，系统弹出"过滤"界面，点击【确定】按钮，如图 3-54 所示。

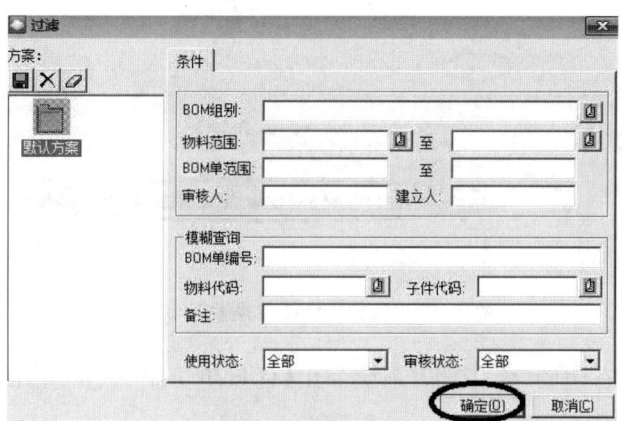

图 3-54　BOM 过滤 1

第二步，系统弹出"BOM"界面，点击【新增组】图标，系统弹出"新增组"窗口，输入代码"01"，输入名称"电脑组"，点击【确定】按钮，如图 3-55 所示。

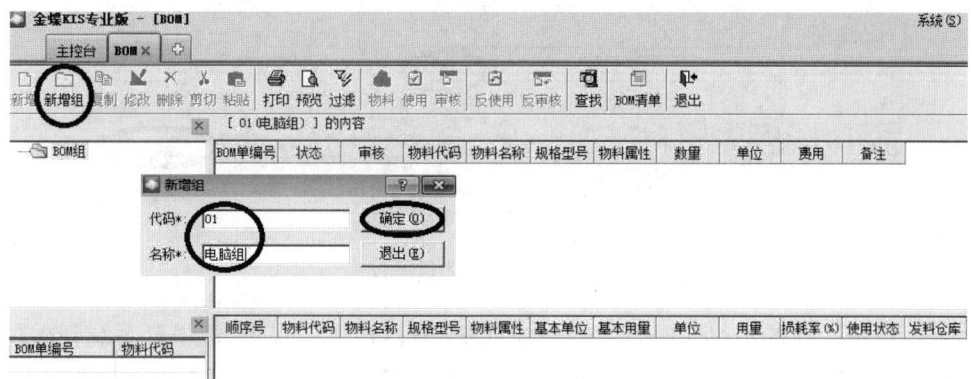

图 3-55　BOM 界面

第三步,系统回到"BOM"界面,点击【电脑组】→点击【新增】按钮,如图3-56所示。

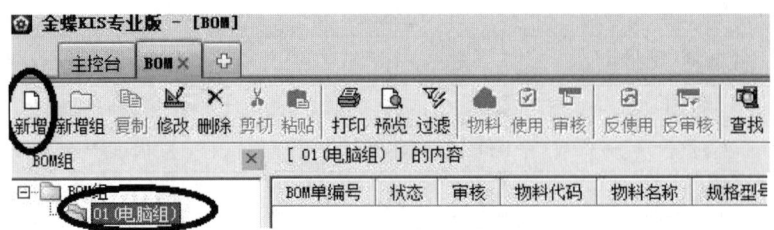

图 3-56　新增电脑组

第四步,系统进入BOM单【新增】界面,双击表头的物料代码右边的"🔍"图标(或者点击物料代码右边的输入小窗口,再点击表头的【资料】,此方法下文不再重述),系统弹出【核算项目-物料】窗口,双击代码【3.01】,如图3-57所示。

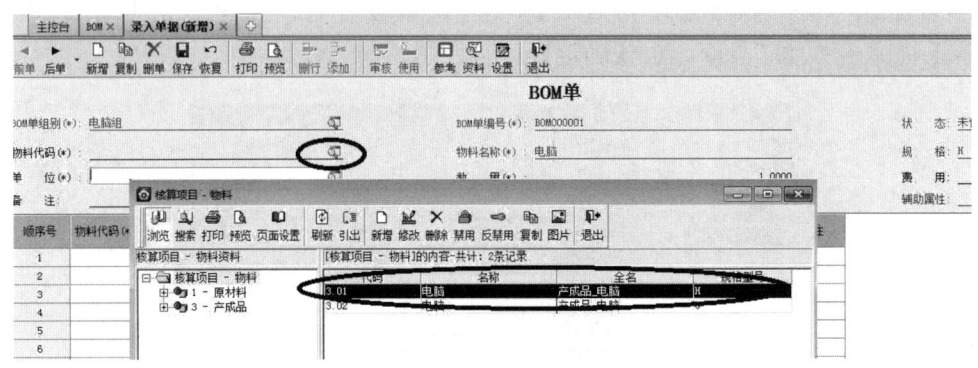

图 3-57　选择BOM单据物料代码

第五步,双击单位右边的"🔍"图标,系统弹出【计量单位组-数量组】窗口,点击【代码01】→【确定】,如图3-58所示。

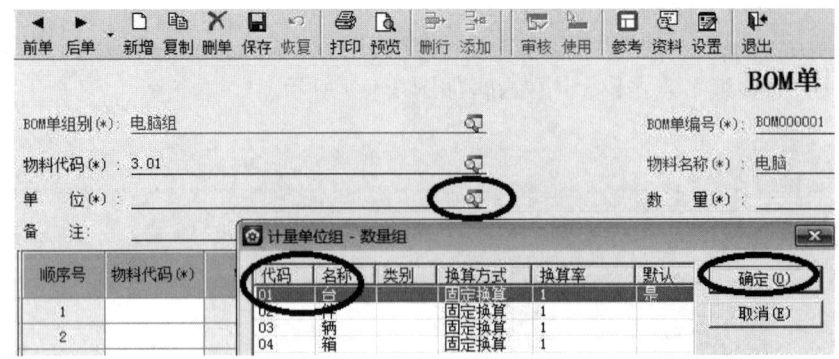

图 3-58　选择计量单位

第六步,点击表体的物料代码下方的对应的第一行,再点击表头【资料】,系统弹出【核算项目-物料】窗口,按"Ctrl"键,同时选中代码【1.01】【1.02】【1.03】【1.04】【1.05】,按"Shift"键,按回车键,如图3-59所示。

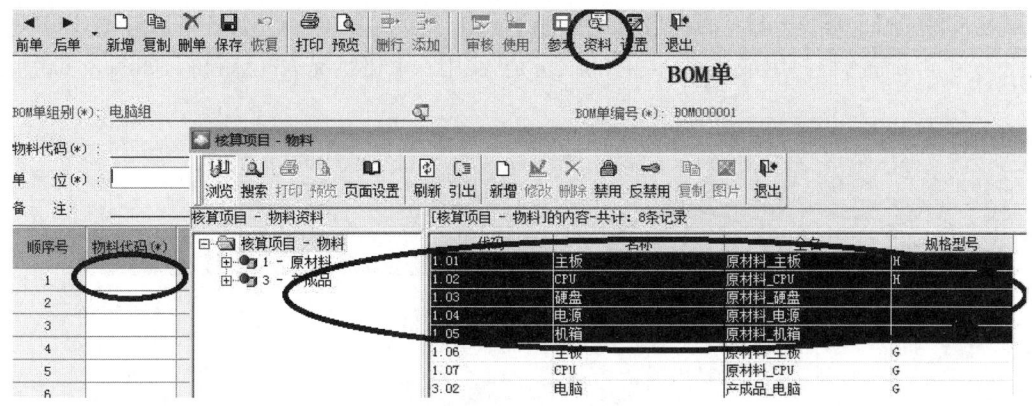

图 3-59　选择原材料代码

第七步，系统回到 BOM 单【新增】界面，点击表体【发料仓库】界面下方对应的第一行，再点击表头【资料】，系统弹出【核算项目-仓库】界面，双击代码【01】，如图 3-60 所示。发料仓库其他行中输入"01"即可，输入完毕后显示【原材料库】，如图 3-61 所示。

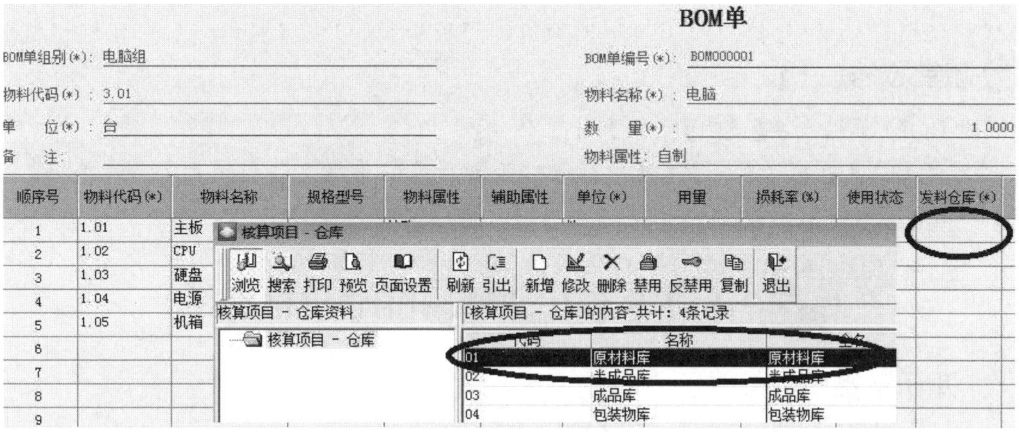

图 3-60　仓库选择

第八步，系统回到 BOM 单【新增】界面，点击【保存】→【审核】→【使用】，如图 3-61 所示。用同样的方法新增代码为"3.02"的 BOM 单据。

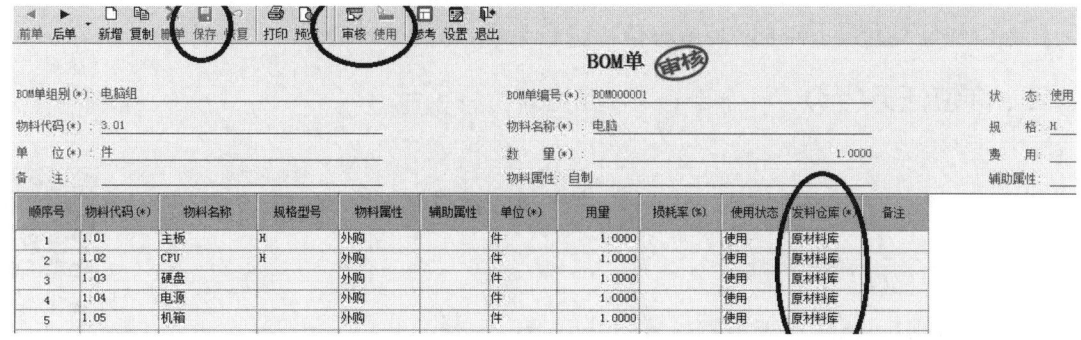

图 3-61　BOM 单据录入

第九步,系统回到【BOM】界面,点击【电脑组】,点击 BOM 编号【BOM00001】,这时 BOM 界面出现代码为"3.01"的物料组成关系,此时的状态是"使用",审核状况为"已审核",如图 3-62 所示。

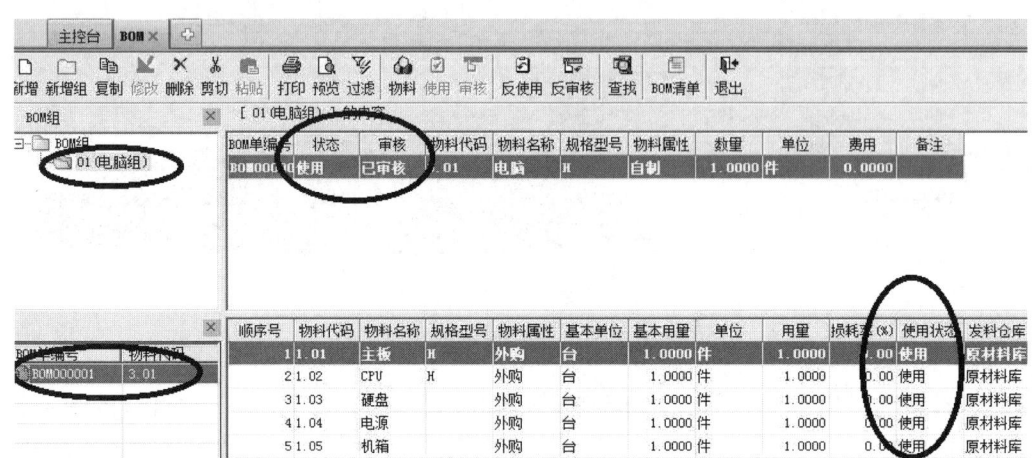

图 3-62　代码 3.01 BOM

> **随堂思考**
>
> 对 BOM 单据点击【使用】按钮有什么作用?
> 提示:BOM 单据必须点击【使用】按钮,否则后续的单据无法引用到 BOM 单据。

活动 3.3.2　采购和销售价格资料

一、知识链接

采购价格资料用于维护供应商提供物料的价格信息,针对不同供应商可以设置不一样的价格,设置采购价格资料可以优先采用系统设置的价格,提高单据处理速度。采购限价处理也在"采购价格资料"中维护,当采购业务高于最高限价时,系统会弹出提示窗口。

销售价格资料用于维护不同客户、不同销售订单量的单价,系统会根据客户信息和订单量信息自动获取销售单价,省去手工录入单价容易出错的麻烦。但是,同一客户或者同一订单量范围的单价经常变化时,不建议对销售价格进行系统设置。

二、岗位任务(无)

模　块　测　试

一、单项选择题

1. 下列各项中,属于出纳参数设置内容的是(　　)。

A. 允许从总账引入日记账　　　　　　B. 凭证过账前必须审核

C. 结账前必须审核　　　　　　　　　D. 不允许手工修改凭证号
2. 系统管理员拥有的权限是(　　)。
A. 所有查询权　　B. 供应链权限　　C. 总账权限　　D. 全部权限
3. 物料属性的作用是(　　)。
A. 录入错误,BOM 单据将无法录入　　B. 录入错误,BOM 单据无法审核
C. 录入错误,BOM 单据无法引用　　　D. 录入错误,不影响
4. 核算项目的本质是(　　)。
A. 总账科目　　　　　　　　　　　B. 明细科目
C. 数量金额明细科目　　　　　　　D. 多栏明细科目
5. 要使用往来业务处理功能,在会计科目属性设置中要选择(　　)。
A. 核算项目　　　　　　　　　　　B. 往来业务核算
C. 辅助核算—单一核算项目　　　　D. 辅助核算—多核算项目
6. 不能查看别人输入的凭证的原因是(　　)。
A. 软件没有装好　　　　　　　　　B. 账套中毒了
C. 本身就不能查看　　　　　　　　D. 所授的权限不正确
7. 系统操作日志位于软件的(　　)功能模块。
A. 初始化　　　B. 凭证　　　C. 报表　　　D. 基础设置
8. 某企业成立于 2022 年 6 月,2022 年 12 月购入 KIS 软件,2023 年 3 月开始正式使用软件并录入 2023 年 1 月的账务数据,则该企业的账套启用期间是(　　)。
A. 2022 年 6 月　　B. 2022 年 12 月　　C. 2023 年 3 月　　D. 2023 年 1 月

二、多项选择题
1. 切换用户名的方法有(　　)。
A. 直接点软件右下角的用户名进行切换　　B. 点文件下拉"更换用户名"
C. 关闭账套重新用过用户名登录　　　　　D. 以上三种方法都可以
2. 在金蝶 KIS 专业版软件中,总账初始化科目余额数据可以从(　　)系统模块导入。
A. 出纳　　　　B. 固定资产　　　C. 业务　　　D. 应收应付
3. 在金蝶 KIS 软件初始化时,下面支持 Excel 的引入和引出的有(　　)等初始数据。
A. 存货　　　　B. 科目　　　　　C. 出纳　　　D. 应收应付
4. 在金蝶 KIS 软件中,属于账套初始化数据录入内容的有(　　)等初始数化据录入。
A. 科目　　　　B. 固定资产　　　C. 现金流量表　D. 出纳
5. 在系统里添加新用户时,需要进行(　　)方面的授权。
A. 操作权限　　　　　　　　　　　B. 报表权限
C. 科目权限　　　　　　　　　　　D. 权限使用范围
6. 查看上期凭证,下列项目中(　　)操作人员一定会有权限。
A. 制单　　　B. 审核　　　C. 复核　　　D. 过账
7. 用户根据企业管理实际需求可以自由定义核算类别,下列选项中,可以设置为核算项目的有(　　)。
A. 供应商　　　B. 部门　　　C. 职员　　　D. 客户
8. 定义现金类科目,各个不同的单位会有所不同,现金类科目是指(　　)。

A. 现金　　　　B. 银行存款　　　　C. 其他货币资金　　D. 应收账款

9. 在系统参数设置中,需要设置(　　)科目。

A. "未分配利润"　B. "本年利润"　　C. "利润分配"　　　D. "实收资本"

10. 承接单项选择题 9,在系统参数设置中,有两个会计科目需要设置,设置的时间需要在(　　)。

A. 任意时间　　　　　　　　　　B. 引入会计科目之后
C. 月末结转损益前　　　　　　　D. 结账前

11. 上机日子能查询到的内容有(　　)。

A. 操作时间　　B. 操作用户　　　　C. 操作模块　　　　D. IP 地址

三、判断题

1. 在金蝶 KIS 软件初始化时,都支持 Excel 的引入和引出。（　　）
2. 初始数据录入完成并启用账套后,初始数据可以修改。（　　）
3. 如果一个企业有 4 个会计,可以每个人都给全部权限。（　　）
4. 不同的科目模板内置不一样的会计科目。（　　）
5. 核算项目的优点在于预设核算项目的会计科目已经启用,无法添加明细科目的情况下,后期仍然可以添加需要使用的具体核算项目。（　　）
6. 在会计期间设置中,不选中"自然年度会计期间",就可以自由设置期间数。（　　）
7. 不一定要先引入会计科目,也可以增加物料。（　　）
8. BOM 单据设置完毕后,需要审核和点击【使用】按钮,否则后续将无法引用。（　　）
9. 会计期间可以设置为 13 个期间。（　　）
10. 财务系统、出纳系统和业务系统期间启用后,后续仍有机会修改。（　　）

四、业务题

1. 参考活动 3.1.1,使用"Manager"的身份登录"硕通科技 2022"账套。
2. 参考活动 3.1.2,使用"Manager"的身份登录,设置"硕通科技 2022"账套的系统参数:所有系统启用会计时间都为 2022 年 11 月 1 日,会计期间是 12 个月;财务系统要求设置:审核与反审核必须为同一人、凭证过账前必须审核、不允许修改删除业务凭证、凭证审核和制单不能为同一人、固定资产系统卡片生成凭证前必须审核、工资系统结账前必须审核。
3. 参考活动 3.1.4,使用"Manager"的身份登录,新增"硕通科技 2022"账套的计量单位组和单位(表 3-13)。

表 3-13　　　　　　　　"硕通科技 2022"账套的计量单位

计量单位组	计量单位		
名称	代码	名称	换算率
数量组	1	件	1
重量组	2	千克	1

4. 参考活动 3.1.5,使用"Manager"的身份登录,设置"硕通科技 2022"账套的核算项目(物料档案暂不设置)。部门档案、职员档案、往来单位档案和仓库档案如表 3-14 至表 3-17 所示。

表 3-14 部门档案

部门代码	部门名称
1	管理部
2	财务部
3	采购部
4	生产部
5	销售部

表 3-15 职员档案

职员代码	职员名称	职员部门	职员类别	性别
101	郑波	管理部	合同工	男
102	苏眉	管理部	合同工	女
201	郑钰	财务部	合同工	女
202	郑薇	财务部	合同工	女
203	赵小白	财务部	合同工	女
204	蒋园	财务部	合同工	女
205	李维	财务部	合同工	女
301	陈礼	采购部	合同工	女
302	郑芳	采购部	合同工	女
401	李军	生产部	合同工	男
402	郑婷	生产部	合同工	女
501	郑娇	销售部	合同工	女
502	郑杰	销售部	合同工	男

表 3-16 往来单位档案

供应商		客户	
01	天津中大有限公司	01	北京实业有限责任公司
02	河北电子有限公司	02	深圳远华有限公司
		03	上海华能有限责任公司

表 3-17 仓库档案

代码	名称
01	原材料库
02	成品库

5. 参考活动 3.1.6，使用"Manager"的身份登录，新增"硕通科技 2022"账套的结算方式中的支票。

6. 参考活动 3.1.7，使用"Manager"的身份登录，设置"硕通科技 2022"账套的用户权限和用户组（相关资料见表 3-18）。

表 3-18　　　　　　　　　　用户权限和用户组

姓名	密码	用户组	权限	岗位
郑钰	1	系统管理员组	所有模块权限	会计主管
郑薇	2	财务组	基础资料、账务处理模块权限（出纳复核除外）、固定资产卡片及变动、工资类别授权（设置类别后再进行设置）、工资审核、剩余模块查询权	会计
赵小白	3	财务组	基础资料、账务处理、工资、固定资产模块的权限、剩余模块的查询权	会计
蒋园	4	财务组	基础资料、账务处理模块权限（出纳复核除外）、采购管理、销售管理、应收应付管理、仓存管理、存货核算管理、购销存公用设置的权限、剩余模块查询权	会计
李维	5	财务组	基础资料查询权、账务处理查询权、账务处理出纳复核、出纳管理的权限	出纳

7. 参考活动 3.2.1，用"郑薇"的身份登录，在"硕通科技 2022"账套引入"最新会计准则"的全部科目，同时新增和修改如表 3-19 所示的会计科目。

表 3-19　　　　　　　　　　会 计 科 目 表

科目代码	科目名称	数量辅助、项目核算等	科目类别	方向
1001	库存现金	现金科目、出日记账	资产	借
1002	银行存款	银行科目、出日记账	资产	借
1002.01	交通银行	银行科目、出日记账	资产	借
1122	应收账款	客户核算项目	资产	借
1123	预付账款	供应商核算项目	资产	借
1221	其他应收款		资产	借
1221.01	个人款	职员核算项目	资产	借
1221.02	保险公司赔款		资产	借
1402.01	A 材料	数量金额辅助核算 计量单位：千克	资产	借
1402.02	B 材料	数量金额辅助核算 计量单位：千克	资产	借
1403	原材料		资产	借
1403.01	A 材料	数量金额辅助核算 计量单位：千克	资产	借
1403.02	B 材料	数量金额辅助核算 计量单位：千克	资产	借

(续表)

科目代码	科目名称	数量辅助、项目核算等	科目类别	方向
1405	库存商品		资产	借
1405.01	甲商品	数量金额辅助核算 计量单位:件	资产	借
1405.02	乙商品	数量金额辅助核算 计量单位:件	资产	借
2202	应付账款	供应商项目核算	负债	贷
2203	预收账款	客户核算项目	负债	贷
2211	应付职工薪酬		负债	贷
2211.01	工资		负债	贷
2211.02	"五险"		负债	贷
2211.03	住房公积金		负债	贷
2211.04	工会经费		负债	贷
2211.05	职工教育经费		负债	贷
5001	生产成本		成本	借
5001.01	甲商品		成本	借
5001.02	乙商品		成本	借
5101	制造费用		成本	借
5101.01	工资		成本	借
5101.02	公司"五险"		成本	借
5101.03	水电费		成本	借
5101.04	折旧费		成本	借
5101.05	办公费		成本	借
6601	销售费用		损益	
6601.01	工资		损益	
6601.02	公司"五险"		损益	
6601.03	水电费		损益	
6601.04	折旧费		损益	
6601.05	差旅费		损益	
6601.06	广告费		损益	
6601.07	其他		损益	
6602	管理费用		损益	
6602.01	工资		损益	

(续表)

科目代码	科目名称	数量辅助、项目核算等	科目类别	方向
6602.02	公司"五险"		损益	
6602.03	水电费		损益	
6602.04	折旧费		损益	
6602.05	差旅费	部门项目核算	损益	
6602.06	业务招待费	部门项目核算	损益	
6602.07	办公费		损益	
6603	财务费用		损益	
6603.01	利息收入		损益	
6603.02	利息支出		损益	
6603.03	手续费		损益	

8. 参考活动3.2.2,使用"郑薇"的身份登录,在"硕通科技2022"账套新增如表3-20所示的物料档案。

表3-20　　　　　　　　　　　物　料

先设置物料大类:原材料和产成品							
代码	名称	属性	计量单位	计价方法	存货科目代码	销售收入科目代码	销售成本科目代码
1.01	A材料	外购	千克	先进先出	1403.01	6051	6402
1.02	B材料	外购	千克	先进先出	1403.02	6051	6402
2.01	甲商品	自制	件	先进先出	1405.01	6001	6401
2.02	乙商品	自制	件	先进先出	1405.02	6001	6401

模块 4

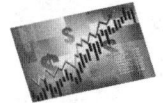

初 始 化

【考核目标】	1. 认知账套初始化的意义。 2. 认知账套初始化的步骤。
【实践目标】	掌握业务系统初始化、财务系统初始化和出纳初始化的操作方法。
【思政目标】	1. 培养学生细致、谨慎、有条不紊的财经专业素质。 2. 培养学生忠于职守、尽职尽责的职业操守。 3. 培养学生严守纪律红线和法律底线的思想意识,引导学生树立社会责任意识。

【知识点思维导图】

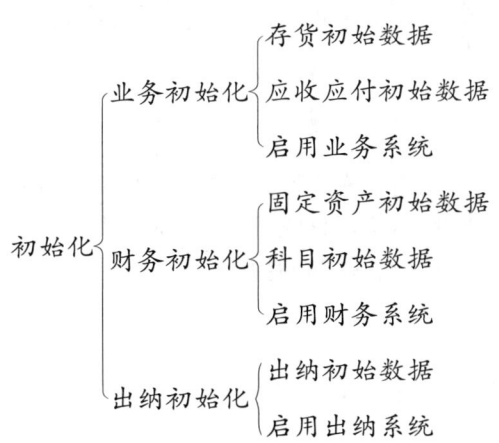

 思政案例

电信诈骗案、盗窃银行卡、非法套现、冒用他人银行卡、网络消费诈骗层出不穷,其中超过 90% 是个人信息泄露导致的。通过社交网络平台、欺诈 App 软件、恶意二维码等进行诈骗的案件也频发。

针对层出不穷的诈骗手段,如何保卫自己的钱包安全?中国银联专家给出了建议。首先,上网时要"擦亮眼睛",在正规渠道申请银行卡,谨防黑中介获取个人身份信息后伪冒办卡,并实施盗刷;警惕钓鱼网站,不点击短信中的链接,不在不明网站填写银行卡卡号、有效期、安全码、短信验证码等信息;警惕免费WiFi,避免使用免费WiFi进行网络支付,以免被不法分子盗取用户名和密码;使用移动支付时,App上只绑定小额银行卡,删除App前要解除绑定的银行卡,以减少个人支付账户被盗用的危险。其次,消费时不要让卡片离开自己的视线,警惕不法分子使用侧录器复制银行卡的磁条信息,可以将磁条卡更换为安全性更高的芯片卡。

中国银联专家建议,收款商户要通过正规金融机构及特定非金融机构申请POS终端,核实签约主体是否持有"支付业务许可证"。无证机构通常使用"免手续费""费率封顶""一证办机"等广告用语,如与无证机构签约,有资金被截留、挪用、卷走的风险。此外,收款商户需加强财务人员与收银员管理,合规经营,切勿参与不法套现活动,如为他人提供套现服务,或将面临非法经营罪的刑事处罚。

据统计,2017年,中国银联累计协助公安机关查办案件3.18万件,协查涉案银行卡约92.36万张,协查金额4 582亿元。

资料来源:https://m. huanqiu. com/article/9CaKrnK8CM2。

问题:通过对案例的分析与讨论,你将如何维护信息安全、网络安全?在财务工作中,你将如何维护单位账套的安全?

任务4.1 业务初始化

活动4.1.1 存货初始数据

一、知识链接

存货初始数据表示账套启用前仓库中原材料、周转材料和库存商品等的期初数量和期初金额,还包括本年累计收入数量、本年累计收入金额、本年累计发出数量和本年累计发出金额,录入完毕后可以将初始数据传递至总账初始数据。

二、岗位任务

存货初始数据的设置如表4-1所示。

表4-1　　　　　　　　　　　存货初始数据

金额单位:元

仓库名称	物料代码	物料名称	本年累计收入数量	本年累计收入金额	本年累计发出数量	本年累计发出金额	期初数量	期初金额
原材料库	1.01	主板-H	200个	120 000.00	150个	82 500.00	100个	55 000.00
原材料库	1.02	CPU-H	180个	180 000.00	150个	147 000.00	120个	117 600.00

(续表)

仓库名称	物料代码	物料名称	本年累计收入数量	本年累计收入金额	本年累计发出数量	本年累计发出金额	期初数量	期初金额
成品库	3.01	电脑-H	200 台	460 000.00	240 台	528 000.00	30 台	66 000.00

三、操作步骤

第一步，使用"Manager"的身份登录，点击【初始化】，再点击业务初始化下方的【存货初始数据】，系统进入存货初始界面，点击【原材料库】→【物料代码】下方的空白处→【查看】，如图4-1所示。

图4-1 存货初始界面

第二步，系统弹出【核算项目-物料】界面，双击代码"1.01"的物料，如图4-2所示。

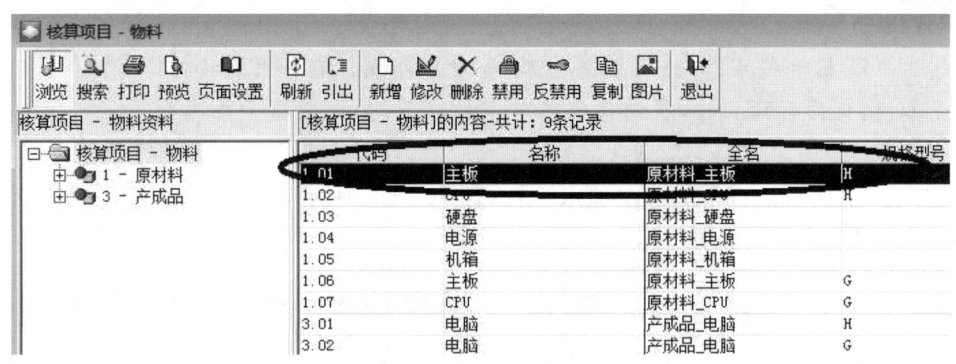

图4-2 选择物料

第三步，系统返回存货初始界面，输入本年累计收入数量"200"，输入本年累计收入金额"120 000"，输入本年累计发出数量"150"，输入本年累计发出金额"82 500"，输入期初数量"100"，输入期初金额"55 000"，用同样的方法录入 CPU（型号 H）初始数据，点击【保存】按钮，如图4-3所示。用同样的方法录入成品库的电脑（型号 H），点击【保存】→【对账】，如图4-4所示。

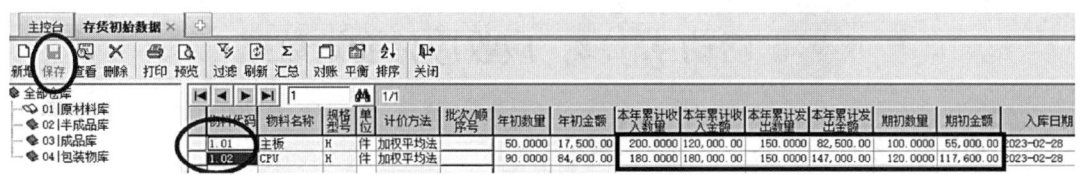

图4-3 原材料库初始数据

图 4-4 成品库初始数据

第四步,系统弹出对账界面,点击【传递】,如图 4-5 所示。

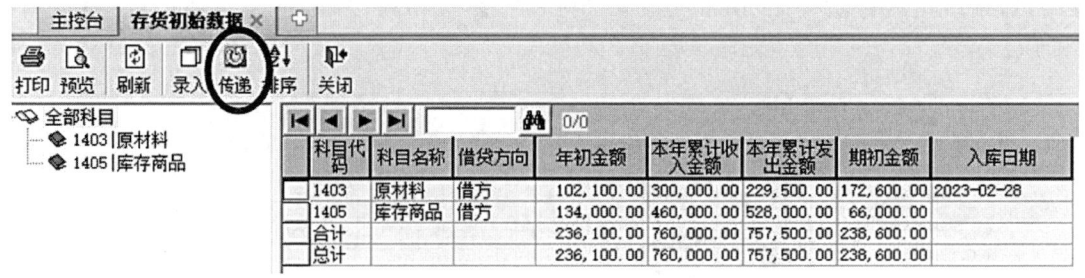

图 4-5 存货对账

 随堂思考

电脑—H 属于成品库,如果录错仓库,会对后期操作有什么影响?
提示:销售库存商品时,在销售出库单审核环节,系统会提示负库存。

第五步,系统弹出执行余额传递提示,点击【是】按钮,如图 4-6 所示。系统弹出余额传递完成提示,点击【确定】按钮,如图 4-7 所示。

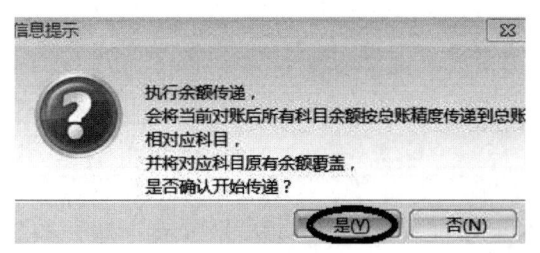

图 4-6 执行余额传递

图 4-7 余额传递完成

活动 4.1.2 应收应付初始数据

一、知识链接

应收应付初始数据表示企业与客户和供应商等往来单位在账套启用前的期初数据,涉及的会计科目包括"应收账款""预收账款""应付账款"和"预付账款"等,录入完毕后可以将数据传递至总账初始数据。

二、岗位任务

客户和供应商的初始数据相关设置资料如表 4-2 和表 4-3 所示。本年累计借方和本年累计贷方的数据在活动 4.2.2 中使用。

表 4-2　　　　　　　　　　　　　客户初始数据

单位：元

客户	日期	应收账款	预收账款	期初余额	本年累计借方	本年累计贷方
南宁高科	2023.2.28	188 000.00		188 000.00	234 000.00	46 000.00
桂林硅谷	2023.2.28	78 000.00		78 000.00	168 000.00	90 000.00
北海科技	2023.2.28		20 000.00	20 000.00	48 000.00	68 000.00

表 4-3　　　　　　　　　　　　　供应商初始数据

供应商	日期	应付账款	预付账款	期初余额	本年累计借方	本年累计贷方
南宁电科城	2023.2.28	65 000.00		65 000.00	57 000.00	122 000.00
玉林科技	2023.2.28	8 000.00		8 000.00	24 000.00	32 000.00

三、操作步骤

第一步，使用"Manager"的身份登录，点击【初始化】，再点击业务【初始化】下方的【应收应付初始数据】，系统进入【应收应付初始】界面，默认选择【客户】和【人民币】，点击【客户代码】下方的空白处→【查看】，系统弹出【核算项目—客户】窗口，双击"01 南宁高科"，如图 4-8 所示。

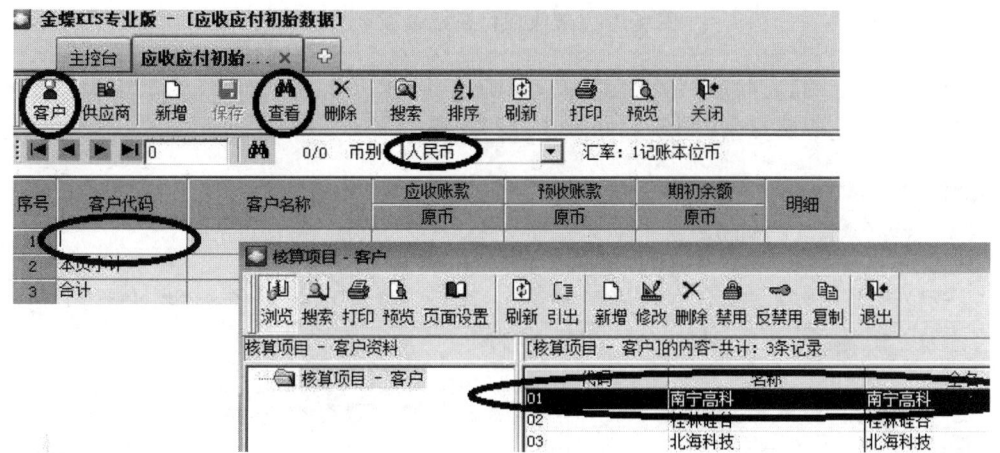

图 4-8　选择客户 1

第二步，系统返回【应收应付初始】界面，点击明细下方的"√"，如图 4-9 所示。

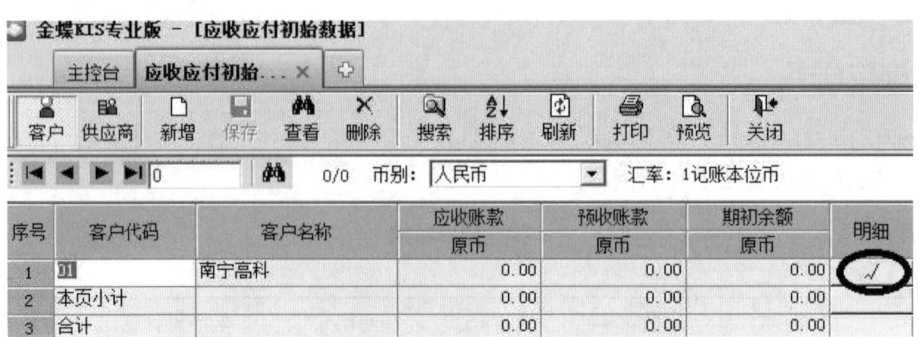

图 4-9 选择客户 2

第三步,系统进入【应收应付初始余额录入】界面,输入应收账款原币金额"188 000",点击【保存】→【关闭】按钮,如图 4-10 所示。

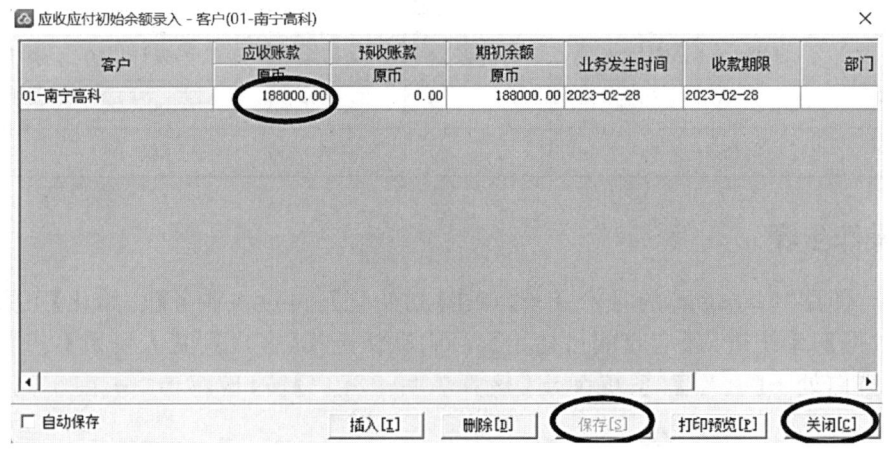

图 4-10 应收应付初始余额录入

第四步,系统返回【应收应付初始】界面,如图 4-11 所示。用同样的方法可以录入其他客户初始数据,录入完毕后点击【刷新】,如图 4-12 所示。

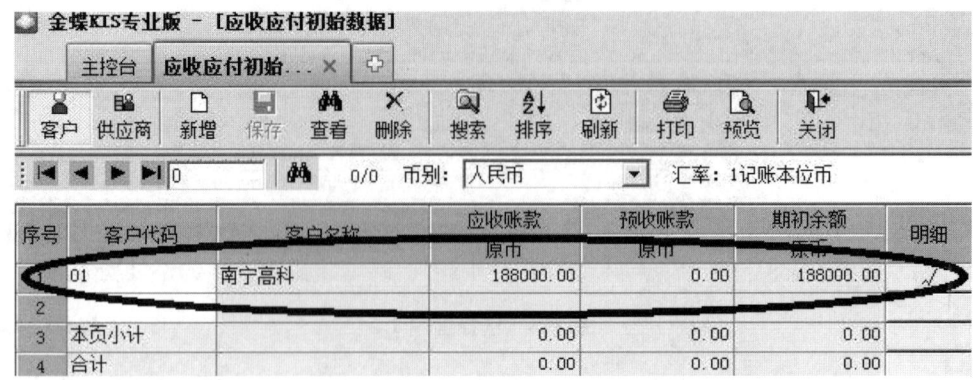

图 4-11 应收初始数据录入

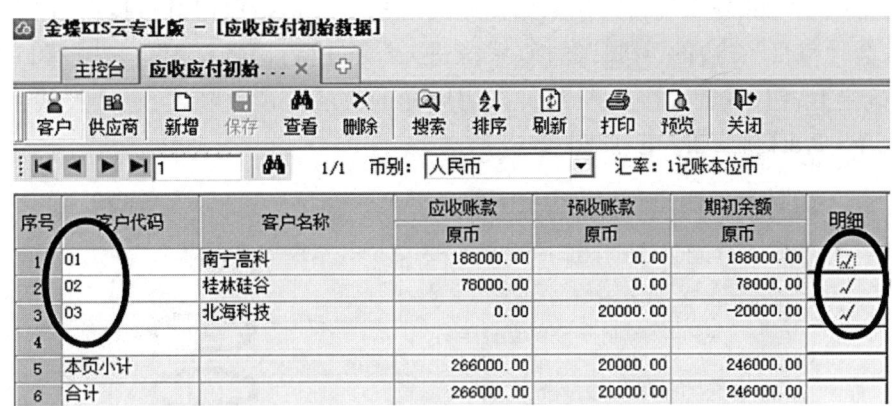

图 4-12　客户初始数据

第五步，点击【供应商】按钮，默认选择【人民币】，参考上述客户初始数据的录入方法，录入供应商的初始数据，录入完毕后点击【刷新】，如图 4-13 所示。

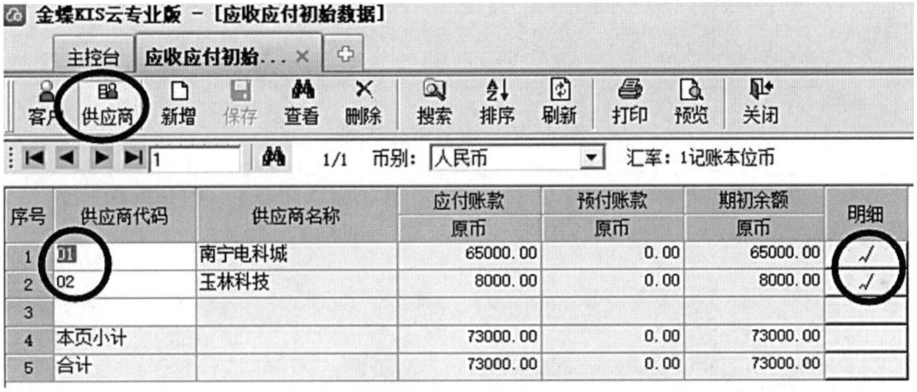

图 4-13　供应商初始数据

第六步，点击【菜单】→【文件】→【传递到科目初始化】，如图 4-14 所示。

图 4-14　传递到科目初始化

第七步,系统弹出【应收应付初始数据传递到总账科目初始数据】窗口,点击"客户应收账款──→总账会计科目"右边的""图标,系统进入【会计科目】选择窗口,选择【1122 应收账款】,点击【确定】按钮(或者直接输入 1122),用同样的方法将预收账款、应付账款和预付账款科目设置完毕,点击【确定】按钮,如图 4-15 所示。

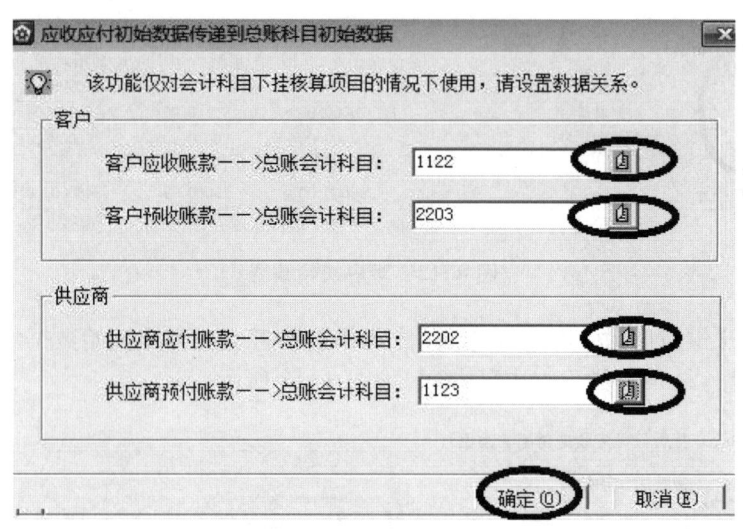

图 4-15　设置数据关系

第八步,系统弹出覆盖提示,点击【是】按钮,如图 4-16 所示。系统再次弹出传递成功信息,如图 4-17 所示。

图 4-16　覆盖提示　　　　　　　　　图 4-17　传递成功

活动 4.1.3　启用业务系统

一、知识链接

启用业务系统,表示业务模块期初数据已经录入完毕,可以结束初始化,进入本期业务处理流程。未启用业务系统,将会存在无法操作的后续业务。

二、岗位任务

启用业务系统。

三、操作步骤

第一步,使用"Manager"的身份登录,点击【初始化】→【启用业务系统】,系统弹出结束初始化提示,点击【开始】按钮,如图 4-18 所示。

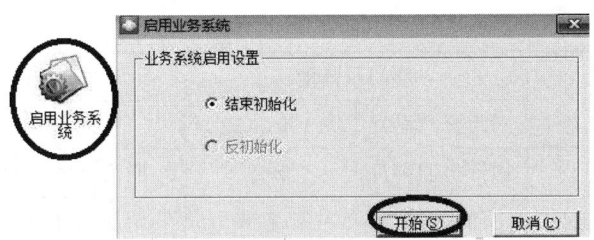

图 4-18 结束初始化 1

第二步,系统弹出确认提示,点击【是】按钮,如图 4-19 所示。系统弹出重新登录提示,点击【确定】按钮,重新登录,如图 4-20 所示。

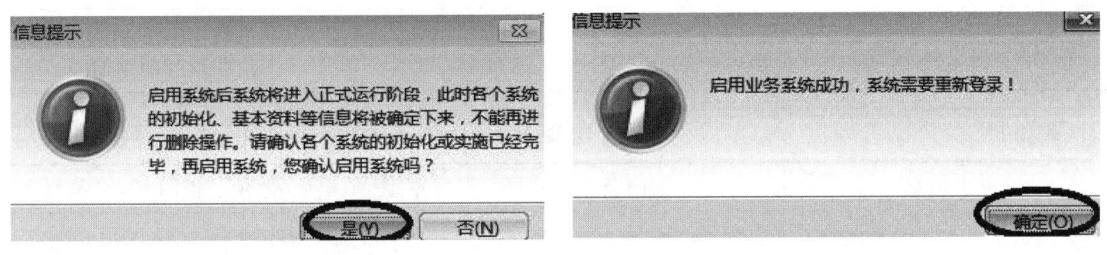

图 4-19 结束初始化 2　　　　　　　　图 4-20 结束初始化 3

 随堂思考

后期发现期初数据有误,可以反初始化吗?

提示:可以,所有凭证都没有过账,可直接反初始化,如果已经过账,金蝶 KIS 专业版没有反过账功能,但可安装插件,增加反过账功能,具体操作参考活动 5.1.3 的随堂思考。

任务 4.2　财务初始化

 ### 活动 4.2.1　固定资产初始数据

一、知识链接

固定资产系统初始数据表示启用期间以前的固定资产初始数据通过新增固定资产卡片的

方式录入固定资产初始系统，录入完毕后可以将数据传递至总账初始数据。

二、岗位任务

固定资产的相关设置如表 4-4 至表 4-6 所示。

表 4-4　　　　　　　　　　　　　　固 定 资 产 1

基本信息		部门及其他		原值与折旧	
资产类别	交通工具	固定资产科目	1601.01	币别	人民币
资产编码	J001	累计折旧科目	1602	原币金额	240 000.00
名　　称	比亚迪	使用部门	销售部	开始使用日期	2022.11.1
计量单位	辆	折旧费用科目	6601.02	预计使用期数	60
数　　量	1			已使用期数	3
入账日期	2022.11.1			累计折旧	11 700.00
使用状况	正在使用			预计净残值	6 000.00
变动方式	购入			折旧方法	平均年限法（基于入账原值和预计使用期间）

表 4-5　　　　　　　　　　　　　　固 定 资 产 2

基本信息		部门及其他		原值与折旧	
资产类别	办公设备	固定资产科目	1601.02	币别	人民币
资产编码	B001	累计折旧科目	1602	原币金额	5 600.00
名　　称	办公电脑	使用部门	财务部	开始使用日期	2022.11.5
计量单位	台	折旧费用科目	6602.01	预计使用期数	60
数　　量	1			已使用期数	3
入账日期	2022.11.5			累计折旧	270.00
使用状况	正在使用			预计净残值	200.00
变动方式	购入			折旧方法	平均年限法（基于入账原值和预计使用期间）

表 4-6　　　　　　　　　　　　　　固 定 资 产 3

基本信息		部门及其他		原值与折旧	
资产类别	办公设备	固定资产科目	1601.02	币别	人民币
资产编码	B002	累计折旧科目	1602	原币金额	2 400.00
名　　称	打印机	使用部门	财务部	开始使用日期	2022.4.9
计量单位	台	折旧费用科目	6602.01	预计工作量	1 000
数　　量	1			已使用工作量	300

(续表)

基本信息		部门及其他		原值与折旧	
入账日期	2022.4.9			累计折旧	690
使用状况	正在使用			预计净残值	100.00
变动方式	购入			折旧方法	工作量法
				工作量计量单位	小时

三、操作步骤

第一步,使用"Manager"的身份登录,点击【初始化】按钮,再点击财务初始化下方的【固定资产初始数据】,系统进入固定资产初始界面,点击资产类别右边的"▣"图标,如图 4-21 所示。

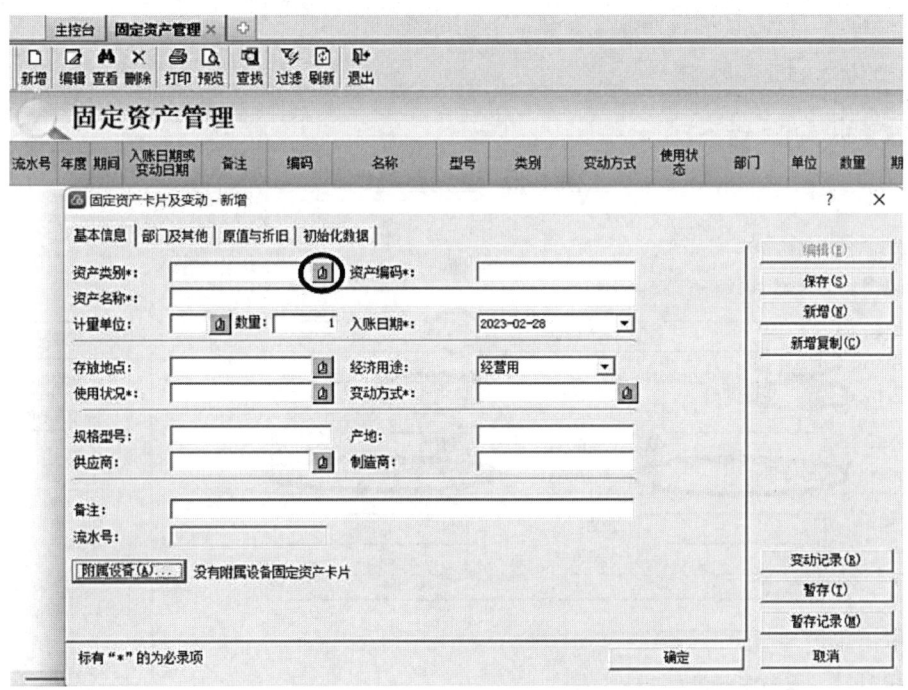

图 4-21　固定资产初始界面

第二步,系统弹出【固定资产类别】窗口,点击【新增】按钮,系统弹出【固定资产类别-新增】界面,输入代码"01",输入名称"交通工具",点击【新增】按钮,如图 4-22 所示。系统回到【固定资产类别】界面,固定资产类别窗口发生变化,选择并双击【交通工具】。

第三步,系统返回固定资产初始界面,输入资产编码"J001",输入资产名称"比亚迪",点击计量单位右边的"▣"图标,选择"辆",选择入账日期"2022 年 11 月 1 日",点击使用状况右边的"▣"图标,选择"正常使用",点击变动方式右边"▣"图标,选择"购入",如图 4-23 所示。

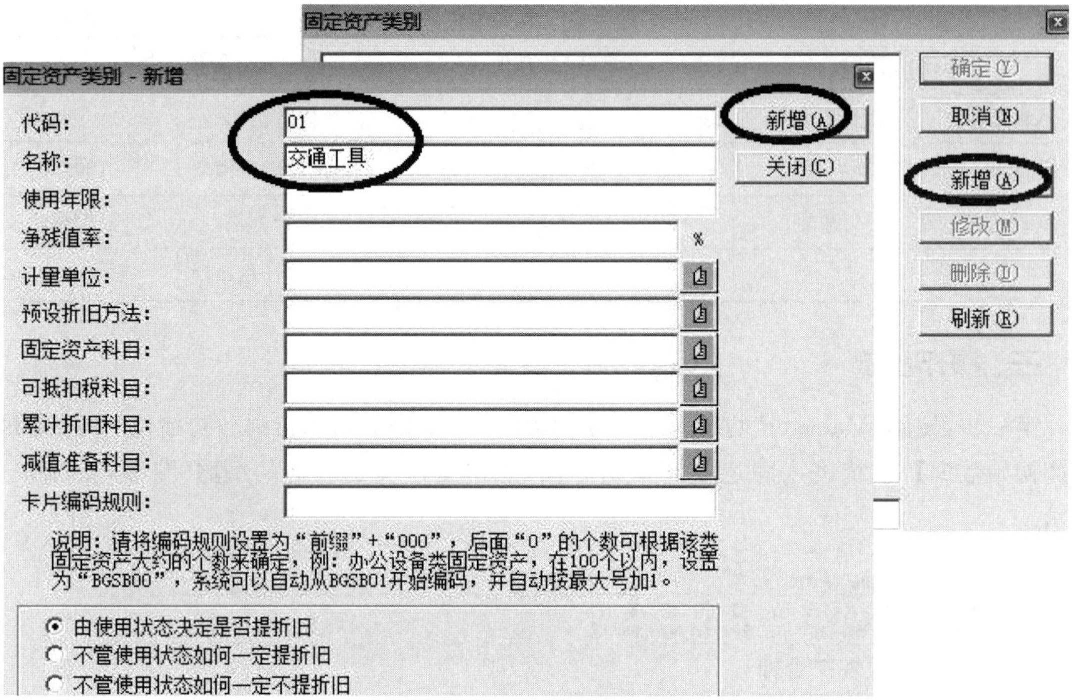

图 4-22　固定资产类别

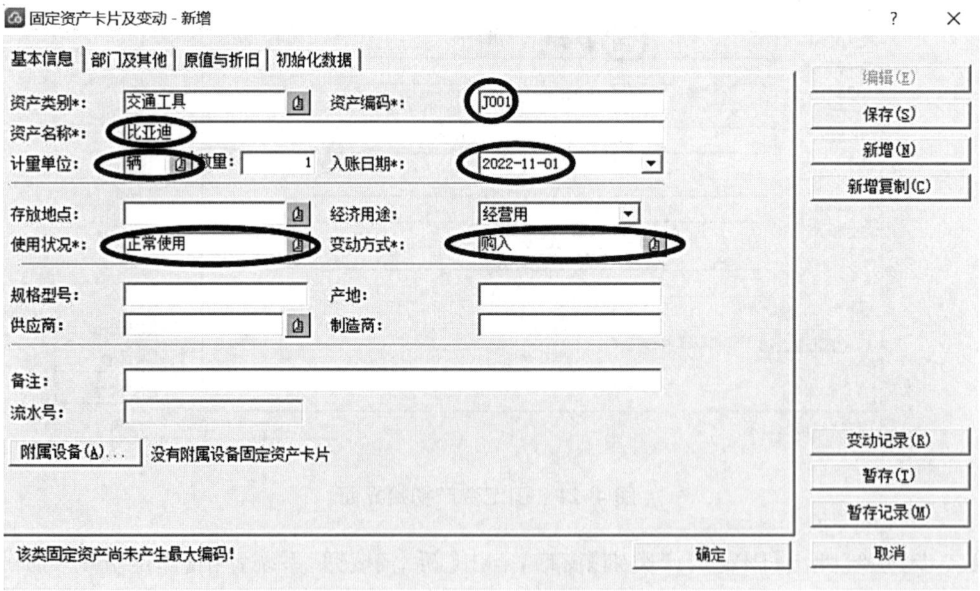

图 4-23　新增固定资产基本信息

第四步,点击【部门及其他】,系统进入【部门及其他】界面,点击固定资产科目右边的" "图标,选择"交通工具",点击累计折旧科目右边的" "图标,选择"累计折旧",点击使用部门下方的" "图标,选择"销售部",点击折旧费用分配下方科目右边的" "图标,选择"折旧费",如图 4-24 所示。

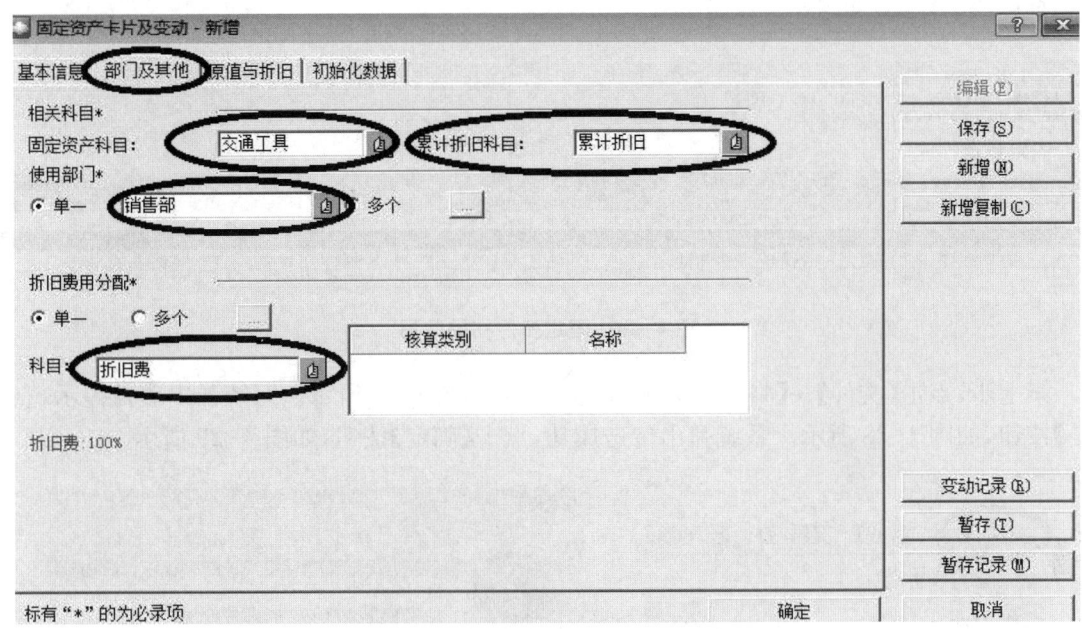

图 4-24 新增固定资产部门及其他

第五步,点击【原值与折旧】,系统进入【原值与折旧】界面,输入原币金额"240 000",选择开始使用日期"2022 年 11 月 1 日",输入预计使用期间数"60",输入累计折旧"11 700",输入已使用期间数"3",输入预计净残值"6 000",折旧方法选择"平均年限法(基于入账原值和预计使用期间)",点击【确定】按钮,如图 4-25 所示。

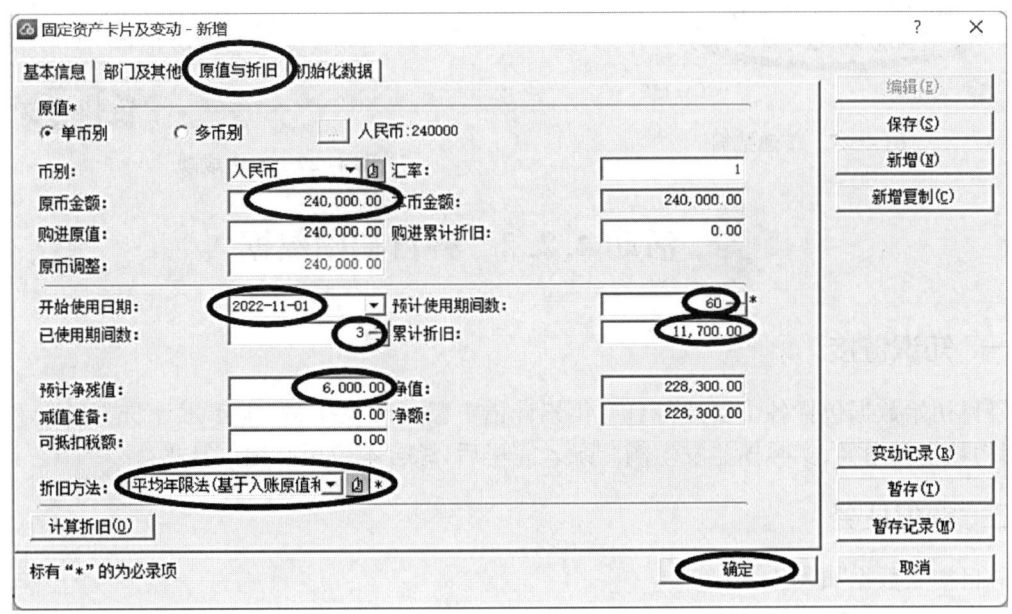

图 4-25 新增固定资产原值与折旧

第六步，用同样的方法录入其他的固定资产初始数据，全部录入完毕后，系统将显示3条固定资产初始数据，如图4-26所示。

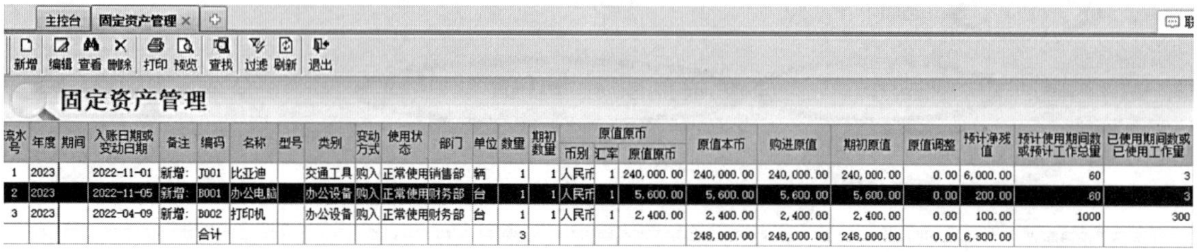

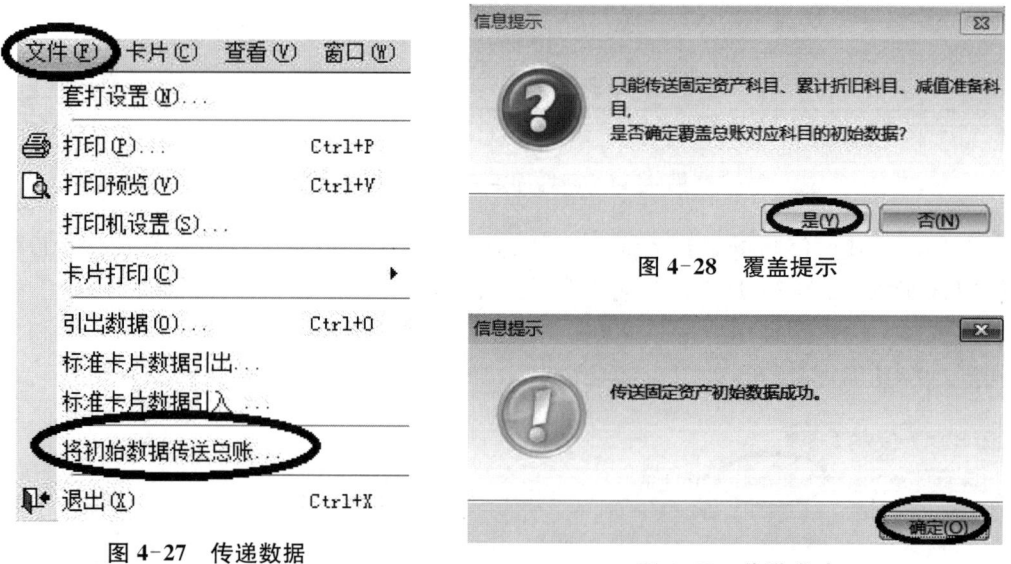

图4-26 固定资产初始数据

第七步，点击【文件】→【将初始数据传送总账】，如图4-27所示。系统弹出覆盖提示，点击【是】按钮，如图4-28所示。系统弹出传送成功，点击【确定】按钮，如图4-29所示。

图4-27 传递数据

图4-28 覆盖提示

图4-29 传递成功

活动4.2.2 科目初始数据

一、知识链接

科目初始数据包括各个会计科目本年累计借方数量和发生额、本年累计贷方数量和发生额、期初数量和余额、实际损益发生额。录入完毕后，综合本位币必须试算平衡。

二、岗位任务

科目初始数据如表4-7所示。

表 4-7　科目初始数据

科目代码	科目名称	方向	本年累计借方	本年累计贷方	期初余额
1001.01	人民币	借	78 000.00	75 000.00	3 000.00
1002.01	交行高新支行 655	借	626 430.00	395 000.00	231 430.00
1122	应收账款	借	402 000.00	136 000.00	266 000.00
1403	原材料	借	300 000.00	229 500.00	172 600.00
1405	库存商品	借	460 000.00	528 000.00	66 000.00
1601.01	交通工具	借			240 000.00
1601.02	办公设备	借			8 000.00
1602	累计折旧	贷		4 090.00	12 660.00
2202	应付账款	贷	81 000.00	154 000.00	73 000.00
2203	预收账款	贷	48 000.00	68 000.00	20 000.00
2211	应付职工薪酬	贷	50 000.00	75 000.00	25 000.00
2221.02	未交增值税	贷	135 000.00	155 000.00	20 000.00
2221.05	城市维护建设税	贷	9 450.00	10 850.00	1 400.00
2221.10	教育费附加	贷	4 050.00	4 650.00	600.00
4001.01	郑波	贷		175 000.00	175 000.00
4001.02	苏眉	贷		175 000.00	175 000.00
4103	本年利润	贷		8 840.00	8 840.00
4104.06	未利润分配	贷			475 530.00

三、操作步骤

第一步，使用"Manager"的身份登录，点击【初始化】按钮，再点击财务初始化下方的【科目初始数据】，系统进入【科目初始余额】界面，选择币别"人民币"，如图 4-30 所示。因为活动 4.1.1、活动 4.1.2 和活动 4.2.1 已经完成了部分初始数据的录入，并且已经传递至总账，所以系统刚进入科目余额初始界面时，里面已经有部分科目的期初数据了。

图 4-30　初次进入【科目初始数据】界面

第二步，录入一般会计科目初始数据。点击“1001.01 人民币”和“本年累计借方(原币)”对应的空白栏，输入“78 000”，点击和“本年累计贷方(原币)”对应的空白栏，输入“75 000”，点击和“期初余额(原币)”对应的空白栏，输入“3 000”。用同样的方法录入各科目的“本年累计借方”“本年累计贷方”和“期初余额”，如图 4-33、图 4-34 和图 4-35 所示。

第三步，录入往来科目初始数据。点击应收账款和核算项目对应的【√】，系统弹出应收账款【核算项目初始余额录入】界面，点击“01-南宁高科”的“本年累计借方(原币)”对应的空白栏，输入“234 000”；点击“01-南宁高科”的“本年累计贷方(原币)”对应的空白栏，输入“46 000”；点击“02-桂林硅谷”的“本年累计借方(原币)”对应的空白栏，输入“168 000”；点击“02-桂林硅谷”的“本年累计贷方(原币)”对应的空白栏，输入“90 000”，点击【保存】按钮，如图 4-31 所示。用同样的方法录入应付账款、预收账款和预付账款。

随堂思考

1. 应收应付、预收预付核算项目的本年累计借方和本年累计贷方的数据从哪里取数？
提示：从活动 4.1.2 的岗位任务中取数。
2. 应收应付、预收预付核算项目的期初余额是从应收应付系统传递过来的吗？
提示：是的，所以此处不用录入。

客户	本年累计借方	本年累计贷方	期初余额
	原币	原币	原币
01-南宁高科	234,000.00	46,000.00	188,000.00
02-桂林硅谷	168,000.00	90,000.00	78,000.00

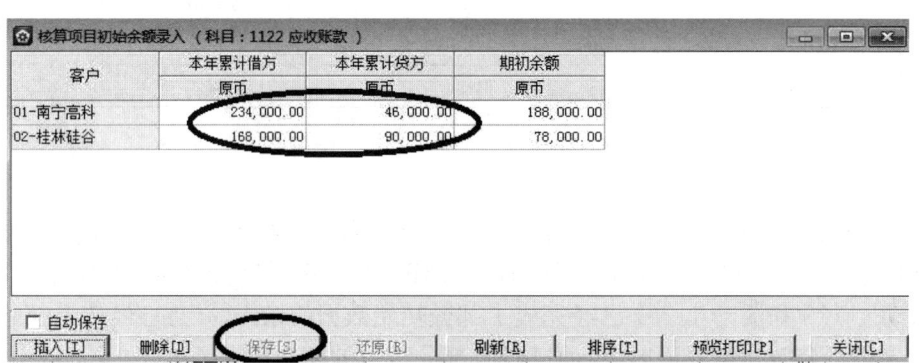

图 4-31 应收账款初始余额录入

第四步，存货类和固定资产会计科目已有数据，无需录入。点击【关闭】按钮，如图 4-32 所示。

试算项	借方	贷方	差额
期初余额(原币)			
期初余额(本位币)	987,030.00	987,030.00	0.00
本年累计(原币)			
本年累计(本位币)	2,193,930.00	2,193,930.00	0.00

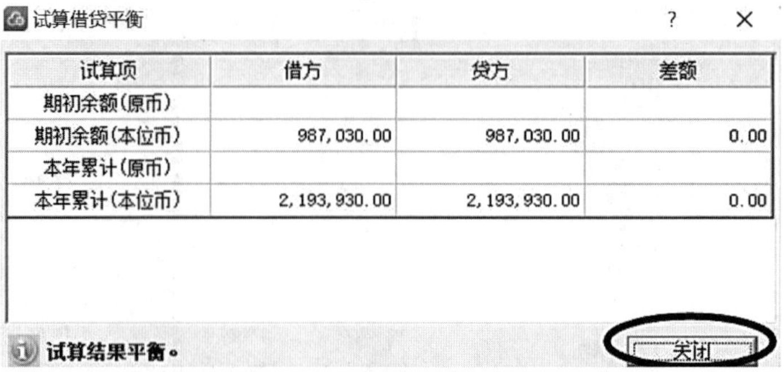

图 4-32 试算平衡

第五步，查看各科目初始数据，如图 4-33、图 4-34 和图 4-35 所示。

	科目		本年累计借方	本年累计贷方		期初余额	核算
1 2 3	代码	名称	原币	原币	方向	原币	项目
	1001	库存现金	78,000.00	75,000.00	借	3,000.00	
	1001.01	人民币	78,000.00	75,000.00	借	3,000.00	
	1002	银行存款	626,430.00	395,000.00	借	231,430.00	
	1002.01	交行高新支行655	626,430.00	395,000.00	借	231,430.00	
	1012	其他货币资金			借		
	1101	交易性金融资产			借		
	1121	应收票据			借		
	1122	应收账款	402,000.00	136,000.00	借	266,000.00	√
	1123	预付账款			借		
	1131	应收股利			借		
	1132	应收利息			借		
	1221	其他应收款			借		√
	1231	坏账准备			贷		
	1321	代理业务资产			借		
	1401	材料采购			借		
	1402	在途物资			借		
	1403	原材料	300,000.00	229,500.00	借	172,600.00	√
	1404	材料成本差异			借		
	1405	库存商品	460,000.00	528,000.00	借	66,000.00	√
	1406	发出商品			借		
	1407	商品进销差价			贷		
	1408	委托加工物资			借		
	1411	周转材料			借		
	1471	存货跌价准备			贷		
	1481	持有待售资产			借		
	1482	持有待售资产减值准备			贷		
	1501	持有至到期投资			借		
	1502	持有至到期投资减值准备			贷		
	1503	可供出售金融资产			借		
	1511	长期股权投资			借		

图 4-33 科目初始数据 1

	科目		本年累计借方	本年累计贷方		期初余额	核算
1 2 3	代码	名称	原币	原币	方向	原币	项目
	1531	长期应收款			借		
	1532	未实现融资收益			贷		
	1601	固定资产			借	248,000.00	
	1601.01	交通工具			借	240,000.00	
	1601.02	办公设备			借	8,000.00	
	1602	累计折旧		4,090.00	贷	12,660.00	
	1603	固定资产减值准备			贷		
	1604	在建工程			借		
	1605	工程物资			借		
	1606	固定资产清理			借		
	1701	无形资产			借		
	1702	累计摊销			贷		
	1703	无形资产减值准备			贷		
	1711	商誉			借		
	1801	长期待摊费用			借		
	1811	递延所得税资产			借		
	1901	待处理财产损益			借		
	2001	短期借款			贷		
	2101	交易性金融负债			贷		
	2201	应付票据			贷		
	2202	应付账款	81,000.00	154,000.00	贷	73,000.00	√
	2203	预收账款	48,000.00	68,000.00	贷	20,000.00	√
	2211	应付职工薪酬	50,000.00	75,000.00	贷	25,000.00	
	2221	应交税费	148,500.00	170,500.00	贷	22,000.00	

图 4-34 科目初始数据 2

		科目		本年累计借方	本年累计贷方		期初余额	核算
1 2 3	代码	名称		原币	原币	方向	原币	项目
	2221.01.10	转出多交增值税				贷		
	2221.02	未交增值税		135,000.00	155,000.00	贷	20,000.00	
	2221.03	消费税				贷		
	2221.04	企业所得税				贷		
	2221.05	城市维护建设税		9,450.00	10,850.00	贷	1,400.00	
	2221.06	资源税				贷		
	2221.07	土地增值税				贷		
	2221.08	城镇土地使用税				贷		
	2221.09	房产税				贷		
	2221.10	教育费附加		4,050.00	4,650.00	贷	600.00	
		中间省略部分科目						
	4001	实收资本			350,000.00	贷	350,000.00	
	4001.01	郑波			175,000.00	贷	175,000.00	
	4001.02	苏眉			175,000.00	贷	175,000.00	
	4002	资本公积				贷		
	4003	其他综合收益				贷		
	4101	盈余公积				贷		
	4101.01	法定盈余公积				贷		
	4101.02	任意盈余公积				贷		
	4101.03	储备基金				贷		
	4101.04	企业发展基金				贷		
	4101.05	利润归还投资				贷		
	4103	本年利润			8,840.00	贷	8,840.00	
	4104	利润分配				贷	475,530.00	
	4104.01	提取法定盈余公积				贷		
	4104.02	提取任意盈余公积				贷		
	4104.03	应付普通股股利				贷		
	4104.04	转作股本的股利				贷		
	4104.05	盈余公积补亏				贷		

图 4-35　科目初始数据 3

 ## 活动 4.2.3　启用财务系统

一、知识链接

启用财务系统是表示财务模块期初数据已经录入完毕,可结束初始化,进入本期账务处理流程。未启用财务系统,将无法操作的后续业务,如无法过账等。

二、岗位任务

启用财务系统。

三、操作步骤

第一步,使用"Manager"的身份登录,点击【初始化】→【启用财务系统】,系统弹出结束初始化提示,点击【开始】按钮,如图 4-36 所示。

第二步,系统弹出启用财务系统成功提示,点击【确定】按钮,如图 4-37 所示。

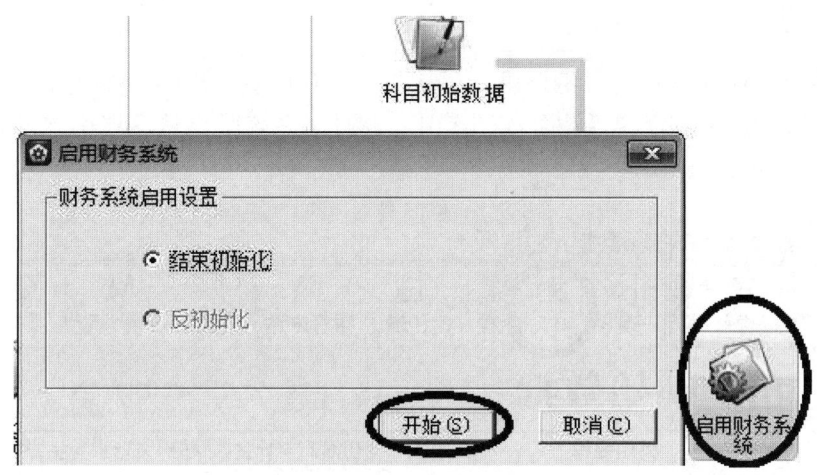

图 4-36 结束初始化

图 4-37 启用财务系统成功

任务 4.3 出纳初始化

 **活动 4.3.1 出纳初始数据**

一、知识链接

出纳初始数据中涉及库存现金和银行存款的期初余额、本年累计借方和本年累计贷方可以手工录入,也可以从总账中引入。

二、岗位任务

要求从总账中引入"库存现金"科目的"银行存款"各明细科目的期初余额、本年累计借方和本年累计贷方。

三、操作步骤

第一步，使用"Manager"的身份登录，点击【初始化】，再点击出纳初始化下方的【出纳初始数据】，系统进入【出纳初始数据】界面，点击【引入】图标，系统弹出从总账引入科目提示，点击【确定】按钮，如图 4-38 所示。

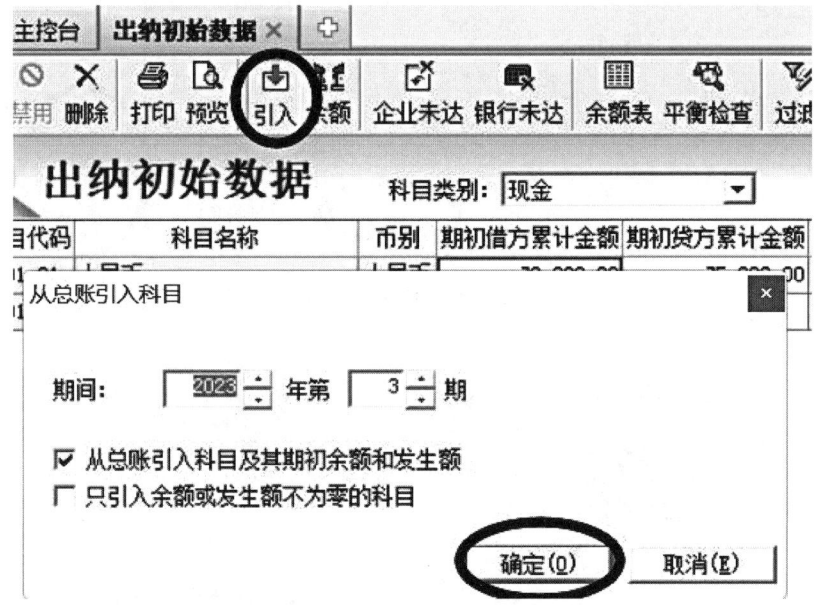

图 4-38　出纳初始数据

第二步，系统引入库存现金初始数据后，如图 4-39 所示。

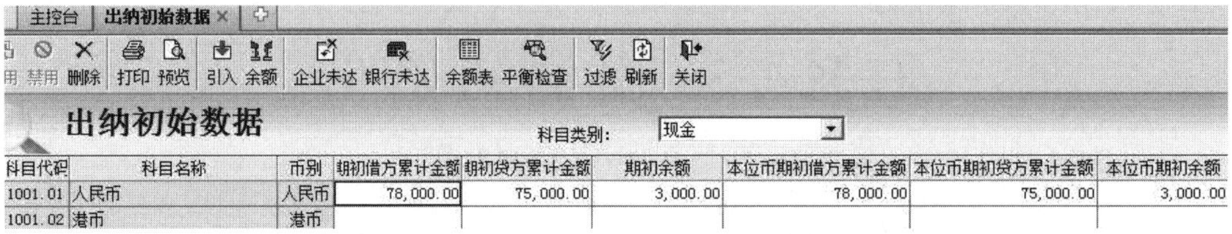

图 4-39　库存现金初始数据

第三步，选择科目类别"银行存款"，输入"交行高新支行 655"的银行账号"655"，输入"中行高新支行 588"的银行账号"588"，如图 4-40 所示。

图 4-40　银行存款初始数据

活动 4.3.2 启用出纳系统

一、知识链接

启用出纳系统,表示出纳模块期初数据已经录入完毕,可结束初始化,进入本期出纳操作流程。未启用出纳系统,将会存在无法操作的后续业务。

二、岗位任务

启用出纳系统。

三、操作步骤

第一步,使用"Manager"的身份登录,点击【初始化】→【启用出纳系统】,系统弹出【启用出纳系统】提示,点击【开始】按钮,如图 4-41 所示。

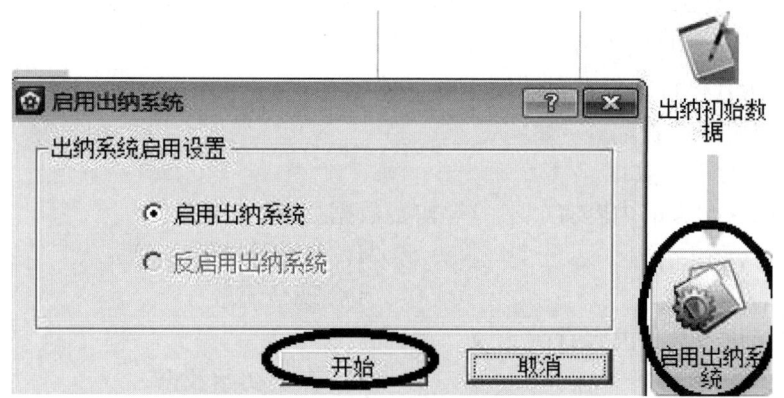

图 4-41　启用出纳系统

第二步,系统弹出是否继续提示,点击【确定】按钮,如图 4-42 所示。系统弹出启用出纳系统成功提示,点击【确定】按钮,如图 4-43 所示。

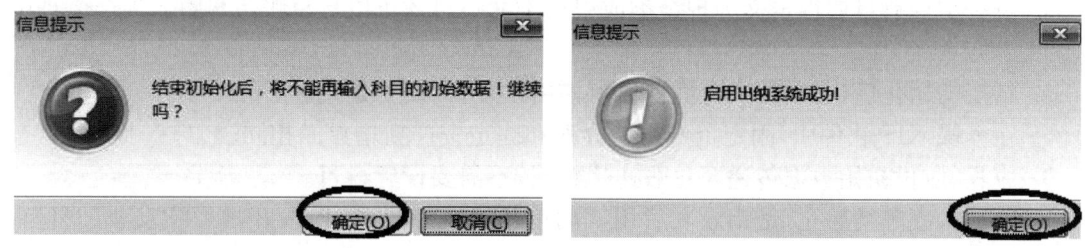

图 4-42　是否继续提示　　　　　　图 4-43　启用出纳系统成功

模块测试

一、单项选择题

1. 下列关于会计科目属性的说法中,错误的是(　　)。
   A. 如需对往来科目进行往来对账、往来业务核销,则必须在科目属性"往来业务核算"处打"√"
   B. 如需对外币科目进行期末调汇,则必须在科目属性"期末调汇"处打"√"
   C. "日记账"处打"√"的会计科目可以每日一小计、每月一合计的日清月结方式出账
   D. 会计科目下只能挂接一个核算项目

2. 下列数据中,可以传递至总账系统的是(　　)。
   A. 管理费用   B. 应付职工薪酬
   C. 预收账款   D. 交易性金融资产

二、多项选择题

1. 如果某企业账套的启用期间为6月,则用户必须录入的初始数据有(　　)。
   A. 1～5月所有科目的借方累计发生额
   B. 1～5月所有科目的贷方累计发生额
   C. 6月份的期初余额
   D. 所有科目的年初数

2. 财务初始化包含的内容有(　　)等初始数据。
   A. 科目   B. 固定资产
   C. 存货   D. 现金流量

3. 业务初始化包含的内容有(　　)。
   A. 应收应付初始数据   B. 存货初始数据
   C. 未核销出库单   D. 暂估入库单

三、判断题

1. 只要在人民币的界面下平衡就一定试算平衡,即可结束初始化。(　　)
2. 只有系统管理员组中人员才可以结束初始化。(　　)
3. 只有会计科目属性定义为现金类或银行类的科目才可以从总账系统引入现金管理中。(　　)
4. 结束初始化后,必须把所有凭证反审核后,才可以反初始化。(　　)
5. 在金蝶KIS软件中,固定资产初始界面和固定资产新增界面相同。(　　)
6. 应收、应付初始数据传递至总账初始数据,不需要设置科目。(　　)
7. 暂估入库单初始化,是指录入启用期间前已经入库处理,但未开具采购发票的外购入库单。(　　)

四、业务题

1. 参考活动4.1.1,使用"郑钰"的身份登录,完成"硕通科技2022"账套存货初始化,并传递至总账。存货初始数据如表4-8所示。

表 4-8　　　　　　　　　　　　　　　存货初始数据

金额单位:元

物料代码	物料名称	仓库名称	期初数量	计量单位	期初金额	本年累计收入数量	本年累计收入金额	本年累计发出数量	本年累计发出金额
1.01	A材料	原材料库	10 380	千克	1 038 000.00	20 000	2 000 000.00	9 620	962 000.00
1.02	B材料	原材料库	12 200	千克	2 440 000.00	20 000	4 000 000.00	7 800	1 560 000.00
2.01	甲商品	成品库	2 021	件	1 010 500.00	3 000	1 500 000.00	979	4 895 00.00
2.02	乙商品	成品库	1 890	件	1 134 000.00	2 500	1 500 000.00	610	366 000.00

2. 参考活动 4.1.2,使用"郑钰"的身份登录,完成"硕通科技 2022"账套应收应付科目初始化,并传递至总账。

客户应收账款和供应商应付账款的期初余额如表 4-9 和表 4-10 所示。

表 4-9　　　　　　　　　　　　　　客户应收账款初始数据

单位:元

日期	客户	方向	本年累计借方发生额	本年累计贷方发生额	期初余额
2022.10.31	北京实业有限责任公司	借	1 100 000.00	1 000 000.00	1 000 000.00
2022.10.31	深圳远华有限责任公司	借	550 000.00	50 000.00	500 000.00
2022.10.31	上海华能有限责任公司	借	520 000.00	20 000.00	500 000.00

表 4-10　　　　　　　　　　　　　供应商应收账款初始数据

金额:元

日期	供应商	方向	本年累计借方发生额	本年累计贷方发生额	期初余额
2022.10.31	天津中大有限公司	贷	40 000.00	380 000.00	340 000.00
2022.10.31	河北电子有限公司	贷	1 900.00	10 000.00	8 100.00

3. 参考活动 4.1.3,使用"郑钰"的身份登录,在"硕通科技 2022"账套中,启用业务系统。

4. 参考活动 4.2.1,使用"郑钰"的身份登录,完成"硕通科技 2022"账套中固定资产的资产类别和原始卡片录入,并将初始数据传递至总账。资产类别和固定资产卡片的设置资料如表 4-11 和表 4-12 所示。

表 4-11　　　　　　　　　　　　　　　资 产 类 别

类别编码	类别名称	使用年限	净残值率	单位	折旧方法	固定资产科目	累计折旧科目	卡片编码规则
001	房屋	20	0	栋	平均年限法(基于入账原值和入账预计使用期间)	1601	1602	FW000
002	交通设备	10	5%	辆		1601	1602	JT000
003	生产设备	15	5%	台		1601	1602	SC000
004	电子设备	5	5%	台		1601	1602	DZ000

表 4-12　　　　　　　　　　　固定资产卡片(均在使用)

资产类别	资产名称	使用部门	入账日期和开始使用日期	数量	使用状况/变动方式/折旧方法	原币金额(元)	累计折旧(元)	折旧费用分配科目
房屋	生产车间	生产部	2021.11.2	2	购入/正常使用/平均年限法(基于入账原值和入账使用期间)	65 000 000.00	2 979 166.67	5 101.04
交通设备	货车	销售部	2021.11.6	20		4 300 000.00	374 458.33	6 601.04
生产设备	设备 A	生产部	2021.12.8	1		12 000 000.00	633 333.33	5 101.04
生产设备	设备 B	生产部	2021.1.5	1		15 000 000.00	712 500.00	5 101.04
电子设备	台式电脑	管理部	2021.12.9	32		228 000.00	36 093.34	6 602.04

5. 参考活动 4.2.2,使用"郑钰"的身份登录,完成"硕通科技 2022"账套的会计科目初始化。职员初始数据和科目初始数据如表 4-13 和表 4-14 所示。

表 4-13　　　　　　　　　　　职员初始数据

日期	职员	本年累计借方	本年累计贷方	方向	期初余额
2022.10.2	郑杰			借	10 000.00

表 4-14　　　　　　　　　　　科目初始数据

科目代码	科目名称	科目类别	方向	本期借方发生额	本期贷方发生额	期初余额
1001	库存现金	资产	借			60 666.67
1002	银行存款	资产	借	999 000		29 930 000.00
1002.01	交行存款	资产	借	999 000		29 930 000.00
1122	应收账款	资产	借			2 000 000.00
1221	其他应收款	资产	借			10 000.00
1221.01	个人款	资产	借			10 000.00
1231	坏账准备	资产	贷			100 000.00
1403	原材料	资产	借			3 478 000.00
1403.01	A 材料	资产	借			1 038 000.00 (数量:10 380 千克)
1403.02	B 材料	资产	借			2 440 000.00 (数量:12 200 千克)
1405	库存商品	资产	借			2 144 500.00
1405.01	甲商品	资产	借			1 010 500.00 (数量:2 021 件)

(续表)

科目代码	科目名称	科目类别	方向	本期借方发生额	本期贷方发生额	期初余额
1405.02	乙商品	资产	借			1 134 000.00（数量：1 890 件）
1601	固定资产	资产	借			96 528 000.00
1602	累计折旧	资产	贷			4 735 551.67
1701	无形资产	资产	借			1 000 000.00
2001	短期借款	负债	贷			3 000 000.00
2202	应付账款	负债	贷			348 100.00
2211	应付职工薪酬	负债	贷			949 704.00
2211.01	工资	负债	贷			643 524.00
2211.03	工会经费	负债	贷			146 020.00
2211.04	职工教育经费	负债	贷			160 160.00
2221	应交税费	负债	贷			229 330.10
2221.02	未交增值税	负债	贷			130 191.00
2221.03	应交企业所得税	负债	贷			86 120.00
2221.05	应交城市维护建设税	负债	贷			9 113.37
2221.06	应交教育费附加	负债	贷			3 905.73
4001	实收资本	所有者权益	贷	7 383 400.00		120 000 000.00
4104	利润分配	所有者权益	贷			10 608 480.90
4104.04	未分配利润	所有者权益	贷			10 608 480.90
5001	生产成本	成本	借			4 820 000.00
5001.01	甲商品	成本	借			3 300 000.00
5001.02	乙商品	成本	借			1 520 000.00

6. 参考活动 4.2.3，使用"郑钰"的身份登录，在"硕通科技 2022"账套中，启用财务系统。

7. 参考活动 4.3.1，使用"郑钰"的身份登录，在"硕通科技 2022"账套中，从总账中引入出纳初始数据，银行存款账号为 202211。

模块 5

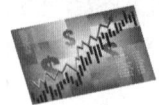

账 务 处 理

【考核目标】
1. 认知记账凭证录入、审核、记账和其他功能。
2. 认知凭证整理、期末调汇和结转损益功能。
3. 认知财务期末结账功能。

【实践目标】
1. 掌握不同系统参数设置下记账凭证录入、审核和记账的操作。
2. 掌握凭证整理、期末调汇、自动转账和结转损益的操作。
3. 掌握财务期末结账的操作。

【实践目标】
1. 培养学生细致、谨慎、有条不紊的财经专业素质。
2. 培养学生忠于职守、尽职尽责、坚持原则的职业操守。

【知识点思维导图】

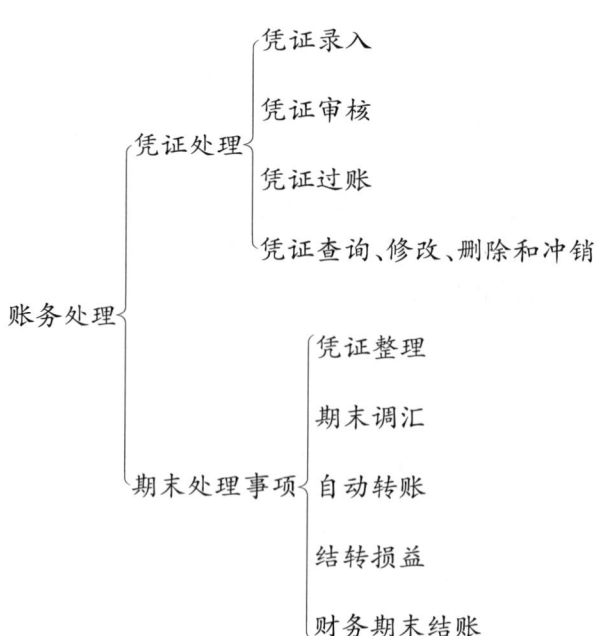

思政案例

苏某成立了一家注册资本为 200 万元的高科技材料销售公司,雇用了一名会计。苏某认为可将 80 万元用于购进材料和发放员工工资等,剩余 120 万元可以直接投入股市,提高资金的收益率。苏某将此决定告诉会计后,会计对苏某说:"80 万元的资金并不能使我们公司正常运营,我们还需要留一定的资金用于预付货款,有些品牌需要提前 1 个月预付,再者我们销售出去的材料有可能不能及时回款,还要考虑这部分不能及时回笼的资金,才能保证资金链不会断裂。"

经过 3 天的思考和测算后,苏某决定将 150 万元留在公司,剩余 50 万元提现投入股市,以赚取短差。会计了解情况后,再次对苏某进行劝阻:"如果苏总认为 150 万元已经足够维持我们公司的正常运营,剩余 50 万元也不能直接提现炒股,这已经违反《中华人民共和国现金管理暂行条例》。我们可以以公司的名义将剩余 50 万元投入股市,如企业急需资金,可以将股票抛出,及时将资金回笼公司。如此操作,既不违反规定,又可以将金融资产的效用发挥到最大化。"苏某沉思片刻,问道:"我想将 50 万元的股市投资款存入一个专门的账户,与公司常规经营的资金分开,这样操作是否符合规定呢?"会计回复:"这样操作符合规定,除了对公账户,我们还可以开设一个账户用于购买股票、债券、基金等款项。"

资料来源:本书作者撰写。

问题: 通过对案例的分析与讨论,你从中得到何种启示?结合苏某对公司资金预算与控制的理解,分析从事会计工作应当具备何种专业素养?

任务 5.1 凭 证 处 理

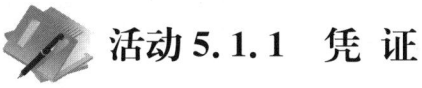

活动 5.1.1 凭 证 录 入

一、知识链接

凭证录入时需注意有外币属性、有核算项目和有数量金额核算的会计科目。

二、岗位任务

1. 2023 年 3 月 1 日,中行收到苏眉投资款 100 000 港币,当日汇率为 0.882 0,电汇结算号为 DH001。

2. 2023 年 3 月 2 日,交行支付采购部许雄报销的业务招待费,增值税专用发票注明金额为 400 元,增值税额为 52 元,电汇结算号为 DH002。

3. 2023 年 3 月 5 日,交行支付生产车间吕增报销的差旅费 3 450 元和车间水电费 50 元,增值税专用发票显示税额 250 元,电汇结算号为 DH003。

4. 2023 年 3 月 5 日,交行支付 2 月份应交税费,电汇结算号为 DH004。(数据可在期初余额中查找)

5. 2023年3月5日,交行发放2月份工资,支票结算号为ZP001。(数据可在期初余额中查找)

三、操作步骤

第一步,选择【高新电脑公司】账套,修改系统日期为"2023年3月1日",使用"陈婕"的身份登录,点击【确定】按钮,如图5-1所示。

图5-1 陈婕登录

第二步,点击【账务处理】→【凭证录入】,系统进入【记账凭证-新增】界面,如图5-2所示。

第三步,在弹出的结算方式框输入"电汇",结算号框输入"DH001",业务日期和日期都选择"2023年3月1日",输入摘要"收到苏眉投资款",双击科目栏下方第一行空白处,系统弹出【会计科目】窗口,选择资产类科目"1002.02-银行存款-中行高新支行588",系统自动识别该科目采用港币核算,弹出币别、汇率和原币金额三栏次,币别和汇率保持不变,输入原币金额"100 000",借方自动弹出"88 880.00",双击科目栏下方第二行空白处,系统弹出【会计科目】界面,选择权益类科目"4001.02-实收资本-苏眉",将鼠标落至该科目对应的贷方,按"="键,贷方自动弹出"88 880.00",点击记账凭证上方的【流量】按钮,如图5-3所示。

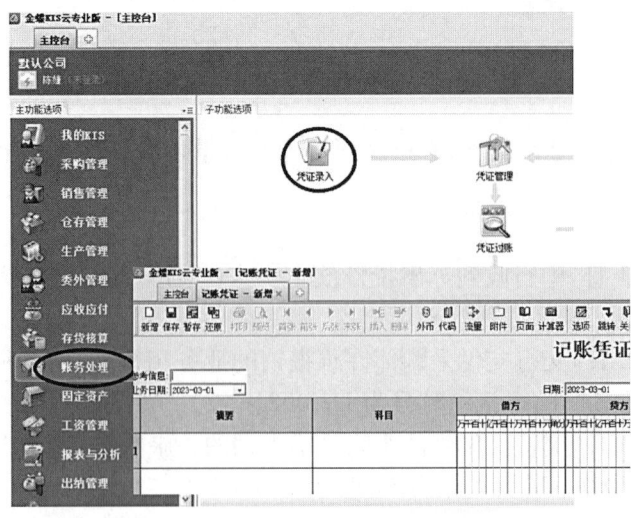

图5-2 记账凭证

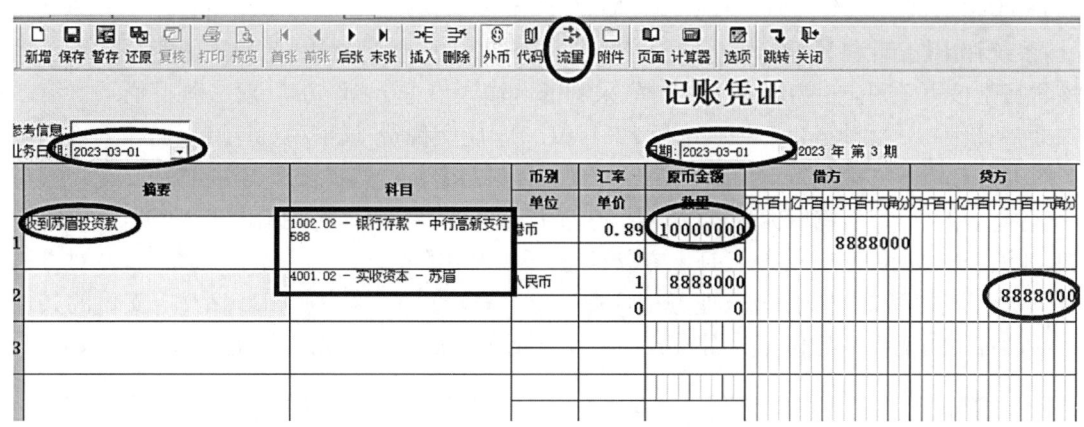

图 5-3 记账凭证 1

第四步,系统弹出【现金流量项目指定】窗口,在对方科目分录下方的下拉框选择【4001.02-苏眉】,点击主表项目下方,选择【CI3.01.01-吸收投资所收到的现金】,点击【确定】按钮,如图 5-4 所示。

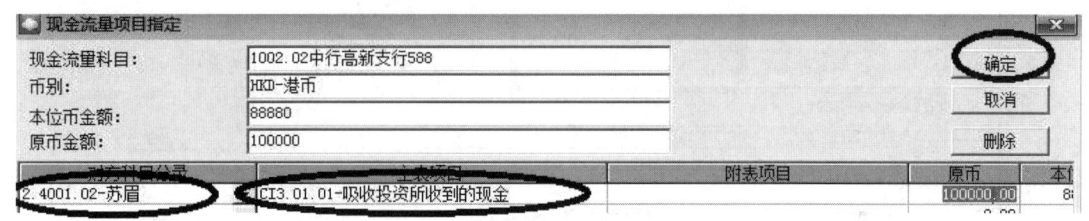

图 5-4 指定流量 1

第五步,系统返回记账凭证界面,这时记账凭证右上角出现"已指定流量"字样,点击【附件】按钮,屏幕弹出凭证附件,点击【添加图片】按钮,可添加该业务电子版原始凭证(原始凭证略),全部处理完毕后点击【保存】按钮,如图 5-5 所示。

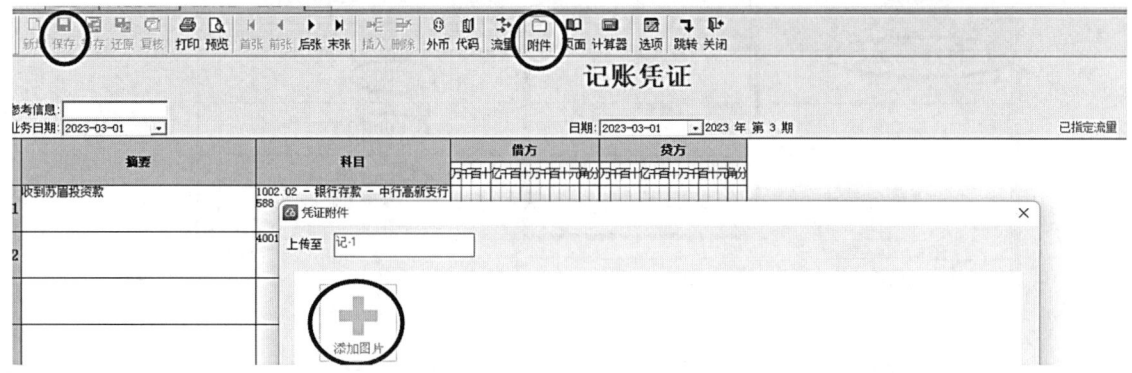

图 5-5 已指定流量

第六步,点击【新增】,在弹出的结算方式框输入"电汇",结算号框输入"DH002",业务日期和日期都选择【2023年3月2日】,输入摘要"许雄报销业务招待费",双击科目栏下方第二行空白处,系统弹出【会计科目】界面,选择资产类科目"6602.02-管理费用-业务招待费",系统自动识别该科目是核算项目,在弹出部门中选择"采购部",输入借方金额"400",双击科目栏下方第二行空白处,系统弹出[会计科目]界面,选择2221.01.01-应交税费-增值税-进项税额,输入借方金额"52"双击科目栏下方第三行空白处,系统弹出【会计科目】界面,选择资产类科目"1002.01-银行存款-交行高新支行655",将鼠标落至该科目对应的贷方,按"="键,贷方弹出"452.00",点击【保存】按钮,如图5-6所示。点击记账凭证上方【流量】,系统弹出【现金流量项目指定】窗口,在对方科目分录下方的下拉框选择"6602.02-业务招待费",点击表项目下方选择"CI1.02.04-支付的其他与经营活动有关的现金",点击【确定】按钮,如图5-6所示。回到记账凭证界面,点击【保存】按钮。

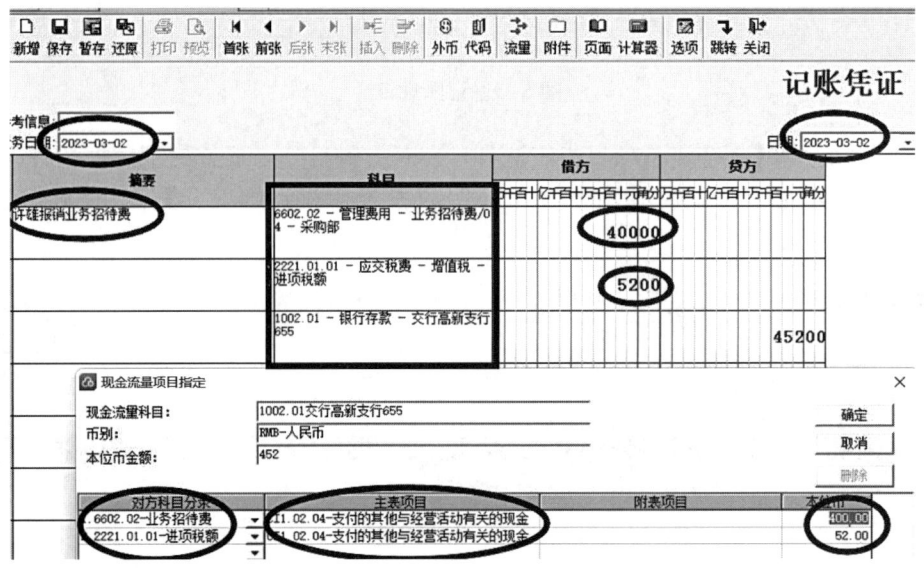

图5-6 记账凭证2

第七步,用同样的方法完成后三笔业务,如图5-7、图5-8和图5-9所示。

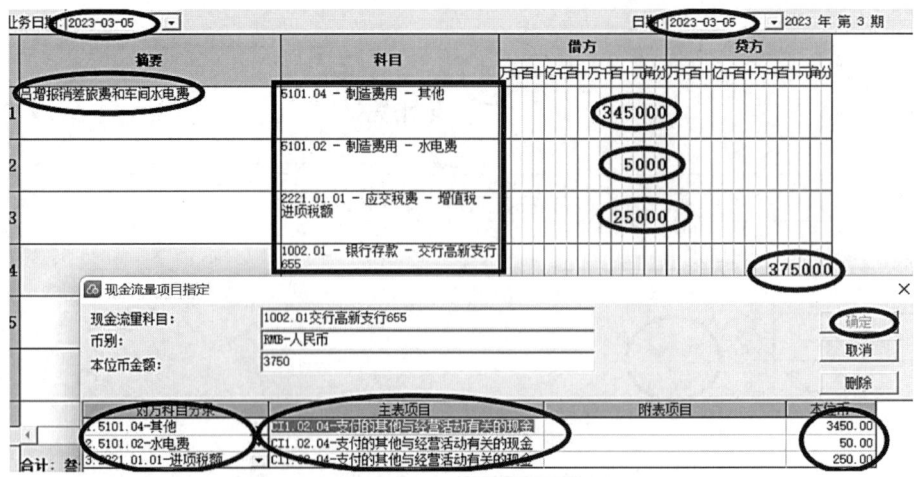

图5-7 记账凭证3

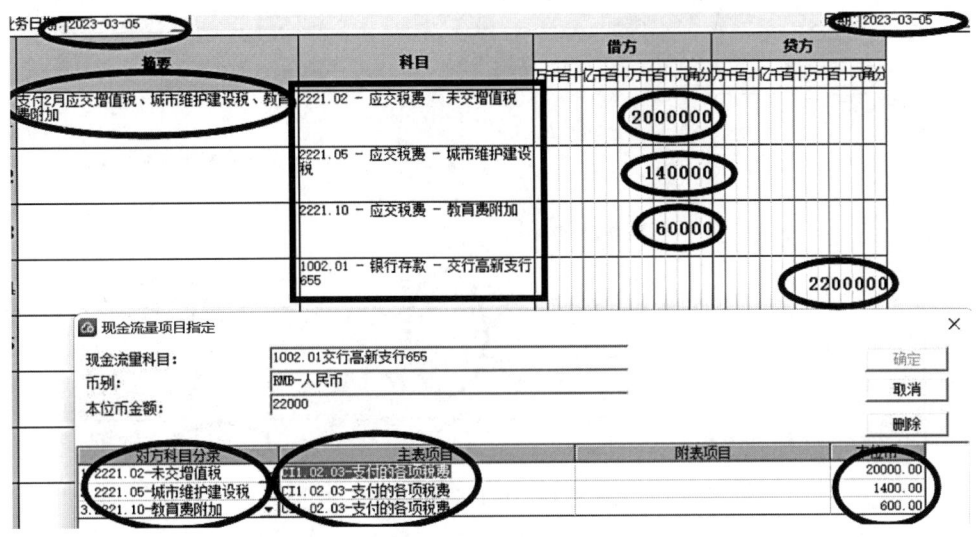

图 5-8　记账凭证 4

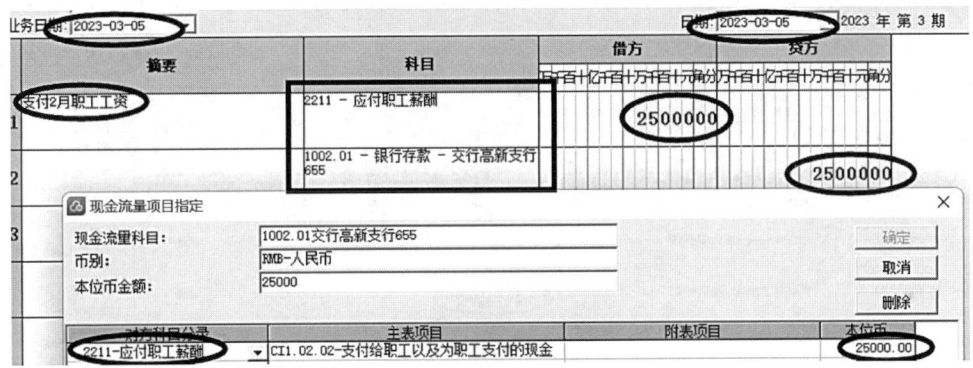

图 5-9　记账凭证 5

活动 5.1.2　凭 证 审 核

一、知识链接

记账凭证的制单人和审核人不能为同一人员。记账凭证是账簿登记的依据，凭证录入完毕后必须审核。

二、岗位任务

使用"苏眉"的身份登录，审核活动 5.1.1 完成的记账凭证。

三、操作步骤

第一步，使用"苏眉"的身份登录，点击【账务处理】→【凭证管理】，系统弹出【过滤界面】，过滤条件都选择"全部"，点击【确定】按钮，如图 5-10 所示。

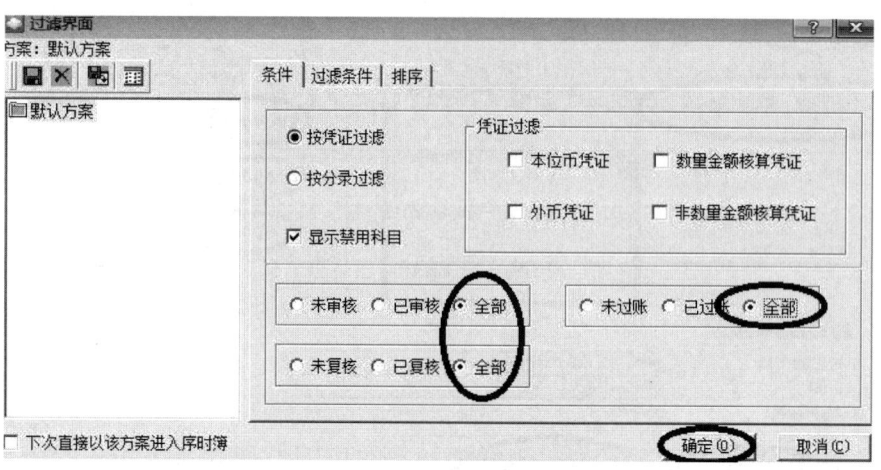

图 5-10 凭证过滤界面

第二步，系统进入会计分录序时簿，点击【操作】→【成批审核】（也可以单张凭证审核），系统弹出成批审核凭证提示，选择"审核未审核的凭证"，点击【确定】按钮，如图 5-11 所示。

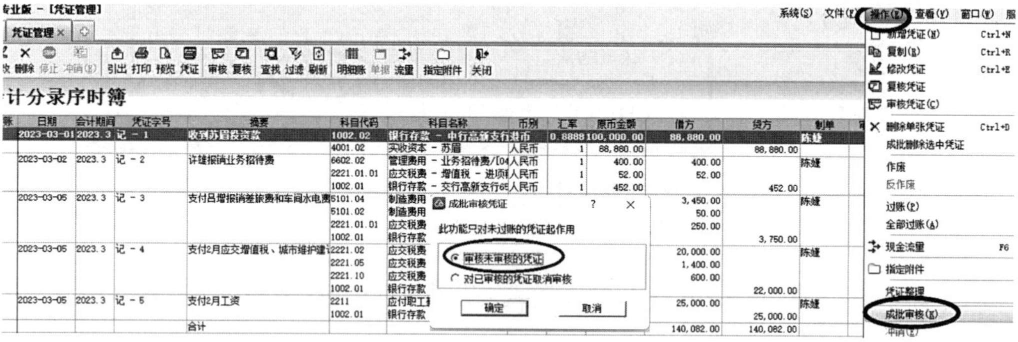

图 5-11 成批审核凭证

第三步，系统弹出审核完毕提示，点击【确定】，如果审核人下方未出现【苏眉】，点击【刷新】即可，如图 5-12 所示。

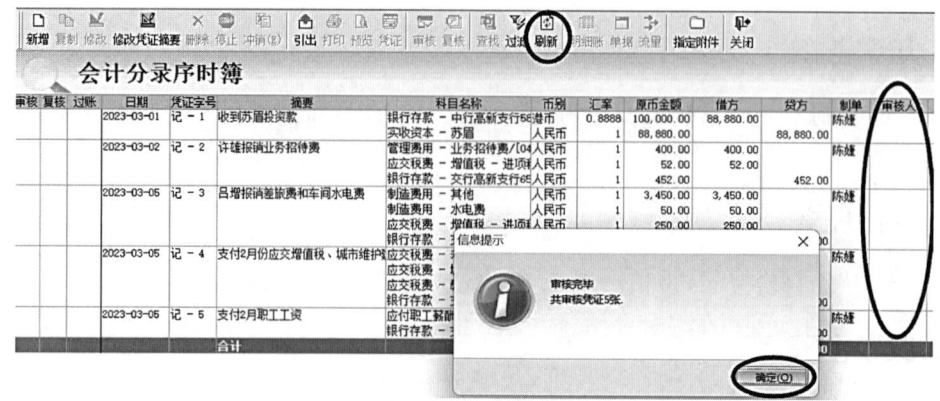

图 5-12 审核完毕

活动 5.1.3 凭证过账

一、知识链接

凭证过账表示凭证里的会计科目已登记到对应的明细账当中,只有在凭证过账后才能进行期末结账。严谨地说,已经过账的凭证,将不允许修改,只能使用红字冲销法和补充登记法两种方法进行更正。

二、岗位任务

使用"苏眉"的身份登录,对活动 5.1.1 录入的凭证(若还考虑后续修改,可暂时不过账)。

三、操作步骤

第一步,使用"苏眉"的身份登录,点击【凭证管理】→【操作】→【全部过账】,如图 5-13 所示。

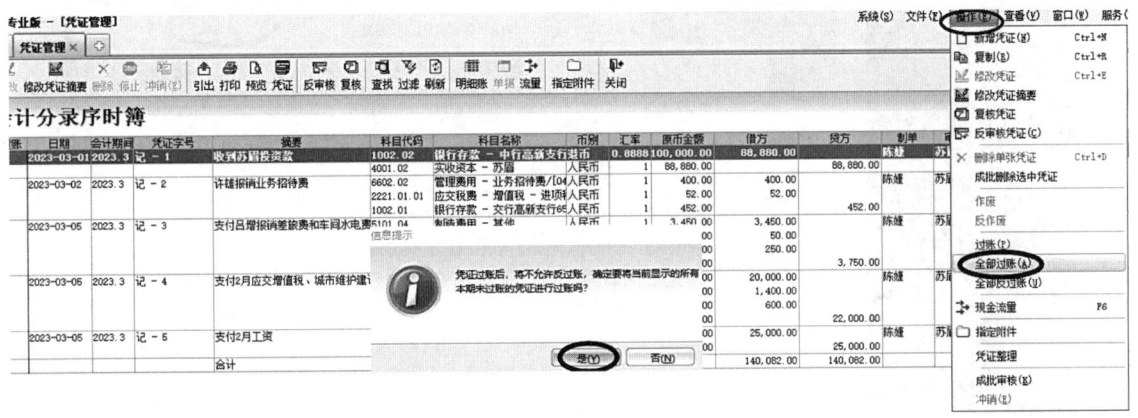

图 5-13　过账

第二步,系统弹出不允许反过账提示,点击【是】按钮,如图 5-13 所示,过账完毕后,系统弹出凭证过账结果,点击【关闭】,如图 5-14 所示。

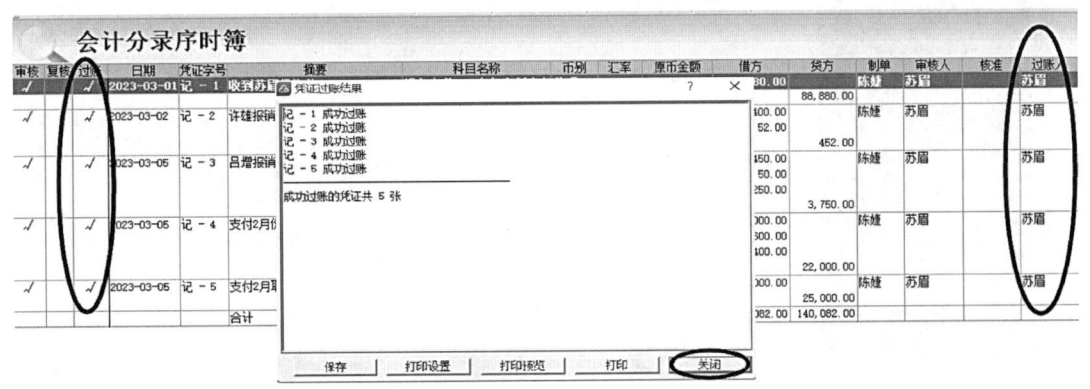

图 5-14　会计分录序时簿

随堂思考

为什么图 5-13 中有反过账按键？

提示：根据《企业会计信息化工作规范》规定，凭证过账后，将不允许反过账！但是，在实际工作过程中，会计人员需要该项应用这一功能，因此，金蝶 KIS 版本提供了"反过账"插件。点击左上方【我的 KIS】→右下方【添加服务】，系统弹出应用商店界面，点击左上方【第三方应用】，在右上方搜索栏中输入"反过账"并搜索，点击【添加】，此时金蝶主界面上的应用服务会出现"反过账"项目，点击【反过账】，系统弹出插件云鉴权，点击【启用反过账】，系统弹出信息确认提示，点击【是】，最后重新登录金蝶，反过账插件安装完毕，部分操作流程如图 5-15 和图 5-16 所示。

图 5-15 反过账 1

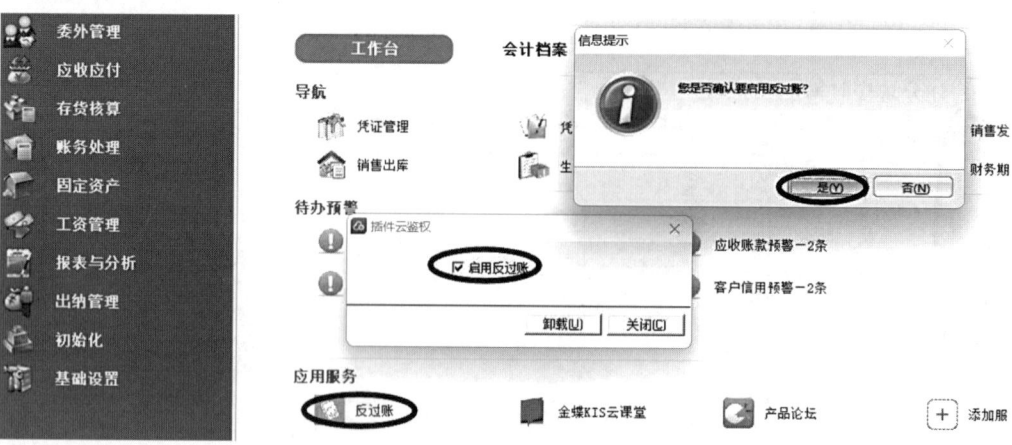

图 5-16 反过账 2

活动 5.1.4 凭证查询、修改、删除和冲销

一、知识链接

通过总账系统查询凭证，可以了解账务处理完成情况。未经审核和过账的凭证可以修改和删除，审核后的凭证必须经反审核后才可以修改和删除，对于金蝶 KIS 云专业版 V15.1 过账后的凭证不能修改和删除。如果过账后发现错误，可以使用冲销功能，生成原错误凭证的红字凭证。

二、岗位任务

查询活动 5.1.1 录入的凭证，学会凭证修改、删除、冲销和复制四个功能，这四个功能不要求操作。

三、操作步骤

1. 凭证查询操作步骤

使用有权限的操作人员"陈婕"或者"苏眉"的身份登录，点击【账务处理】→【凭证管理】，过滤条件可按需选择。例如，想查询全部审核完毕、全部复核完毕和全部过账完毕的凭证，在过滤界面勾选三个"全部"，为了下次进行凭证查询界面不再弹出过滤界面，还需勾选界面左下角"下次直接以该方案进入序时簿"，如图 5-17 所示，也可以根据实际需要进行过滤设置。

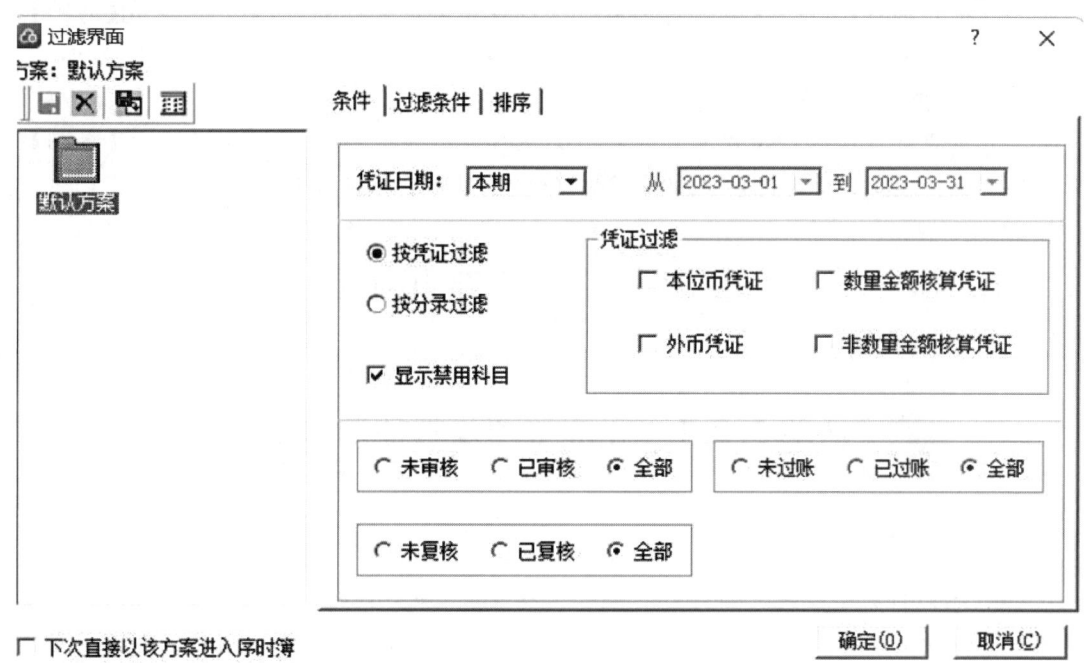

图 5-17 凭证查询过滤

2. 凭证修改操作步骤

通过凭证查询方式,进入【凭证管理】界面,选择需要修改的凭证,点击左上角【修改】按钮,系统进入【凭证修改】界面,修改完毕后点击【保存】按钮。因为活动 5.1.2 和活动 5.1.3 已经对凭证进行了审核和过账,所以这两张凭证不能再修改,界面左上角【修改】已经变成灰色,如图 5-18 所示。即使凭证已经审核和过账,【修改凭证摘要】功能仍然可以使用。

图 5-18 凭证修改

3. 凭证删除操作步骤

通过凭证查询方式,进入【凭证管理】界面,选择需要删除的凭证,点击界面左上角【删除】,系统弹出是否删除当前凭证提示,点击【是】按钮,删除完毕后点击【刷新】按钮,被删除的凭证才不会在【凭证管理】界面显示。因为活动 5.1.2 和活动 5.1.3 已经对凭证进行了审核和过账,所以这两张凭证不能再修改,左上角【删除】已经变成灰色,如图 5-18 所示。

4. 凭证冲销操作步骤

通过凭证查询方式,进入【凭证管理】界面,选择需要冲销的凭证,点击左上角【冲销】,如图 5-18 所示。系统弹出原凭证的红字凭证,点击【保存】按钮。

5. 凭证复制操作步骤

通过凭证查询方式,进入【凭证管理】界面,选择需要复制的凭证,点击左上角【复制】,如图 5-18 所示。系统弹出和选择的凭证一模一样的凭证,点击【保存】。

任务 5.2 期末处理事项

活动 5.2.1 凭证整理及其他期末处理事项

一、知识链接

金蝶 KIS 软件各个系统之间有着严密的承接关系,业务系统和总账系统也是如此,业务系统与总账系统对账正确的条件之一是总账中涉及业务系统的凭证均已过账。如凭证有排序需求,可先整理凭证,凭证过账后无法再进行此项处理。

随堂思考

期末处理现在可以操作吗？

答：暂时不操作此任务，按顺序完成模块 6 至模块 13 的活动 13.3.2，再依次完成模块 5 的活动 5.2.1、剩余模块 13、剩余模块 5，最后完成模块 14 和模块 15。

二、岗位任务

（1）整理凭证。

（2）将工资系统、固定资产系统、应收应付系统和业务系统生成的凭证全部审核和过账。

三、操作步骤

第一步，使用"苏眉"身份登录，点击【凭证管理】→【操作】→【凭证整理】，操作完毕全部模块后，如存在凭证断号的情况可通过该功能进行操作调整，如图 5-19 所示。

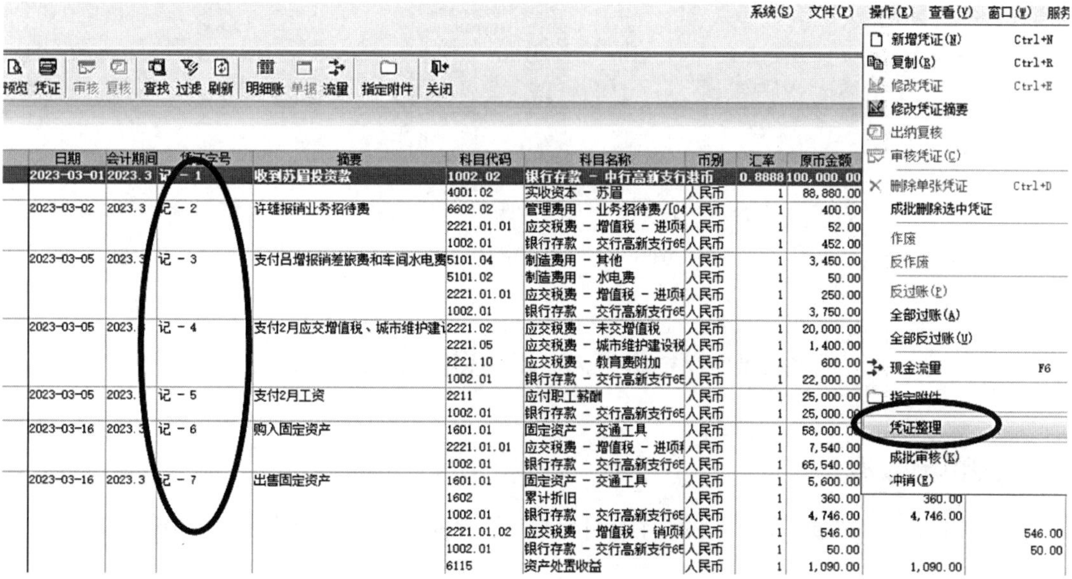

图 5-19　凭证整理

第二步，系统弹出"凭证整理"窗口，点击【确定】按钮，再根据弹出的"信息提示"点击【确定】，如图 5-20 所示。

第三步，参考活动 5.1.2 和活动 5.1.3，完成全部凭证的审核与过账，全部过账后如图 5-21 所示。

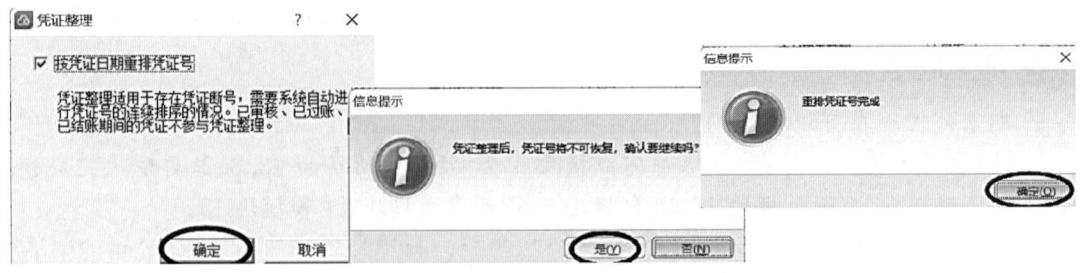

图 5-20 凭证整理过程

图 5-21 凭证审核过账后

活动 5.2.2 期 末 调 汇

一、知识链接

期末调汇表示对"期末调汇"的会计科目计算汇兑损益,并生成汇兑损益转账凭证的一种操作。

二、岗位任务

进行期末调汇,调整汇率为 0.882 2,生成调汇凭证进行审核和记账。

三、操作步骤

第一步,修改系统日期为"2023 年 3 月 31 日",使用"陈婕"的身份登录,点击【账务处理】→【期末调汇】,系统弹出【期末调汇】窗口 1,修改调整汇率为"0.882 2",点击【下一步】按钮,如图 5-22 所示。

第二步,系统进入【期末调汇】窗口 2,选择汇兑损益科目"6603.02 财务费用-调汇",点击【完成】按钮,如图 5-23 所示。

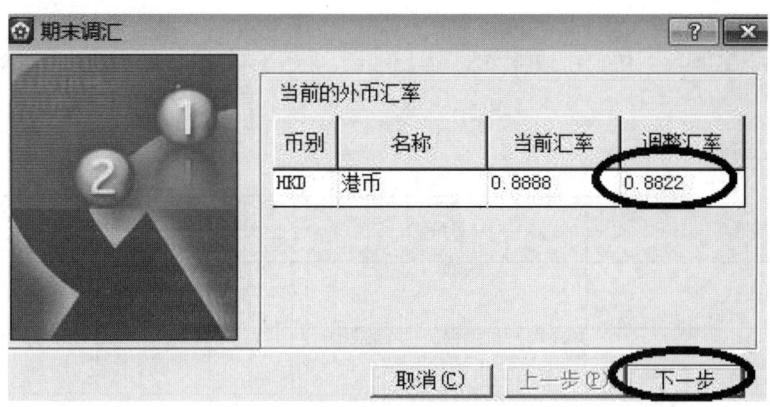

图 5-22 期末调汇 1

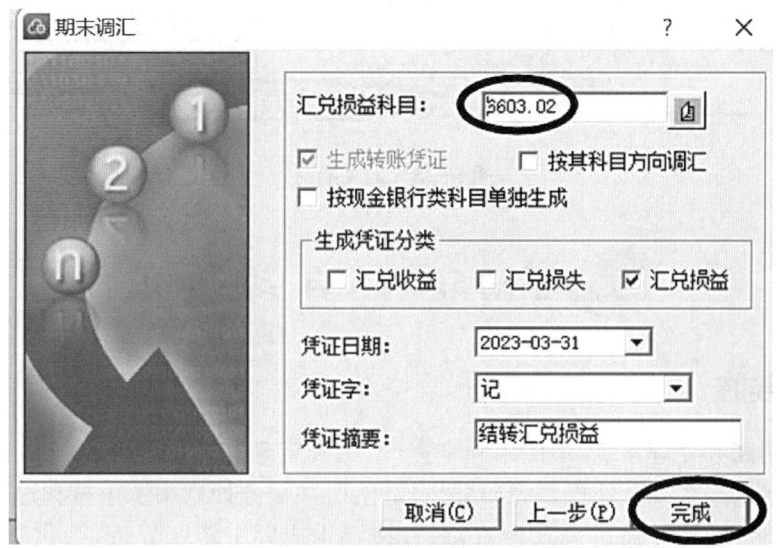

图 5-23 期末调汇 2

第三步,系统弹出已生成转账凭证提示,点击【确定】按钮,如图 5-24 所示。

图 5-24 已生成凭证提示

第四步,查找该凭证设定现金流量项目"CTI.02.04 -支付的其他与经营活动有关的现金",使用"苏眉"登录,完成汇兑损益凭证的审核和过账,如图 5-25 所示。

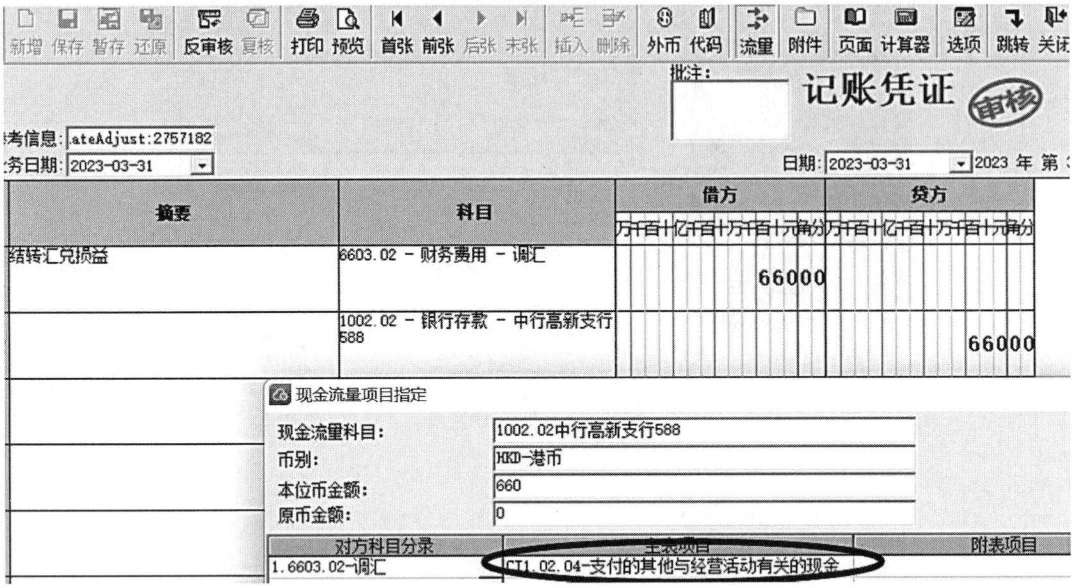

图 5-25 汇兑损益

 活动 5.2.3 自 动 转 账

一、知识链接

如果仅使用账务处理系统,不使用固定资产、工资管理和其他业务系统,可以进行期末处理;反之,还需将这些系统全部操作完毕并生成凭证,在账务处理系统审核和过账后,才可以开始期末处理。自动转账是通过公式设置,每月按键生成固定转账凭证,简化账务处理的一种操作。

二、岗位任务

1. 设置结转多交增值税公式,结转本期多交增值税并完成审核与过账。
2. 设置计提所得税费用公式。

三、操作步骤

第一步,修改系统日期为2023年3月31日,使用"陈婕"的身份登录,点击【账务处理】→【自动转账】,系统弹出【自动转账凭证】窗口,点击【新增】按钮,系统弹出【自动转账凭证-新增】窗口,名称输入"结转多交增值税",机制凭证选择"自动转账",点击转账期间右边的"📅"图标,系统弹出转账期间选择,点击【全选】→【确定】,如图5-26所示。

第二步,凭证摘要都输入"结转多交增值税",点击"科目"栏下方对应的第一行,系统弹出会计科目,选择"2221.02—未交增值税",点击"方向"栏下方对应的第一行,选择"自动判定",点击"转账"栏下方对应的第一行,选择"转入"。点击【新增行】按钮,点击"科目"栏下方对应的

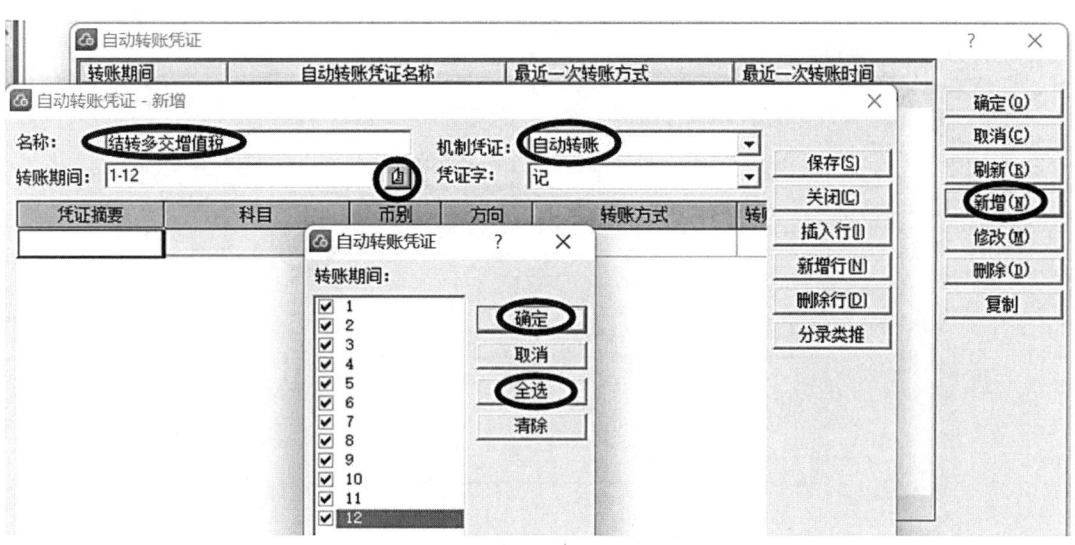

图 5-26　自动转账凭证

第一行,选择"2221.01.01—转出多交增值税",点击"方向"栏下方对应的第一行,选择【自动判定】,点击"转账"栏下方对应的第一行,选择"按公式转入",系统弹出信息提示,点击【确定】按钮,如图 5-27 所示。

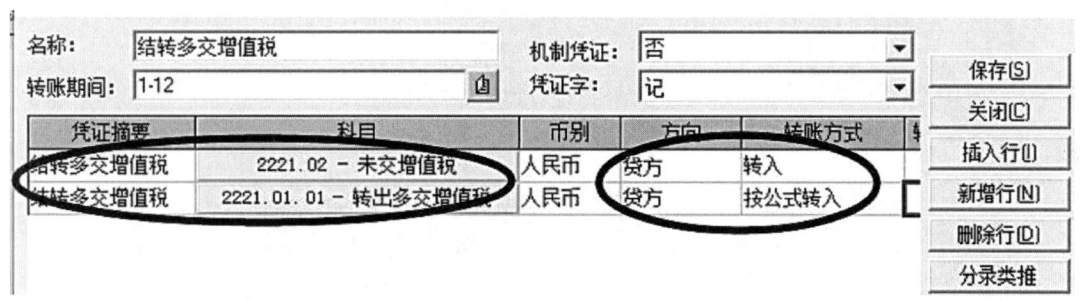

图 5-27　按公式转出

　　第三步,点击【自动转账凭证-新增】窗口下方的"▶"图标,此图标向右移动,点击"公式定义"栏下方对应的第二行"下设",系统弹出【公式定义】窗口,点击原币公式对应的"⋯"图标,如图 5-28 所示。
　　第四步,系统进入【报表函数】窗口,选择"ACCT"函数,点击【确定】按钮,如图 5-29 所示。
　　第五步,系统进入【函数表达式】窗口,输入科目"2221.01.02",点击【确认】按钮,如图 5-30 所示。取数类型、货币、年度、起始期间和结束期间不输入,系统取默认值:2023 年、人民币、2023 年 3 月 1 日至 2023 年 3 月 31 日。

图 5-28 公式定义

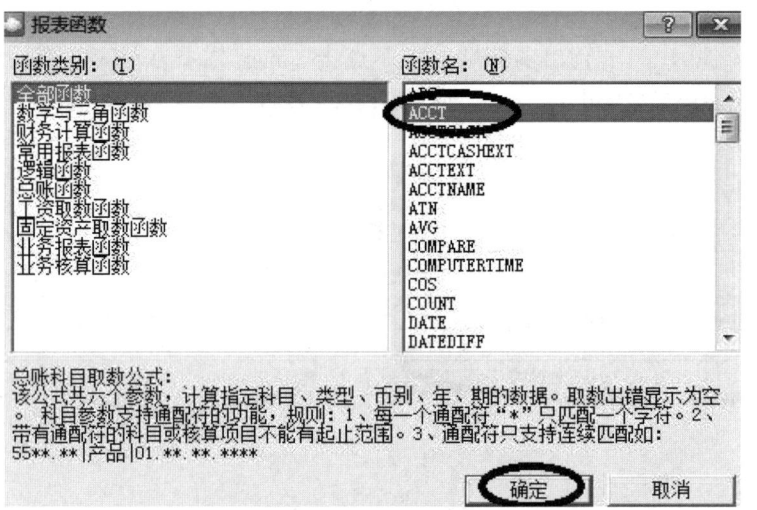

图 5-29 选择函数

图 5-30 函数表达式

第六步,系统回到【公式定义】窗口,在原币公式后面输入"一",并用同样方法实现减号后的公式,点击【确定】按钮,如图 5-31 所示。

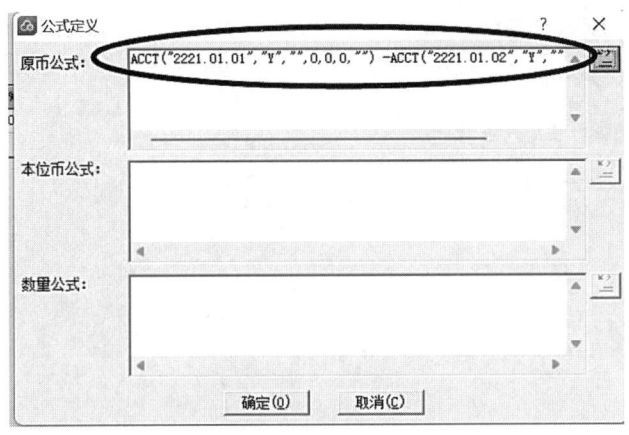

图 5-31　公式定义

第七步,系统回到【自动转账凭证-新增】窗口,选择"包含本期未过账凭证",点击【保存】按钮,如图 5-32 所示。

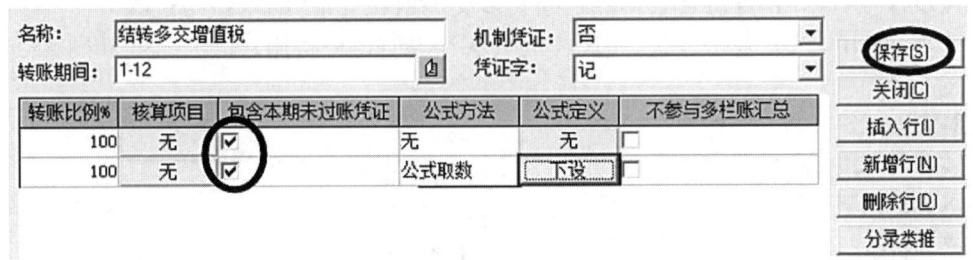

图 5-32　自动转账凭证—新增

第八步,本月末,可以在转账定义中点击"结转多交增值税"自动转账凭证,再点击【生成凭证】,如图 5-33 所示。系统弹出【自动转账结果】窗口,如图 5-34 所示。

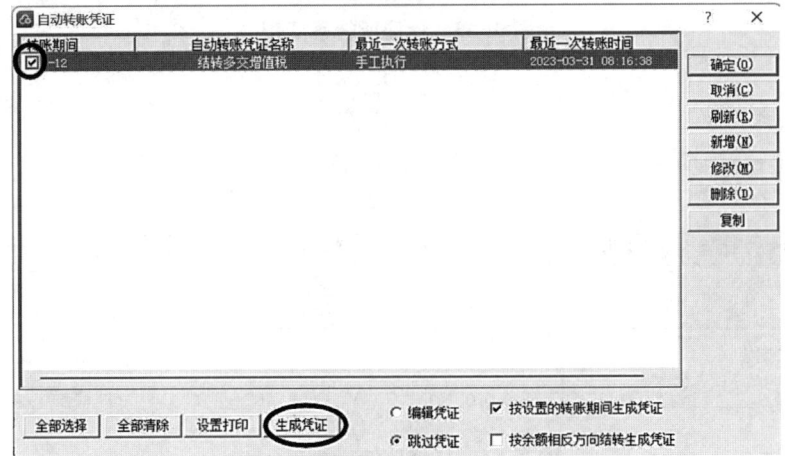

图 5-33　生成凭证

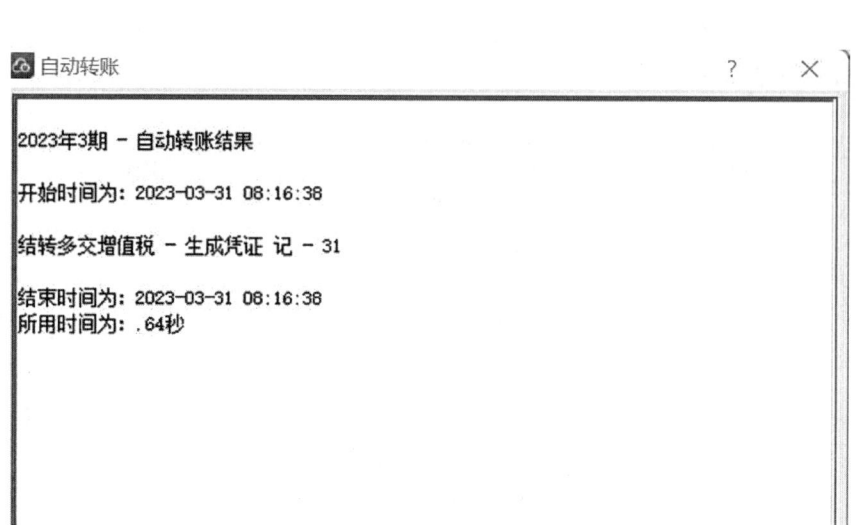

图 5-34　成功生成凭证

第九步，使用"苏眉"身份登录，完成"结转多交增值税凭证"的审核与过账。

第十步，使用"陈婕"身份登录，用同样的方法计提所得税费用，如图 5-35 和图 5-36 所示。

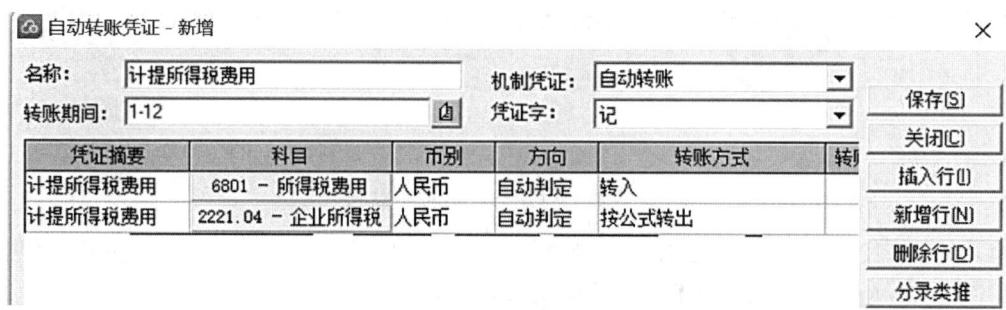

图 5-35　计提所得税费用

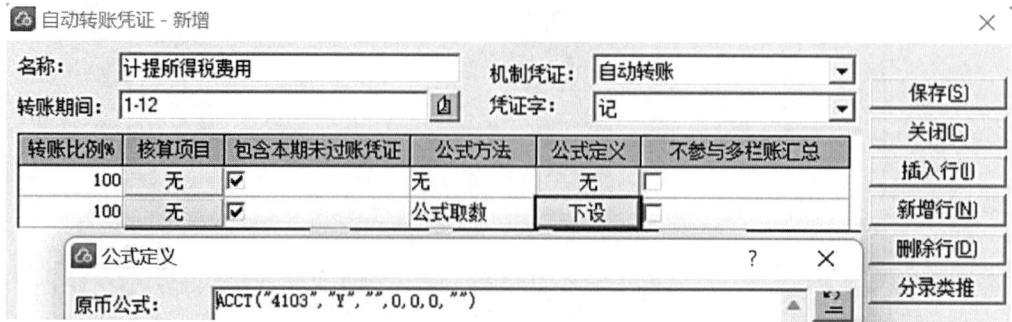

图 5-36　计提所得税费用公式

随堂思考 1

承活动 5.3.1，年末，企业"本年利润"科目余额在借方时，即年度亏损时，还需要生成所得税费用凭证吗？

提示：不需要。

随堂思考 2

为什么在本账套中，不使用期末智能转账功能？

提示：在本账套中，计提工资、计提折旧、结转销售成本已随软件常规步骤操作完成，剩余业务不存在于本账套中，故不需要操作。

活动 5.2.4 结 转 损 益

一、知识链接

结转损益表示期末将损益类科目的余额全部转入"本年利润"科目，在结转损益前，本期所有的凭证必须过账，如果存在没过账的凭证，可能将影响生成的损益凭证。

二、岗位任务

随堂思考

如果还有没过账的凭证会造成什么后果？

提示：如未过账的凭证不涉及损益类科目，不会影响结转损益的科目与金额。反之，亦然。

结转本期所有损益并审核和过账。

三、操作步骤

第一步，修改系统日期为"2023 年 3 月 31 日"，使用"陈婕"的身份登录，系统弹出【结转损益】窗口 1，点击【下一步】按钮，如图 5-37 所示。

第二步，系统进入【结转损益】窗口 2，点击【下一步】按钮，如图 5-38 所示。

第三步，系统进入【结转损益】窗口 3，选择"损益"和"按普通方式结转"，点击【完成】按钮，如图 5-39 所示。

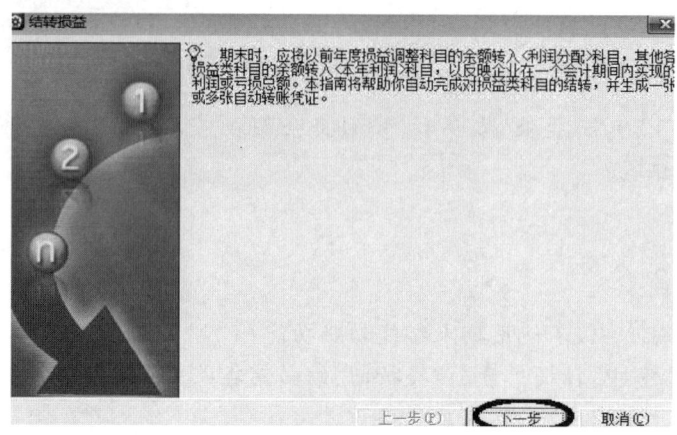

图 5-37 结转损益 1

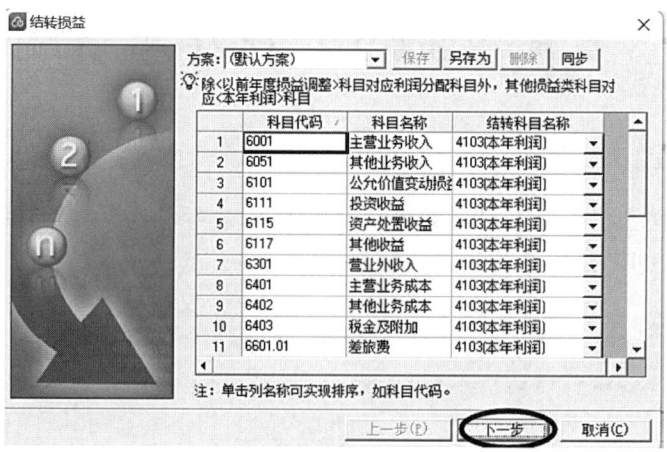

图 5-38 结转损益 2

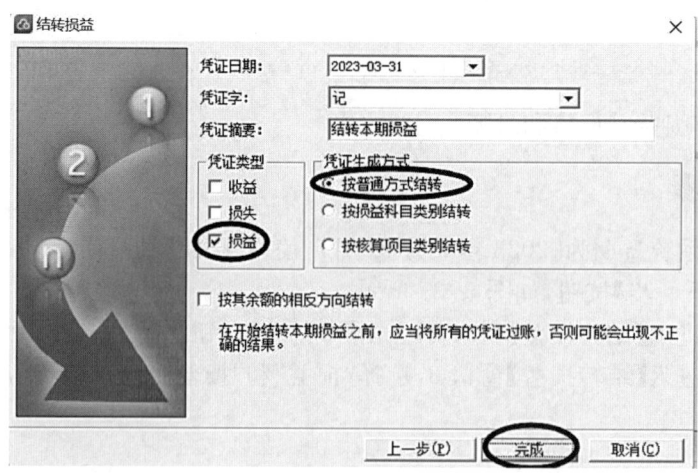

图 5-39 结转损益 3

第四步,系统弹出生成凭证提示,点击【确定】按钮,如图 5-40 所示。

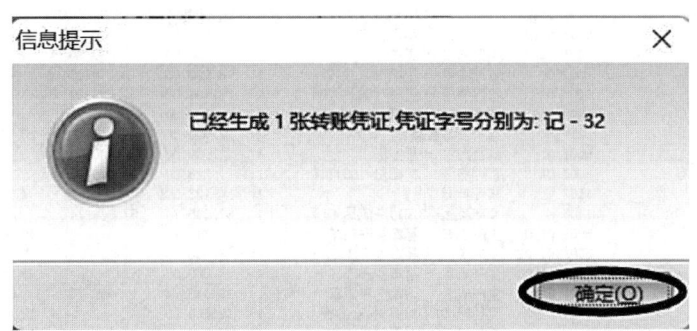

图 5-40　生成凭证提示

第五步，完成全部凭证的审核与过账，结转损益后全部凭证如图 5-41、图 5-42、图 5-43 和图 5-44 所示。

凭证字号	摘要	科目代码	科目名称	汇率	原币金额	借方	贷方	制单	审核人
记-1	收到苏眉投资款	1002.02	银行存款－中行高新支行	0.8888	100,000.00	88,880.00		陈婕	苏眉
		4001.02	实收资本－苏眉	1	88,880.00		88,880.00		
记-2	许雄报销业务招待费	6602.02	管理费用－业务招待费/[04	1	400.00	400.00		陈婕	苏眉
		2221.01.01	应交税费－增值税－进项	1	52.00	52.00			
		1002.01	银行存款－交行高新支行6₤	1	452.00		452.00		
记-3	支付吕增报销差旅费和车间水电费	5101.04	制造费用－其他	1	3,450.00	3,450.00		陈婕	苏眉
		5101.02	制造费用－水电费	1	50.00	50.00			
		2221.01.01	应交税费－增值税－进项	1	250.00	250.00			
		1002.01	银行存款－交行高新支行6₤	1	3,750.00		3,750.00		
记-4	支付2月应交增值税、城市维护建该	2221.02	应交税费－未交增值税	1	20,000.00	20,000.00		陈婕	苏眉
		2221.05	应交税费－城市维护建设税	1	1,400.00	1,400.00			
		2221.10	应交税费－教育费附加	1	600.00	600.00			
		1002.01	银行存款－交行高新支行6₤	1	22,000.00		22,000.00		
记-5	支付2月工资	2211	应付职工薪酬	1	25,000.00	25,000.00		陈婕	苏眉
		1002.01	银行存款－交行高新支行6₤	1	25,000.00		25,000.00		
记-6	购入固定资产	1601.01	固定资产－交通工具	1	58,000.00	58,000.00		陈婕	苏眉
		2221.01.01	应交税费－增值税－进项	1	7,540.00	7,540.00			
		1002.01	银行存款－交行高新支行6₤	1	65,540.00		65,540.00		
记-7	出售固定资产	1601.01	固定资产－交通工具	1	5,600.00		5,600.00	陈婕	苏眉
		1602	累计折旧	1	360.00	360.00			
		1002.01	银行存款－交行高新支行6₤	1	4,746.00	4,746.00			
		2221.01.02	应交税费－增值税－销项	1	546.00		546.00		
		1002.01	银行存款－交行高新支行6₤	1	50.00		50.00		
		6115	资产处置收益	1	1,090.00	1,090.00			
记-10	收款	1002.01	银行存款－交行高新支行6₤	1	250,000.00	250,000.00		陈婕	苏眉
		1122	应收账款－[01]南宁高科	1	250,000.00		250,000.00		
记-11	预付单	1123	预付账款－[02]玉林科技	1	15,000.00	15,000.00		陈婕	苏眉
		1002.01	银行存款－交行高新支行6₤	1	15,000.00		15,000.00		
记-12	预付冲应付	2202	应付账款－[02]玉林科技	1	15,000.00	15,000.00		陈婕	苏眉
		1123	预付账款－[02]玉林科技	1	15,000.00		15,000.00		
记-13	收款结算	1002.01	银行存款－交行高新支行6₤	1	600.00	600.00		陈婕	苏眉
	其他收入单生成-	6051	其他业务收入	1	600.00		600.00		

图 5-41　生成凭证

凭证字号	摘要	科目代码	科目名称	汇率	原币金额	借方	贷方	制单	审核人
记-9	计提工资	5001.01.02	生产成本-基本生产成本-	1	3,900.00	3,900.00		陈嬉	苏眉
	计提工资	6601.03	销售费用-工资	1	4,600.00	4,600.00			
	计提工资	6602.04	管理费用-工资-[02]财务	1	8,200.00	8,200.00			
	计提工资	6602.04	管理费用-工资-[04]采购	1	3,400.00	3,400.00			
	计提工资	6602.04	管理费用-工资-[06]仓储	1	3,200.00	3,200.00			
	计提工资	2211	应付职工薪酬	1	23,300.00		23,300.00		
记-8	结转折旧费用	6601.02	销售费用-折旧费	1	3,900.00	3,900.00		陈嬉	苏眉
		6602.01	管理费用-折旧费-[02]财	1	228.00	228.00			
	结转折旧费用	1602	累计折旧	1	4,128.00		4,128.00		
记-14	产品入库	1405	库存商品/[3.01]产成品-电	1	57,045.74	57,045.74		陈嬉	苏眉
	产品入库	5001.01.01	生产成本-基本生产成本-	1	49,645.74		49,645.74		
		5001.01.02	生产成本-基本生产成本-	1	3,900.00		3,900.00		
		5001.01.03	生产成本-基本生产成本-	1	3,500.00		3,500.00		
记-15	生产领料	5001.01.01	生产成本-基本生产成本-	1	49,645.74	49,645.74		陈嬉	苏眉
		1403	原材料/[1.01]原材料-主板	1	12,650.00		12,650.00		
		1403	原材料/[1.02]原材料-CPU	1	22,540.00		22,540.00		
		1403	原材料/[1.03]原材料-硬盘	1	5,117.50		5,117.50		
		1403	原材料/[1.04]原材料-电源	1	6,036.10		6,036.10		
		1403	原材料/[1.05]原材料-机箱	1	3,302.14		3,302.14		
记-16	结转制造费用	5001.01.03	生产成本-基本生产成本-	1	3,500.00	3,500.00		陈嬉	苏眉
		5101.04	制造费用-其他	1	3,450.00		3,450.00		
		5101.02	制造费用-水电费	1	50.00		50.00		
记-17	采购发票单独生成	1402	在途物资	1	18,900.00	18,900.00		陈嬉	苏眉
	采购发票单独生成	2221.01.01	应交税费-增值税-进项	1	2,457.00	2,457.00			
	采购发票单独生成	2202	应付账款/[02]玉林科技	1	21,357.00		21,357.00		
记-18	采购发票单独生成	1402	在途物资	1	16,300.00	16,300.00		陈嬉	苏眉
	采购发票单独生成	2221.01.01	应交税费-增值税-进项	1	2,119.00	2,119.00			
	采购发票单独生成	2202	应付账款/[03]南宁新新科	1	18,419.00		18,419.00		
记-19	采购发票单独生成	1402	在途物资	1	6,600.00	6,600.00		陈嬉	苏眉
	采购发票单独生成	2221.01.01	应交税费-增值税-进项	1	858.00	858.00			
	采购发票单独生成	2202	应付账款/[02]玉林科技	1	7,458.00		7,458.00		

图 5-42 生成凭证

凭证字号	摘要	科目代码	科目名称	汇率	原币金额	借方	贷方	制单	审核人
记-20	采购入库	1403	原材料/[1.03]原材料-硬盘	1	6,600.00	6,600.00		陈嬉	苏眉
	采购入库	1403	原材料/[1.04]原材料-电源	1	7,800.00	7,800.00			
	采购入库	1403	原材料/[1.05]原材料-机箱	1	4,500.00	4,500.00			
	采购入库	1402	在途物资	1	18,900.00		18,900.00		
记-21	采购入库	1403	原材料/[1.06]原材料-主板	1	5,800.00	5,800.00		陈嬉	苏眉
	采购入库	1403	原材料/[1.07]原材料-CPU	1	10,500.00	10,500.00			
	采购入库	1402	在途物资	1	16,300.00		16,300.00		
记-22	采购入库	1403	原材料/[1.03]原材料-硬盘	1	2,300.00	2,300.00		陈嬉	苏眉
	采购入库	1403	原材料/[1.04]原材料-电源	1	2,700.00	2,700.00			
	采购入库	1403	原材料/[1.05]原材料-机箱	1	1,600.00	1,600.00			
	采购入库	1402	在途物资	1	6,600.00		6,600.00		
记-23	采购入库	1403	原材料/[1.05]原材料-机箱	1	14,000.00	14,000.00		陈嬉	苏眉
	采购入库	2202	应付账款/[01]南宁电科城	1	14,000.00		14,000.00		
记-24	盘盈入库	1403	原材料/[1.04]原材料-电源	1	260.00	260.00		陈嬉	苏眉
	盘盈入库	1901	待处理财产损益	1	260.00		260.00		
记-25	其他入库	1403	原材料/[1.06]原材料-主板	1	580.00	580.00		陈嬉	苏眉
	其他入库	1403	原材料/[1.07]原材料-CPU	1	1,050.00	1,050.00			
	其他入库	6301	营业外收入	1	1,630.00		1,630.00		
记-26	其他出库	6711	营业外支出	1	2,321.62	2,321.62		陈嬉	苏眉
	其他出库	1405	库存商品/[3.01]产成品-电	1	2,321.62		2,321.62		
记-27	盘亏损毁	1901	待处理财产损益	1	222.50	222.50		陈嬉	苏眉
	盘亏损毁	1403	原材料/[1.03]原材料-硬盘	1	222.50		222.50		
记-28	销售出库	6401	主营业务成本	1	53,397.21	53,397.21		陈嬉	苏眉
	销售出库	1405	库存商品/[3.01]产成品-电	1	53,397.21		53,397.21		
记-29	销售收入	1122	应收账款/[01]南宁富科	1	70,173.00	70,173.00		陈嬉	苏眉
	销售收入	6001	主营业务收入	1	62,100.00		62,100.00		
	销售收入	2221.01.02	应交税费-增值税-销项	1	8,073.00		8,073.00		
记-30	结转汇兑损益	6603.02	财务费用-汇兑	1	660.00	660.00		陈嬉	苏眉
		1002.02	银行存款-中行高新支行58	0.8822	660.00		660.00		
记-31	结转多交增值税	2221.02	应交税费-未交增值税	1	4,657.00	4,657.00		陈嬉	苏眉
	结转多交增值税	2221.01.10	应交税费-增值税-转出	1	4,657.00		4,657.00		

图 5-43 生成凭证

记-32	结转本期损益	6001	主营业务收入	1	62,100.00	62,100.00		陈嫌	苏眉
		6051	其他业务收入	1	600.00	600.00			
		6115	资产处置收益	1	-1,090.00	-1,090.00			
		6301	营业外收入	1	1,630.00	1,630.00			
		4103	本年利润	1	63,240.00		63,240.00		
		4103	本年利润	1	80,306.83	80,306.83			
		6401	主营业务成本	1	53,397.21		53,397.21		
		6601.02	销售费用－折旧费	1	3,900.00		3,900.00		
		6601.03	销售费用－工资	1	4,600.00		4,600.00		
		6602.01	管理费用－折旧费/[02]财	1	228.00		228.00		
		6602.02	管理费用－业务招待费/[04	1	400.00		400.00		
		6602.04	管理费用－工资/[02]财务	1	8,200.00		8,200.00		
		6602.04	管理费用－工资/[04]采购	1	3,400.00		3,400.00		
		6602.04	管理费用－工资/[06]仓储	1	3,200.00		3,200.00		
		6603.02	财务费用－调汇	1	660.00		660.00		
		6711	营业外支出	1	2,321.62		2,321.62		
合计						1,009,939.64	1,009,939.64		

图 5-44 生成凭证

随堂思考 1

如果结账后发现之前有错误操作怎么办？

答：可以使用反结账功能回到 2023 年第 3 期。

随堂思考 2

三个系统的结账顺序有要求吗？

答：出纳系统由出纳操作，操作完毕后即可结账；业务系统结账应当在财务系统结账之前，因为业务系统生成的凭证会传递至财务系统，业务系统出错，财务系统会受影响。

活动 5.2.5　财务期末结账

一、知识链接

本期财务系统全部处理完毕后，可以进行结账，结账完毕才能进入下一期间的相关业务处理。

二、岗位任务

由苏眉完成本期财务系统结账的工作。

三、操作步骤

第一步，点击【账务处理】→【财务期末结账】，系统弹出财务系统【期末结账】窗口，点击【开始】按钮，如图 5-45 所示。

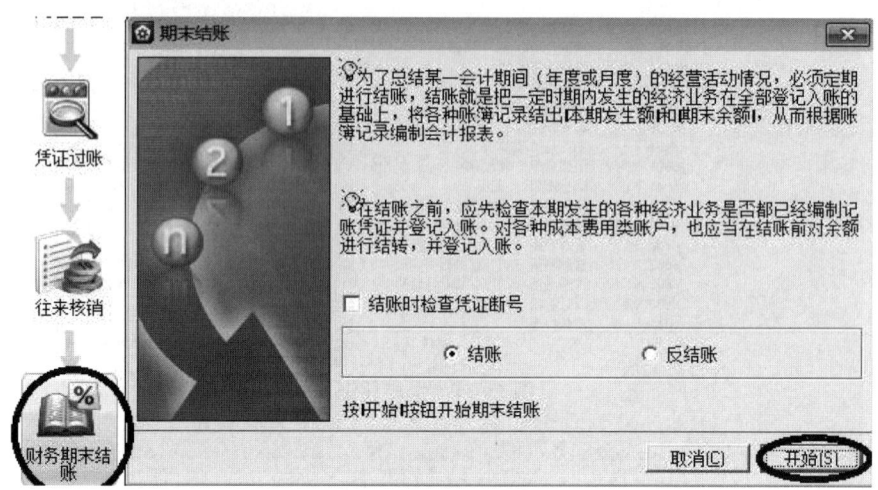

图 5-45　财务系统期末结账

第二步，系统弹出确定期末结账提示，点击【确定】按钮，如图 5-46 所示。结账成功后系统弹出"重新登录"窗口，如图 5-47 所示。

图 5-46　确定结账

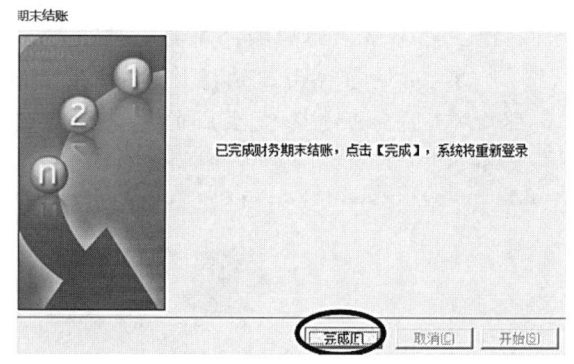

图 5-47　重新登录

第三步，系统自动退出，并弹出【系统登录】窗口，点击【确定】按钮，再次登录【账务处理】界面，系统右下角账务处理期间变为 2023 年第 4 期，如图 5-48 所示。

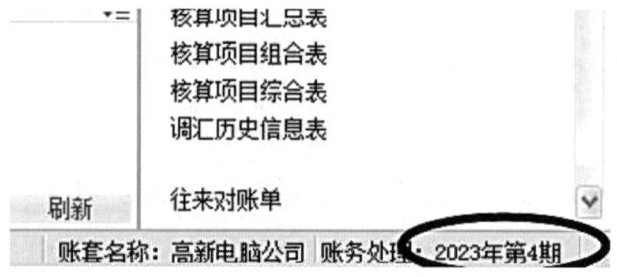

图 5-48　账务处理期间变化

模 块 测 试

一、单项选择题

1. 下列选项中,没有关于"未过账凭证"的过滤选项的是( )。
   A. 科目余额表　　　B. 凭证汇总表　　　C. 明细账　　　D. 以上都有
2. 在科目余额表中,要查看某科目的明细账和相关凭证,正确操作方法是( )。
   A. 不必退出科目余额表,双击某科目,即可查看到相应的明细账和凭证
   B. 退出科目余额表,选择账簿中的明细分类账进行查看
   C. 在科目余额表中直接查看明细账,然后选择凭证查询进行查看凭证
   D. 不必退出科目余额表,双击某科目,即可查看到相应的明细账,再双击明细记录,即可查看该张凭证
3. 在结转损益处理前,最好将所有凭证进行( )处理。
   A. 过账　　　　　　B. 审核　　　　　　C. 检查　　　　　D. 汇总
4. 在凭证录入中,借、贷方互换的快捷键是( )。
   A. 回车键　　　　　B. "Esc"键　　　　C. 空格键　　　　D. 左移键
5. ( )菜单功能是可以将使用频率较高的单据和报表收藏到菜单下,需要时直接打开。
   A. 定制　　　　　　B. 收藏　　　　　　C. 自定义　　　　D. 使用
6. 下列报表中,查询前需要先设置的是( )。
   A. 总分类账　　　　B. 日报表　　　　　C. 多栏账　　　　D. 试算平衡表

二、多项选择题

1. 在记账凭证录入时,系统会即时报错的情况有( )。
   A. 科目不存在或科目不是一个明晰科目　　B. 制单员没有该科目的使用权
   C. 直接使用固定资产科目做分录　　　　　D. 核算项目不存在
2. 期末处理包括( )。
   A. 汇率调整　　　　B. 结转本期损益　　C. 自动转账　　　D. 期末结账
3. 在金蝶 KIS 专业版软件中,下列对凭证摘要库的描述中,正确的有( )。
   A. 可以建立不同的摘要类别　　　　　　　B. 在凭证录入时可以通过"F7"键查询
   C. 可以指定对应科目　　　　　　　　　　D. 建立后需要审核后才能使用
4. 下列关于凭证审核的说法中,正确的有( )。
   A. 可以单张审核凭证　　　　　　　　　　B. 可以多张审核凭证
   C. 不能同时审核 100 张凭证　　　　　　　D. 可以单独过滤一段凭证进行审核
5. 凭证查询界面可以实现的功能有( )。
   A. 审核凭证　　　　　　　　　　　　　　B. 删除凭证
   C. 过账凭证　　　　　　　　　　　　　　D. 修改凭证
6. 下列快捷键中,属于金蝶 KIS 软件录入凭证快捷键的有( )。
   A. "F7"键:获取代码　　　　　　　　　　B. "Ctrl"+"F7"键:自动借贷平衡
   C. "F4"键:新增凭证　　　　　　　　　　D. "F12"键:保存当前凭证

7. 已经过账的凭证,还可以采取( )等方式进行更正。
A. 补充凭证　　　B. 红字冲销凭证　　　C. 划线更正凭证　　　D. 蓝字凭证

三、判断题

1. 在凭证输入、修改窗口中,如果凭证分录中的会计科目为数量金额核算,则系统除了可根据数量、单价算出金额外,还可由数量、金额自动算出单价。（　　）

2. 在试算平衡表的查询中,系统提供了各种币别的试算平衡表,并且可查询至任意一级科目。（　　）

3. 对凭证进行审核时,审核人与制单人不能为同一人,而反审核时,反审核人与原审核人则可以不一致。（　　）

4. 凭证录入后,可以查看到明细账和总账的账簿数据。（　　）

5. 通过自动转账功能生成的凭证不能直接在凭证查询处修改,而应回到"自动转账"凭证模板处修改。（　　）

6. 当一个企业往来款和库存等业务较少时,只启用账务处理系统就可以实现财务核算的基本要求。（　　）

7. 如果勾选了账务处理参数中的"银行存款科目必须输入结算方式和结算号"选项,必须录入结算方式和结算号。（　　）

8. 必须先期末结账,才可以出资产负债表和利润表。（　　）

9. 当账务处理系统与固定资产、应收应付等系统一起使用时,必须将账务处理系统之外的系统全部结账,最后才能在账务处理系统结账。（　　）

10. 年度结账前先要将"本年利润"账户余额转入"利润分配——未分配利润"账户后才可结账。（　　）

四、业务题

1. 参考活动5.1.1,使用"赵小白"的身份登录,在"硕通科技2022"账套录入以下经济业务的记账凭证:

(1) 11月6日,销售部郑娇出差,预借差旅费8 000元,用库存现金支付。

(2) 11月7日,电汇缴纳上月企业所得税、未交增值税、城市维护建设税和教育费附加,其中企业所得税86 120元,未交增值税130 191元,城市维护建设税9 113.37元,教育费附加3 905.73元,电汇结算号为D001。

(3) 11月9日,电汇支付2022年10月车间水电费8 500元(假设不考虑增值税),电汇结算号为D002。

(4) 11月10日,支票支付管理部的业务招待费1 000元(假设不考虑增值税),支票结算号Z001。

(5) 11月30日,支票支付销售部郑杰报销牌匾制作费共计10 500元(假设不考虑增值税),支票结算号Z002。

[提示:第2至第5题属于月末处理,应该完成所有购销存环节,再来完成此处。]

2. 参考活动5.1.2,使用"郑薇"的身份登录,11月30日,在"硕通科技2017"账套中审核本期已经录入的凭证。

3. 参考活动5.1.3,使用"郑薇"的身份登录,11月30日,在"硕通科技2022"账套中对本期已经审核的凭证进行过账。

4. 参考活动 5.2.3，在"硕通科技 2022"账套中，月末完成以下操作：

（1）"赵小白"登录，完成模块 13 后设置期末自动转账：结转制造费用的凭证、结转未交增值税凭证、计提城市维护建设税和教育费附加凭证。使用"郑薇"登录，对自动转账凭证进行审核和过账。

（2）使用"赵小白"登录，结转期末损益。使用"郑薇"登录，对结转期末损益凭证进行审核和过账。

5. 参考 5.2.4，使用"郑薇"的身份登录，在"硕通科技 2022"账套中完成本期财务系统结账。

模块 6

固定资产管理

【考核目标】
1. 认知固定资产的增减变动功能和审核意义。
2. 认知固定资产生成凭证功能。
3. 认知固定资产期末计提折旧和与总账对账功能。

【实践目标】
1. 掌握固定资产的增减变动和审核的操作。
2. 掌握固定资产生成凭证的操作。
3. 掌握固定资产期末计提折旧和对账的操作,掌握与总账对账有差额时的解决方法。

【思政目标】
1. 培养学生细致、谨慎、有条不紊的财经专业素质。
2. 培养学生诚实守信、求真务实、坚持原则的职业道德品质。
3. 培养学生爱国主义精神和家国情怀。

【知识点思维导图】

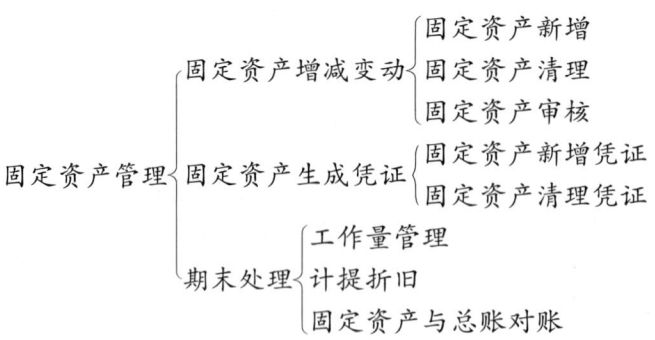

 思政案例

2023年1至10月份,全国固定资产投资(不含农户)419 409亿元,同比增长2.9%(按可比口径计算)。其中,民间固定资产投资215 863亿元,同比下降0.5%。从环比看,10月份固定资产投资(不含农户)增长0.10%。

分产业看,第一产业投资8 882亿元,同比下降1.3%;第二产业投资132 454亿元,增长

9.0%;第三产业投资 278 074 亿元,增长 0.4%。

在第二产业中,工业投资同比增长 8.9%。其中,采矿业投资增长 1.4%,制造业投资增长 6.2%,电力、热力、燃气及水生产和供应业投资增长 25.0%。

第三产业中,基础设施投资(不含电力、热力、燃气及水生产和供应业)同比增长 5.9%。其中,铁路运输业投资增长 24.8%,水利管理业投资增长 5.7%,道路运输业投资与 2022 年同期持平,公共设施管理业投资下降 2.2%。

分地区看,东部地区投资同比增长 4.9%,中部地区投资下降 0.1%,西部地区投资下降 0.5%,东北地区投资下降 3.5%。

分登记注册类型看,内资企业固定资产投资同比增长 3.2%,港澳台商企业固定资产投资下降 3.1%,外商企业固定资产投资增长 0.9%。

资料来源:https://www.gov.cn/lianbo/bumen/202311/content_6915235.htm。

问题:通过对案例的分析与讨论,你认为国家投资固定资产具有哪些重大意义?

任务 6.1　固定资产增减变动

活动 6.1.1　固定资产新增

一、知识链接

固定资产新增窗口和固定资产初始数据窗口相同,但是两者表达的意义不同,前者表示的是本期新增的固定资产信息,后者表示的是期初固定资产信息(已使用的固定资产)。

二、岗位任务

新增固定资产的相关信息见表 6-1。

表 6-1　　　　　　　　　　新增固定资产

基本信息		部门及其他		原值与折旧	
资产类别	交通工具	固定资产科目	1601.01	币别	人民币
资产编码	J002	累计折旧科目	1602	原币金额	58 000.00
名　　称	五菱宏光	使用部门	采购部 50%和销售部 50%	开始使用日期	2023.3.16
计量单位	辆	折旧费用科目	6602.01 和 6601.02	预计使用期数	60
数　　量	1			预计净残值	2 020.00
入账日期	2023.3.16			折旧方法	平均年限法(基于入账原值和预计使用期间)

(续表)

基本信息		部门及其他		原值与折旧	
使用状况	正常使用				
变动方式	购入				

三、操作步骤

第一步，使用"陈婕"的身份登录，点击【固定资产】→【固定资产增加】，系统进入固定资产初始界面，点击资产类别右边的"▣"图标，系统弹出固定资产类别窗口，选择"01 交通工具"，点击【确定】按钮，输入资产编码"J002"，输入资产名称"五菱宏光"，点击计量单位右边"▣"图标，选择"辆"，选择入账日期"2023 年 3 月 16 日"，如图 6-1 所示。

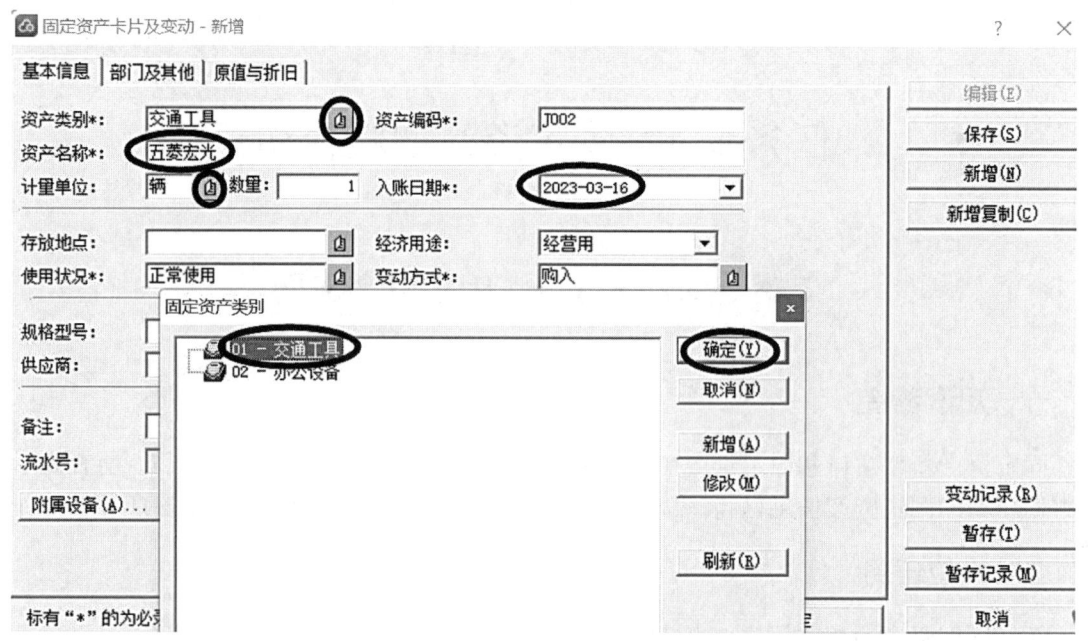

图 6-1　新增固定资产—基本信息 1

第二步，点击使用状况右边"▣"图标，系统弹出使用状态类别窗口，选择"正常使用"，点击【确定】按钮，点击变动方式右边的"▣"图标，系统弹出"变动方式类别"窗口，选择"购入"，点击【确定】按钮，如图 6-2 所示。

第三步，点击【部门及其他】，系统进入"部门及其他"窗口，点击固定资产科目右边的"▣"图标，选择并双击【固定资产-交通工具】，点击累计折旧科目右边的"▣"图标，选择并双击【累计折旧】，选择使用部门下方"多个"，点击对应的"……"图标，系统弹出"部门分配情况-编辑"窗口，点击【增加】按钮，系统弹出"部门分配情况-新增"窗口，点击使用部门右边的"▣"图标，选择使用部门"销售部"，输入分配比例"50"%，点击【保存】→【关闭】，如图 6-3 所示。

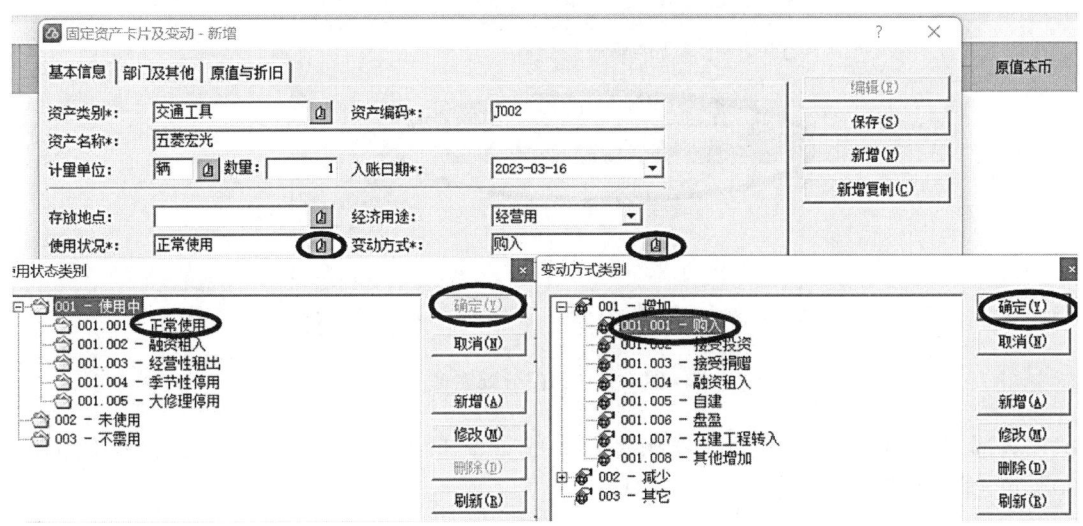

图 6-2 新增固定资产—基本信息 2

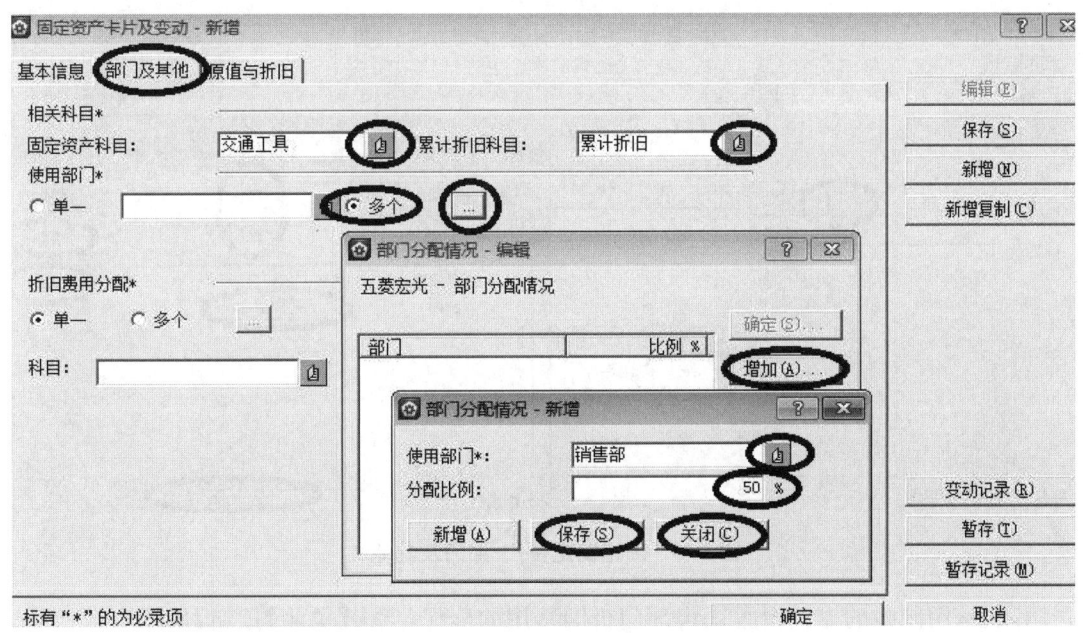

图 6-3 新增固定资产—部门及其他 1

第四步,系统回到部门分配窗口,用同样方法设置采购部门的分配,分配比例也是"50"%,点击【关闭】按钮,如图 6-4 所示。

第五步,选择折旧费用分配下方"多个",点击对应的" "图标。系统进入"折旧费用分配情况-编辑"窗口,点击【增加】按钮。系统弹出"折旧费用分配情况-新增"窗口,点击部门对应的" "图标,系统弹出部门分配情况表,选择"采购部",点击科目对应的" "图标,系统弹出会计科目窗口,选择"6602.01 管理费用—折旧费",点击部门和名称对应的【空白框】,系统

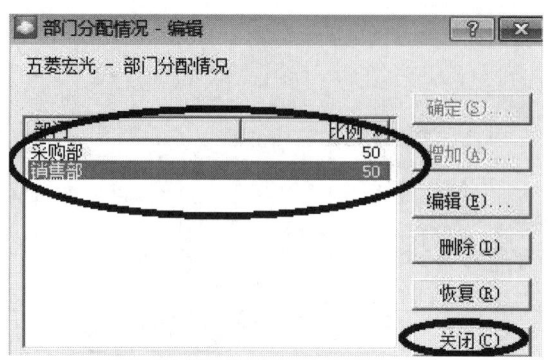

图 6-4 部门分配完毕

弹出核算部门窗口,选择并双击"采购部",系统回到折旧费用分配情况表,分配比例输入"100",点击【保存】→【关闭】,如图 6-5 所示。

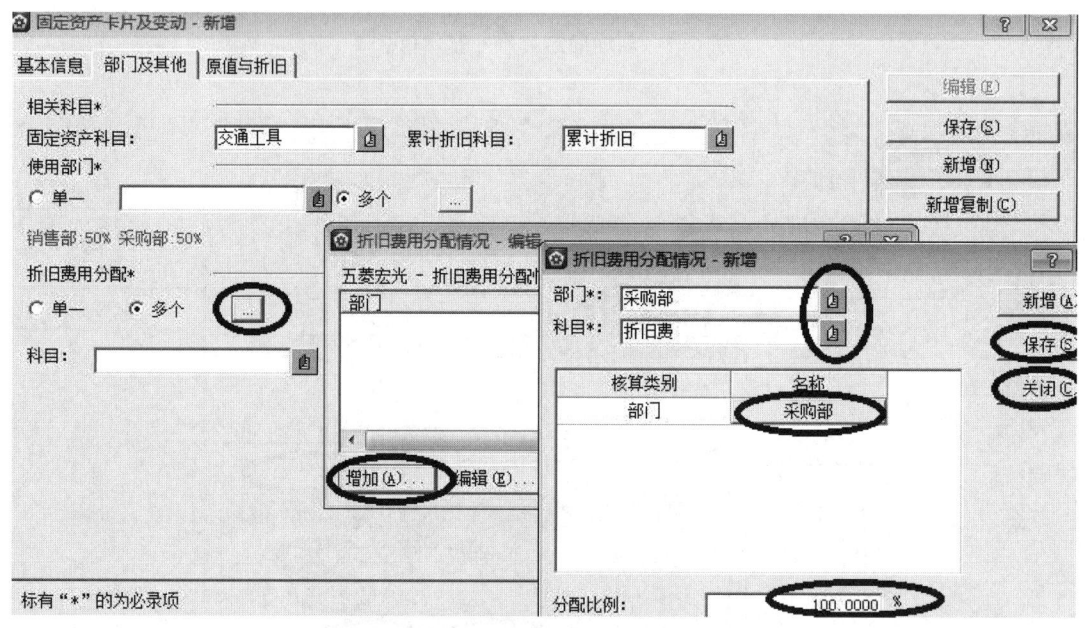

图 6-5 新增固定资产-部门及其他 2

第六步,用同样的方法设置销售部门折旧费用的分配,点击【关闭】按钮,如图 6-6 所示。

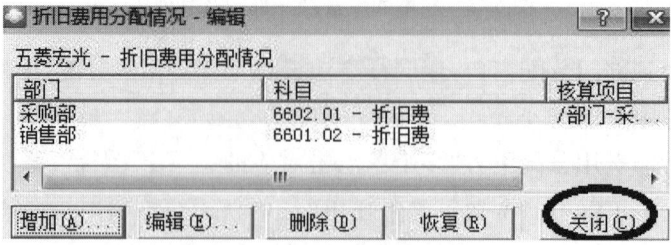

图 6-6 折旧费用分配完毕

第七步,系统回到部门及其他窗口,如图 6-7 所示。

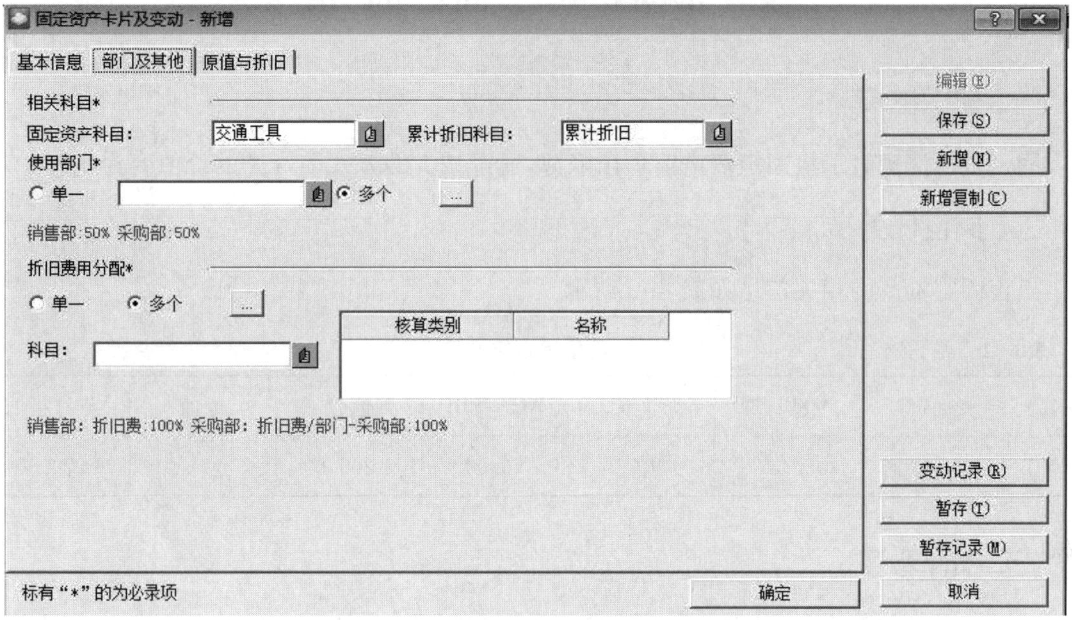

图 6-7　新增固定资产—部门及其他 3

第八步,点击【原值与折旧】,输入原币金额"58 000",选择开始日期"2023 年 3 月 16 日",输入预计使用期间数"60",输入预计净残值"2 020",选择折旧方法"平均年限法(基于入账原值和预计使用期间)",点击【确定】按钮,如图 6-8 所示。

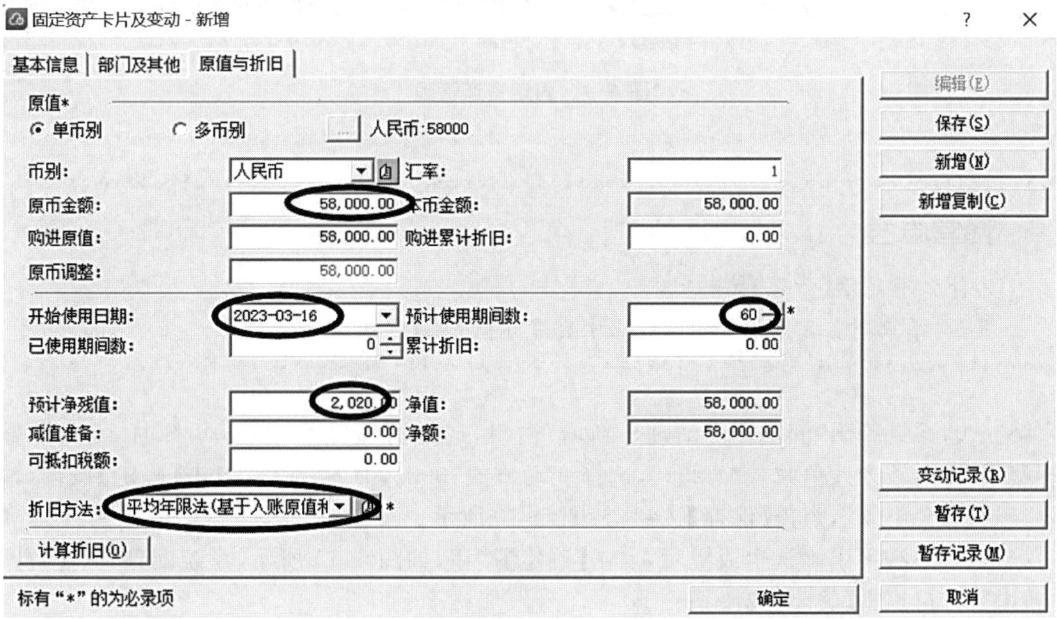

图 6-8　新增固定资产—原值与折旧

活动 6.1.2 固定资产清理

一、知识链接

固定资产清理表示将固定资产清理出账簿，通过减少的方式使资产的价值变为零。

二、岗位任务

出售固定资产的相关信息如表 6-2 所示。

表 6-2　　　　　　　　　　出售固定资产

编码	变动资产	变动日期	变动方式	清理费用	残值收入	原值	累计折旧
B001	办公电脑	2023.3.16	出售	50.00	4 200.00	5 600.00	270.00

三、操作步骤

第一步，使用"陈婕"的身份登录，点击【固定资产】→【固定资产变动】，系统进入"固定资产管理"界面，点击"B001 办公电脑"，点击【清理】按钮，如图 6-9 所示。

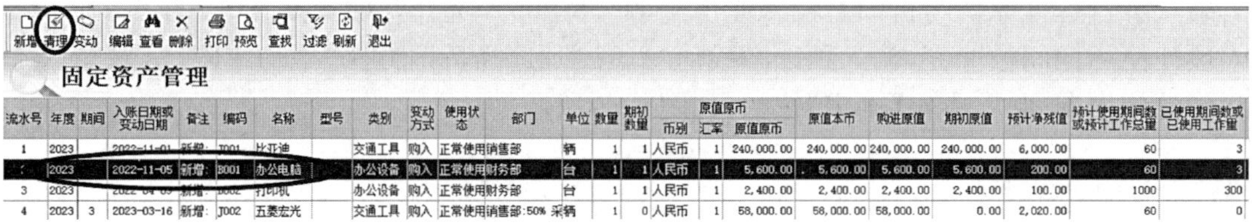

图 6-9　固定资产管理

 随堂思考

为什么不显示【清理】按钮？

提示：结束财务系统初始化，系统才会显示【清理】按钮。

第二步，系统弹出"固定资产清理—新增"窗口，选择清理日期"2023 年 3 月 16 日"，输入清理费用"50"，输入残值收入"4 200"，选择变动方式"002.001-出售"，点击【确定】按钮，输入摘要"出售办公电脑"，点击【保存】按钮，如图 6-10 所示。

第三步，系统弹出确认生成提示，点击【确定】按钮，如图 6-11 所示，系统回到"固定资产清理-新增"窗口，点击【关闭】按钮。

第四步，这时"固定资产管理"界面多了一条变动记录，如图 6-12 所示。

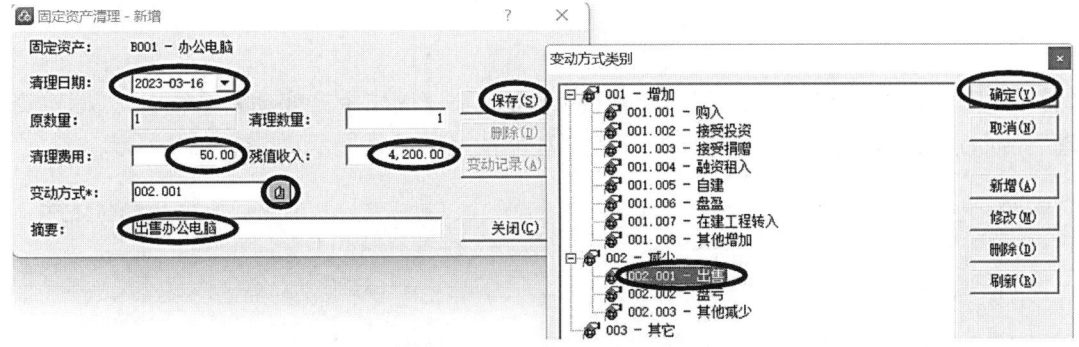

图 6-10　固定资产清理

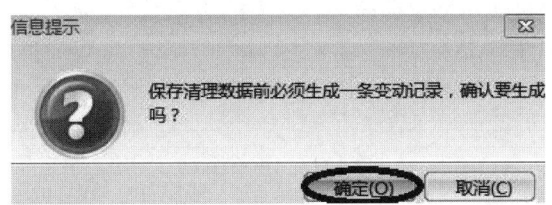

图 6-11　确认生成提示

图 6-12　新增变动记录

 随堂思考

固定资产清理以后，还可以修改吗？

提示：可以。固定资产清理后，选择已经清理的固定资产，再次点击【清理】，系统弹出【固定资产清理—编辑单据】，可在该界面进行修改。

活动 6.1.3　固定资产审核

一、知识链接

固定资产审核和凭证审核一致，制单人和审核人不应是一个人。

二、岗位任务

审核本期所有固定资产的增减变动情况。

三、操作步骤

第一步,使用"苏眉"的身份登录,点击【固定资产】→【固定资产变动】,系统"进入固定资产管理"界面,点击【操作】→【审核本期所有变动】,审核完毕后无提示,如图 6-13 所示。

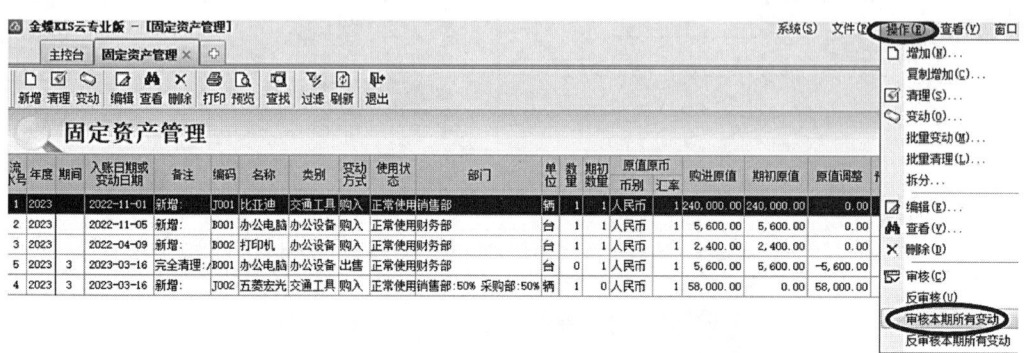

图 6-13　审核变动

第二步,向右拉界面下方" ",审核完毕后,如图 6-14 所示。

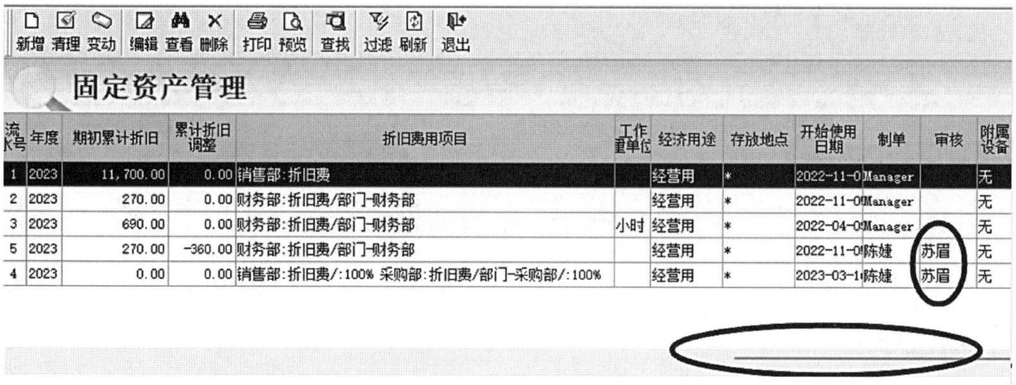

图 6-14　审核完毕

任务6.2　固定资产生成凭证

活动 6.2.1　固定资产新增凭证

一、知识链接

固定资产系统和总账系统连接使用时,所生成的凭证会传递到总账系统,两个系统的科目和数据会保持一致。

二、岗位任务

交行支付购入固定资产的款项,支票结算号为 ZP002,增值税税率为 13%。生成本期新增固定资产的凭证。

三、操作步骤

第一步,使用"陈婕"的身份登录,点击【固定资产】→【固定资产生成凭证】,系统弹出过滤窗口,点击【确定】按钮,如图 6-15 所示。

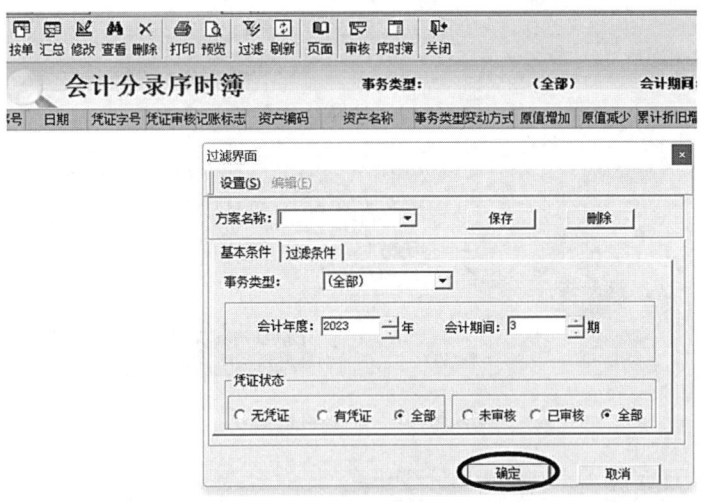

图 6-15 过滤窗口

第二步,系统进入"会计分录序时簿"界面,选择"J002 五菱宏光",点击【按单】按钮,如图 6-16 所示。

图 6-16 会计分录序时簿

第三步,系统弹出按单生成凭证窗口,点击【开始】按钮,如图 6-17 所示。

第四步,系统弹出手工调整提示,点击【是】按钮,如图 6-18 所示。

第五步,系统进入需要调整的凭证界面,修改业务日期和日期"2023 年 3 月 16 日",修改摘要为"购入固定资产",插入一列分录"2 221.01.01 应交税费—增值税—进项税额",输入金额"7 540",未自动生成的科目选择"1002.01 银行存款—交行高新支行 655",弹出的结算方式输入"支票",结算号输入"ZP002",将鼠标落至该科目对应的贷方,按【=】键,如图 6-19 所示。

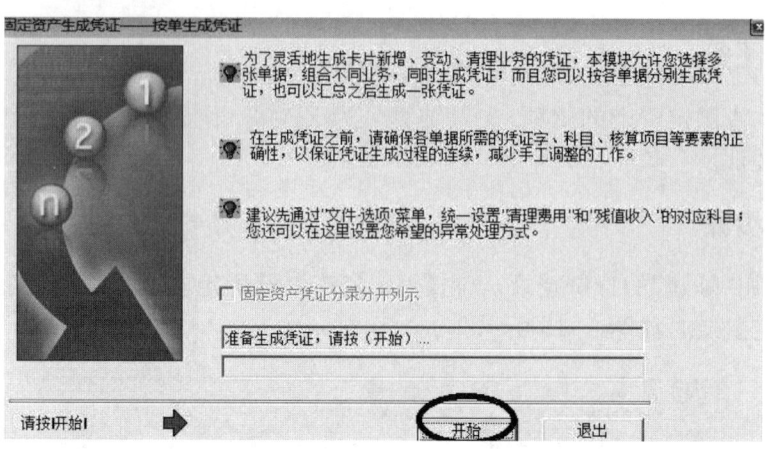

图 6-17　按单生成凭证

图 6-18　手工调整提示

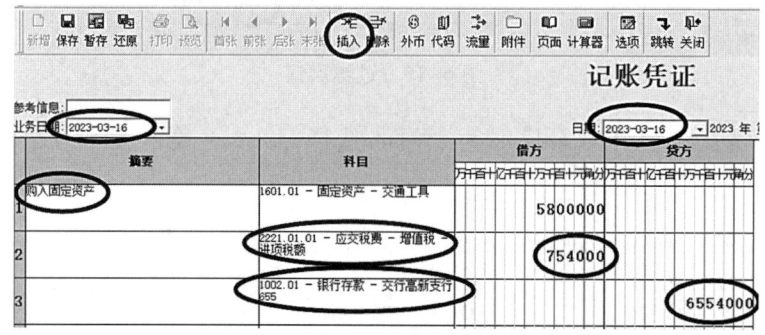

图 6-19　固定资产新增凭证

第六步，点击记账凭证上的【流量】按钮，系统弹出"现金流量项目指定"窗口，参考模块 5 的方法进行设置，如图 6-20 所示。系统回到记账凭证，点击【保存】按钮。

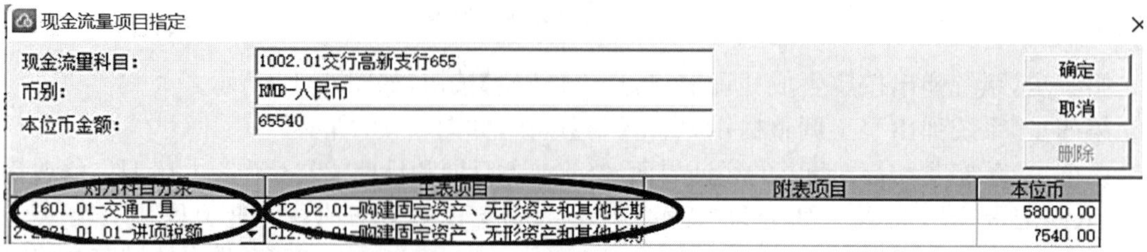

图 6-20　新增固定资产现金流

活动 6.2.2　固定资产清理凭证

一、知识链接

参考活动 6.2.1。

二、岗位任务

出售办公电脑获得 4 200 元收入，电汇结算号为 DH005，增值税税率为 13%，支票支付清理费用 50 元，支票结算号为 ZP003。生成本期变动固定资产的凭证。

三、操作步骤

承接活动 6.2.2，选择"B001 办公电脑"，生成另一张凭证，如图 6-16 所示，生成完毕后增加"银行存款""应交税费—增值税—进项税额""资产处置收益"科目，将银行存款借方"4 200"元修改为"4 746"元，将进项税额贷方填列"546"元，如图 6-21 所示。现金流量设置如图 6-22 所示。

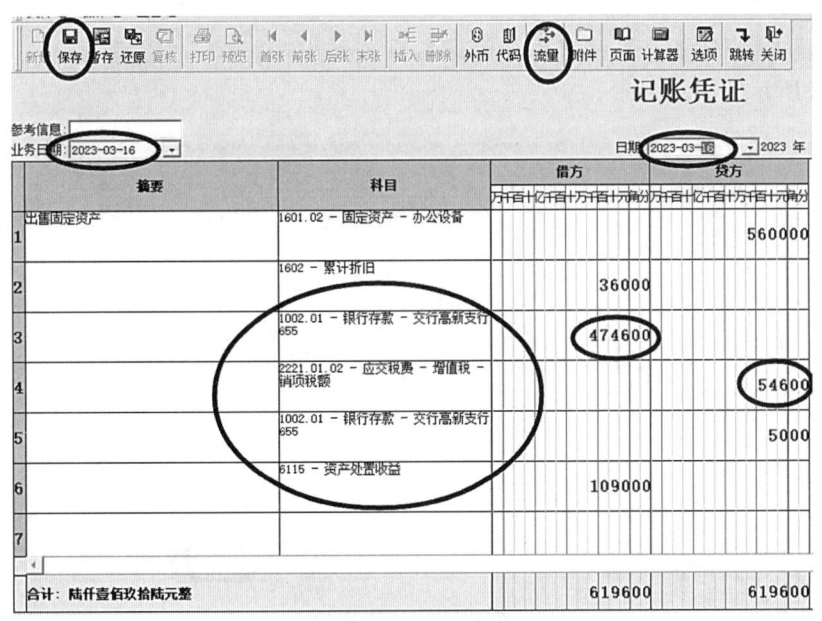

图 6-21　出售固定资产

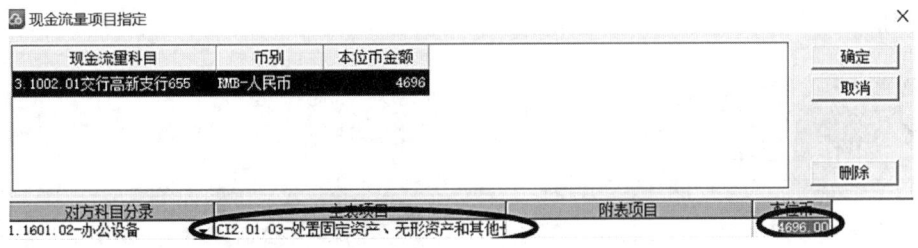

图 6-22　出售固定资产凭证现金流量

任务6.3 期末处理

活动6.3.1 工作量管理

一、知识链接

本账套中如有固定资产采用工作量法计提折旧，在月末计提折旧之前必须要先输入本期的实际工作量。

二、岗位任务

完成本期打印机工作量(60小时)。

三、操作步骤

第一步，点击【固定资产】→【工作量管理】，系统弹出“过滤”—“方案”窗口，点击【确定】按钮，如图6-23所示。

过滤
方案:
默认方案
条件
排序
(
字段
比较
比较值
)
逻辑
=
确定(O)
取消(C)

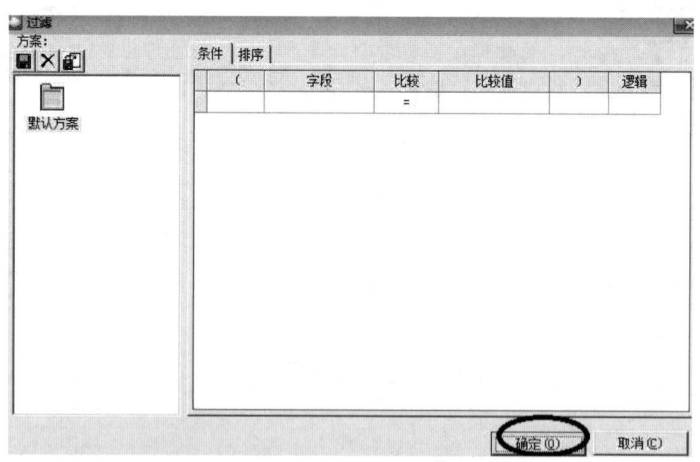

图6-23 过滤窗口

第二步，系统进入“工作量管理”界面，输入打印机本期工作量“60”，点击【保存】按钮，如图6-24所示。

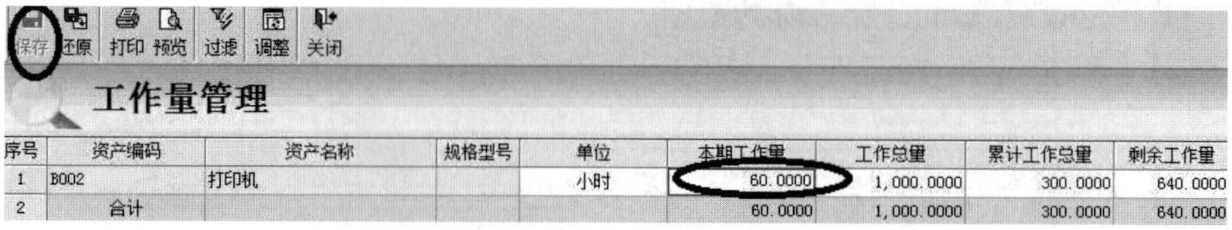

保存 还原 打印 预览 过滤 调整 关闭
工作量管理
序号 资产编码 资产名称 规格型号 单位 本期工作量 工作总量 累计工作总量 剩余工作量
1 B002 打印机 小时 60.0000 1,000.0000 300.0000 640.0000
2 合计 60.0000 1,000.0000 300.0000 640.0000

图6-24 工作量管理

 **活动 6.3.2 计 提 折 旧**

一、知识链接

计提折旧必须要在月末才能进行,系统将根据固定资产管理和工作量管理的信息自动生成凭证。一旦反初始化财务系统,就要重新计提折旧。

二、岗位任务

月末计提本期折旧。

三、操作步骤

第一步,修改系统日期"2023年3月31日",使用"陈婕"的身份登录,点击【固定资产】→【计提折旧】,系统弹出"计提折旧"窗口1,点击【下一步】按钮,系统弹出"计提折旧"窗口2,点击【下一步】按钮,如图6-25所示。系统弹出"计提折旧"窗口3,再点击【计提折旧】按钮,直到弹出计提折旧完成的提示,如图6-26所示。

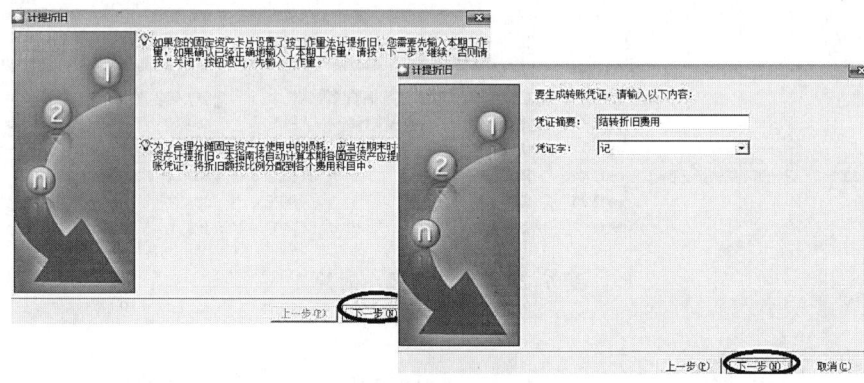

图 6-25　计提折旧 1

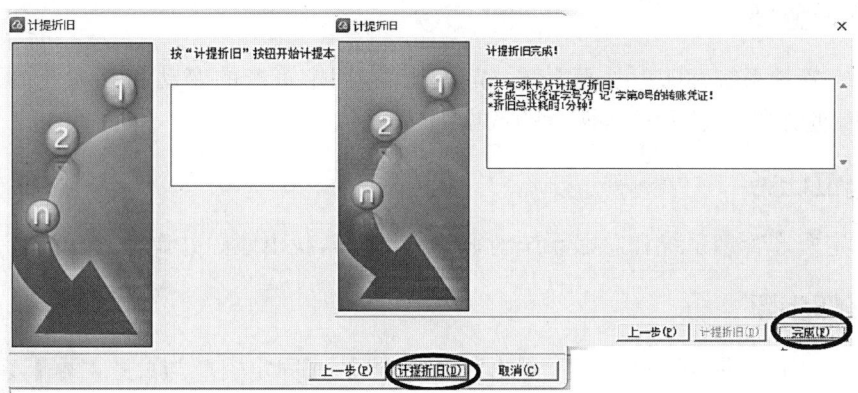

图 6-26　计提折旧 2

第二步，点击【固定资产生成凭证】→【确定】，进入"会计分录序时簿"界面，点击【序时簿】按钮，如图 6-27 所示。

序号	日期	凭证字号	凭证审核	记账标志	资产编码	资产名称	事务类型	变动方式	原值增加	原值减少	累计折旧增加	累计折旧减少	减值准备增加
1	2023-03-16	记-6			J002	五菱宏光	新增	购入	58,000.00				
2	2023-03-16	记-7			B001	办公电脑	清理	出售		5,600.00		360.00	

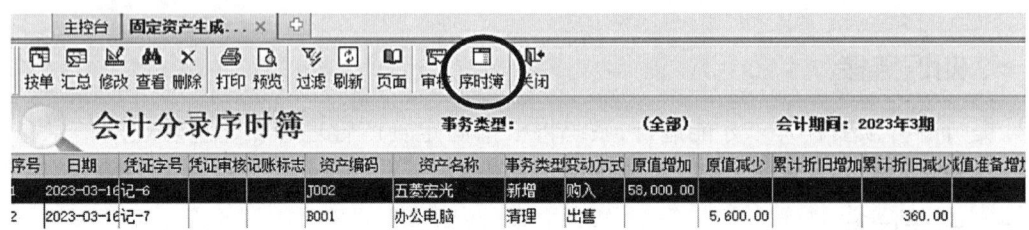

图 6-27　会计分录序时簿 1

第三步，系统进入会计分录序时簿，所有固定资产系统中生成的凭证，包括第一步生成的固定资产折旧凭证，如图 6-28 所示。

日期	期间	凭证字号	摘要	科目代码	科目名称	币别	原币金额	借方	贷方	制单
2023-03-16	2023.3	记 - 6	购入固定资产	1601.01	固定资产 - 交通工具	人民币	58,000.00	58,000.00		陈婕
				2221.01.01	应交税费 - 增值税 - 进项税额	人民币	7,540.00	7,540.00		
				1002.01	银行存款 - 交行高新支行655	人民币	65,540.00		65,540.00	
2023-03-16	2023.3	记 - 7	出售固定资产	1601.02	固定资产 - 办公设备	人民币	5,600.00		5,600.00	陈婕
				1602	累计折旧	人民币	360.00	360.00		
				1002.01	银行存款 - 交行高新支行655	人民币	4,746.00	4,746.00		
				2221.01.02	应交税费 - 增值税 - 销项税额	人民币	546.00		546.00	
				1002.01	银行存款 - 交行高新支行655	人民币	50.00		50.00	
				6115	资产处置收益	人民币	1,090.00	1,090.00		
2023-03-31	2023.3	记 - 8	结转折旧费用	6601.02	销售费用 - 折旧费	人民币	3,900.00	3,900.00		陈婕
				6602.01	管理费用 - 折旧费	人民币	228.00	228.00		
				1602	累计折旧	人民币	4,128.00		4,128.00	

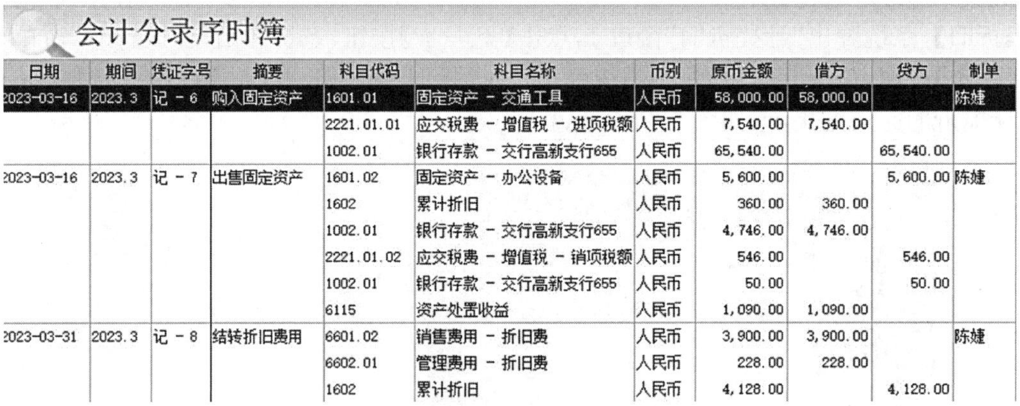

图 6-28　会计分录序时簿 2

活动 6.3.3　固定资产与总账对账

一、知识链接

固定资产管理系统和账务处理系统一起使用时，固定资产的变动和月末计提折旧生成的凭证，都将传递至账务处理系统，两者的数据应当一致。

二、岗位任务

完成固定资产管理系统和总账系统对账，如有差异，找出原因并调整。

三、操作步骤

第一步，使用"陈婕"的身份登录，点击【固定资产】→【固定资产与总账对账】，系统弹出"对账方案"窗口，选择"包括未过账凭证"，点击【增加】按钮，如图 6-29 所示。

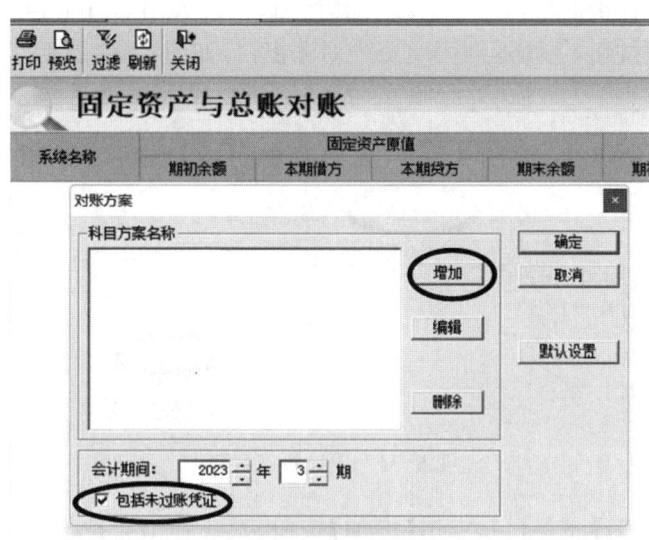

图 6-29 对账方案

> **随堂思考**
>
> (1) 固定资产管理系统与总账系统的对账必须是在期末吗?
>
> 提示:不是。企业可以进行实时对账。
>
> (2) 固定资产管理系统与总账对账,必须要选择"包括未过账凭证"吗?
>
> 提示:如果不选择此项,可以在账务处理系统中先过账,再回到固定资产管理系统进行对账。

第二步,系统弹出"固定资产对账"窗口,输入方案名称"基本方案",选择"固定资产原值科目",点击【增加】按钮,系统弹出会计科目窗口,分别选择"1601.01-交通工具"和"1601.02-办公设备",分别点击【确定】按钮,系统返回"固定资产对账"窗口,如图 6-30 所示。

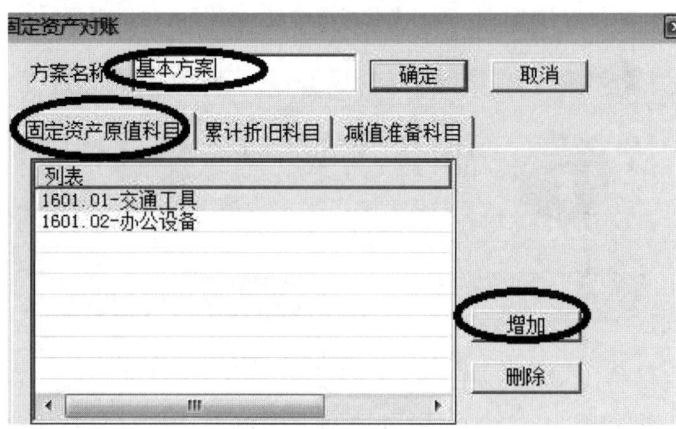

图 6-30 固定资产原值科目

第三步,选择"累计折旧科目",点击【增加】按钮,系统弹出会计科目窗口,选择"1602-累计折旧",点击【确定】按钮,系统返回固定资产对账窗口,如图6-31所示。

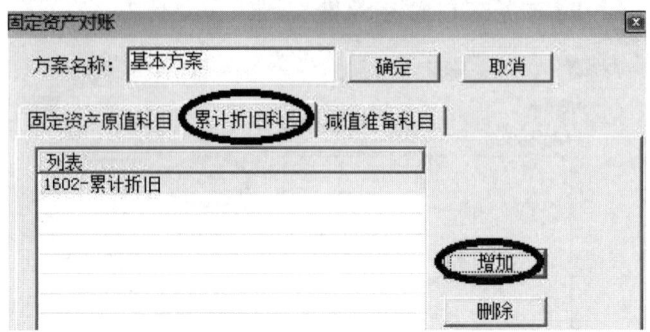

图6-31 累计折旧科目

第四步,选择"减值准备科目",点击【增加】按钮,系统弹出会计科目窗口,选择"1603-固定资产减值准备",点击【确定】按钮,系统返回固定资产对账窗口,点击【确定】按钮,如图6-32所示。

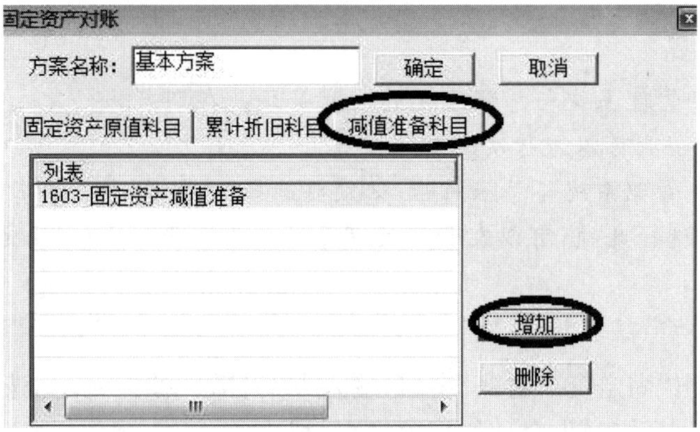

图6-32 减值准备科目

第五步,系统弹出确认新增窗口,点击【确定】按钮,如图6-33所示。

图6-33 确认新增窗口

第六步,系统回到"对账方案"窗口,这时科目方案里多了基本方案,选择"基本方案",点击【确定】按钮,如图6-34所示。

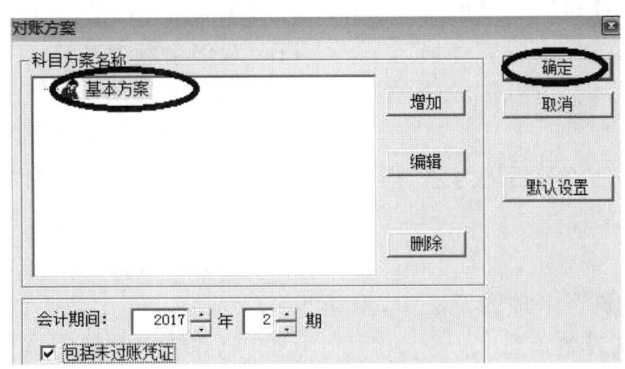

图 6-34　基本方案设置完成

第七步，系统进入"固定资产与总账对账"的界面，两个系统的数据一致，如图 6-35 所示。

系统名称	固定资产原值				累计折旧			
	期初余额	本期借方	本期贷方	期末余额	期初余额	本期借方	本期贷方	期末余额
总账系统	248,000.00	58,000.00	5,600.00	300,400.00	12,660.00	360.00	4,128.00	16,428.00
固定资产系统	248,000.00	58,000.00	5,600.00	300,400.00	12,660.00	360.00	4,128.00	16,428.00
差异								

图 6-35　固定资产与总账对账

随堂思考

固定资产与总账对账有差额，是什么原因产生的？

提示：原因如下：第一有可能没有选择包括未过账凭证；第二有可能固定资产的增减变动、折旧没有在固定资产系统生成相应的凭证；第三有可能固定资产系统生成凭证时，曾修改过科目金额。

模 块 测 试

参考答案

一、单项选择题

1. 在金蝶 KIS 专业版中，固定资产折旧应该在（　　）时计提。
   A. 每月初
   B. 在进行固定资产清理之前
   C. 在当月所有固定资产业务处理完成后
   D. 新增卡片之前

2. 下列选项中，不属于固定资产卡片增加时必输项目的是（　　）。
   A. "固定资产"科目　　　　　　　　B. "累计折旧"科目
   C. 增加方式　　　　　　　　　　　D. 经济用途

3. 工作量管理是针对（　　）折旧方法，在每月末时进行处理。
A. 工作量法　　　　　　　　　　B. 双倍余额递减法
C. 平均年限法　　　　　　　　　D. 年数总和法

二、多项选择题

1. 系统提供了（　　）等折旧方法，根据具体情况，用户也可以对固定资产不提折旧。
A. 工作量法　　　　　　　　　　B. 双倍余额递减法
C. 平均年限法　　　　　　　　　D. 年数总和法

2. 下列关于固定资产卡片的说法中，正确的有（　　）。
A. 可以添加附属设备信息　　　　B. 允许使用多部门核算
C. 不允许使用多折旧费用科目　　D. 入账允许使用外币

3. 下列固定资产中，必须计提折旧的有（　　）。
A. 使用中　　　B. 未使用　　　C. 不需用　　　D. 经营性租出

4. 固定资产卡片的功能有（　　）。
A. 查看　　　　B. 编辑　　　　C. 删除　　　　D. 打印

5. 固定资产系统与账务处理系统对账，可以核对（　　）科目的期末余额。
A. "固定资产"　　　　　　　　　B. "累计折旧"
C. "固定资产减值准备"　　　　　D. "累计摊销"

6. 固定资产变动适用的情况有（　　）。
A. 固定资产原值　　B. 使用部门　　C. 使用寿命　　D. 类别

三、判断题

1. 固定资产卡片里基本入账信息处的累计折旧是所购旧设备的原来的折旧，如企业入账的是全新的固定资产，则此处不需填列。（　　）

2. 新增固定资产，生成记账凭证时，有关固定资产的科目可以按实际需要进行修改。（　　）

3. 本期开始使用的固定资产本期开始计提折旧。（　　）

4. 已全额计提减值准备的固定资产，不再计提折旧。（　　）

5. 当期已经变动的固定资产还可以清理。（　　）

6. 当期新增和当期清理的功能不适用于批量清理。（　　）

7. 固定资产系统生成凭证时出错，系统不知道付的是现金还是银行存款，所以要手工调整。（　　）

8. 在金蝶 KIS 软件中，新增固定资产卡片，不允许一个固定资产由多部门承担折旧。（　　）

9. 在"卡片管理"中，可以使用"Ctrl"键选中多项固定资产，实现批量清理功能。（　　）

四、业务题

1. 参考活动 6.1.1，使用"赵小白"的身份登录，使用年限平均法，在"硕通科技 2022"账套中完成以下业务：

（1）11 月 2 日，收到华兴集团投资的生产设备 C 一台，该设备双方协议确认为 600 000 元，设备已投入使用。

（2）11 月 8 日，购入别克轿车一辆作为管理部用车，价款为 1 000 000 元，电汇支付，电汇结算号 D003。

2. 参考活动 6.1.3，使用"郑薇"的身份登录，在"硕通科技 2022"账套中审核本期所有固定资产的增减变动情况。

3. 参考活动 6.2.2，使用"赵小白"的身份登录，在"硕通科技 2022"账套中生成本期新增固定资产的凭证。

4. 参考活动 6.3.2，使用"赵小白"的身份登录，在"硕通科技 2022"账套中完成本期折旧的计提。

5. 参考活动 6.3.3，使用"赵小白"的身份登录，在"硕通科技 2022"账套中完成本期固定资产与总账的对账。

模块 7

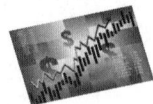

工 资 管 理

【考核目标】
1. 认知工资类别、项目设置、公式设置和其他相关的设置。
2. 认知工资录入、所得税计算和工资计算三者的关系。
3. 认知费用分配公式设置和凭证生成。
4. 认知工资审核的意义。

【实践目标】
1. 掌握工资类别、项目设置、公式设置和其他相关设置的操作。
2. 掌握工资录入、所得税计算和工资计算的操作。
3. 掌握费用分配公式设置和凭证生成的操作。
4. 掌握工资审核的操作。

【思政目标】
1. 培养学生细致、谨慎、有条不紊的财经专业素质。
2. 引导学生树立正确的纳税观与人生观。
3. 培养学生遵纪守法、诚实守信的中华民族优良传统美德。

【知识点思维导图】

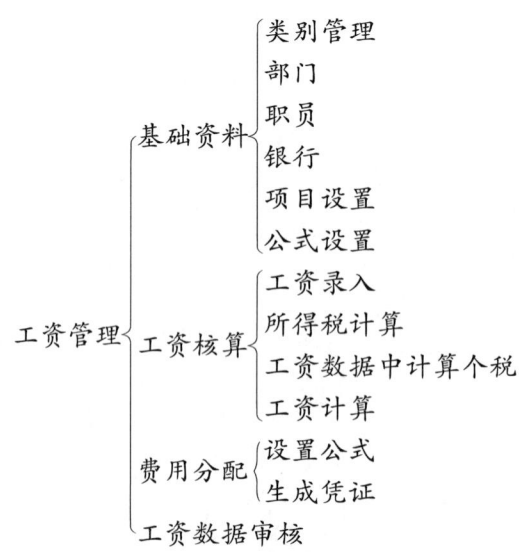

思政案例

近几年,明星偷税漏税问题越来越多地出现于大众视野,部分明星钻法律的空子,拿着高额的收入,却还想着偷税漏税的事情,不愿承担公民应该承担的纳税责任。随着国家有关部门的查处力度加大,加之金税四期的上线,越来越多钻法律漏洞、不愿意承担纳税责任的明星开始浮出水面,以下为近几年涉案金额较大的明星艺人偷税漏税案例:

(1) 黄薇(薇娅),2021年12月,杭州市税务局稽查发布通告,通过税收大数据分析,发现网络主播黄薇(薇娅)在2019—2020年偷逃税款6.43亿元,少缴其他税款0.6亿元,其主要通过隐匿个人收入、虚构业务转换收入性质、虚假申报偷逃和少缴税款的方式达到非法目的。最后,有关部门对黄薇依法作出处罚决定,追缴税款、加收滞纳金并处罚款共计13.41亿元。

(2) 范冰冰,2018年9月,经国家有关部门查证,范冰冰涉嫌"阴阳合同"涉税问题,其个人和公司共同参与偷税漏税,2018年9月30日,江苏省税务局依法已向范冰冰正式下达《税务处理决定书》和《税务行政处罚决定书》,要求其将追缴的税款、滞纳金、罚款在收到上述处理处罚决定后在规定期限内缴清。至此,范冰冰偷税、漏税被官方证实,范冰冰需要补缴税款共8.84亿。

(3) 郑爽,2021年8月,上海市税务局第一稽查局已查明郑爽2019年至2020年未依法申报个人收入1.91亿元,偷税4 526.96万元,其他少缴税款2 652.07万元,依法作出对郑爽追缴税款、加收滞纳金并处罚款共计2.99亿元的处理处罚决定。

(4) 邓伦,2022年3月15日,上海市税务局第四稽查局经税收大数据分析,发现邓伦涉嫌偷逃税款,依法对其开展了全面深入的税务检查,经查,邓伦在2019年至2020年,通过虚构业务、转换收入性质进行虚假申报,偷逃个人所得税4 765.82万元,其他少缴个人所得税1 399.32万元,对邓伦追缴税款、加收滞纳金并处罚款,共计1.06亿元。

资料来源:https://baijiahao.baidu.com/s?id=1727624523938309043&wfr=spider&for=pc。

问题:通过对案例的分析与讨论,你从中得到何种启示?结合工资管理系统中对扣缴个人所得税的处理操作,分析从事会计工作应具备何种职业道德品质?

任务 7.1 基 础 资 料

活动 7.1.1 类 别 管 理

一、知识链接

工资管理系统可实现多类别管理,可以处理多种工资类型,如管理人员工资、销售人员工资和生产人员工资等类别。

二、岗位任务

设置管理人员工资类别。

> **随堂思考**
>
> 同一个账套可以设置两种以上类别的工资吗?
>
> 提示:可以,如可以同时设置管理人员工资、销售人员工资和临时工工资三种类别,每种类别使用不同的发放标准。

三、操作步骤

第一步,使用"陈婕"的身份登录,点击【工资管理】,再点击右上角【类别管理】,系统弹出"类别管理"窗口,点击【新建】按钮,如图7-1所示。

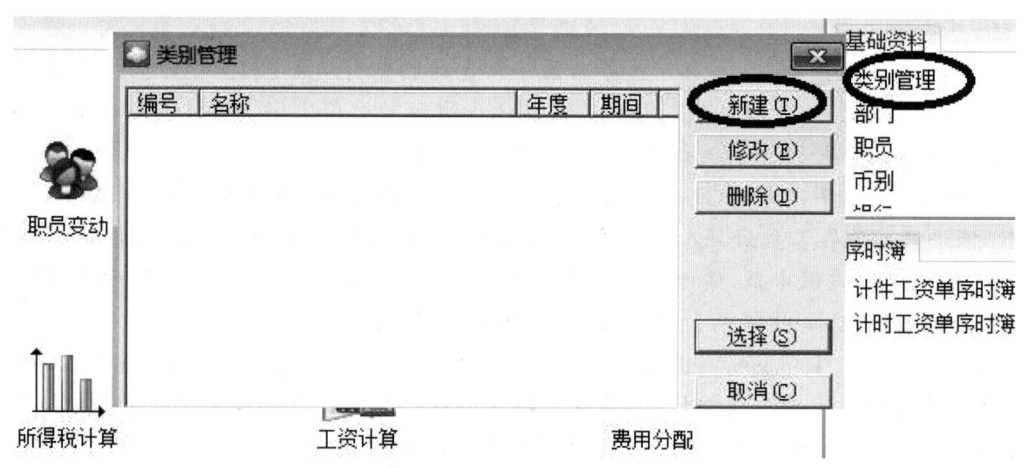

图 7-1 类别管理

第二步,系统弹出"新建工资类别"窗口,输入类别名称"管理人员工资",点击【确定】按钮,如图7-2所示。

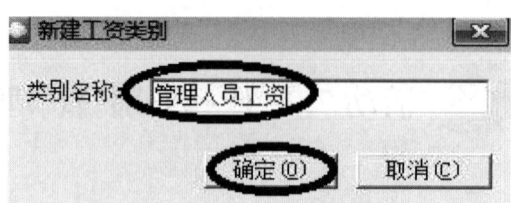

图 7-2 新建工资类别

第三步,系统弹出"新建工资类别成功!"提示,点击【确定】按钮,如图7-3所示。

图 7-3　新建工资类别成功

第四步，系统回到"类别管理"窗口，选择"管理人员工资"，点击【选择】按钮，如图 7-4 所示。系统返回"工资管理"界面，这时系统右下角出现"工资类别：管理人员工资"，如图 7-5 所示。

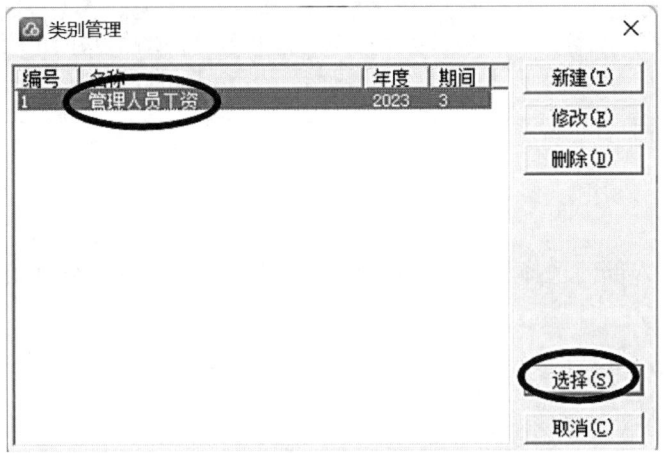

图 7-4　类别管理

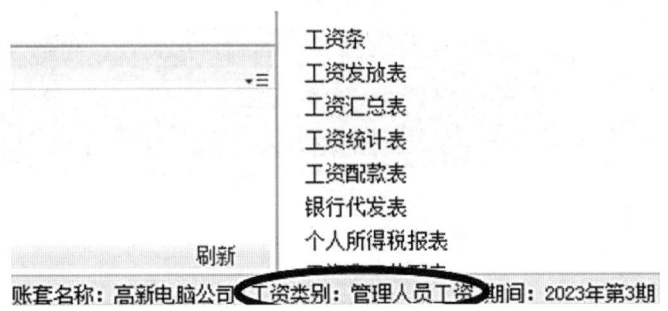

图 7-5　选择管理人员工资

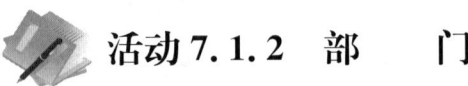 活动 7.1.2　部　　门

一、知识链接

部门信息可以手工录入，也可以批量导入。

二、岗位任务

引入除总经办以外的所有部门信息。

三、操作步骤

第一步,使用"陈婕"的身份登录,点击【工资管理】,再点击右上角【部门】,系统进入"部门引入"界面,点击【引入】按钮,如图7-6所示。

图7-6　部门引入

第二步,系统进入部门选择界面,按"Ctrl"键,选择"除总经办之外所有部门",点击【导入】按钮,如图7-7所示。

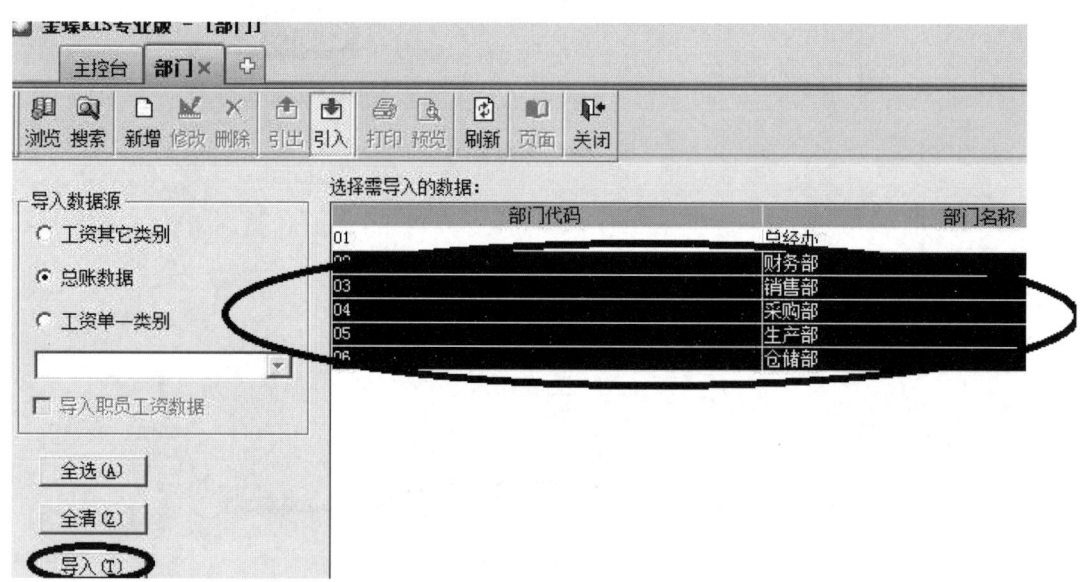

图7-7　部门导入

第三步,系统弹出信息不完全提示,点击【确定】按钮,如图7-8所示。
第四步,点击【浏览】按钮,第二步导入的部门将全部显示,如图7-9所示。

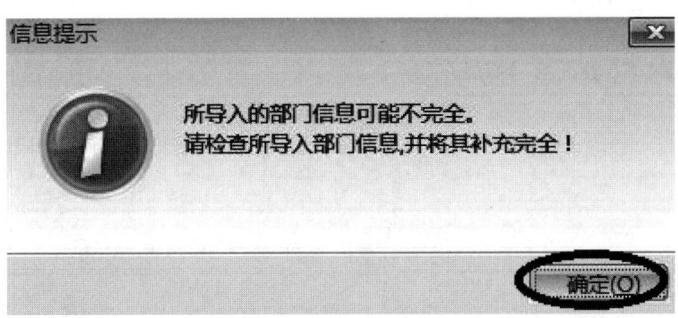

图 7-8　部门信息不完全提示

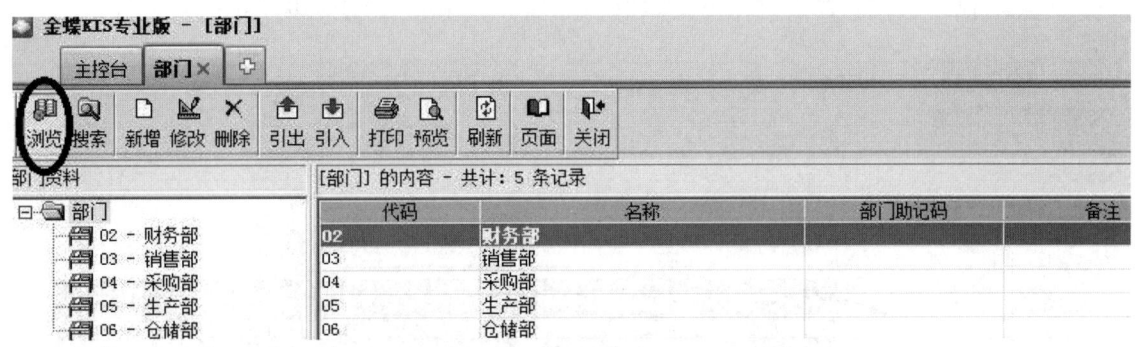

图 7-9　浏览导入的部门

> **随堂思考**
>
> 　　如果发现部门引入错误,可以删除吗？如果发现有部门未引入,可以重新引入吗？
> 　　提示：如果发现部门引入错误,点击"错误的部门"→【删除】,如图 7-7 所示。如果发现有部门未引用,用同样的方法引入即可。

 活动 7.1.3　职　　员

一、知识链接

职员信息可以手工录入,也可以批量导入。

二、岗位任务

引入除总经办职员以外的所有职员。

三、操作步骤

第一步,使用"陈婕"的身份登录,点击【工资管理】,再点击右上角【职员】,系统进入"职员

引入"界面,点击【引入】按钮,如图 7-10 所示。

图 7-10　职员引入

第二步,按"Ctrl"键,选择"除郑波之外所有职员",点击【导入】按钮,如图 7-11 所示。

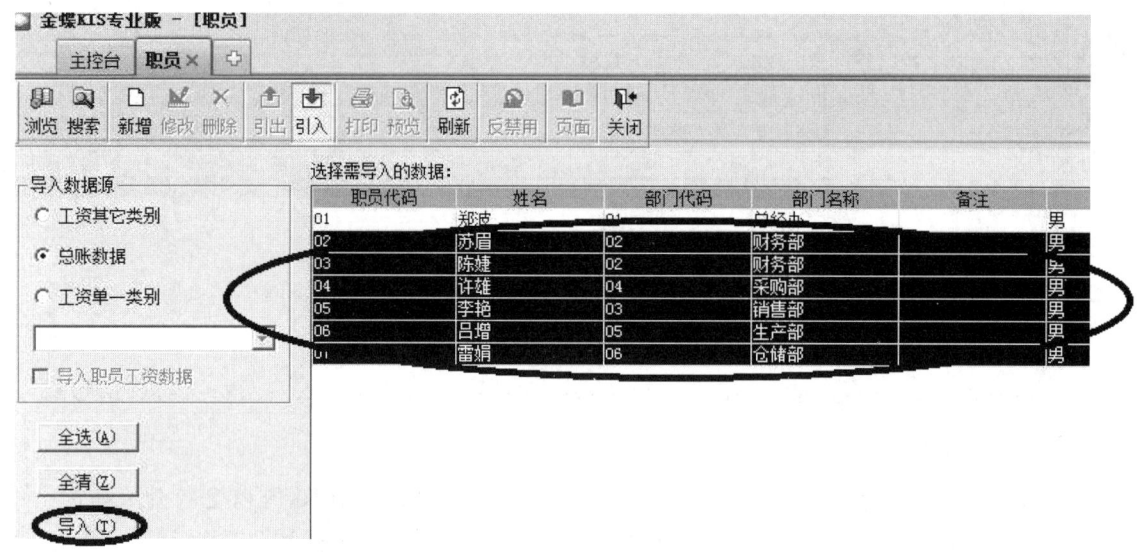

图 7-11　职员导入

第三步,系统弹出信息不完全提示,点击【确定】按钮,如图 7-12 所示。

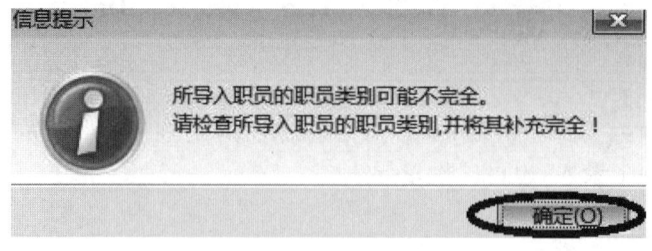

图 7-12　职员信息不完全提示

第四步,点击【浏览】按钮,第二步导入的部门将全部显示,如图 7-13 所示。

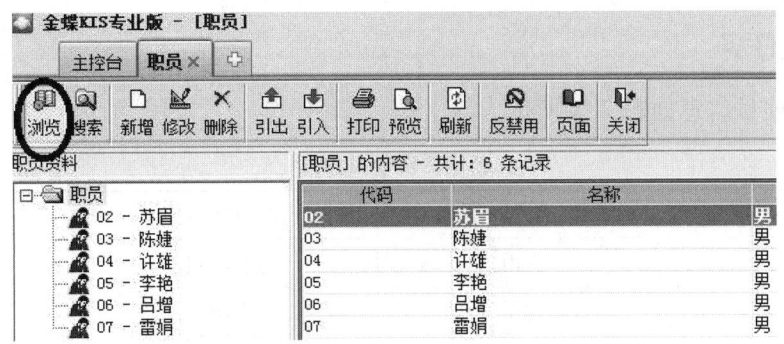

图 7-13　浏览导入的职员

活动 7.1.4　银　　行

一、知识链接

录入发放工资的银行账号,可以方便企业使用银行代发工资业务。

二、岗位任务

设置交行高新支行 655 账号发放职员工资。

三、操作步骤

第一步,使用"陈婕"的身份登录,点击【工资管理】,再点击右上角【银行】,系统进入"银行新增"界面,点击【新增】按钮,如图 7-14 所示。

图 7-14　"银行新增"界面

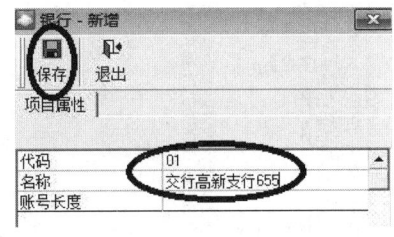

图 7-15　银行新增

第二步,系统弹出"银行-新增"窗口,输入代码"01",输入名称"交行高新支行 655",点击【保存】按钮,如图 7-15 所示。

活动 7.1.5　项 目 设 置

一、知识链接

项目设置中的内容是工资管理的重要显示内容,如职员名称、基本工资、奖金和应发合计等。

二、岗位任务

新增工资项目信息如表 7-1 所示。

表 7-1　　　　　　　　　　　　新增工资项目信息

项目名称	类型	项目属性	小数位数
全勤奖	货币	可变项目	2
话费补助	货币	可变项目	2
代扣社保	货币	可变项目	2
扣除社保后合计	货币	可变项目	2

三、操作步骤

第一步，使用"陈婕"的身份登录，点击【工资管理】，再点击右上角【项目设置】，系统弹出"工资项目设置"窗口，点击【新增】按钮，如图 7-16 所示。

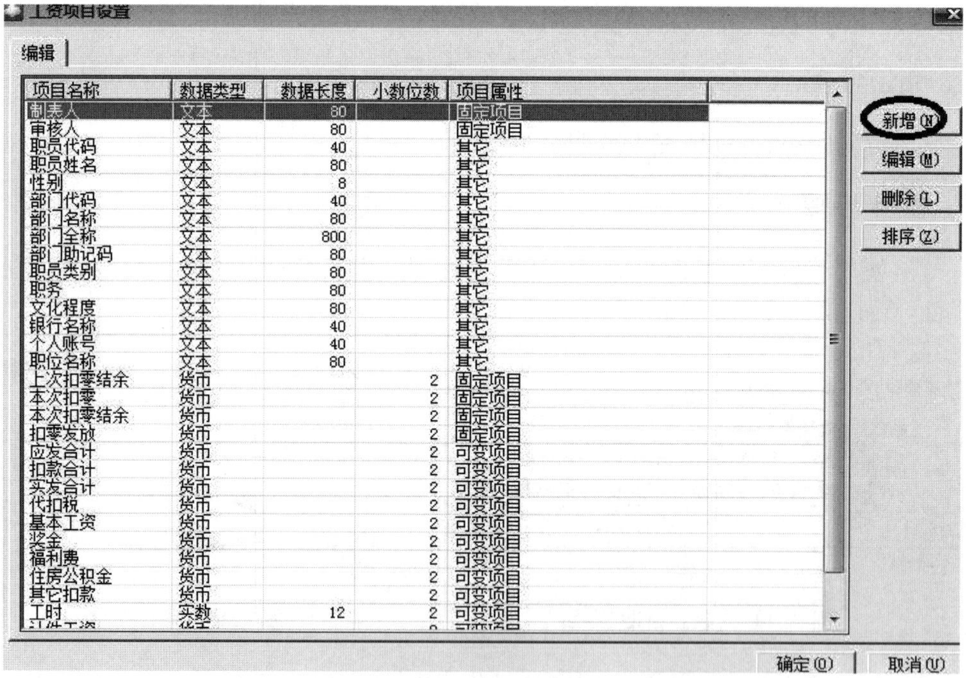

图 7-16　工资项目设置

第二步，系统弹出"工资项目-新增"窗口，输入项目名称"全勤奖"，选择数据类型"货币"，选择小数位数"2"，项目属性默认为"可变项目"，点击【新增】按钮，如图 7-17 所示。用同样的方法设置其他项目。

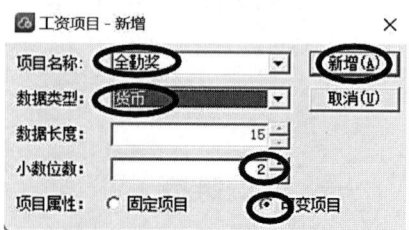

图 7-17　工资项目新增

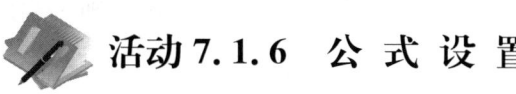

活动 7.1.6 公 式 设 置

一、知识链接

公式设置是建立在活动 7.1.5 操作完毕的基础上,数据类型为货币的项目都可以设置公式。

二、岗位任务

公式设置的内容如表 7-2 所示。

表 7-2　　　　　　　　　　　公 式 设 置

序号	公式内容
1	销售部门职员全勤奖是 500 元,其他部门职员全勤奖是 300 元
2	销售部门和采购部门职员话费是 300 元,其他部门职员话费是 100 元
3	应发合计＝基本工资＋奖金＋全勤奖＋话费补助
4	代扣社保＝应发合计×0.11
5	扣除社保后合计＝应发合计－代扣社保
6	实发合计＝应发合计－代扣社保－代扣税

三、操作步骤

第一步,使用"陈婕"的身份登录,点击【工资管理】,再点击右上角【公式设置】,系统弹出"工资公式设置"窗口,点击【新增】按钮,如图 7-18 所示。

图 7-18　工资公式设置

第二步,输入公式名称"常规工资计算",点击"如果…否则…",计算方法下出现系统原配公式,如图 7-19 所示。

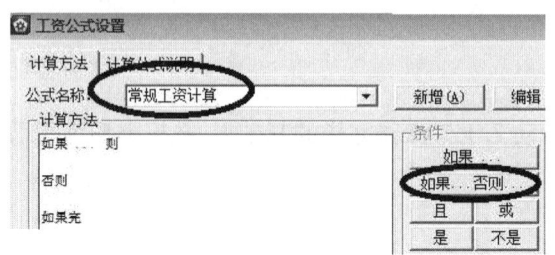

图 7-19　系统原配公式

第三步,选择并删除如果后面的"…",双击项目内"部门名称",这时项目值显示,如图 7-20 所示,点击【=】,双击【销售部】,鼠标落在"则"后面空一格,双击【全勤奖】,点击【=】,输入【500】,鼠标落在"否则"后面空一格,双击【全勤奖】,点击【=】,输入【300】,如图 7-21 所示。

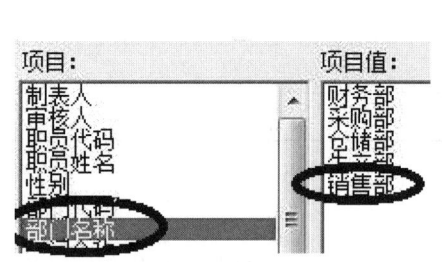
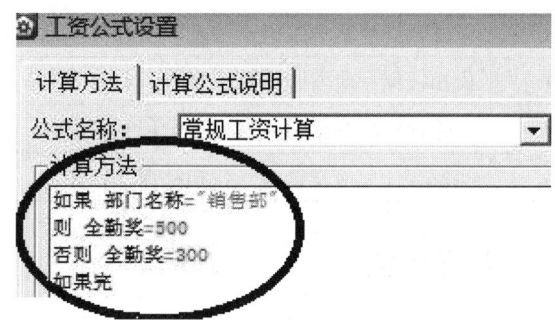

图 7-20　项目和项目值　　　　图 7-21　设置序号 1 公式

第四步,用同样的方法设置其他五个公式,设置完毕后,点击【保存】按钮,如图 7-22 所示。

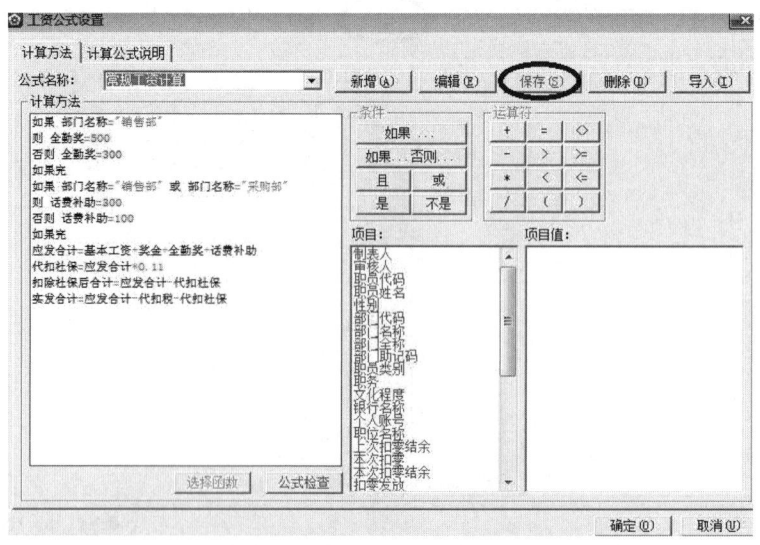

图 7-22　工资公式设置

> **随堂思考**
>
> "公式检查"这个按钮有什么作用?
>
> 提示:每次设置完毕一个公式,最好点击【公式检查】按钮,确认每个公式都合法,如果全部设置完毕再进行公式检查,一旦有问题,检查起来会比较麻烦。

任务7.2 工资核算

 ### 活动7.2.1 工资录入

一、知识链接

工资录入是工资管理系统的核心操作模块,任务7.1都是为其服务的。

二、岗位操作

工资数据如表7-3所示。

表7-3 工资数据

单位:元

代码	部门	职员	基本工资	奖金
01	财务部	苏眉	3 800.00	800.00
02	财务部	陈婕	2 500.00	300.00
03	采购部	许雄	2 500.00	300.00
04	销售部	李艳	3 000.00	800.00
05	生产部	吕增	3 000.00	500.00
06	仓储部	雷娟	2 500.00	300.00

三、操作步骤

第一步,使用"陈婕"的身份登录,点击【工资管理】→【工资录入】,系统弹出"过滤器"窗口,点击【增加】按钮,如图7-23所示。

第二步,系统弹出"定义过滤条件"窗口,过滤名称输入"常规工资计算",计算公式选择"常规工资计算",选择工资项目中的"职员姓名""部门名称""基本工资""奖金""全勤奖""话费补助""代扣社保""扣除社保后合计""代扣税"和"实发合计""应发合计",点击【确定】按钮,项目排序可以上移、下移调整,如图7-24所示。

第三步,系统弹出确定过滤提示,点击【确定】按钮,如图7-25所示。

图 7-23 过滤器

图 7-24 常规工资计算

图 7-25 确定过滤提示

第四步,系统回到"过滤器"窗口,点击【确定】按钮,如图 7-26 所示。

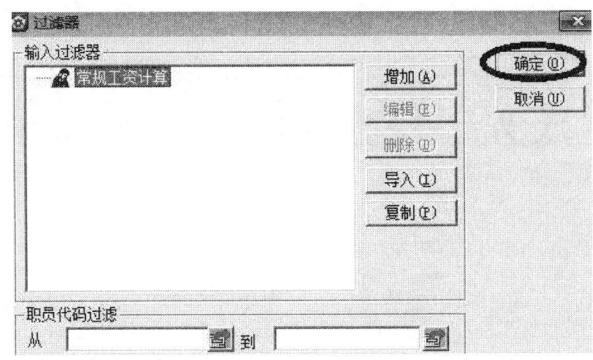

图 7-26　过滤器

第五步，系统进入"工资数据录入"界面，将基本工资和奖金录入完毕，点击【保存】按钮，如图 7-27 所示。

职员姓名	部门名称	基本工资	奖金	全勤奖	话费补助	应发合计	代扣社保	扣除社保后合计
苏眉	财务部	3,800.00	800.00	300.00	100.00	5,000.00	550.00	4,450.00
陈婕	财务部	2,500.00	300.00	300.00	100.00	3,200.00	352.00	2,848.00
午雄	采购部	2,500.00	300.00	300.00	300.00	3,400.00	374.00	3,026.00
李艳	销售部	3,000.00	800.00	500.00	300.00	4,600.00	506.00	4,094.00
马增	生产部	3,000.00	500.00	300.00	100.00	3,900.00	429.00	3,471.00
雷娟	仓储部	2,500.00	300.00	300.00	100.00	3,200.00	352.00	2,848.00

图 7-27　工资录入完毕

 活动 7.2.2　所得税计算

一、知识链接

所得税计算表示通过系统设置税率等，自动计算出企业应代扣的个税，当税法发生变化时，还可以设置新的税率以适应变化。

二、岗位任务

完成所得税计算（设置）。此处的税率不是最新税率，仅供参考。

三、操作步骤

第一步，使用"陈婕"的身份登录，点击【工资管理】→【所得税计算】，系统弹出"过滤器"窗口，点击【确定】按钮，如图 7-28 所示。

第二步，系统进入"个人所得税数据录入"界面，点击【所得项】按钮，如图 7-29 所示。

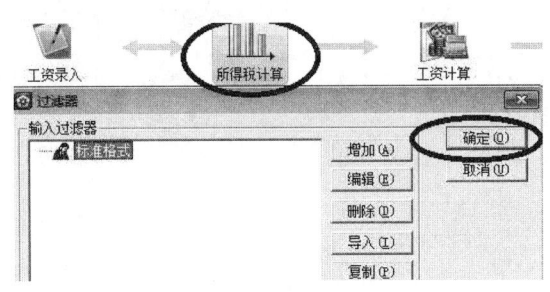

图 7-28　过滤器

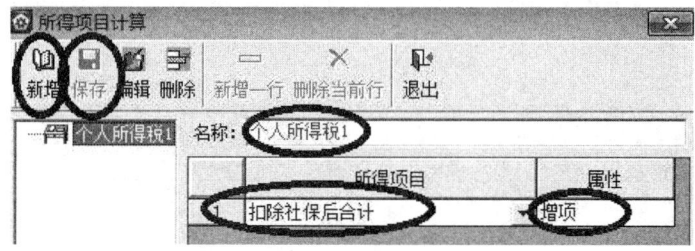

图 7-29 个人所得税数据录入

第三步,系统弹出"所得项目计算"窗口,点击【新增】按钮,输入名称"个人所得税 1",选择所得项目"扣除社保后合计",选择属性"增项",点击【保存】按钮,如图 7-30 所示。

图 7-30 所得项目计算

第四步,系统返回"个人所得税数据录入"界面,点击【税率】按钮,系统进入"个人所得税税率设置"窗口,点击【新增】按钮,如图 7-31 所示。

图 7-31 个人所得税税率设置 1

第五步,系统弹出预设税率提示,点击【确定】按钮,如图 7-32 所示。

图 7-32 预设税率

第六步,系统弹出"税率预设选择"窗口,选择"含税级距(2011 最新调整)",点击【确定】按钮,如图 7-33 所示。

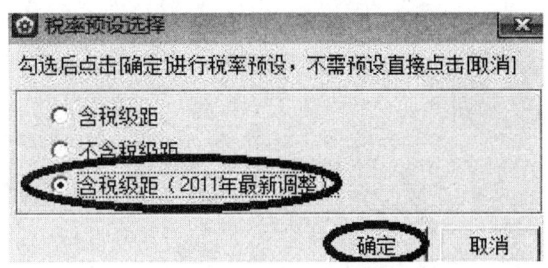

图 7-33 税率预设选择

第七步,系统回到"个人所得税税率设置"窗口,输入名称"2011 年税率",点击【保存】按钮,如图 7-34 所示。

图 7-34 2011 年税率

第八步,点击【设置】按钮,系统弹出"个人所得税初始设置"窗口,点击【新增】按钮,输入名称"个人所得税 1",选择税率类别"2011 年税率",选择税率项目"个人所得税 1",选择所得计算"个人所得税 1",选择外币币别"人民币",输入基本扣除"3 500",点击【保存】按钮,如图 7-35 所示。

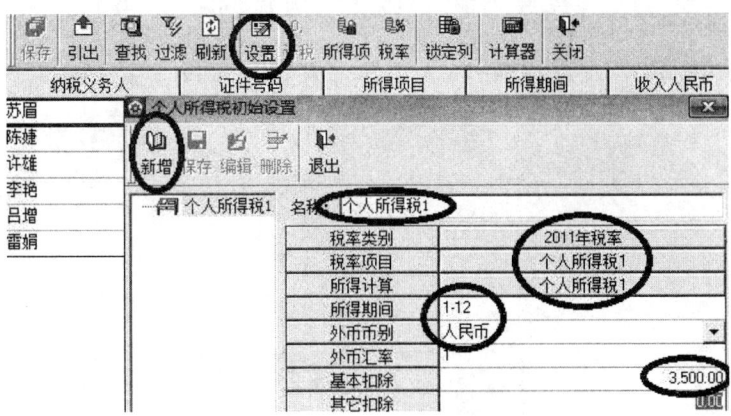

图 7-35 个人所得税初始设置

第九步,系统弹出重新计算工资数据提示窗口,点击【确定】按钮,如图 7-36 所示。

图 7-36 重新计算

第十步,系统弹出"重新计算税率及纳税额"提示,点击【确定】按钮,如图 7-37 所示。

图 7-37 重新计算

第十一步,系统回到"个人所得税数据录入"窗口,点击【保存】按钮,如图 7-38 所示。

纳税义务人	所得项目	所得期间	收入人民币	外币名称	人民币合计	减费用额	应纳税所得额	税率项目	税率项目合计	税率计算值	税率	速算扣除数	扣缴所得税额
苏眉	个人所得税1	1-12	4,450.00	人民币	4,450.00	3,500.00	950.00	4,450.00	4,450.00	950.00	0.03	0.00	28.50
陈婕	个人所得税1	1-12	2,848.00	人民币	2,848.00	3,500.00	0.00	2,848.00	2,848.00	0.00	0	0.00	0.00
许雄	个人所得税1	1-12	3,026.00	人民币	3,026.00	3,500.00	0.00	3,026.00	3,026.00	0.00	0	0.00	0.00
李艳	个人所得税1	1-12	4,094.00	人民币	4,094.00	3,500.00	594.00	4,094.00	4,094.00	594.00	0.03	0.00	17.82
吕增	个人所得税1	1-12	3,471.00	人民币	3,471.00	3,500.00	0.00	3,471.00	3,471.00	0.00	0	0.00	0.00
雷娟	个人所得税1	1-12	2,848.00	人民币	2,848.00	3,500.00	0.00	2,848.00	2,848.00	0.00	0	0.00	0.00

图 7-38 计算完毕后

第十二步,系统弹出确定保存提示,点击【确定】按钮,如图 7-39 所示。

图 7-39 确定保存提示

活动 7.2.3　工资数据中计算个税

一、知识链接

工资录入和所得税计算中的操作是独立的，所以在所得税计算中的数据需传递至工资录入数据中，并且经过工资计算后才会得到正确的工资数据。

二、岗位任务

在工资数据录入中计算出代扣个税。

三、操作步骤

第一步，使用"陈婕"的身份登录，点击【工资管理】→【工资录入】，系统弹出"过滤器"窗口，点击【确定】按钮，如图 7-40 所示。

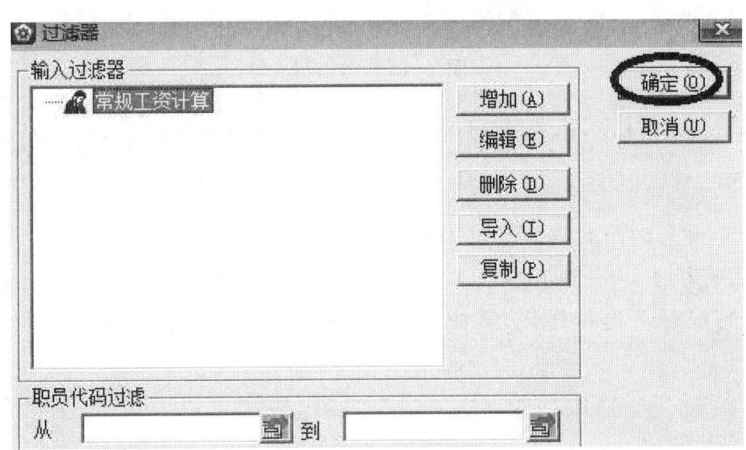

图 7-40　过滤器

第二步，系统进入"工资数据录入"界面，点击【区选】→【代扣税】，代扣税栏次颜色变黑，点击【所得税】按钮，如图 7-41 所示。

职员姓名	部门名称	基本工资	奖金	全勤奖	话费补助	应发合计	代扣社保	扣除社保后合计	代扣税	实发合计
乐蕾	财务部	3,800.00	800.00	300.00	100.00	5,000.00	550.00	4,450.00	0.00	4,450.00
东继	财务部	2,500.00	300.00		300.00	3,200.00	352.00	2,848.00		2,848.00
午链	采购部	2,500.00	300.00		300.00	3,400.00	374.00	3,026.00		3,026.00
李艳	销售部	3,000.00	800.00	500.00	300.00	4,600.00	506.00	4,094.00	0.00	4,094.00
马增	生产部	3,000.00	500.00		300.00	3,900.00	429.00	3,471.00	0.00	3,471.00
蓝娟	仓储部	2,500.00	300.00		100.00	3,200.00	352.00	2,848.00		2,848.00

图 7-41　工资数据录入

第三步，系统弹出确定导入信息提示，点击【确定】按钮，如图 7-42 所示。
第四步，系统回到"工资数据录入"界面，这时"代扣税"中出现数据，如图 7-43 所示。

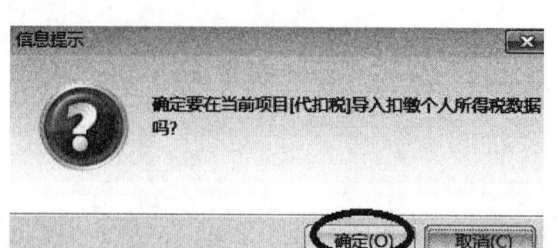

图 7-42　确定导入提示

职员姓名	部门名称	基本工资	奖金	全勤奖	话费补助	应发合计	代扣社保	扣除社保后合计	代扣税	实发合计
苏眉	财务部	3,800.00	800.00	300.00	100.00	5,000.00	550.00	4,450.00	28.50	4,421.50
东婕	财务部	2,500.00	300.00	300.00	100.00	3,200.00	352.00	2,848.00		2,848.00
午雄	采购部	2,500.00	300.00	300.00	300.00	3,400.00	374.00	3,026.00		3,026.00
萍艳	销售部	3,000.00	800.00	500.00	300.00	4,600.00	506.00	4,094.00	17.82	4,076.18
马增	生产部	3,000.00	500.00	300.00	100.00	3,900.00	429.00	3,471.00		3,471.00
晋娟	仓储部	2,500.00	300.00	300.00	100.00	3,200.00	352.00	2,848.00		2,848.00

图 7-43　代扣税

随堂思考

为什么计算出来的个税与图 7-43 所示的结果不一致？

提示：原因有很多，第一，有可能工资公式录入错误，第二，有可能基础工资数据录入错误，第三，有可能税率选择错误，第四，有可能没有将"扣除社保后合计"项目的属性设置为"增项"。

活动 7.2.4　工 资 计 算

一、知识链接

在多类别的工资管理中，工资计算完成后会自动将结果传递至工资数据录入中。"工资录入"和"工资计算"中的"定义过滤条件"共享，在任意一个窗口进行编辑都可以。

二、岗位任务

完成本期工资计算。

三、操作步骤

第一步，使用"陈婕"的身份登录，点击【工资管理】→【工资计算】，系统弹出"工资计算向导"窗口 1，选择"常规工资计算"，点击【下一步】按钮，如图 7-44 所示。

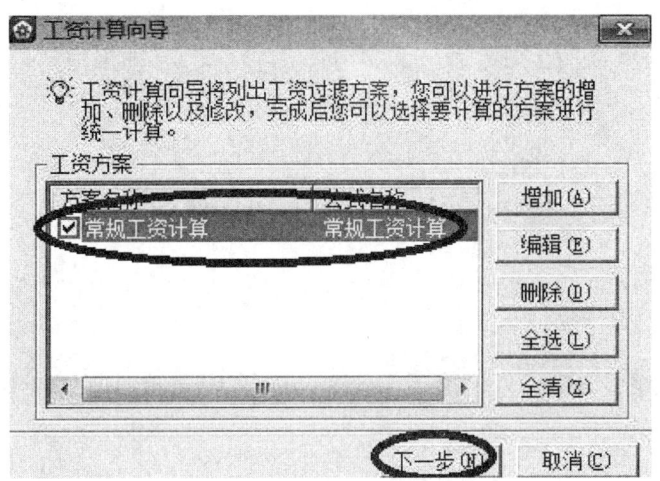

图 7-44 工资计算向导 1

第二步,系统弹出"工资计算向导"窗口 2,点击【计算】按钮,如图 7-45 所示。

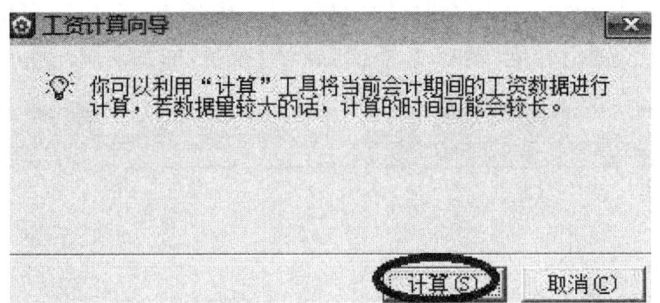

图 7-45 工资计算向导 2

第三步,系统弹出"工资计算向导"窗口 3,点击【完成】按钮,如图 7-46 所示。

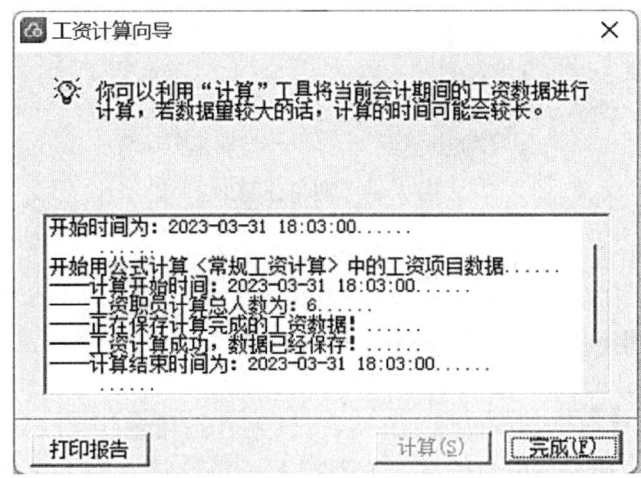

图 7-46 工资计算向导 3

任务 7.3 费用分配

活动 7.3.1 设置公式

一、知识链接

通过设置费用分配公式,可以增加工作效率,方便每月生成计提工资和各项福利的凭证。

二、岗位任务

设置工资计提方案。

三、操作步骤

第一步,修改系统日期"2023 年 3 月 31 日",使用"陈婕"的身份登录,点击【工资管理】→【费用分配】,系统弹出"费用分配"窗口 1,点击【新增】按钮,如图 7-47 所示。

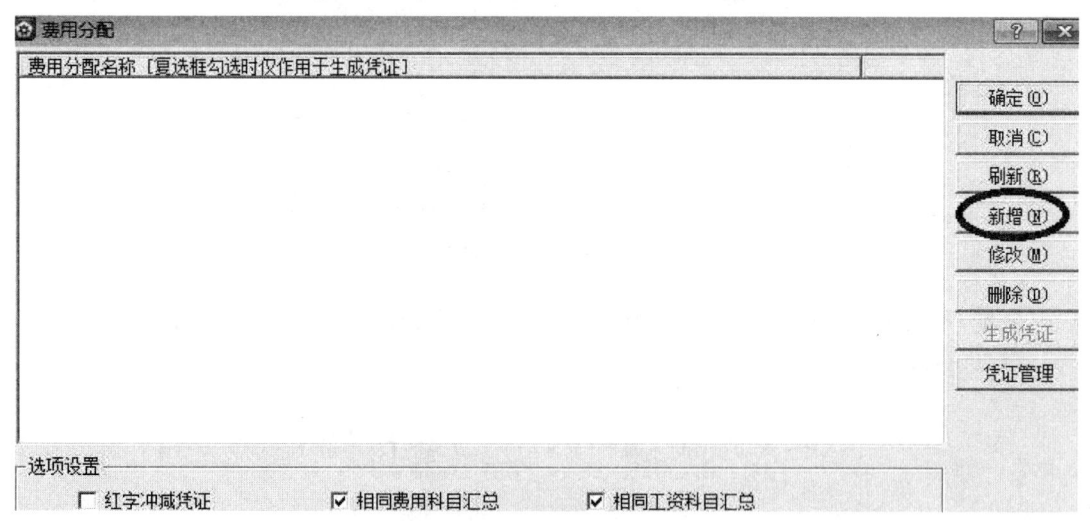

图 7-47 费用分配 1

第二步,系统弹出"费用分配-新增"窗口,输入分配名称"计提工资",输入摘要内容"计提工资",点击"部门"栏对应的第一行并选择"财务部",点击"工资项目"栏对应的第一行并选择"应发合计",点击"费用科目"栏对应的第一行并选择"6602.04-工资",点击"工资科目"栏对应的第一行并选择"2211-应付职工薪酬",如图 7-48 所示。

第三步,点击"核算项目"栏对应的第一行下设旁边的"🔍"图标,如图 7-48 所示,系统弹出"辅助核算"窗口,输入部门代码"02"或者按 F7 键选择"02 财务部",点击【关闭】按钮,如图 7-49 所示。

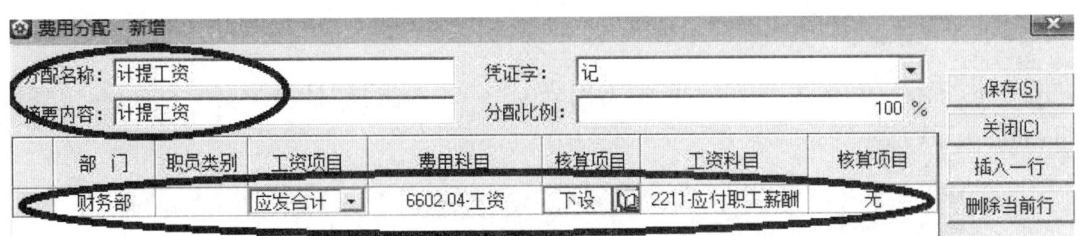

图 7-48 费用分配设置 1

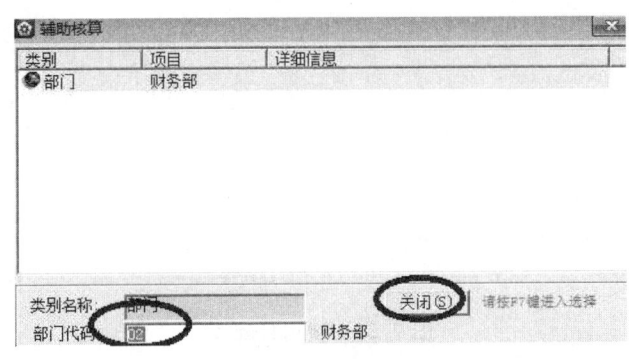

图 7-49 辅助核算

第四步,用同样的方法设置完成剩下的科目,点击【保存】按钮,如图 7-50 所示。

图 7-50 费用分配设置 2

活动 7.3.2 生成凭证

一、知识链接

参考活动 7.3.1。

二、岗位任务

月末生成本期工资计提凭证。

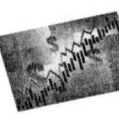

三、操作步骤

第一步,承接活动 7.3.1,系统回到"费用分配"窗口 2,选择"计提工资",点击【生成凭证】按钮,如图 7-51 所示。

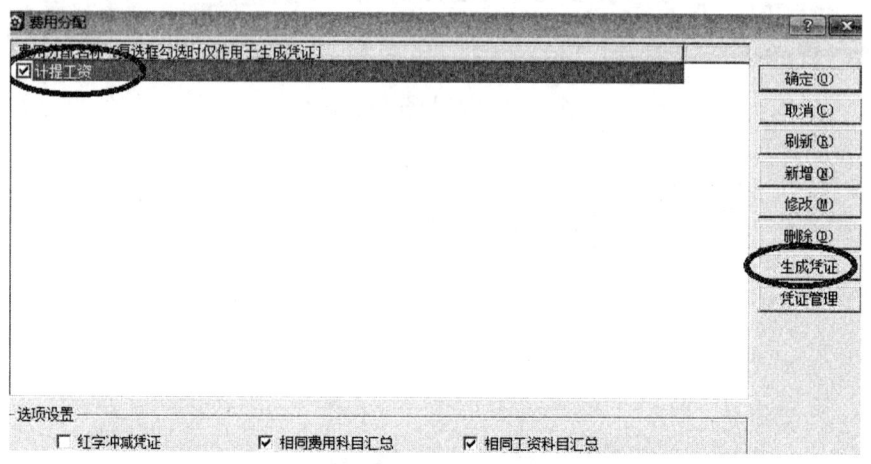

图 7-51　费用分配 2

第二步,系统弹出是否立即建立凭证提示,点击【确定】按钮,如图 7-52 所示。

图 7-52　建立凭证提示

第三步,系统弹出生成结果提示,点击【关闭】按钮,如图 7-53 所示。

图 7-53　生成结果提示

第四步，系统回到"费用分配"窗口，双击【凭证管理】按钮，系统进入"会计分录序时簿"界面，如图 7-54 所示，双击该记录，可查看生成的分录，如图 7-55 所示。

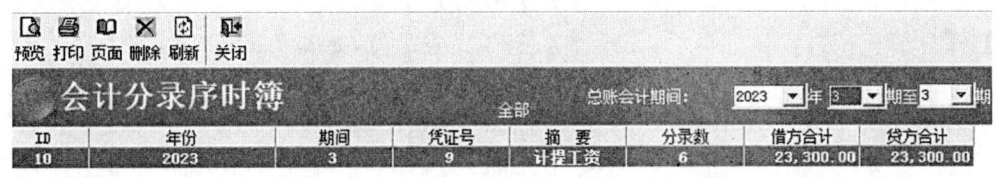

图 7-54　会计分录序时簿

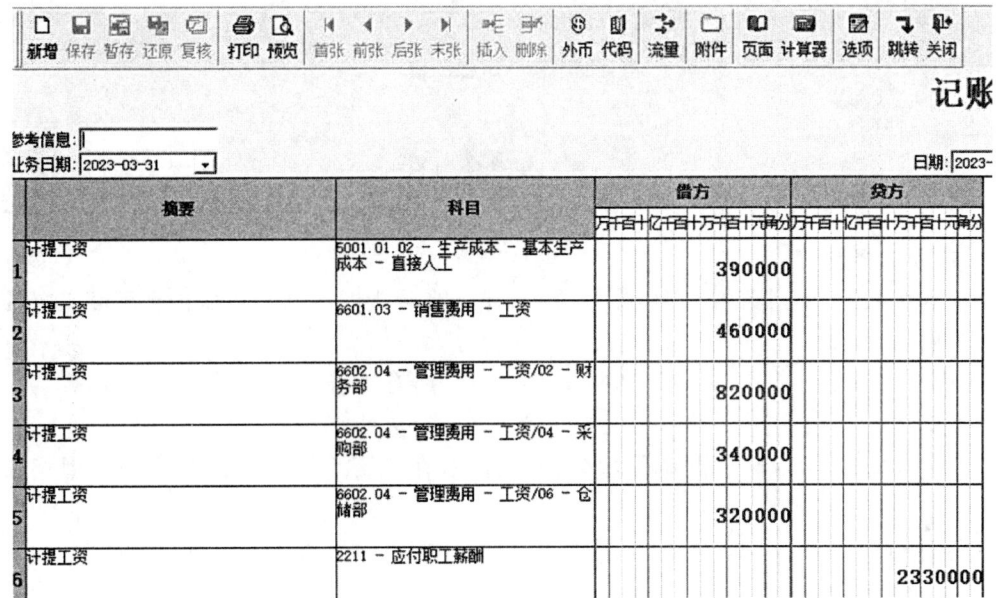

图 7-55　生成计提工资的分录

任务 7.4　工 资 审 核

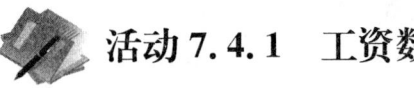 活动 7.4.1　工资数据审核

一、知识链接

如果系统参数中的财务参数设置了结账前必须审核（工资参数），就必须完成工资审核，否则财务系统无法结账。

二、岗位任务

使用苏眉的身份审核本期所有工资数据。

三、操作步骤

使用"苏眉"的身份登录,点击【工资录入】→【确定】,系统进入"工资数据录入"界面,点击【操作】→【全部审核】,审核完毕后,系统数据全部变成绿色,如图7-56所示。

职员姓名	部门名称	基本工资	奖金	全勤奖	话费补助	应发合计	代扣社保	扣除社保后合计	代扣税	实发合计
苏眉	财务部	3,800.00	800.00	300.00	100.00	5,000.00	550.00	4,450.00	28.50	4,421.50
陈娅	财务部	2,500.00	300.00	300.00	100.00	3,200.00	352.00	2,848.00		2,848.00
许雄	采购部	2,500.00	300.00	300.00	100.00	3,400.00	374.00	3,026.00		3,026.00
李艳	销售部	3,000.00	800.00	500.00	300.00	4,600.00	506.00	4,094.00	17.82	4,076.18
吕璨	生产部	3,000.00	500.00	300.00	100.00	3,900.00	429.00	3,471.00		3,471.00
雷娟	仓储部	2,500.00	300.00	300.00	100.00	3,200.00	352.00	2,848.00		2,848.00

图 7-56 审核工资

模 块 测 试

参考答案

一、单项选择题

1. 在金蝶 KIS 专业版的工资数据系统中,在结账后能把本期的数据带到下期工资项目的是(　　)项目。
   A. 固定　　　　　　　　　　　B. 所有工资
   C. 变动　　　　　　　　　　　D. 个人所得税

2. 工资分配、社会保险分配和住房公积金分配,在工资系统的费用分配中使用相同的项目是(　　)。
   A. 会计科目　　B. 分配比例　　C. 核算项目　　D. 凭证字

二、多项选择题

1. 在工资管理系统中,工资模块包括的功能有(　　)。
   A. 核算方法　　B. 数据输入　　C. 费用分配　　D. 报表输出

2. 工资核算包含的内容有(　　)。
   A. 工资录入　　B. 所得税计算　　C. 工资计算　　D. 生成凭证

3. 工资项目设置的内容有(　　)。
   A. 项目名称　　B. 数据类型　　C. 数据长度　　D. 项目属性

4. 同一个账套可以同时设置工资的类别有(　　)。
   A. 管理人员　　B. 销售人员　　C. 退休人员　　D. 生产人员

5. 部门与职员信息的引入方法有(　　)。
   A. 直接引入　　　　　　　　　B. 搜索引入
   C. 手工新增＋直接引入　　　　D. 手工新增

三、判断题

1. 工资公式设置完毕后,不需要进行"公式检查"也可以保存。(　　)
2. 工资公式录入必须全部使用"工资公式设置"内运算符和项目,否则会出错。(　　)
3. 每一次进行工资业务处理时,必须先选择工资类别。(　　)
4. 工资系统必须审核,账务处理系统才可以结账。(　　)

四、业务题

1. 参考活动 7.1.1，使用"赵小白"的身份登录，在"硕通科技 2022"账套中，设置类别名称为"11 月份全员工资"。

2. 参考活动 7.1.3，使用"赵小白"的身份登录，在"硕通科技 2022"账套中，手工录入工资发放职员信息（表 7-4）。

表 7-4 职 员 信 息

职员代码	职员名称	所属部门	职员代码	职员名称	所属部门
101	郑 波	管理部	301	陈 礼	采购部
102	苏 眉	管理部	302	郑 芳	采购部
201	郑 钰	财务部	401	李 军	生产部
202	郑 薇	财务部	402	郑 婷	生产部
203	赵小白	财务部	501	郑 娇	销售部
204	蒋 园	财务部	502	郑 杰	销售部
205	李 维	财务部			

3. 参考活动 7.1.4，使用"赵小白"的身份登录，在"硕通科技 2022"账套中，设置代码为"01"，银行名称为"交通银行北京海淀桃源支行"，账号长度为"14"。

4. 参考活动 7.1.5，使用"赵小白"的身份登录，设置"硕通科技 2022"账套的工资项目具体的新增工资项目信息如表 7-5 所示。

表 7-5 新增工资项目信息

项目名称	数据类型	长度	小数位数	项目属性
缺勤扣款	货币	15	2	可变项目
养老保险(公司)	货币	15	2	可变项目
失业保险(公司)	货币	15	2	可变项目
医疗保险(公司)	货币	15	2	可变项目
工伤保险(公司)	货币	15	2	可变项目
生育保险(公司)	货币	15	2	可变项目
公司社保合计	货币	15	2	可变项目
养老保险(个人)	货币	15	2	可变项目
失业保险(个人)	货币	15	2	可变项目
医疗保险(个人)	货币	15	2	可变项目
个人社保合计	货币	15	2	可变项目
纳税基数	货币	15	2	可变项目

5. 参考活动 7.1.6，使用"赵小白"的身份登录，设置"硕通科技 2022"账套的工资公式。相关工资公式如下：

应发合计 ＝ 基本工资 ＋ 奖金 － 缺勤扣款
养老保险(公司) ＝ (基本工资 ＋ 奖金) × 0.2
养老保险(个人) ＝ (基本工资 ＋ 奖金) × 0.08
医疗保险(公司) ＝ (基本工资 ＋ 奖金) × 0.1
医疗保险(个人) ＝ (基本工资 ＋ 奖金) × 0.02
失业保险(公司) ＝ (基本工资 ＋ 奖金) × 0.01
失业保险(个人) ＝ (基本工资 ＋ 奖金) × 0.002
工伤保险(公司) ＝ (基本工资 ＋ 奖金) × 0.01
生育保险(公司) ＝ (基本工资 ＋ 奖金) × 0.008
公司社保合计 ＝ 养老保险(公司) ＋ 医疗保险(公司) ＋ 失业保险(公司)
　　　　　　 ＋ 工伤保险(公司) ＋ 生育保险(公司)
个人社保合计 ＝ 养老保险(个人) ＋ 医疗保险(个人) ＋ 失业保险(个人)
纳税基数 ＝ 应发合计 － 个人社保合计
实发合计 ＝ 应发合计 － 个人社保合计 － 代扣税

6. 参考 7.2.1,使用"赵小白"的身份登录,在"硕通科技 2022"账套中录入工资数据(表 7-6)。

表 7-6　　　　　　　　　　　工 资 数 据

人员编号	职员名称	基本工资	奖金	缺勤扣款
101	郑　波	9 000.00	5 000.00	
102	苏　眉	10 000.00	3 000.00	
201	郑　钰	12 000.00	1 500.00	400.00
202	郑　薇	10 000.00	500.00	600.00
203	赵小白	10 000.00	1 500.00	
204	蒋　园	10 000.00	3 000.00	
205	李　维	10 000.00	1 500.00	
301	陈　礼	9 000.00	1 500.00	
302	郑　芳	7 000.00	1 500.00	
401	李　军	7 000.00	1 500.00	
402	郑　婷	6 000.00	3 000.00	
501	郑　娇	8 500.00	1 500.00	
502	郑　杰	7 500.00	3 000.00	

7. 参考活动 7.2.2,使用"赵小白"的身份登录,在"硕通科技 2022"账套中,采用 2017 年最新个税税率,设置并计算个人所得税。

8. 参考活动 7.2.3,使用"赵小白"的身份登录,在"硕通科技 2022"账套的工资数据中录入中计算出代扣个税。

9. 参考活动 7.2.4,使用"赵小白"的身份登录,在"硕通科技 2022"账套中完成本期工资计算。

10. 参考活动7.3.2，使用"赵小白"的身份登录，在"硕通科技2022"账套中设置分配工资和"五险"，同时生成本期计提工资凭证，同时生成本期计提工资和五险凭证。

11. 参考活动7.4.1，使用"郑薇"的身份登录，在"硕通科技2022"账套中设置郑薇的"工资类别授权"权限，审核本期所有工资数据。

模块 8

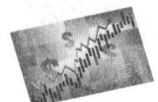

销 售 管 理

【认知目标】
1. 认知销售报价、销售订单、销售出库和销售发票功能。
2. 认知销售钩稽的意义。

【实践目标】
1. 掌握销售报价、销售订单、销售出库和销售发票的操作。
2. 掌握销售钩稽的操作。
3. 掌握销售管理单据和报表查询的操作。

【思政目标】
1. 培养学生细致、谨慎、有条不紊的财经专业素质。
2. 培养学生忠于职守、尽职尽责、坚持原则的职业操守。
3. 培养学生严守纪律红线和法律底线的思想意识，引导学生树立企业社会责任意识。

【知识点思维导图】

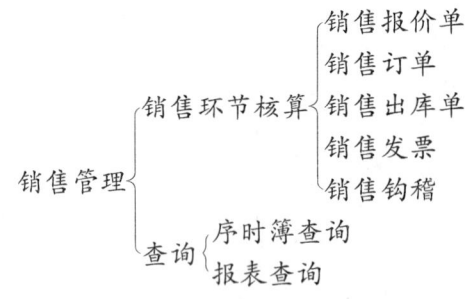

思政案例

长虹电子集团有限公司成立于1958年，公司经营范围非常广，包括电视产品、空调产品、电子医疗产品、电力设备、机械产品、通信及计算机产品等。经过多年的发展，2005年，长虹集团成为世界500强企业。

从1996年开始，长虹集团的应收账款迅速增加，从1995年的1 900万元增加到2003年的近50亿元，应收账款占资产总额的比例由1995年的0.3%上升到2003年的23.3%。长虹集团不仅应收账款大幅度增加，而且应收账款周转率逐年下降，从1999年的4.67%下降到

2005 年第一季度的 1.09%。

在已经有大量应收账款的情况下，2001 年 9 月长虹与美国 APEX 公司签约拟进军美国市场的合作又进一步导致公司年应收账款的增加。截至 2004 年 12 月，长虹应收 APEX 账款 4.675 亿美元，而根据长虹对 APEX 公司资产的估算，可能收回的资金只有 1.5 亿美元左右。2006 年年底，长虹有 80% 的应收账款都来自 APEX。APEX 公司是长虹在美国最大的合作伙伴，因此，长虹在 APEX 公司拖欠国内多家公司巨额欠款的情况下仍然与其签订了巨额销售合同，说明长虹应收账款管理环节存在重大管理缺陷，没有合理的内部控制制度。

由于存货量过大，因此，为了减少库存，解决资金周转困难，长虹只好采用赊销的方式让 APEX 公司进货，这本身就增加了应收账款风险。由于 APEX 公司本来就欠国内多家企业的账款，资金实力较弱，更是令长虹雪上加霜。同时，应收账款管理是一个持续的过程，在考虑赊销的时候，长虹没有在赊销前考虑，也没在赊销期间对应收账款适当地计提坏账准备，赊销后没有积极地追讨账款。种种内部控制方面的缺失，导致了长虹海外巨额应收账款无法收回的后果。

资料来源：https://www.sohu.com/a/476743786_121124318。

问题：通过对案例的分析与讨论，你从中得到何种启示？结合销售管理系统中对往来账款增减业务的处理操作，分析从事会计工作应具备何种职业道德品质。

任务 8.1　销售环节核算

活动 8.1.1　销售报价单

一、知识链接

销售报价单内含客户的价格信息，可以根据不同的销售数量给予不同的报价，在后期企业的销售业务处理环节，可以直接引用该信息。如果客户价格信息等临时发生变化，销售订单可以不引用销售报价单信息，可以手工录入一张全新单价的销售订单。

二、岗位任务

2023 年 3 月 1 日，南宁高科订购规格型号为 H 的电脑，录入如表 8-1 所示的报价单。

表 8-1　　　　　　　　　　　南宁高科报价单

数量	不含税单价（元/台）	数量	不含税单价（元/台）
10 台以下	2 800	21～30 台	2 700
11～20 台	2 750	31 台以上	2 650

三、操作步骤

第一步，修改系统日期为【2023年3月1日】，使用"李艳"的身份登录，点击【销售管理】→【销售报价】，如图8-1所示。

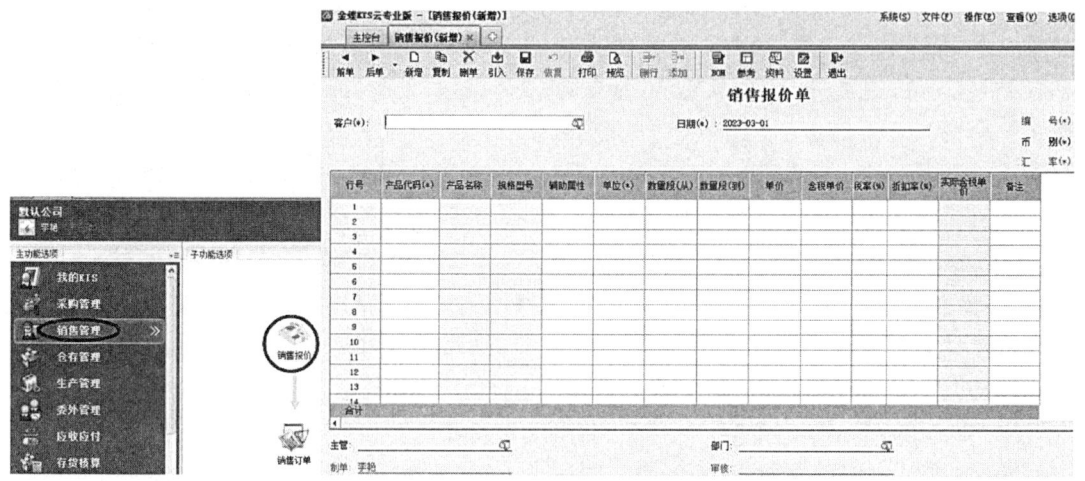

图8-1 销售报价单1

第二步，双击客户右边的"🔍"图标，系统弹出"核算项目-客户"窗口，选择并双击"01 南宁高科"，如图8-2所示。

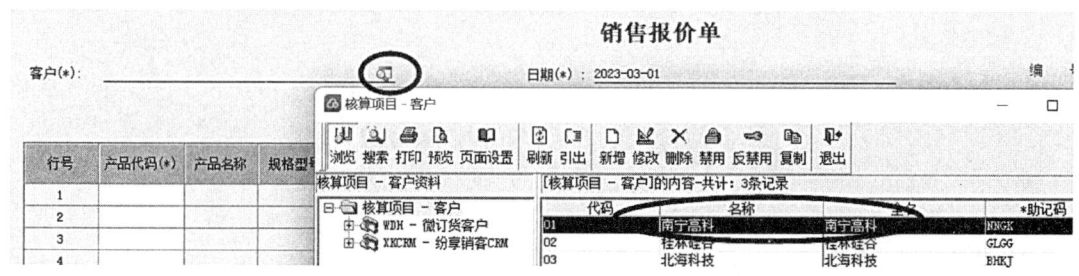

图8-2 选择客户

第三步，点击"产品代码"栏下对应的第一行，点击【资料】按钮，系统弹出"核算项目-物料"窗口，选择并双击"3.01 电脑……H"，如图8-3所示。

第四步，系统自动弹出产品名称、规格型号、辅助属性、单位、税率，输入数量段（从）下方对应的第一行"1"，输入数量段（到）下方对应的第一行"10"，输入单价对应的第一行"2 800"，系统自动弹出含税单价和实际含税单价。用同样的方法录入其他数量段的报价信息，点击【保存】→【审核】，如图8-4所示。

第五步，系统弹出审核成功提示，点击【确定】按钮，如图8-5所示。

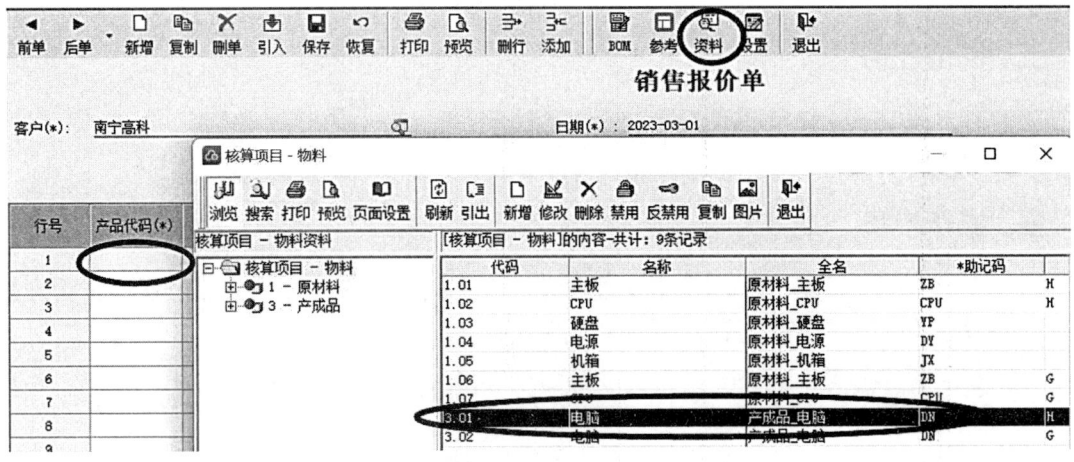

图 8-3 选择物料

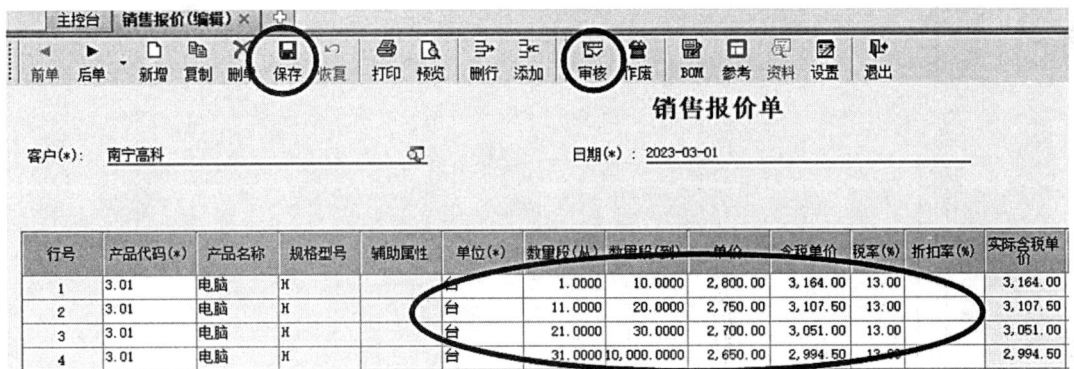

图 8-4 销售报价单 2

图 8-5 审核成功

活动 8.1.2 销售订单

一、知识链接

客户的采购订单即本企业的销售订单。本企业收到销售订单后,各部门将根据其信息,进行采购、生产和销售工作等。销售订单可以按源单类型的销售报价单生成,也可以手工录入。

二、岗位任务

2023年3月1日,南宁高科订购电脑(型号H)23台,生成赊销销售订单,交货日期为2023年3月31日。

三、操作步骤

第一步,修改系统日期为"2023年3月1日",使用"李艳"的身份登录,点击【销售管理】→【销售订单】,系统进入"销售订单"界面,如图8-6所示。

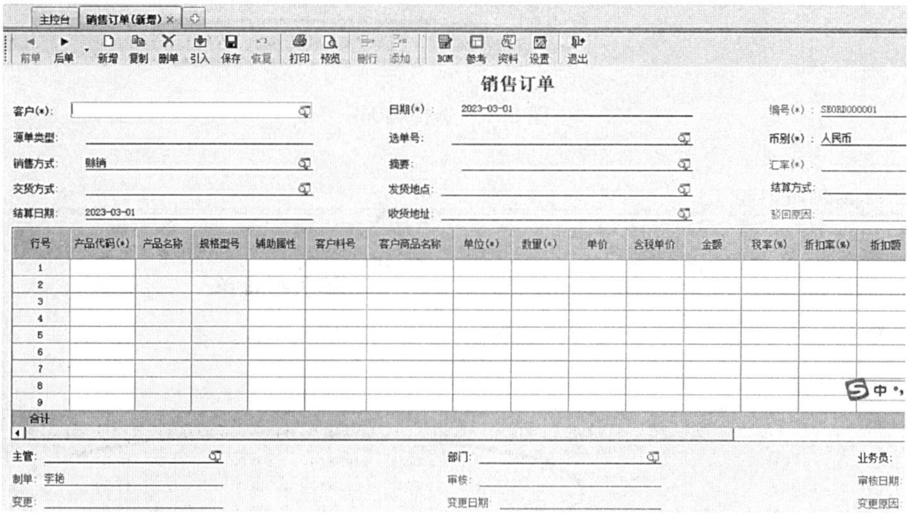

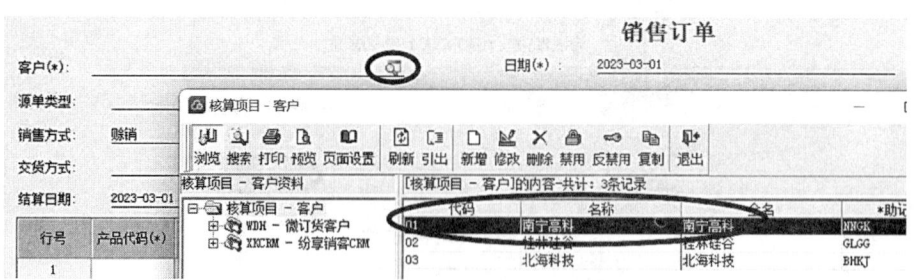

图8-6 销售订单

第二步,双击客户右边的"⚲"图标,系统弹出"核算项目-客户"窗口,选择并双击"01南宁高科",如图8-7所示。

图8-7 选择客户

第三步,选择源单类型"销售报价单",双击选单号右边的"⚲"图标,系统弹出"过滤"窗口,点击【确定】按钮,如图8-8所示,系统进入"销售报价单序时簿"窗口,双击单据编号为AQ000001的第三行数据,如图8-9所示。

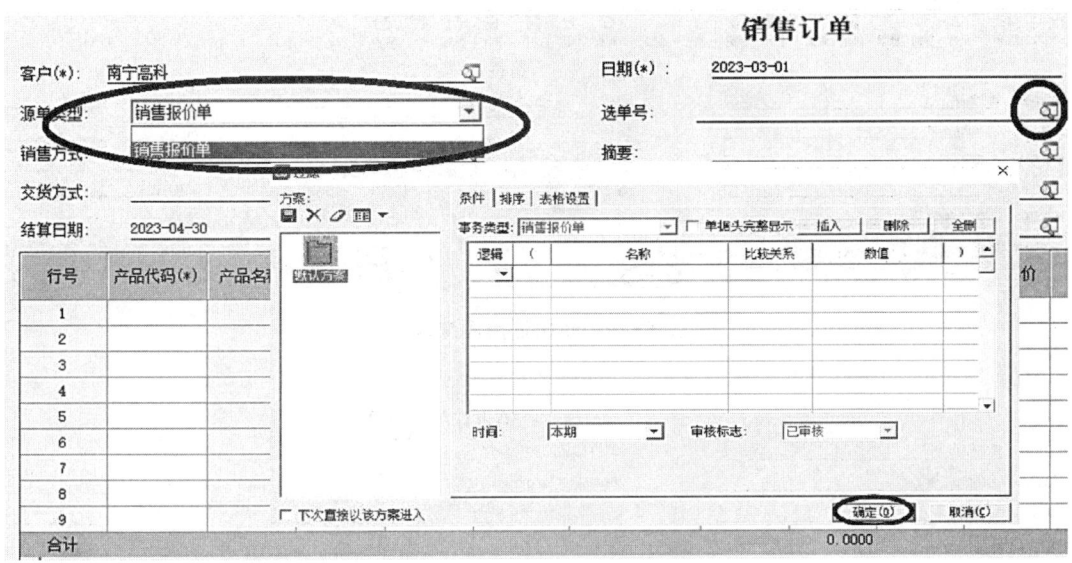

图 8-8　过滤

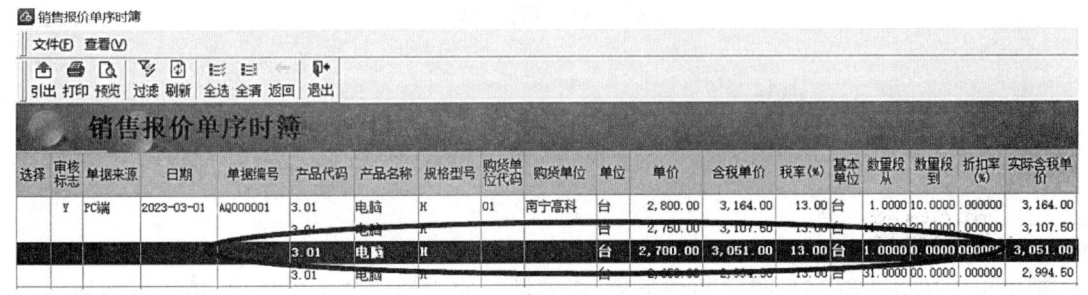

图 8-9　销售报价单序时簿

> **随堂思考**
>
> 为什么在销售订单的源单中无法查到销售报价单序时簿?
>
> 提示:原因很多,第一,有可能销售报价单的日期选择错误,没有在本期;第二,有可能销售报价单或者销售订单的购货单位选择错误;第三,有可能销售报价单没有审核。

第四步,系统返回"销售订单"界面,输入数量"23",修改交货日期为"2023 年 3 月 31 日",点击【保存】按钮,系统弹出超出信用额度提示,点击【是】按钮,如图 8-10 所示。

第五步,系统返回"销售订单"界面,点击【审核】按钮,系统弹出审核成功提示,点击【确定】按钮,审核完毕后的销售订单如图 8-11 所示。

图 8-10 超出信用额度提示

图 8-11 销售订单

活动 8.1.3 销售出库单

一、知识链接

销售出库单分为红字和蓝字两种类型,正常销售使用的是蓝色出库单,销售退回使用红字出库单。销售出库单可以在销售管理下的销售出库中操作,也可以在仓存管理下的销售出库中操作。销售出库单可以按源单类型中的销售订单、销售发票、产品入库单和采购入库单(四选一)生成,也可以手工录入。

二、岗位任务

2023 年 3 月 1 日,销售给南宁高科 21 台电脑(型号 H),生成销售出库单。

三、操作步骤

第一步,修改系统日期为"2023 年 3 月 1 日",使用"雷娟"的身份登录,点击【销售管理】→【销售出库】,系统进入"销售出库单"界面,如图 8-12 所示。

第二步,双击客户右边的""图标,系统弹出"核算项目-客户"窗口,选择并双击"01 南宁高科",如图 8-13 所示。

第三步,系统回到"销售出库单"界面,选择单源类型"销售订单",双击选单号右边的""图标,系统弹出"过滤"窗口,点击【确定】按钮,如图 8-14 所示,系统进入"销售订单序时簿"窗口,双击单据编号"SEORD000001",如图 8-15 所示。

图 8-12　销售出库单

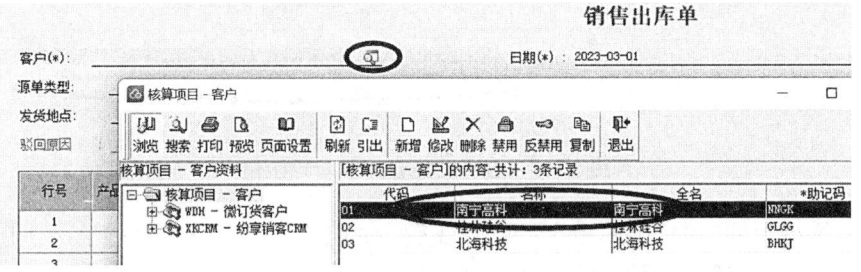

图 8-13　选择客户

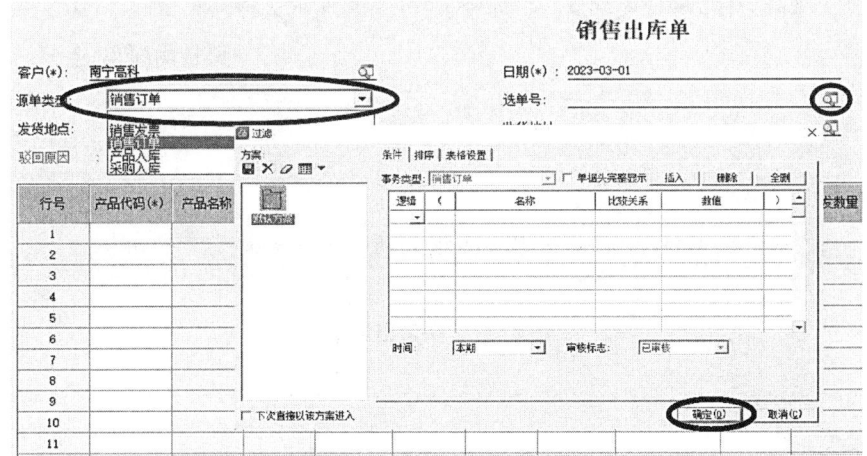

图 8-14　选择源单

图 8-15　销售订单序时簿

第四步，系统回到"销售出库单"界面，修改实发数量为"21"，点击"发货仓库"栏下方对应的第一行，点击【资料】按钮，系统弹出"核算项目-仓库"窗口，双击"03-成品库"，如图8-16所示。

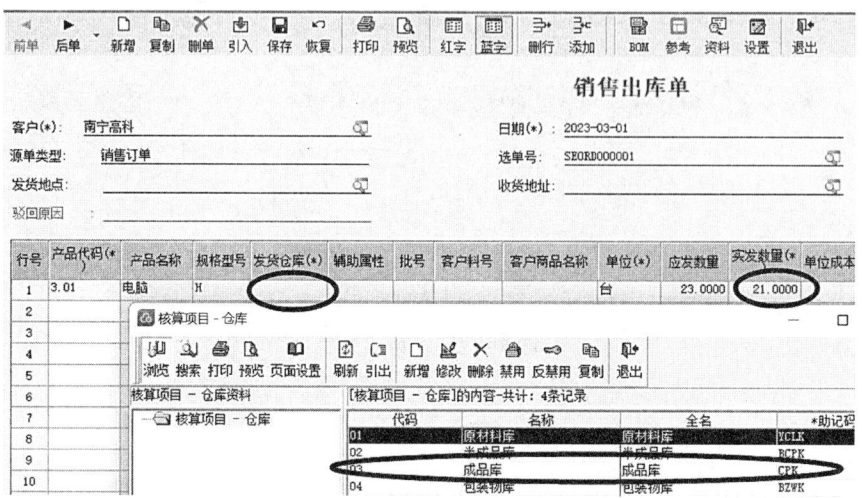

图8-16 选择发货仓库和修改数量

第五步，系统返回"销售出库单"界面，点击【保存】按钮，系统弹出超过信用额度提示，点击【确定】按钮，最后点击【审核】按钮，如图8-17所示。

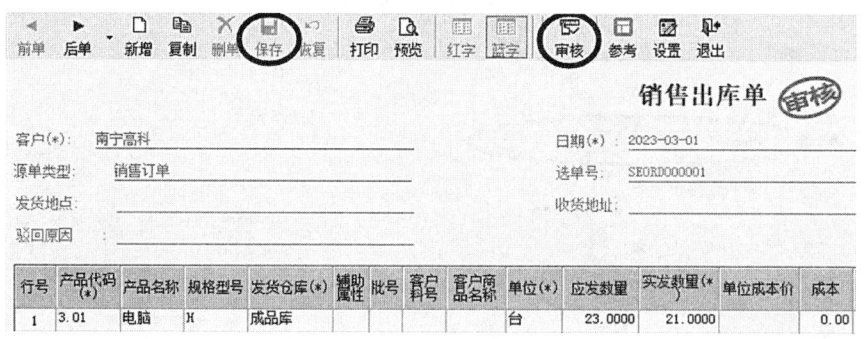

图8-17 销售出库单

> **随堂思考**
>
> 审核时提示库存不足，不允许审核，是什么原因引起的？
> 提示：最有可能是存货初始化时，规格型号为H的电脑录进了原材料库或者其他仓库，没有录进成品库，可以反初始化去修改；也有可能是初始化时录入物料或者数量错误；还有可能是录错销售出库单的发货仓库。

活动 8.1.4 销售发票

一、知识链接

销售发票可以按源单销售订单或者销售入库单关联生成,也可以手工录入。

二、岗位任务

2023 年 3 月 1 日,销售给南宁高科 21 台规格型号为 H 的电脑,生成销售专用发票。

三、操作步骤

第一步,修改系统日期为"2023 年 3 月 1 日",使用"陈婕"的身份登录,点击【销售管理】→【销售发票】,系统进入"销售出库单"界面,选择右上角"销售发票(专用)",如图 8-18 所示。

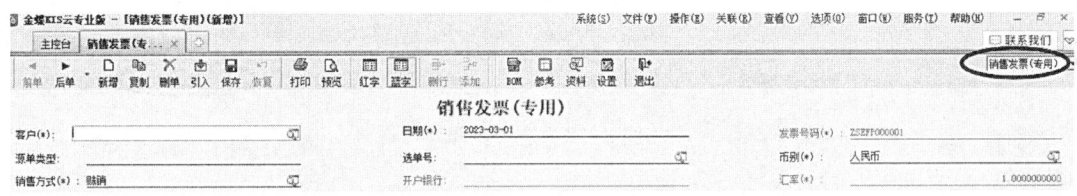

图 8-18 销售发票

第二步,双击客户右边的""图标,系统弹出"核算项目-客户"窗口,选择并双击"01 南宁高科",如图 8-19 所示。

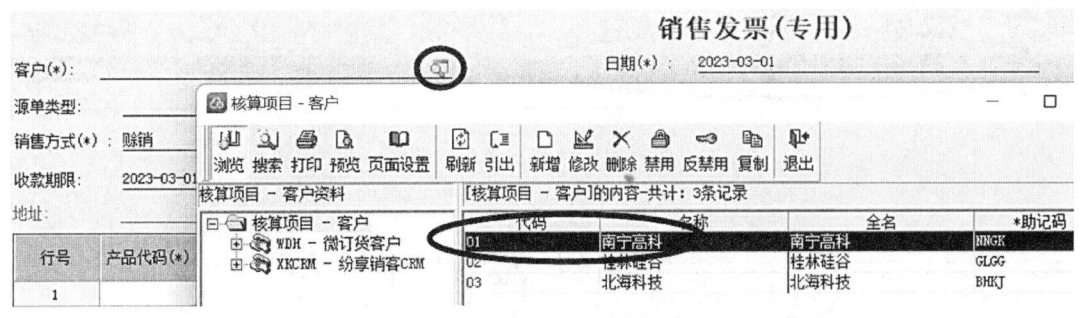

图 8-19 选择客户

第三步,系统回到"销售出库单"界面,选择源单类型为"销售出库",双击选单号右边的"💾"图标,系统弹出"过滤"窗口,点击【确定】按钮,如图 8-20 所示,系统进入"销售出库序时簿"窗口,双击单据编号"XOUT000001",如图 8-21 所示。

第四步,系统回到"销售发票"界面,点击【保存】按钮,系统弹出超过信用额度提示,点击【确定】按钮,最后点击【审核】按钮,如图 8-22 所示。

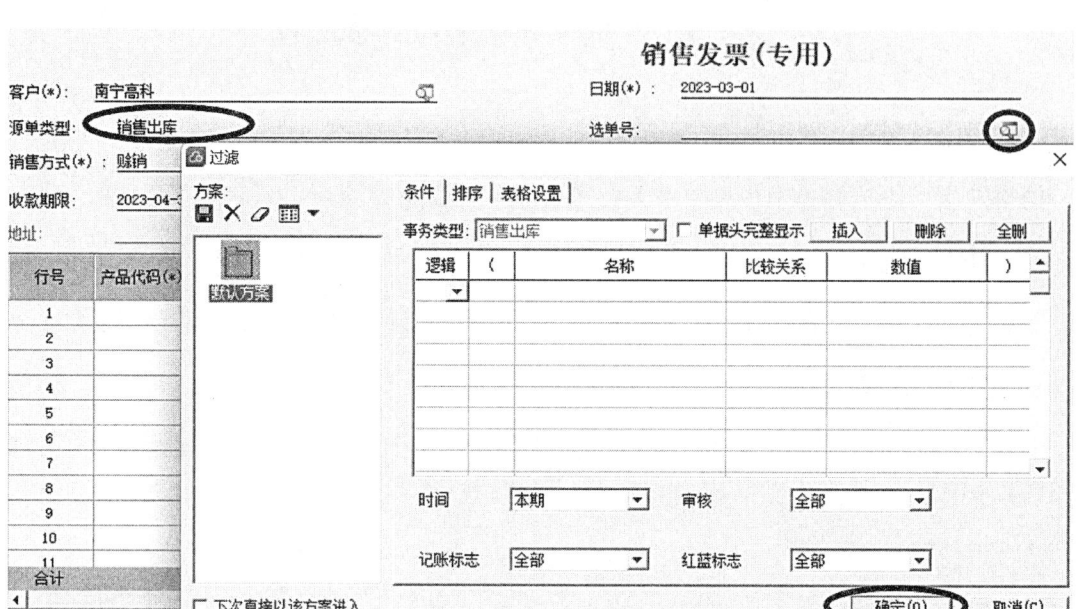

图 8-20　选择源单

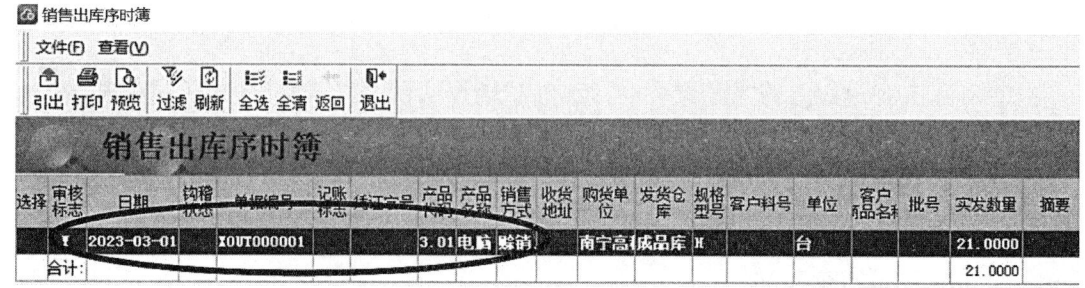

图 8-21　销售出库序时簿

图 8-22　销售发票

> **随堂思考**
>
> 如果发现销售发票上的数量或者金额错误,怎么处理?
>
> 提示:点击【销售发票序时簿】→【发现错误的销售发票】,如果已经钩稽,点击【反钩稽】→【反审核】→【删单】;点击【销售出库单序时簿】→【发现错误的销售出库单】,点击【反审核】→【删单】;点击【销售订单序时簿】→【发现错误的销售订单】,点击【反审核】→【删单】;点击【销售报价单序时簿】→【发现错误的销售报价单】,点击【反审核】,修改【发现错误的销售报价单】。

 活动 8.1.5 销售钩稽

一、知识链接

现销和赊销的发票,进行销售钩稽是为了进行收入和成本的匹配。钩稽有两种操作方法:第一种是在已审核的销售发票单据界面上钩稽;第二种是在发票序时簿上钩稽。一张销售发票可以和多张销售出库单钩稽,多张销售发票也可以和一张销售出库单钩稽,多张销售发票也可以和多张销售出库单钩稽。

二、岗位任务

(1) 为了练习钩稽,先按照活动 8.1.3 和活动 8.1.4 的思路,完成下述任务。2023 年 3 月 5 日,销售给南宁高科剩余的 2 台电脑(型号 H)正式出库,相关销售出库单和销售发票均要求按源单生成。

(2) 完成两笔销售钩稽。

三、操作步骤

第一步,修改系统日期为"2023 年 3 月 5 日",使用"雷娟"的身份登录,点击【销售管理】→【销售出库】,按照活动 8.1.3 的思路操作完毕,如图 8-23 所示。

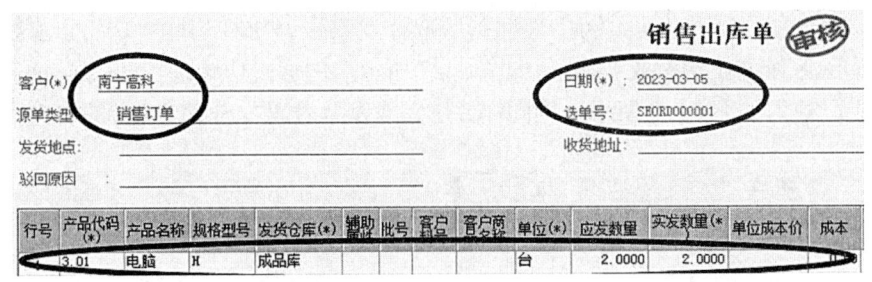

图 8-23 销售出库单

第二步,使用"陈婕"的身份登录,点击【销售管理】→【销售发票】,按照活动 8.1.4 的思路

操作，但是不选择源单类型，也不选样单号，而是点击"产品代码"栏下方对应的第一行，点击【资料】按钮，系统弹出"核算科目-物料"，选择并双击"3.01 电脑"，输入数量"2"，输入单价"2 700"，点击【保存】→【审核】，如图8-24所示。

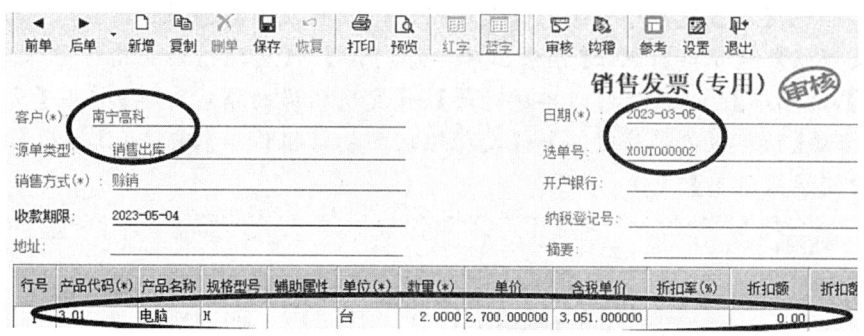

图8-24　销售发票

第三步，回到"销售管理"界面，点击右边"销售发票序时簿"，系统弹出"过滤"窗口，事务类型选择"销售发票（专用）"，点击【确定】按钮，如图8-25所示。

图8-25　过滤窗口

第四步，系统进入"销售发票（专用）序时簿"，选择发票号码"ZSEFP000001"，点击【钩稽】按钮，如图8-26所示，系统弹出钩稽成功提示，如图8-27所示。钩稽成功后，销售发票序时簿的"钩稽状态"栏下出现了"√"，如图8-26所示。用同样方法完成发票号码"ZSEFP000002"的钩稽。

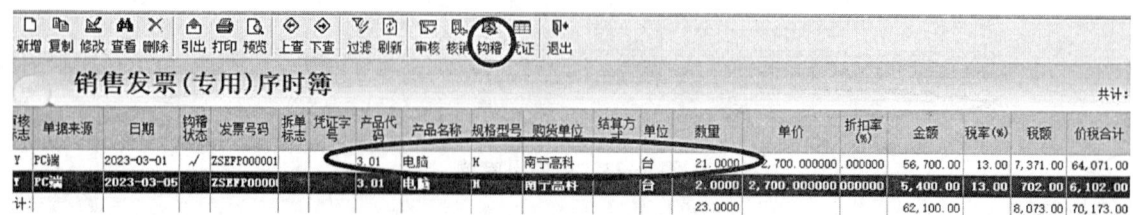

图8-26　销售发票序时簿

随堂思考

如果销售发票钩稽错误,还可以取消吗?

提示:有两种取消方法:其一,在【销售管理】→【销售发票钩稽日记】→【反钩】处操作;其二,参考上一个随堂思考。

任务8.2 查 询

活动8.2.1 序时簿查询

一、知识链接

在金蝶KIS软件中,在销售系统录入的销售报价单、销售订单、销售出库单、销售发票以及完成的销售钩稽,都可以通过两种方式查询到已经录入的单据和已经完成的钩稽。采购管理、生产管理、仓存管理、应收应付和存货核算系统的单据查询方法同销售管理,本教材的后续模块就不再举例。

二、岗位任务

使用"苏眉"的身份登录,用两种方法查询活动8.1.2完成的销售订单。

三、操作步骤

第一步,使用"苏眉"的身份登录,点击【销售管理】→【销售订单】,系统进入"销售订单(新增)"界面,点击【前单】按钮,如图8-27所示。

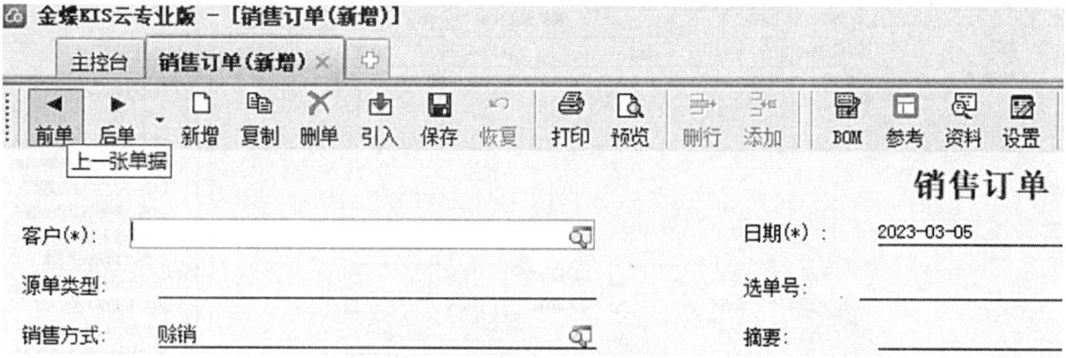

图8-27 销售订单查询(第一种方法)

第二步，系统进入活动 8.1.2 完成的"销售订单（编辑）"界面，如图 8-28 所示。

> **随堂思考**
>
> 在"高新电脑公司"账套中，每一个操作员是否都有所有查询权限？如果是这样的话，所有操作人员是否都可以使用这两种查询方法？
>
> 提示：每一个操作员都有所有查询权限，建议采取第二种方法查询。第一种方法能够使用的前提是该操作员有该模块的新增等权限，但并不是每个操作员都能使用该权限。

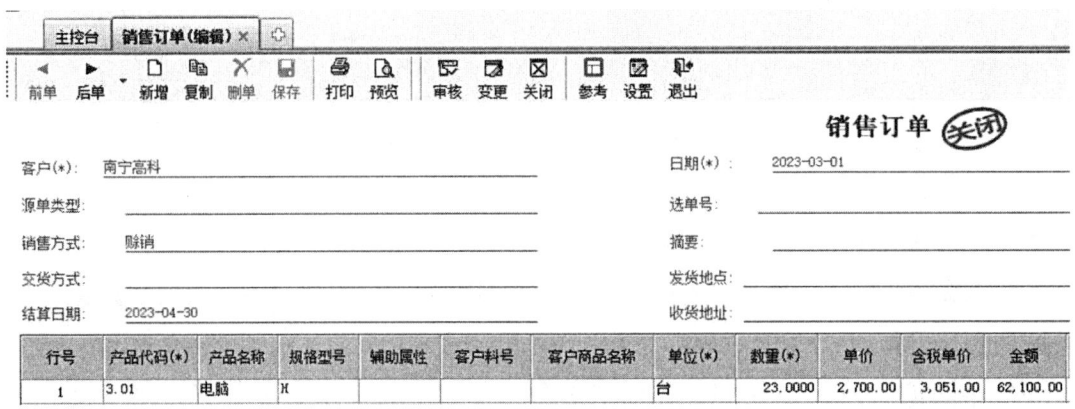

图 8-28　销售订单查询（第一种方法）

第三步，点击【销售管理】→【销售订单序时簿】，系统弹出"过滤"界面，点击【确定】按钮，如图 8-29 所示。

图 8-29　销售订单查询（第二种方法）

第四步,系统进入"销售订单序时簿"界面,选择单据编号为"SEORD000001"的销售订单,点击【查看】按钮,如图 8-30 所示。

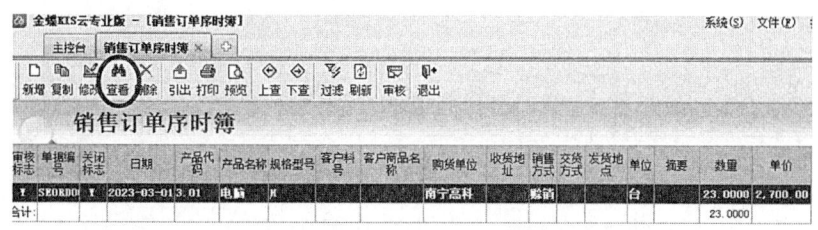

图 8-30　销售订单查询(第二种方法)

 活动 8.2.2　报 表 查 询

一、知识链接

金蝶 KIS 云专业版 V15.1 提供销售订单统计表、销售订单执行情况汇总表、销售收入汇总表和销售增长分析等 18 种报表,企业可根据实际情况选择某类报表进行使用。采购管理、生产管理、仓存管理、应收应付和存货核算系统的报表查询方法同销售管理,本教材的后续模块就不再举例。

二、岗位任务

使用"苏眉"的身份登录,查询 2023 年 3 月 1 日至 2023 年 3 月 31 日销售收入统计表。

三、操作步骤

第一步,使用"苏眉"的身份登录,点击【销售管理】,点击"销售管理"界面右侧报表下方的【销售收入统计表】,系统弹出"过滤"窗口,选择起始日期"2023 年 3 月 1 日",选择截止日期"2023 年 3 月 31 日",点击【确定】按钮,如图 8-31 所示。

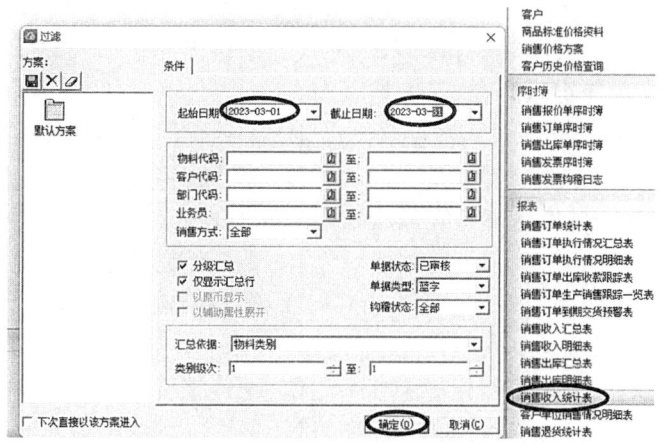

图 8-31　过滤窗口

第二步，系统进入“销售收入统计表”界面，如图 8-32 所示。

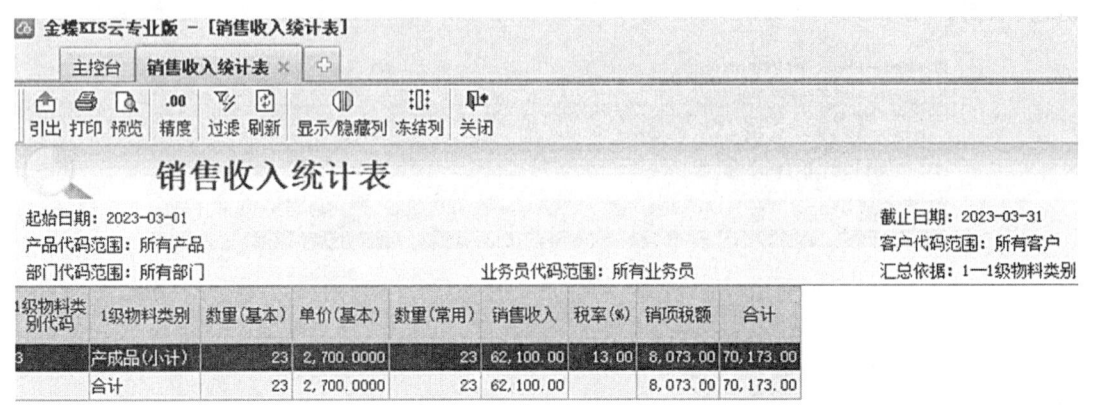

金蝶KIS云专业版 －［销售收入统计表］
主控台 销售收入统计表
引出 打印 预览 精度 过滤 刷新 显示/隐藏列 冻结列 关闭

销售收入统计表

起始日期：2023-03-01 截止日期：2023-03-31
产品代码范围：所有产品 客户代码范围：所有客户
部门代码范围：所有部门 业务员代码范围：所有业务员 汇总依据：1—1级物料类别

1级物料类别代码	1级物料类别	数量(基本)	单价(基本)	数量(常用)	销售收入	税率(%)	销项税额	合计
3	产成品(小计)	23	2,700.0000	23	62,100.00	13.00	8,073.00	70,173.00
	合计	23	2,700.0000	23	62,100.00		8,073.00	70,173.00

图 8-32 销售收入统计表

模块测试

参考答案

一、单项选择题

1. 销售发票钩稽起到的作用是(　　)。

A. 销售与采购的匹配　　B. 销售与出库的匹配

C. 收入和成本的匹配　　D. 收入与收益的匹配

2. 查询销售订单的方法有(　　)种。

A. 1　　B. 2　　C. 3　　D. 4

3. 在金蝶 KIS 软件中，对客户的信用额度控制，系统是针对(　　)进行控制的。

A. 销售出库单　　B. 销售发票　　C. 收款单　　D. 销售订单

二、多项选择题

1. 在金蝶 KIS 软件中，客户需要用应收应付，必选的模块有(　　)。

A. 采购管理　　B. 销售管理　　C. 仓存管理　　D. 存货核算管理

2. 销售核算的环节有(　　)。

A. 销售发票　　B. 销售订单　　C. 销售出库　　D. 销售钩稽

3. 审核销售出库单时提示库存不足，其原因有(　　)。

A. 销售出库单的发货仓库录入错误　　B. 初始化时物料或者数量录入错误

C. 初始化时仓库录入错误　　D. 销售出库单录入错误

4. 下列各项中，属于销售管理系统可以查询到的报表有(　　)。

A. 销售收入明细表　　B. 委托代销清单

C. 销售增长分析　　D. 销售结构分析

5. 下列单据中，可以关联生成的有(　　)。

A. 销售发票　　B. 销售订单　　C. 销售报价单　　D. 销售出库单

6. 下列关于销售发票钩稽的说法中，正确的有(　　)。

A. 一张销售发票可以和多张销售出库单钩稽

B. 多张销售发票可以和一张销售出库单钩稽
C. 多张销售发票可以和多张销售出库单钩稽
D. 多张销售发票不可以和多张销售出库单钩稽

三、判断题

1. 在金蝶 KIS 软件中，发票和出库单的数量不等是不可以进行钩稽的。（   ）
2. 销售发票一旦钩稽成功，就不允许取消钩稽。（   ）
3. 销售出库单可以按源单销售订单、销售发票、产品入库单和采购入库单关联生成，也可以采取手工录入的方式新增。（   ）

四、业务题

1. 参考活动 8.1.3，使用"蒋园"的身份登录，11 月 6 日，向深圳远华有限责任公司销售甲商品 2 000 件，在"硕通科技 2022"账套中录入销售出库单。

2. 参考活动 8.1.4，使用"蒋园"的身份登录，11 月 6 日，在"硕通科技 2017"账套中按源单销售出库单生成销售发票，其不含税单价为 900 元/件，成本为 500 元/件，款项已存入交行。

3. 参考活动 8.1.5，使用"蒋园"的身份登录，在"硕通科技 2022"账套中钩稽销售出库单和销售发票。

模块 9

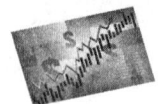

采 购 管 理

【考核目标】	1. 认知采购订单、采购入库和采购发票功能。 2. 认知采购钩稽的意义。
【实践目标】	1. 掌握采购订单、采购入库和采购发票的操作。 2. 掌握采购钩稽的操作。 3. 掌握采购管理单据和报表查询的操作。
【思政目标】	1. 培养学生细致、谨慎、有条不紊的财经专业素质。 2. 培养学生忠于职守、尽职尽责、坚持原则的职业操守。 3. 培养学生爱国主义精神与家国情怀。

【知识点思维导图】

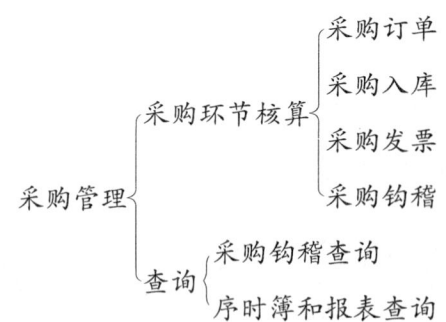

思政案例

根据中国证券监督管理委员会对(东方金钰)公司及相关当事人的《行政处罚决定书》(〔2020〕62号)及《市场禁入决定书》(〔2020〕13号)就以下违规事实对公司及相关责任人作出行政处罚。

一是虚构销售和采购交易。2016年12月至2018年5月期间,公司为完成营业收入、利润总额等业绩指标,虚构其所控制的瑞丽市姐告宏宁珠宝有限公司(下称"姐告宏宁")与客户之间的翡翠原石销售交易,虚构销售和采购资金流。

二是2016年年度报告的营业收入、营业成本、利润总额存在虚假记载。2016年,姐告宏宁通过虚构销售合同及现金流等手段,虚构销售交易14 169.09万元。同时,姐告宏宁通过伪造采购合同等方式,虚构购交易20 104.02万元。公司2016年年度报告虚增营业收入14 169.09万元,虚增营业成本4 665万元,导致虚增利润总额9 504.09万元,占当年合并利润表利润总额的29.60%。

三是2017年年度报告的营业收入、营业成本、利润总额存在虚假记载。2017年度,姐告宏宁通过虚构销售合同及现金流等手段,虚构销售交易29 487.1万元。同时,姐告宏宁通过上述伪造采购合同等方式,虚构采购交易61 714.1万元。公司2017年年度报告虚增营业收入29 487.1万元,虚增营业成本11 038.9万元,导致虚增利润总额18 448.2万元,占当年合并利润表利润总额的59.70%。

四是2018年半年度报告的营业收入、营业成本、利润总额、应收账款存在虚假记载。2018年上半年,姐告宏宁通过虚构销售合同及现金流等手段,虚构销售交易12 000万元。同时,公司2018年3月形成应收账款7 720万元,虚增应收账款余额。公司2018年半年度报告虚增营业收入12 000万元,虚增营业成本4 100万元,虚增应收账款7 720万元,导致虚增利润总额7 900万元,占2018年半年度报告利润总额比例为211.48%。

资料来源:https://aiqicha.baidu.com/yuqing?yuqingId=f4ab9d85f494edfbf21efffa2b8827a2&type=。

问题:通过对案例的分析与讨论,你从中得到何种启示?结合采购管理系统中对采购业务的处理操作,分析上市公司应具备怎么样的社会责任意识?

任务9.1 采购环节核算

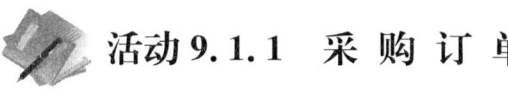 活动9.1.1 采购订单

一、知识链接

采购订单可以参照BOM生成,可以在采购管理系统中的"采购订单"手工录入,如果"采购建议"不为零,还可以在生产管理系统的"采购建议"计算生成。采购订单是采购入库的一个重要依据,但不是绝对的依据。

二、岗位任务

(1) 2023年3月6日,向玉林科技采购硬盘、电源和机箱各30件,不含税单价分别是220元/件、260元/件和150元/件,预计3月7日收货,手工录入订单。

(2) 2023年3月9日,使用BOM关联生成采购订单,分别向南宁新新科技采购规格型号为G的主板和规格型号为G的CPU各10件,不含税单价分别为580元/件和1 050元/件;向玉林科技采购硬盘、电源和机箱各10件,不含税单价分别是230元/件、270元/件和160元/件,预计3月10日收货。

三、操作步骤

第一步,修改系统日期为"2023年3月6日",使用"许雄"的身份登录,点击【采购管理】→【采购订单】,如图9-1所示。

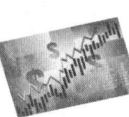

图9-1 采购订单

第二步,双击供应商右边的"🔍"图标,系统弹出"核算项目-供应商"窗口,选择并双击"02玉林科技",如图9-2所示。

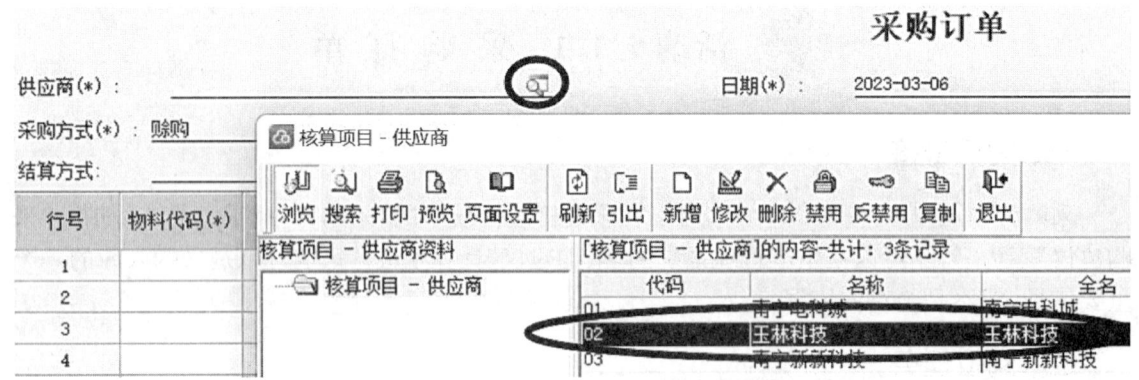

图9-2 选择供应商

第三步,点击"物料代码"栏下对应的第一行,点击【资料】按钮,系统弹出"核算项目-物料"窗口,按"Shift"键,同时选择并双击【1.03 硬盘】【1.04 电源】和【1.05 机箱】,如图9-3所示,也可以分行操作,一行选择一种物料。

第四步,系统回到"采购订单"界面,自动弹出"物料代码""物料名称""单位""税率"栏的数

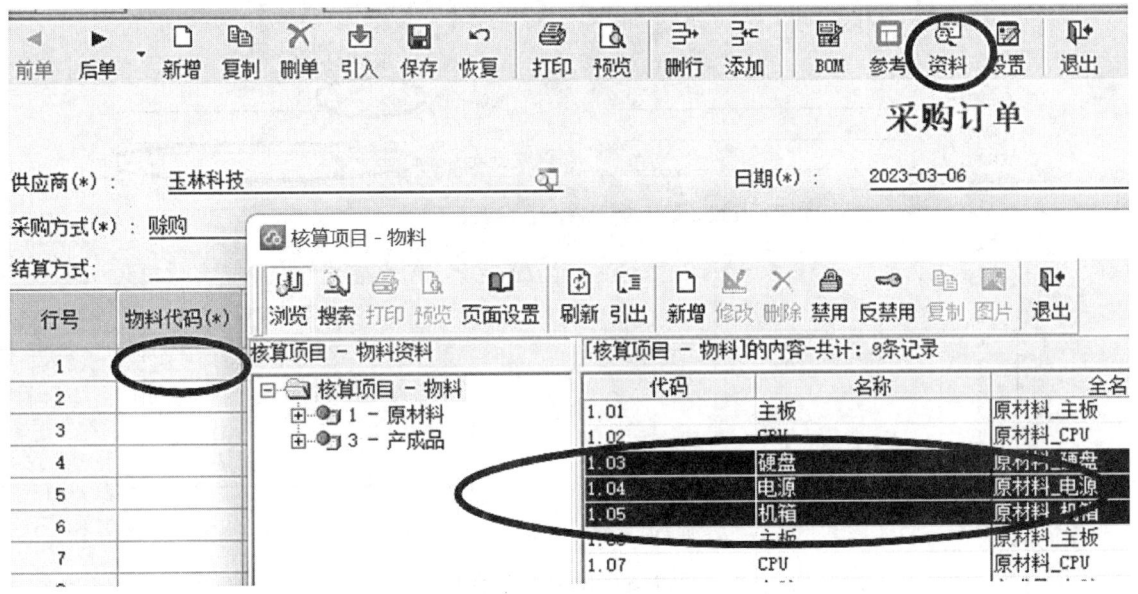

图9-3 选择物料

据,输入"数量"栏下方对应的第一行、第二行和第三行的数据"30",输入"单价"栏下方对应第一行、第二行和第三行的数据"220""260""150",系统自动弹出"含税单价""实际含税单价""税额""税价合计"栏的数据,全部选择交货日期为"2023年3月7日",点击【保存】→【审核】,如图9-4所示。

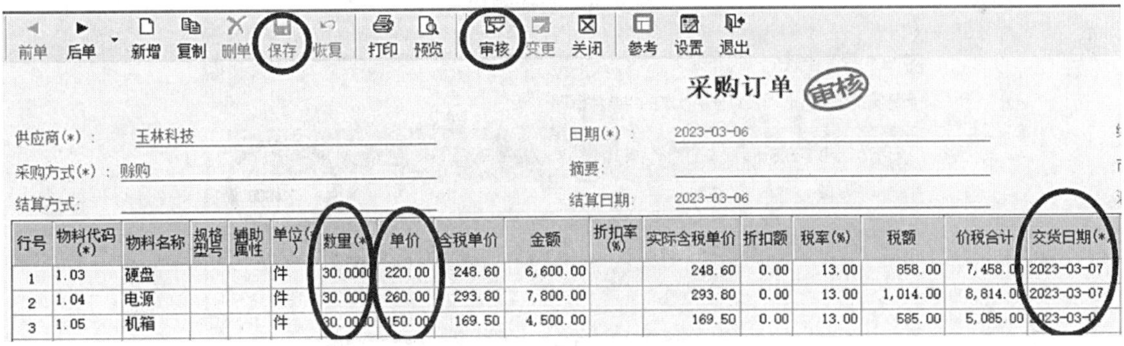

图9-4 采购订单

第五步,修改系统日期为"2023年3月9日",点击采购订单左上方【新增】按钮,再点击【BOM】按钮,系统弹出"BOM关联生成"窗口,点击【添加BOM(A)】按钮,如图9-5所示。

第六步,系统弹出"核算项目-物料"窗口,选择并双击"3.02电脑G",如图9-6所示。

第七步,系统回到"BOM关联生成"窗口,输入数量"10",点击【生成】按钮,如图9-7所示。

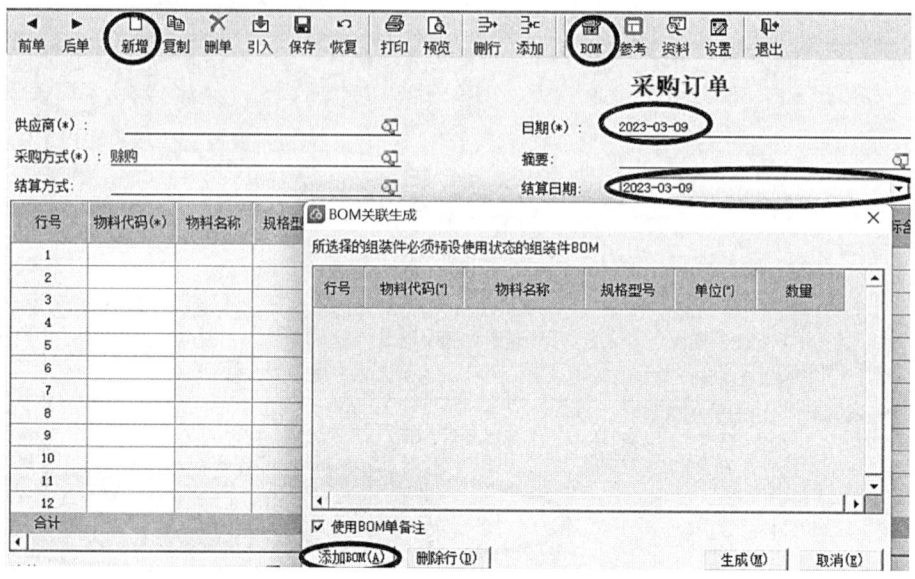

图 9-5　BOM 关联生成

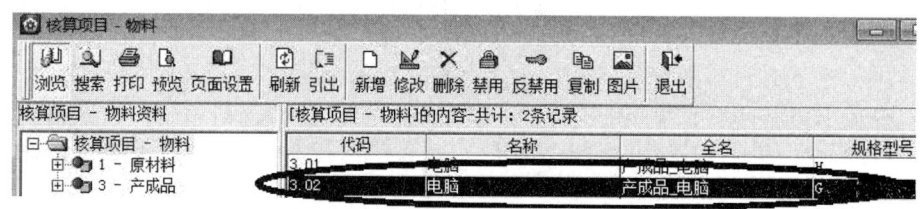

图 9-6　选择物料

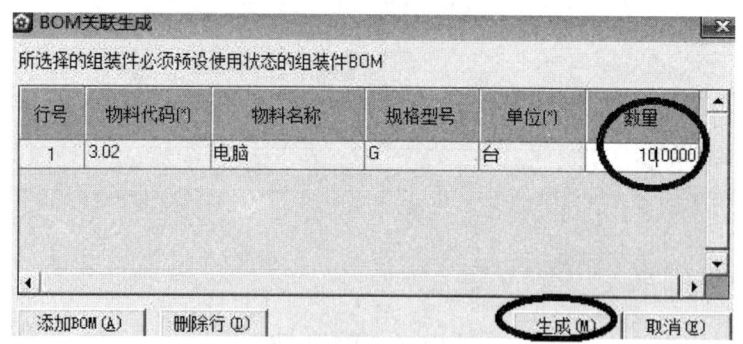

图 9-7　BOM 关联生成

第八步，系统回到"采购订单"界面，双击供应商右边的"🔍"图标，系统弹出"核算项目-供应商"窗口，选择并双击"03 南宁新新科技"，如图 9-8 所示。

第九步，删除"物料代码"栏下方对应第一行、第二行和第三行的数据"1.03 硬盘""1.04 电源""1.05 机箱"，如图 9-9 所示。

第十步，全部选择到货日期为"2023 年 3 月 10 日"，输入"单价"栏下方对应第一行和第二行的数据"580""1 050"，点击【保存】→【审核】，系统弹出审核成功提示，如图 9-10 所示。

第十一步，用同样的方法，BOM 关联生成玉林科技的采购订单，如图 9-11 所示。

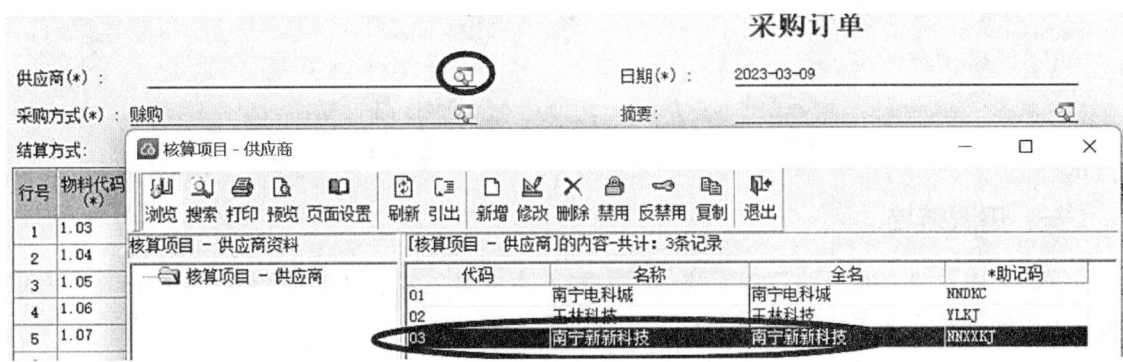

图 9-8　采购订单

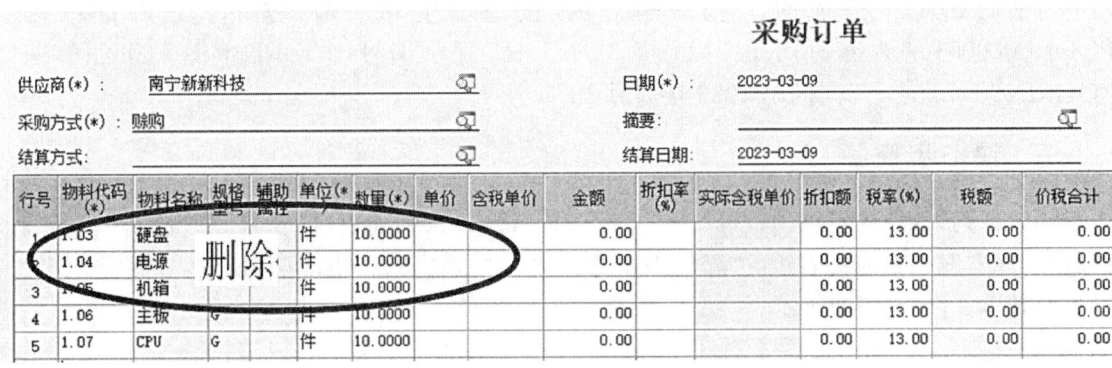

图 9-9　采购订单

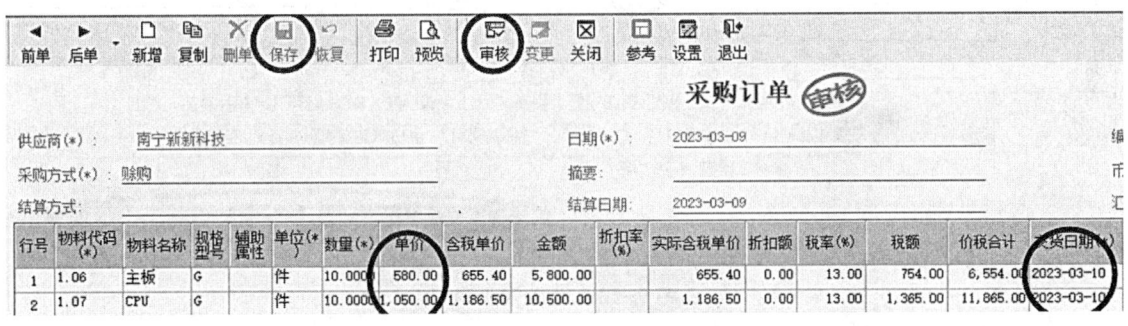

图 9-10　采购订单

图 9-11　采购订单

活动 9.1.2 采 购 入 库

一、知识链接

采购入库单可以在采购管理系统中的采购入库中录入或者按源单生成,也可以在仓存管理系统中的外购入库单中完成。

二、岗位任务

将活动 9.1.1 完成的 3 张采购订单,按源单生成采购入库单,其中订单编号 POORD000001 的入库时间是 2023 年 3 月 7 日,订单编号 POORD000002 和订单编号 POORD000003 的入库时间是 2023 年 3 月 10 日。

三、操作步骤

第一步,修改系统日期为"2023 年 3 月 7 日",使用"雷娟"的身份登录,点击【采购管理】→【采购入库】,双击供应商右边的" "图标,系统弹出"核算项目-供应商"窗口,选择并双击"02 玉林科技",如图 9-12 所示。

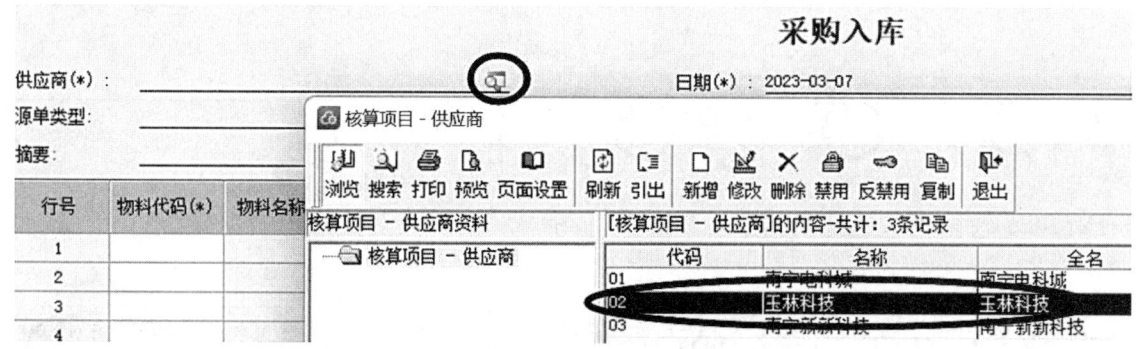

图 9-12 选择供应商

第二步,系统回到"采购入库"界面,选择源单类型"采购订单",双击选单号右边的" "图标,系统弹出"过滤"窗口,点击【确定】按钮,如图 9-13 所示,系统进入"采购订单序时簿"窗口,同时选择单据编号"POORD000001"的所有记录,点击【返回】按钮,如图 9-14 所示。

第三步,点击"收料仓库"栏下方对应的第一行,输入"01",系统自动弹出"原材料库",用同样的方法将剩余收料仓库录入完毕,如图 9-15 所示。点击【保存】→【审核】,如图 9-16 所示,系统弹出审核成功提示,点击【确定】按钮。

第四步,用同样的方法生成其他的采购入库单,如图 9-17 和图 9-18 所示。

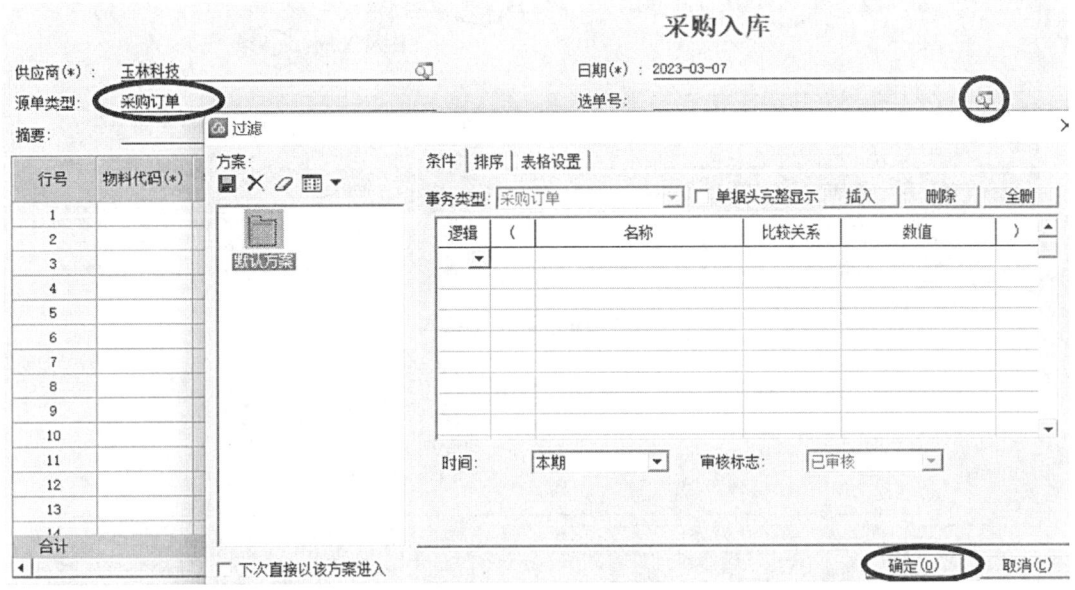

图 9-13 选择源单

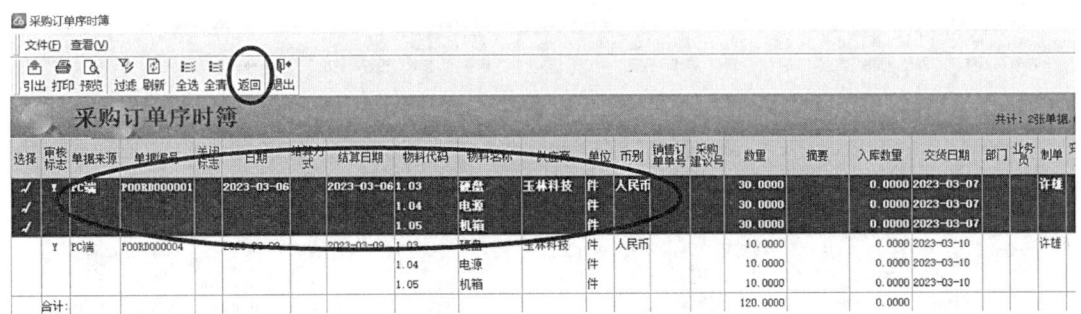

图 9-14 采购订单序时簿

图 9-15 选择材料库

图 9-16 采购入库单

图 9-17 采购入库单

图 9-18 采购入库单

 **活动 9.1.3 采 购 发 票**

一、知识链接

采购发票可以通过销售订单或者采购入库单关联生成,也可以手工录入。

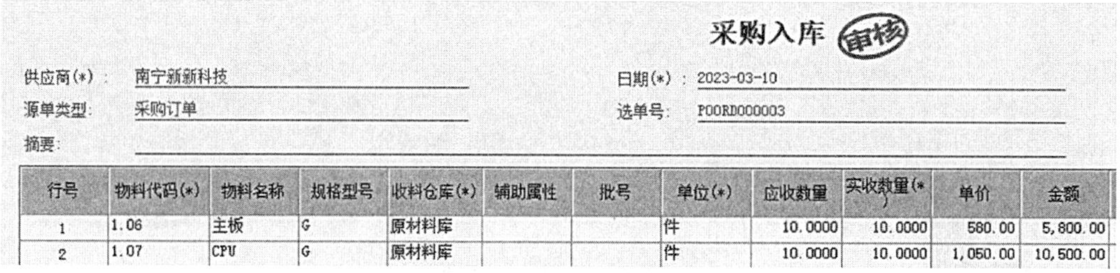

二、岗位任务

将活动 9.1.2 的 3 张采购入库单,按源单生成采购发票。其中,采购入库单编号为 WIN000001 的发票,其生成时间是 2023 年 3 月 7 日;采购入库单编号分别为 WIN000002 和 WIN000003 的发票,其生成时间均为 2023 年 3 月 10 日。

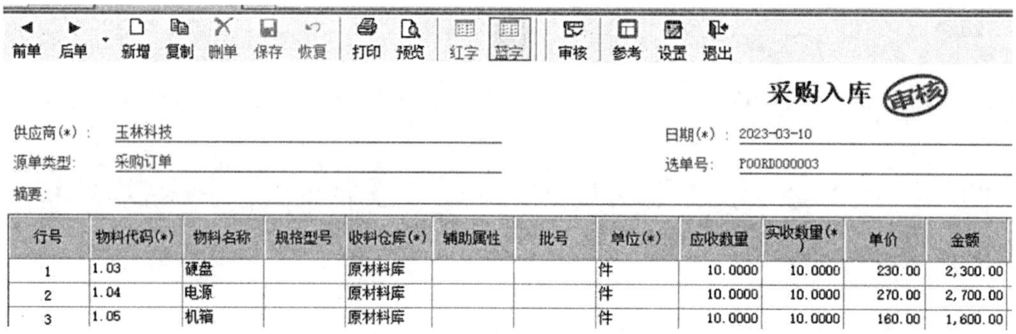

三、操作步骤

使用"陈婕"的身份登录,点击【采购管理】→【采购发票】,参考活动 9.1.2 的操作思路,按采购入库单的源单生成 3 张专用发票并审核,如图 9-19、图 9-20 和图 9-21 所示。

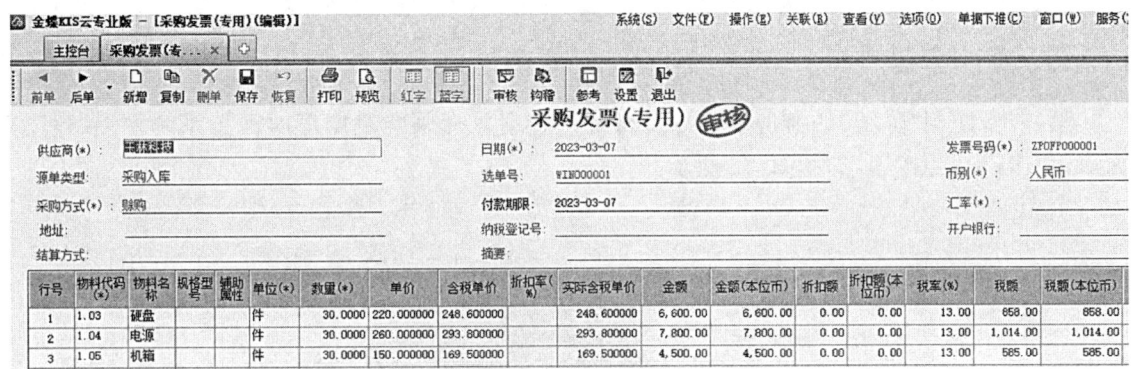

图 9-19 采购发票 1

图 9-20 采购发票 2

图 9-21 采购发票 3

活动 9.1.4 采 购 钩 稽

一、知识链接

无论是本期还是以往期间的发票,只有采购发票和采购入库单进行钩稽后,才可以入库核算并生成凭证。一张采购发票可以和多张采购出库单钩稽,多张采购发票也可以和一张采购出库单钩稽,多张采购发票也可以和多张采购出库单钩稽。

二、岗位任务

将活动9.1.2生成的采购入库单和活动9.1.3生成的采购发票钩稽完毕。

三、操作步骤

第一步,使用"陈婕"的身份登录,点击【采购管理】→【采购发票序时簿】,系统弹出"过滤"窗口,点击【确定】按钮,如图9-22所示。

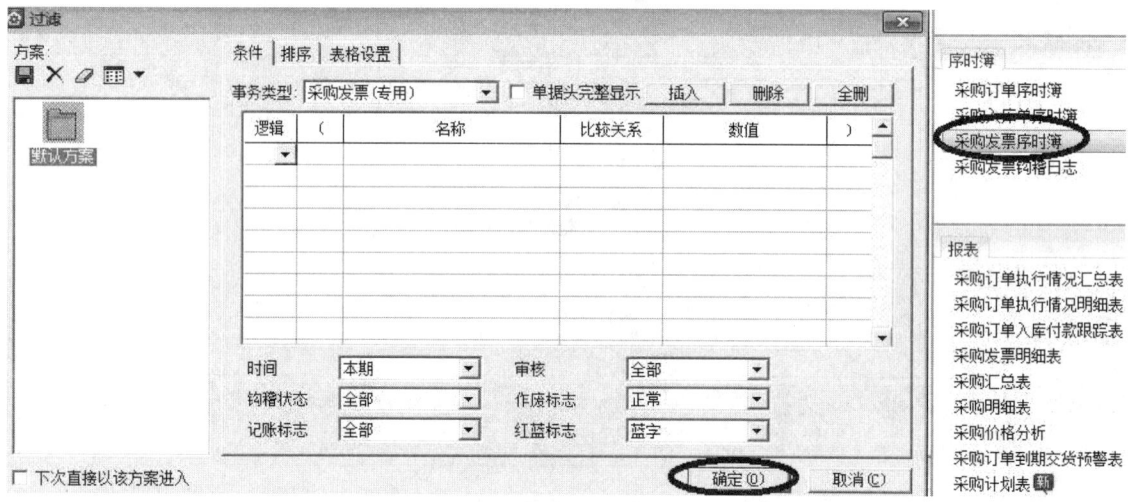

图9-22 过滤窗口

第二步,系统进入"采购发票(专用)序时簿"界面,选中发票号码为"ZPOFP000001"的那行数据,点击【钩稽】按钮,系统弹出钩稽成功提示。用同样的方法将其他采购发票钩稽,如图9-23所示。

图9-23 采购发票(专用)序时簿

任务 9.2 查 询

活动 9.2.1 采购钩稽查询

一、知识链接

查询采购钩稽方法同查询销售钩稽方法。

二、岗位任务

使用"苏眉"的身份登录,查询 2023 年 3 月已经钩稽的采购入库单和采购发票。

三、操作步骤

第一步,使用"苏眉"的身份登录,点击【采购管理】,再点击"序时簿"下方的"采购发票钩稽日志",系统弹出"过滤"窗口,点击【确定】按钮,如图 9-24 所示。

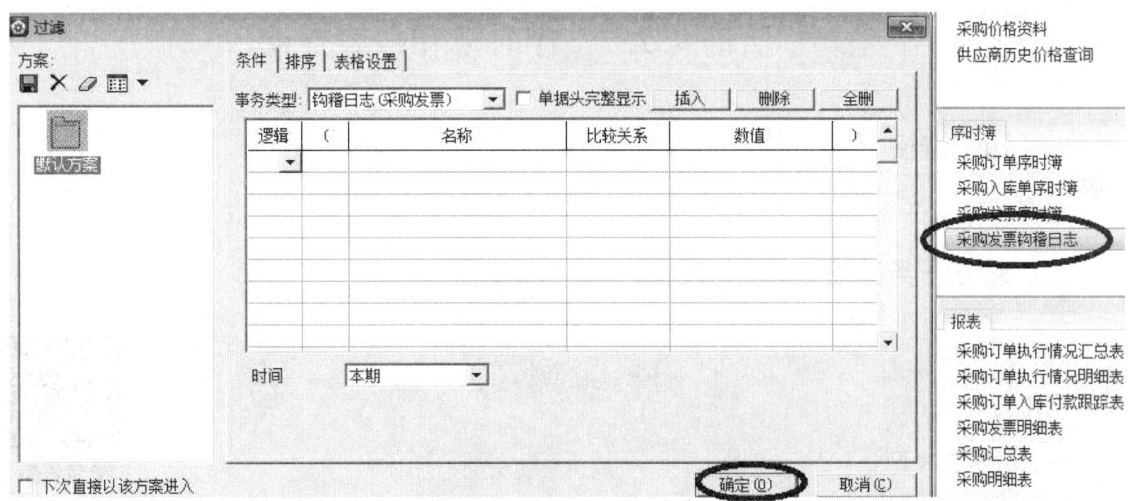

图 9-24 采购发票钩稽日志

第二步,系统进入"钩稽日志(采购发票)序时簿",如图 9-25 所示。

 随堂思考

如果采购发票钩稽错误,还可以取消吗?

提示:有两种取消方法:其一,在【采购管理】→【采购发票钩稽日记】→【反钩】处操作;其二,可参考上一个随堂思考。

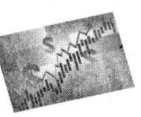

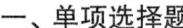

图 9-25 钩稽日志(采购发票)序时簿

 活动 9.2.2　序时簿和报表查询

一、知识链接

查询序时簿和报表的方法参见销售模块。

二、岗位任务(无)

模 块 测 试

参考答案

一、单项选择题

1. 采购价格分析表查询不到的项目是(　　)。
   A. 平均价格　　　B. 最高价格　　　C. 最新价格　　　D. 弹性价格
2. 采购订单执行情况明细表查询不到的项目是(　　)。
   A. 订单编号　　　B. 入库单号　　　C. 数量　　　D. 发票金额

二、多项选择题

1. 新增采购订单的方式有(　　)。
   A. 采购管理系统中的"采购订单"手工录入
   B. 关联销售订单生成
   C. 参照 BOM 单据生成
   D. 生产管理系统的"采购建议"计算生成

2. 新增采购入库单的方式有（　　）。
A. 采购管理系统中的"采购入库"中手工录入
B. 按源单"采购发票"生成
C. 仓存管理系统中的"外购入库"中手工录入
D. 按源单"采购订单"生成

三、判断题

1. 采购发票钩稽不同于销售发票钩稽，两者查询钩稽的方法也不同。（　　）
2. 采购入库单由谁制单、谁审核、谁领料，这是关于业务权限的问题，与是否在采购旗下填写入库单和在仓存管理下填写入库单没有关系。（　　）
3. 已经钩稽的采购发票才可以执行入库核算和根据凭证模版生成记账凭证等操作，钩稽后可作为当期发票核算成本。（　　）

四、业务题

1. 参考活动9.1.2，使用"蒋园"的身份登录，11月4日，从河北电子有限公司购入A材料一批，数量为500千克，不含税价格为100元/千克，在"硕通科技2022"账套中录入采购入库单。
2. 参考活动9.1.3，使用"蒋园"的身份登录，11月4日，在"硕通科技2022"账套中按源单采购入库单生成采购发票，录入不含税单价"100元/千克"，款项以交行存款支付，电汇结算号为D005。
3. 参考活动9.1.4，使用"蒋园"的身份登录，在"硕通科技2022"账套中钩稽采购入库单和采购发票。

模块 10

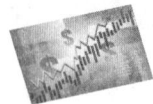

生 产 管 理

【考核目标】
1. 认知生产任务单、采购建议、生产领料和产品入库功能。
2. 认知产品录入、费用分摊和生产成本功能。
3. 认知生产成本核算和模块 13 中的存货成本核算的区别。

【实践目标】
1. 掌握生产任务单、采购建议、生产领料和产品入库的操作。
2. 掌握月末产品录入、费用分摊和生产成本的操作。
3. 掌握生产管理单据和报表的查询。

【思政目标】
1. 培养学生细致、谨慎、有条不紊的财经专业素质。
2. 培养学生严守纪律红线和法律底线的思想意识,引导学生树立社会责任意识。

【知识点思维导图】

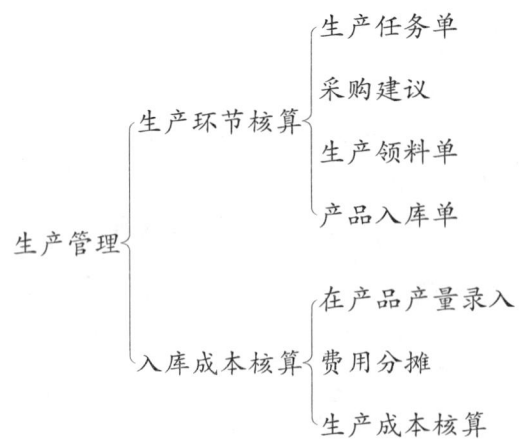

 思政案例

2020 年 11 月,浙江省金华市浦江县市场监管局根据举报,对位于城乡接合部的浦江县龙鼎副食品商行进行检查。经查,浦江县龙鼎副食品商行持有食品经营许可证,自 2020 年 5 月

开始,陆续购进4种不同品牌的食用油及食用油包装100套;2020年8月,当事人将一批临近保质期的食用油打开包装后装入上述100套油桶内,并更换包装标注为新近生产日期,混入同批购进的正常食用油中,作为新油销售。截至案发,更换包装后的食用油已全部售完,货值金额14 950元。执法人员责令当事人召回更换包装的食用油,共计召回问题食用油148桶,并将其于2020年12月30日销毁。

当事人的上述行为违反了《中华人民共和国食品安全法》第三十四条第(十)项和第三十五条的规定,属于未经许可生产经营、标注虚假生产日期食品的违法行为;同时,执法人员在检查中发现,当事人为非食盐定点批发企业,擅自从事食盐批发业务,违反了《食盐专营办法》等相关规定。金华市浦江县市场监管局依法作出没收违法所得、罚款50.28万元的行政处罚。

资料来源:https://baijiahao.baidu.com/s?id=1722192900828873581&wfr=spider&for=pc。

问题:通过对案例的分析与讨论,你从中得到何种启示?结合生产管理系统中对生产领料的处理操作,分析小微企业应具备怎么样的社会责任意识?

任务 10.1 生产环节核算

活动 10.1.1 生产任务单

一、知识链接

生产任务单表示生产部门传达给各部门的任务,如采购部门采购、生产车间加工和仓储部门发料等。

二、岗位任务

2023年3月11日,销售部门将南宁高科订购23台电脑(型号H)的信息传递给生产部门,生产部门下达23台电脑(型号H)的生产任务,开工日期是2023年3月11日,计划完工日期是2023年3月15日,录入生产任务单。

三、操作步骤

第一步,修改系统日期为"2023年3月11日",使用"吕增"的身份登录,点击【生产管理】→【生产任务单】,如图10-1所示。

第二步,双击产品代码右边的""图标,如图10-1所示,系统弹出"核算项目-物料"窗口,选择并双击"3.01电脑(型号H)",如图10-2所示。

第三步,系统回到"生产任务单"界面,由于3.01电脑(型号H)已经建立BOM档案,系统自动弹出五个物料信息(1.01主板、1.02CPU、1.03硬盘、1.04电源和1.05机箱),输入数量"23",系统自动显示标准用量和计划用量,修改计划完工日期为"2023年3月15日",点击【保存】→【审核】,如图10-3所示,系统弹出审核成功提示。

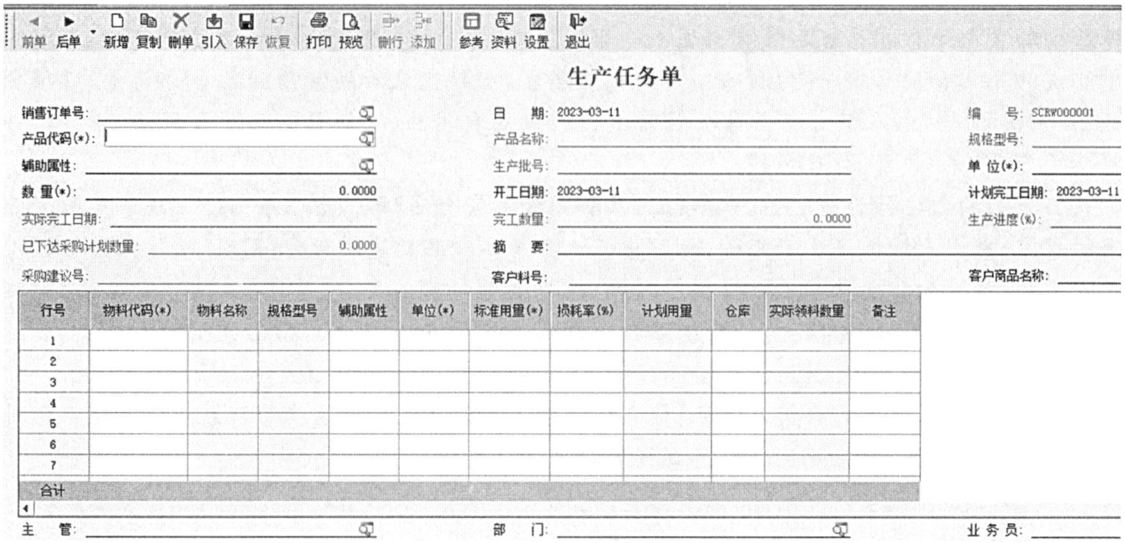

图 10-1 生产任务单

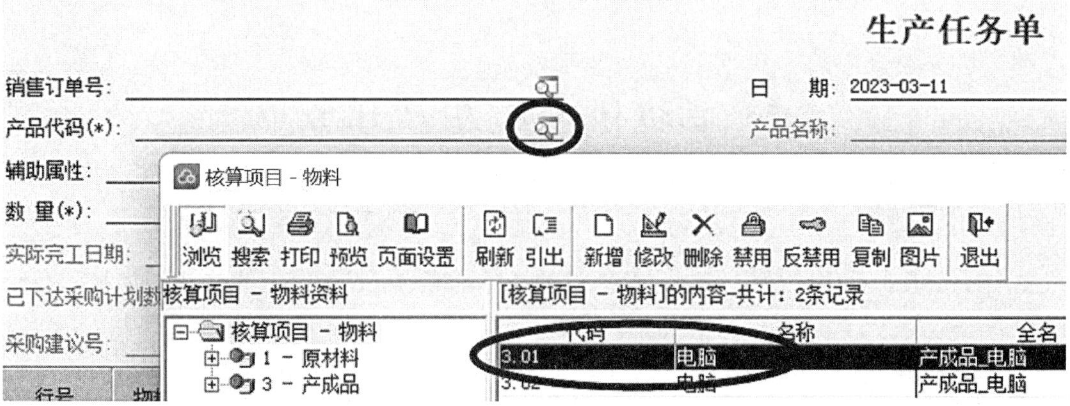

图 10-2 选择物料

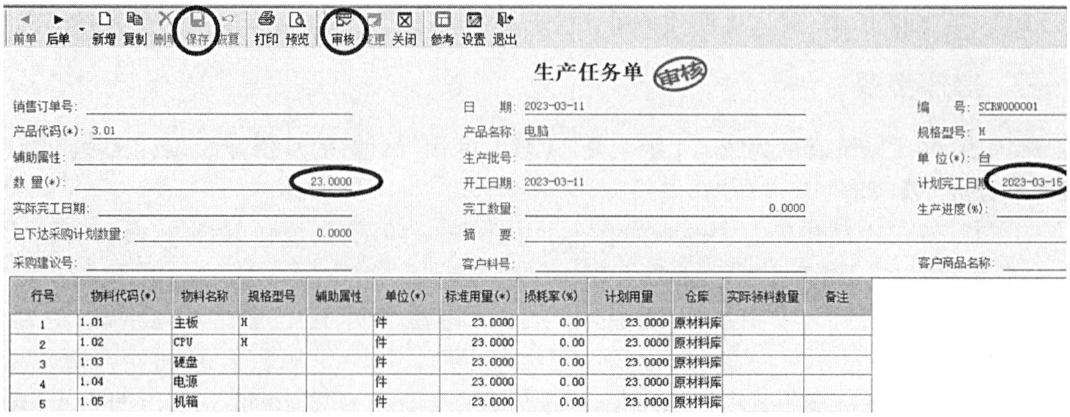

图 10-3 生产任务单

活动 10.1.2 采 购 建 议

一、知识链接

采购建议可以根据生产任务单或者销售订单,另加上即时库存、安全库存和采购在途量等因素,计算出最合理的物料采购种类和数量,此功能可以提高企业库存管理的效率和缓解企业资金压力。

二、岗位任务

根据活动 10.1.1 录入的生产任务单进行"采购建议",并根据得出的数据判断该生产任务是否需要进行采购。

三、操作步骤

第一步,使用"吕增"的身份登录,点击【生产管理】→【采购建议】,系统弹出"采购建议向导_第 1 步,共 2 步"窗口,选择源单类型"生产任务单",点击旁边的""图标,如图 10-4 所示。

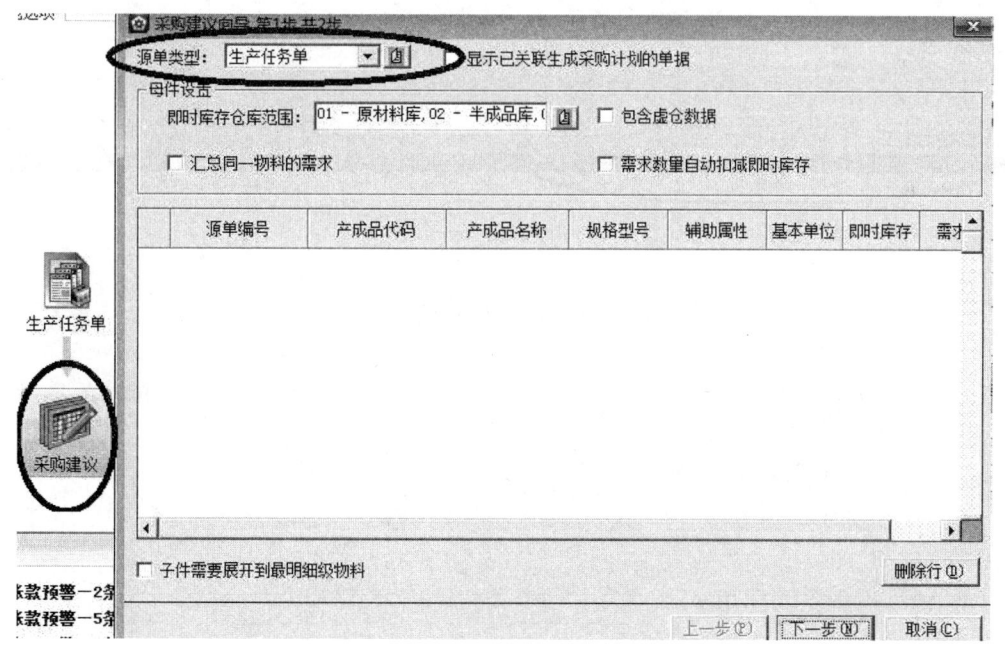

图 10-4 采购建议向导第 1 步

第二步,系统弹出"过滤"窗口,点击【确定】按钮,如图 10-5 所示。
第三步,系统进入"生产任务单序时簿"窗口,选择并双击任意一行,如图 10-6 所示。
第四步,系统回到"采购建议向导_第 1 步,共 2 步"窗口,点击【下一步】按钮,如图 10-7 所示。
第五步,系统进入"采购建议向导_第 2 步,共 2 步"窗口,选择"即时库存",点击"计算建议采购量",这时即时库存数量显示,如图 10-8 所示。

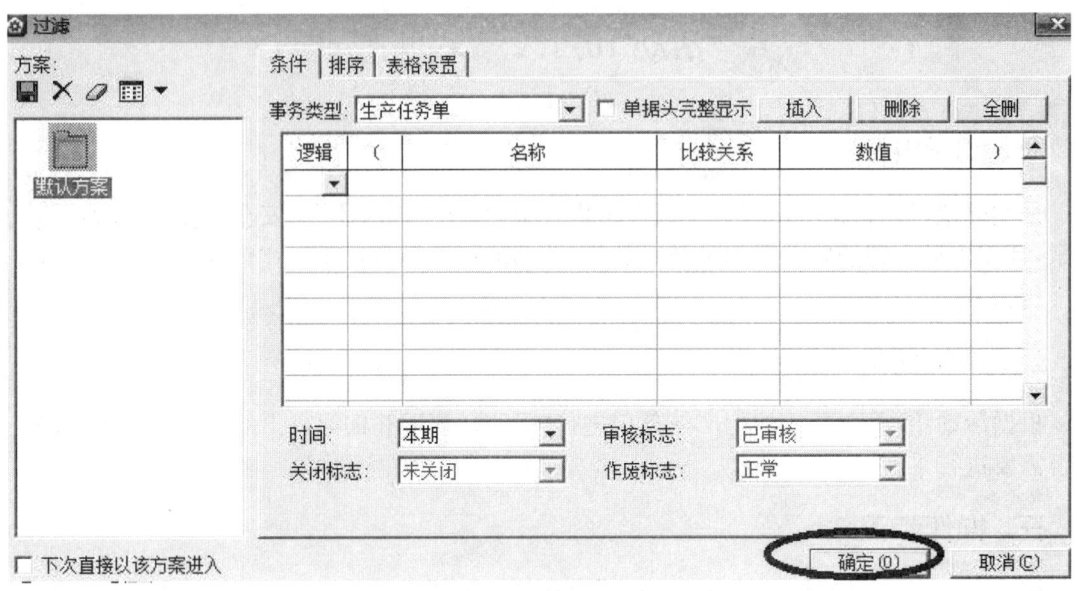

图 10-5　过滤窗口

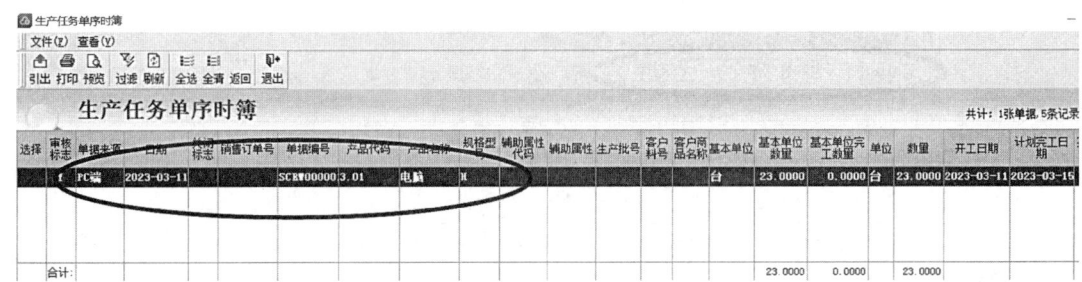

图 10-6　生产任务单序时簿

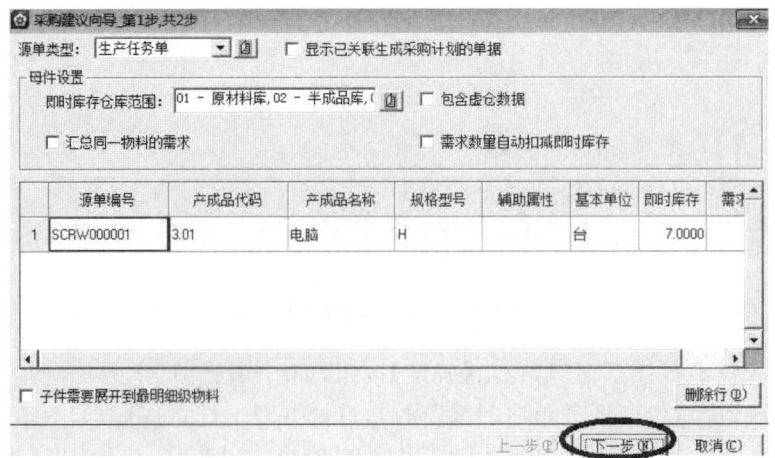

图 10-7　采购建议向导第 1 步

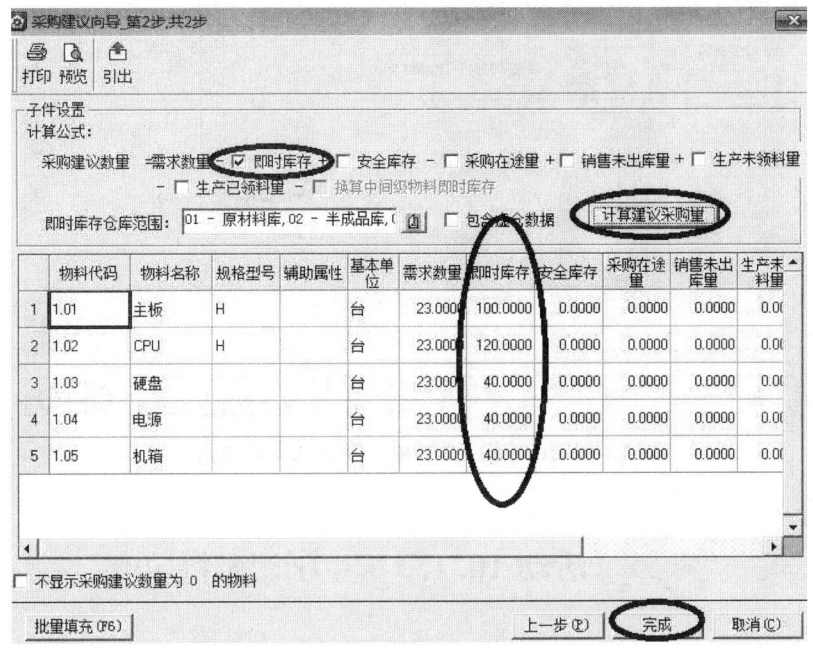

图 10-8　采购建议向导第 2 步

第六步，向右拖曳下拉框，系统显示出"采购建议向导_第 2 步，共 2 步"的新数据，建议采购量都是"0"，点击【完成】按钮，如图 10-9 所示。

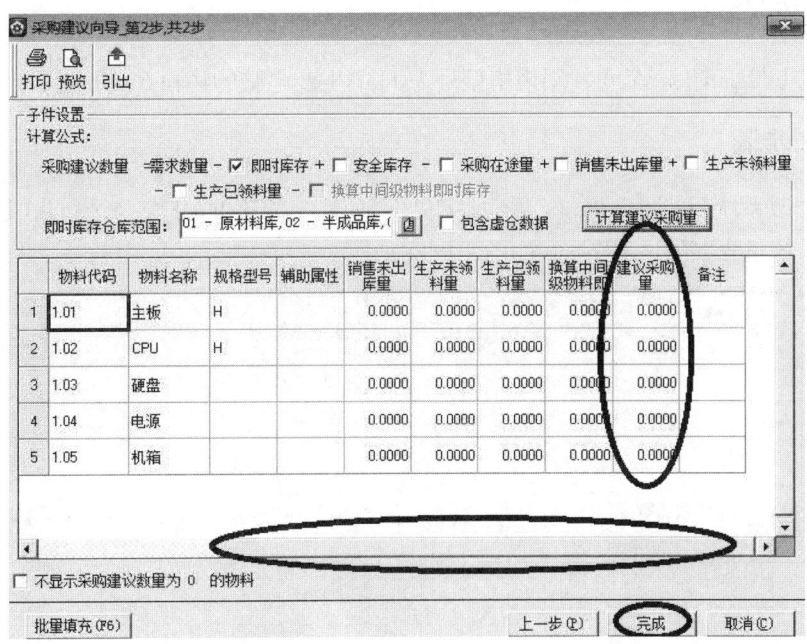

图 10-9　采购建议向导第 2 步

第七步，系统弹出建议采购量不能全部为 0 的提示，点击【确定】按钮，系统回到"采购建议向导_第 2 步，共 2 步"，点击【取消】按钮，如图 10-10 所示。

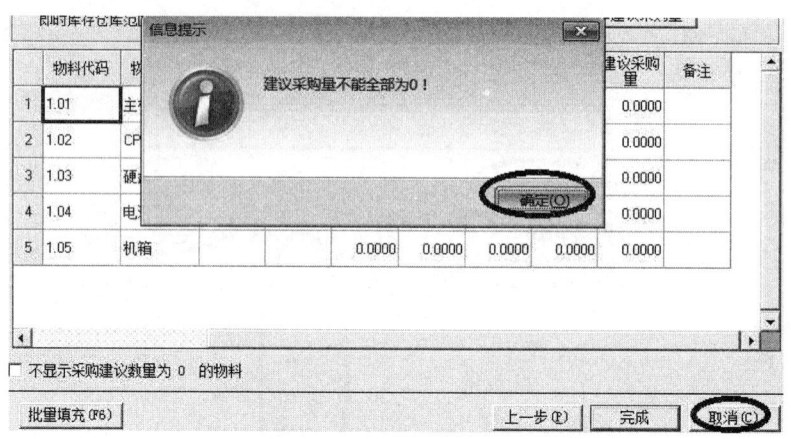

图 10-10　建议采购量不能全部为 0 提示

活动 10.1.3　生产领料单

一、知识链接

生产领料单可以在生产管理系统下的生产领料中录入或者按源单类型生成,也可以在仓存管理系统下的生产领料中操作。

二、岗位任务

2023 年 3 月 11 日,生产车间领用规格型号为 H 的生产电脑的物料 23 份,生成生产领料单。

三、操作步骤

第一步,修改系统日期为"2023 年 3 月 11 日",使用"雷娟"的身份登录,点击【生产管理】→【生产领料】,系统进入"领料单"界面,如图 10-11 所示。

图 10-11　领料单

第二步,双击领料部门右边的"🔍"图标,系统弹出"核算项目-部门"窗口,选择并双击"生产部",如图10-12所示。

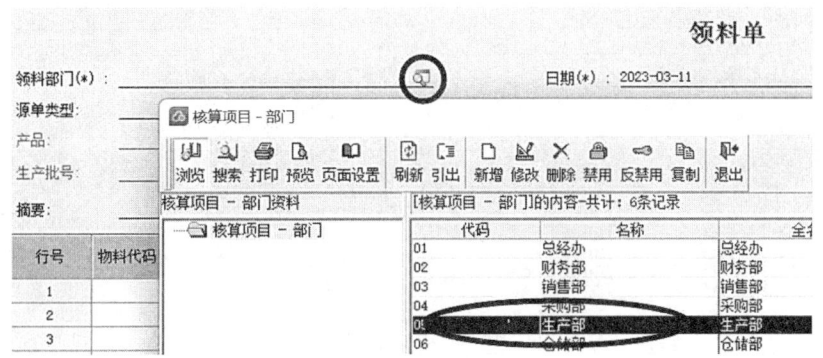

图10-12　选择部门

第三步,选择源单类型"生产任务单",双击选单号右边的"🔍"图标,系统弹出"过滤"窗口,点击【确定】按钮,如图10-13所示,系统进入"生产任务单序时簿",点击【全选】→【返回】,如图10-14所示。

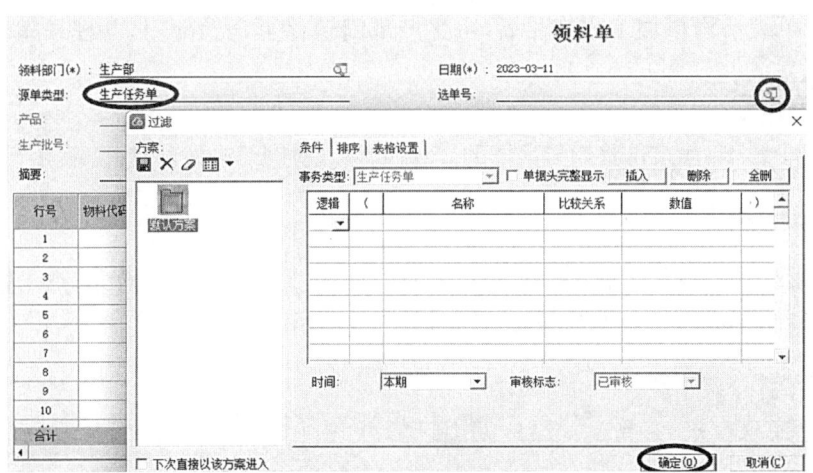

图10-13　选择源单

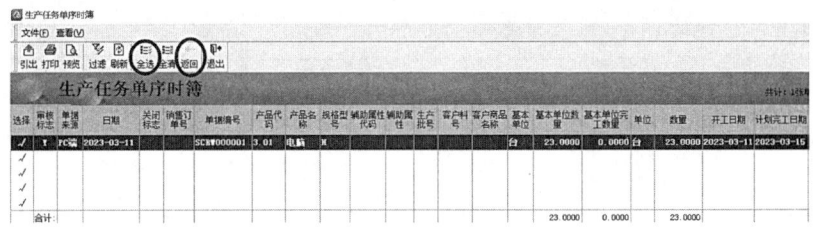

图10-14　生产任务单序时簿

第四步,系统回到"领料单"界面,系统自动显示五个物料代码信息,点击【保存】→【审核】,如图10-15所示,系统弹出审核成功提示。

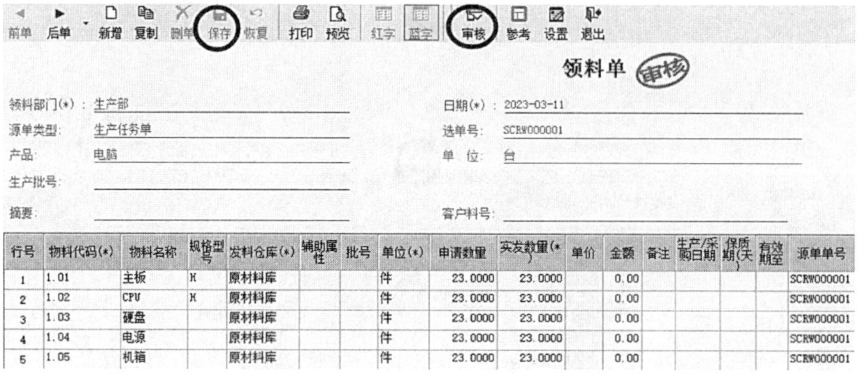

行号	物料代码(*)	物料名称	规格型号	发料仓库(*)	辅助属性	批号	单位(*)	申请数量	实发数量(*)	单价	金额	备注	生产/采购日期	保质期(天)	有效期至	源单单号
1	1.01	主板	H	原材料库			件	23.0000	23.0000		0.00					SCRW000001
2	1.02	CPU	H	原材料库			件	23.0000	23.0000		0.00					SCRW000001
3	1.03	硬盘		原材料库			件	23.0000	23.0000		0.00					SCRW000001
4	1.04	电源		原材料库			件	23.0000	23.0000		0.00					SCRW000001
5	1.05	机箱		原材料库			件	23.0000	23.0000		0.00					SCRW000001

图 10-15　领料单

活动 10.1.4　产品入库单

一、知识链接

产品入库单表示物料加工成产品后，由生产部门转存至仓储部门，办理入库手续的单据。

二、岗位任务

2023 年 3 月 15 日，生产部将组装完毕的 23 台电脑(型号 H)送回仓储部，录入产品入库单。

三、操作步骤

第一步，修改系统日期为“2023 年 3 月 15 日”，使用“雷娟”的身份登录，点击【生产管理】→【产品入库】，系统进入“产品入库单”界面，如图 10-16 所示。

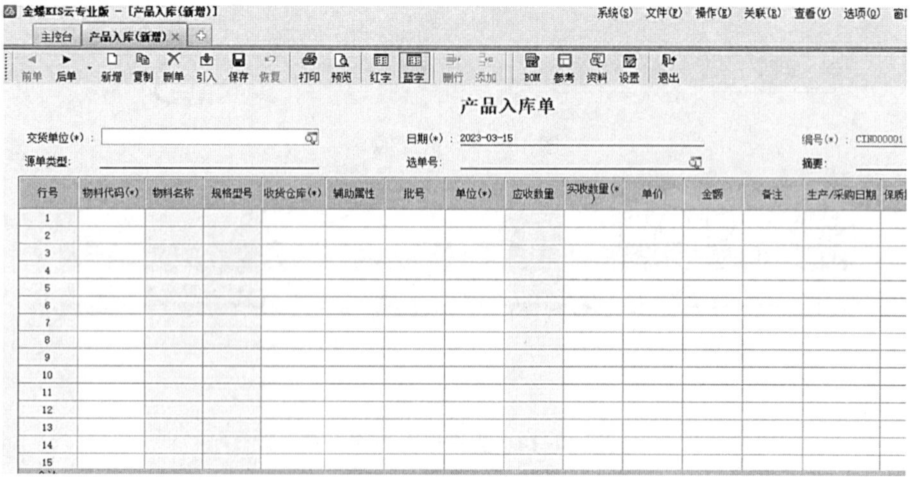

图 10-16　产成品入库单

第二步，双击交货单位右边的"🔍"图标，系统进入"核算项目-部门"窗口，选择并双击"生产部"，如图10-17所示。

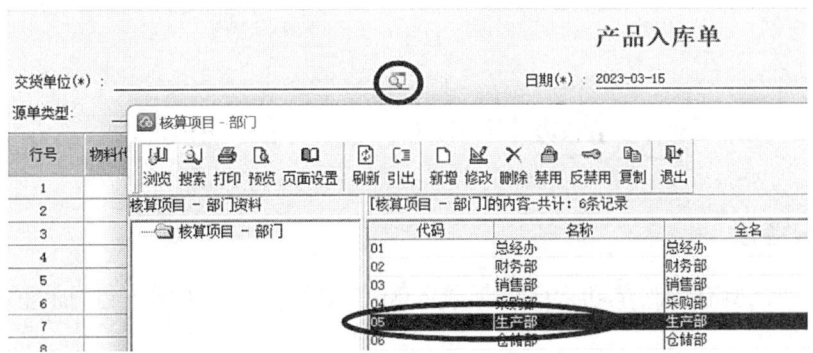

图 10-17　选择部门

第三步，选择源单类型为"生产任务单"，双击选单号右边的"🔍"图标，系统弹出"过滤"窗口，点击【确定】按钮，如图10-18所示，系统进入"生产任务单序时簿"，选择并双击单据编号为"SCRW000001"的行次，如图10-14所示。

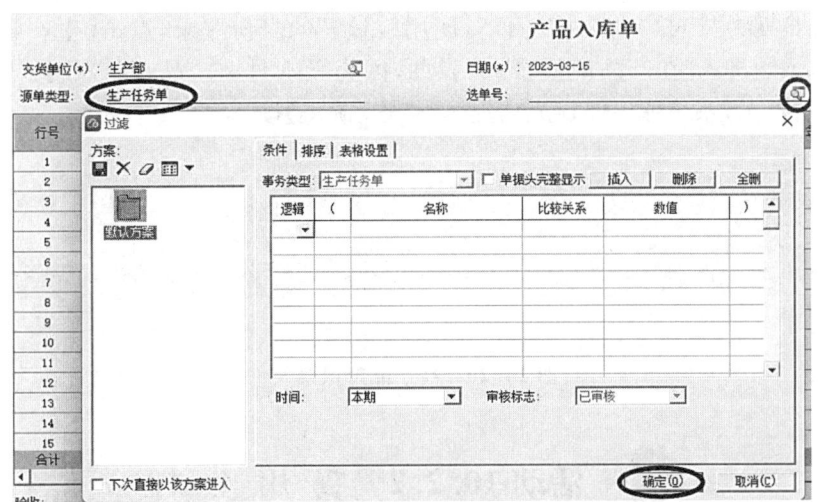

图 10-18　选择源单

第四步，系统回到"产品入库单"界面，点击收货仓库下方对应的第一行，输入"03"，系统自动显示"成品库"，点击【保存】→【审核】，如图10-19所示。

图 10-19　产品入库单

任务 10.2　入库成本核算

活动 10.2.1　在产品产量录入

一、知识链接

此功能必须在所有领料单和入库单都录入和审核完毕之后才能进行，而且要在生产成本核算前进行。

二、岗位任务

月末录入本月在产品产量。

三、操作步骤

修改系统日期为“2023 年 3 月 31 日”，使用“吕增”的身份登录，点击【生产管理】→【在产品产量录入】，系统进入“在产品产量录入”界面，因为无本月在产品，所以直接点击【保存】按钮，如图 10-20 所示，系统弹出保存成功提示，点击【确定】按钮。

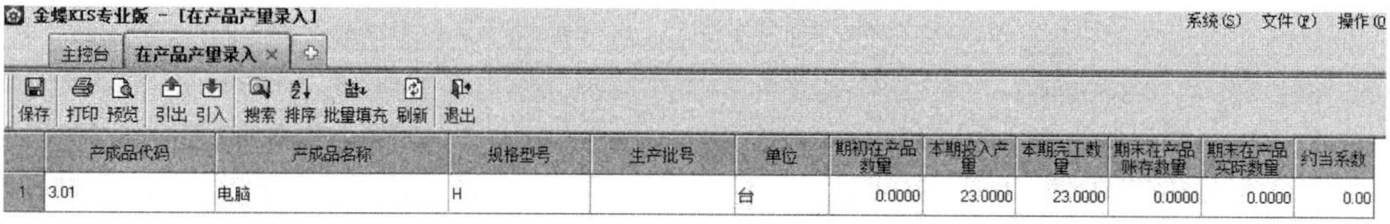

	产成品代码	产成品名称	规格型号	生产批号	单位	期初在产品数量	本期投入产量	本期完工数量	期末在产品账存数量	期末在产品实际数量	约当系数
1	3.01	电脑	H		台	0.0000	23.0000	23.0000	0.0000	0.0000	0.00

图 10-20　在产品产量录入

活动 10.2.2　费 用 分 摊

一、知识链接

费用分摊单需先录入直接人工、辅助材料和制造费用的数据，然后选择分摊方式分摊，直接材料通过生产领料单核算。

二、岗位任务

月末分配相应的费用至入库的产品，其中生产工人工资 3 900 元，水电费 50 元，其他费用 3 450 元，录入费用分摊单。

三、操作步骤

第一步,修改系统日期为"2023 年 3 月 31 日",使用"吕增"的身份登录,点击【生产管理】→【费用分摊】,系统进入"费用分摊单"界面,选择分摊方式为"按产品数量",如图 10-21 所示。

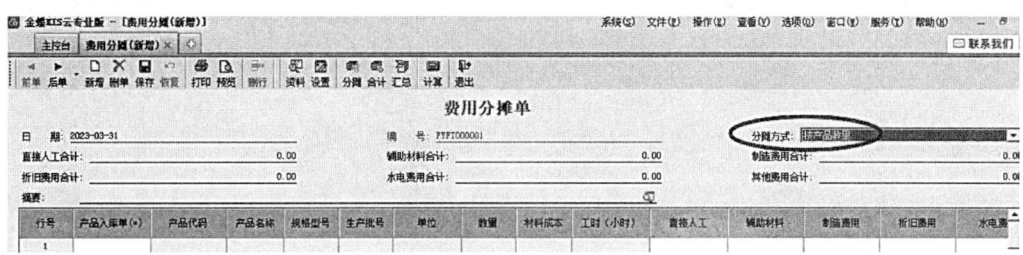

图 10-21　费用分摊单

第二步,点击产品入库单下方对应的第一行,点击【资料】按钮,系统弹出"过滤"窗口,点击【确定】按钮,如图 10-22 所示。

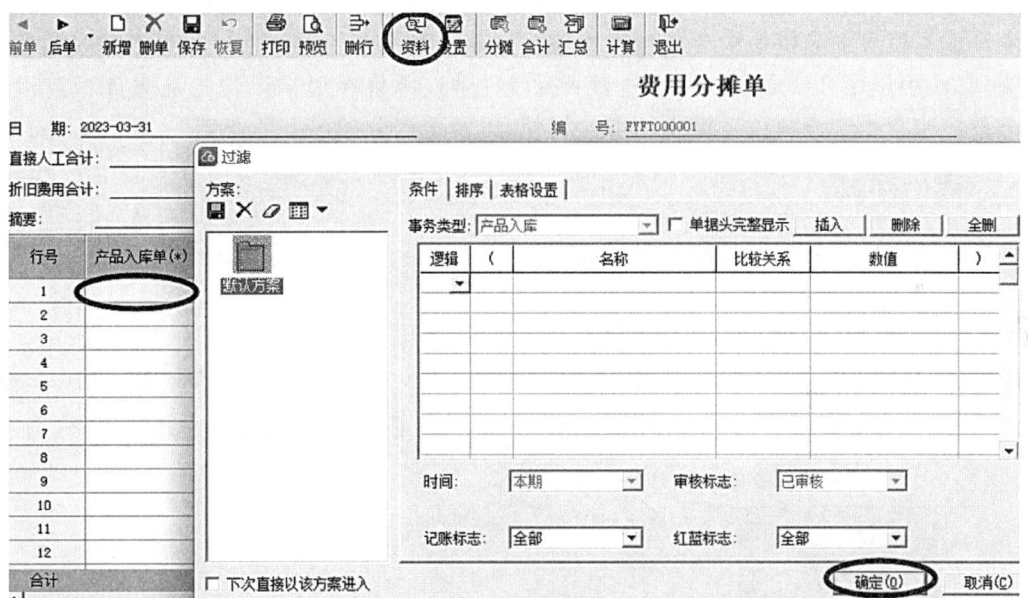

图 10-22　过滤窗口

第三步,系统进入"产品入库序时簿"窗口,点击【全选】→【返回】,如图 10-23 所示。

图 10-23　产品入库序时簿

第四步，系统回到"费用分摊单"界面，在表头输入直接人工"3 900"，其他费用"3 450"，输入水电费"50"，点击【分摊】按钮，系统自动将数据分配到表体，点击【保存】→【审核】，如图10-24所示。

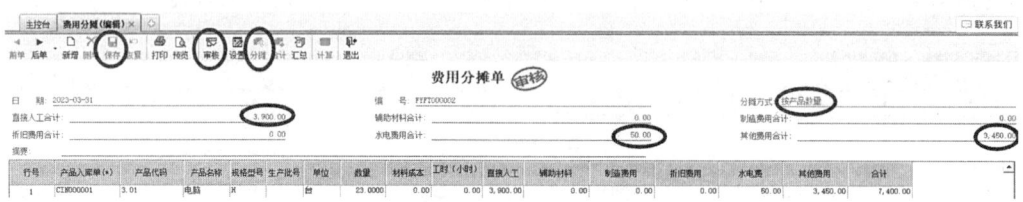

图10-24　费用分摊单

活动10.2.3　生产成本核算

一、知识链接

生产成本核算的前提是所有类型入库单已经录入和审核完毕、采购入库单和采购发票已经钩稽，其作用是核算产成品入库单上产品的单价（该单价在最初操作产品入库单时没有录入），该单价包含生产领料单计算出的直接材料，以及费用分摊单上的费用。

二、岗位任务

核算本期入库的电脑（型号H）的单位成本。

三、操作步骤

第一步，修改系统日期为"2023年3月31日"，使用"吕增"的身份登录，点击【生产管理】→【生产成本核算】，系统进入"结转存货成本"窗口，点击【查看报告】按钮，如图10-25所示。

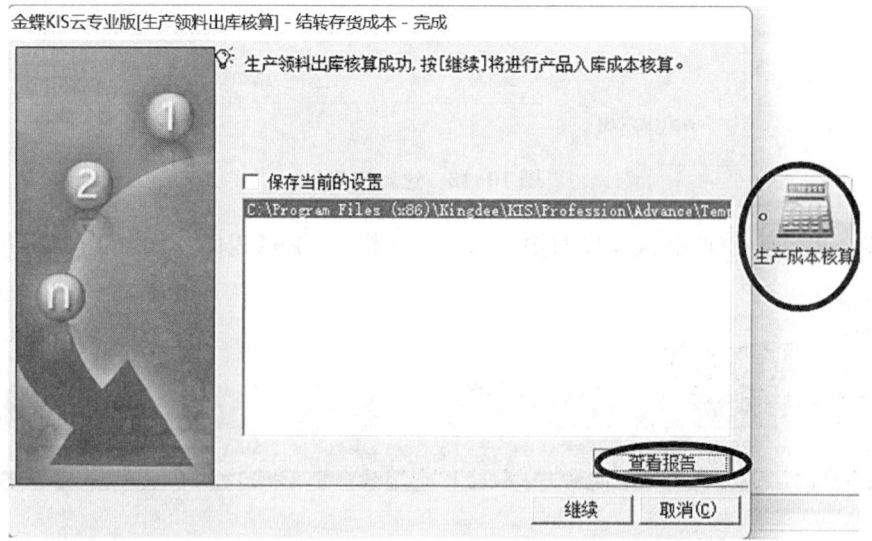

图10-25　结转存货成本

第二步，系统转进入"结转存货成本报告"网页，查看生产领料成本计算过程，状态栏全部显示结转成功后，关闭网页，如图10-26所示。

会计期间:2023年 第3期
结转物料数: 5

物料名称	仓库（组）	状态	附件
主板(1.01)	总仓	结转成功	成本计算表
CPU(1.02)	总仓	结转成功	成本计算表
硬盘(1.03)	总仓	结转成功	成本计算表
电源(1.04)	总仓	结转成功	成本计算表
机箱(1.05)	总仓	结转成功	成本计算表

开始时间: 12:21:56　　　　结束时间: 12:21:56　　　　耗费时间: 0.070 秒

图 10-26　结转成本报告

 随堂思考

如果系统没有显示结转成功提示，应该怎么操作？

提示：可以先点击相应的物料"成本计算表"，查看其成本情况，再考虑出问题的环节。状态栏必须全部显示"结转成功"，才可以进入下一步操作。

第三步，点击【继续】按钮，系统提示核算完毕，点击【完成】按钮，如图10-27所示。

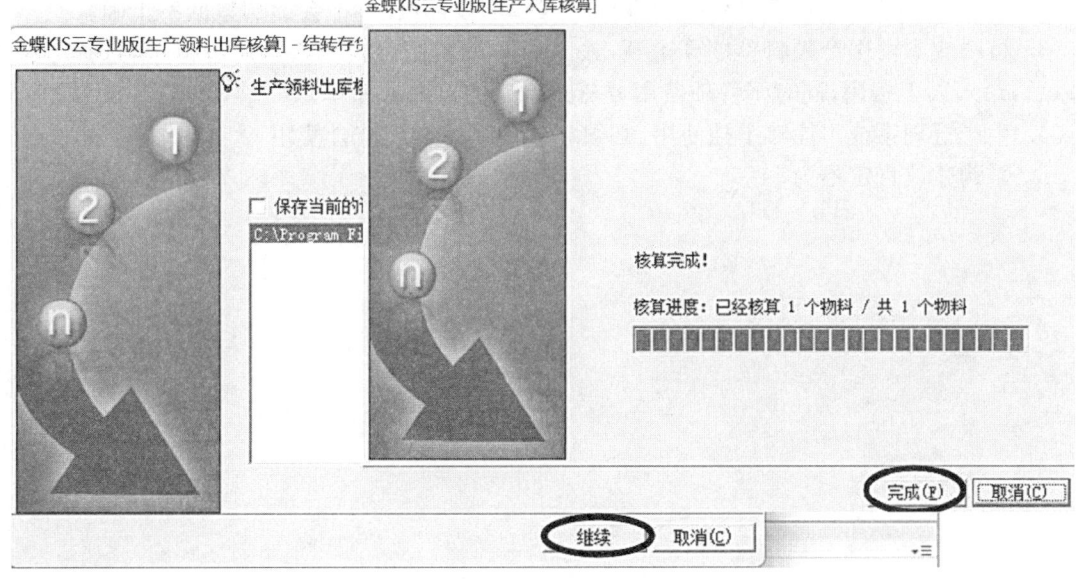

图 10-27　核算完成

模 块 测 试

一、单项选择题

1. 下列各项中,不属于生产账簿报表的是( )。
   A. 产品成本明细表　　　　　　　　B. 生产任务执行情况明细表
   C. 生产任务领料差异分析表　　　　D. 安全库存预警分析表
2. 仓存管理不接受生产管理系统的( )。
   A. 生产领料单　　B. 产品入库单　　C. 生产任务单　　D. A 和 B

二、多项选择题

1. 在采购向导建议中,采购建议数量的计算公式包含的内容有( )。
   A. 即时库存　　B. 安全库存　　C. 采购在途量　　D. 销售未出库量
2. 生产任务超期预警表包含的内容有( )。
   A. 完工数量　　B. 未完工数量　　C. 完工百分比　　D. 生产任务单号
3. 采购建议可以根据( )计算。
   A. 销售发票　　B. 生产任务单　　C. 销售订单　　D. 销售出库单

三、判断题

1. 下达生产任务单时,如果生产物料已经建立 BOM 档案,系统会自动根据 BOM 档案展开计算所有的物料和数量,提高生产领料配套的准确性。( )
2. 在产品产量录入在月末结账前进行录入和审核都可以,不会影响数据不正确。( )
3. 材料成本由生产领料单核算得到,人工成本和费用需要录入费用分摊单,选择分摊方式以后,录入人工费用,同时将各项费用分摊到选定的产品入库单。( )
4. 生产管理系统不能够单独使用,必须和其他系统一起结合使用。( )
5. 采购建议肯定不为零。( )

模块 11

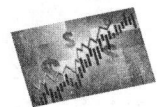

仓 存 管 理

【考核目标】
1. 认知其他入库和其他出库功能。
2. 认知盘点功能,以及盘盈入库和盘亏损毁功能。
3. 认知仓存管理和其他业务系统的功能。

【实践目标】
1. 掌握其他入库和其他出库的操作。
2. 掌握盘点的操作,以及盘盈入库和盘亏损毁的操作。

【思政目标】
1. 培养学生细致、谨慎、有条不紊的财经专业素质。
2. 引导学生树立创新意识。
3. 宣扬我国优质企业的创新精神,提升学生民族自信心。

【知识点思维导图】

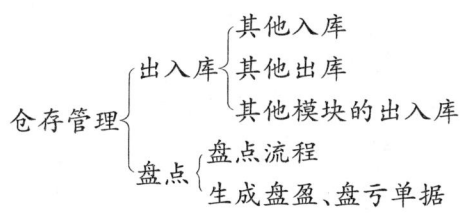

 思政案例

青岛啤酒是从 1998 年起开始推行"新鲜度管理"的。新鲜度管理说白了就是企业的物流管理。青岛啤酒是如何成功进行这场仓储管理的呢?

按照旧有的业务流程,产成品出厂后先进周转库,再发至港、站,然后分公司仓库,之后才转运给消费者。由于物流渠道不畅,不但增加了运费,加大了库存,也占用了资金,提高了管理成本,新鲜度管理很难落到实处。另外,各区域销售分公司在开拓市场的同时还要管理运输和仓库,往往顾此失彼。所以,青岛啤酒把"新鲜度管理""市场网络建设"等纳入了信息化建设范畴。青岛啤酒认为,由于不能及时为公司决策层提供准确的销售、库存信息,信息不畅是制约消费者喝到很新鲜啤酒的严重障碍。

2000 年,青岛啤酒决定利用先进的信息化手段再造青岛啤酒的销售网络,组建青岛啤酒销售物流管理信息系统。建立起销售公司与各销售分公司的物流、资金流、信息流合理、顺畅的物流管理信息系统。这个系统对企业的发货方式、仓储管理、运输环节进行了全面改造,实现销售体系内部开放化、扁平化的物流管理体系。

2001年2月,青岛啤酒与ORACAL正式开始合作,通过引入ERP系统实施企业信息化战略。青岛啤酒规划"借助于ERP系统这个现代管理平台,将所有的啤酒厂、数以百计的销售公司、数以万计的销售点,集成在一起。对每一点、每一笔业务的运行过程,实施全方位监控,对每一个阶段的经营结果实施全过程的审计,加快资金周转速度,提高整个集团的通透性,实现资源的优化配置。"在金志国看来,"做ERP,青岛啤酒绝对不是赶时髦,我们需要用新技术改造青岛啤酒传统业态的管理体制和动作方式。"金志国说,"后面我们的任务更重,首先要建立畅通的渠道,当然这需要进一步的变革,还要制定各种规章制度,建立综合信息库,采用先进的数理统计方法对收集的信息进行分析处理,并应用到经营决策、资源配置、纠正预防和持续改进过程中去。"

对青岛啤酒而言,所谓流程再造就是为了建立现代物流系统,而从根本上对企业流程进行重新设计。据介绍,青岛啤酒集团筹建了技术中心,将物流、信息流、资金流全面统一在计算机网络的智能化管理之下,简化业务运行程序,对运输仓储过程中的各个环节进行了重新整合、优化,以减少运输周转次数,压缩库存、缩短产品仓储和周转时间等。譬如,根据客户订单,产品从生产厂直接运往港、站,省内订货从生产厂直接运到客户仓库。仅此一项,每箱的成本就下降了0.5元。同时对仓储的存量作了科学的界定,并规定了上限和下限,上限为1.2万吨。低于下限发出要货指令,高于上限再安排生产,这样使仓储成为生产调度的"平衡器",有效改变了淡季库存积压、旺季市场断档的尴尬局面,满足了市场对新鲜度的需求。

另外,销售部门要根据各地销售网络的要货计划和市场预测,制定销售计划;仓储部门根据销售计划和库存及时向生产企业传递要货信息;生产厂有针对性地组织生产,物流公司则及时地调动动力,确保交货质量和交货期。同时销售代理商在有了稳定的货源供应后,可以从人、财、物等方面进一步降低销售成本,增加效益。

资料来源:https://www.34yc.cn/news/zuixin/1186.html。

问题:通过对案例分析与讨论,从中得到何种启示?结合仓存管理系统中对各类出入库的处理操作,分析企业应具备怎么样的创新精神?

任务11.1 出 入 库

活动11.1.1 其 他 入 库

一、知识链接

其他入库表示非生产、非销售和非经盘点形成的入库,如样品入库、赠品入库等。

二、岗位任务

2023年3月20日,收到玉林科技赠送的主板(规格型号为G)和CPU(规格型号为G)各1件,录入其他入库单。

三、操作步骤

修改系统日期为"2023年3月20日",使用"雷娟"的身份登录,点击【仓存管理】→【其他入库】,系统进入"其他入库单"界面,参考模块9采购入库单的录入,录入完毕,如图11-1所示。

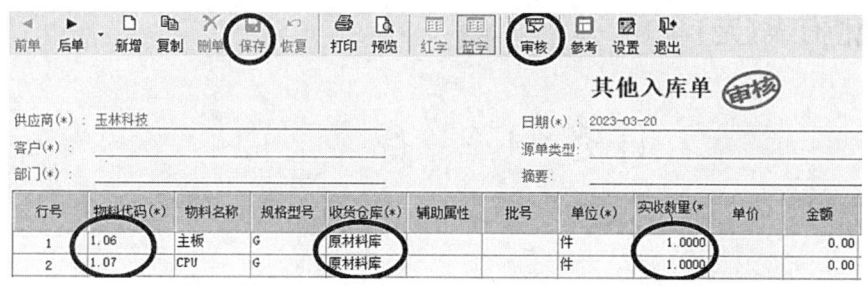

图11-1 其他入库单

活动11.1.2 其他出库

一、知识链接

其他出库表示非生产、非销售和非经盘点形成的出库,如样品出库、赠品出库和发放员工福利等。

二、岗位任务

2023年3月20日,赠送给北海科技电脑(型号H)1台,并作为样品,录入其他出库单。

三、操作步骤

修改系统日期为"2023年3月20日",使用"雷娟"的身份登录,点击【仓存管理】→【其他出库】,系统进入"其他出库单"界面,参考活动11.1.1录入,如图11-2所示。

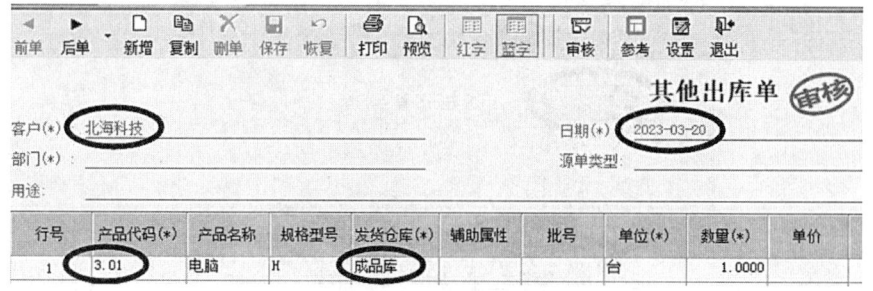

图11-2 其他出库单

活动 11.1.3　其他模块的出入库

一、知识链接

采购入库单的操作参考采购管理中的"采购入库",产品入库单的操作参考生产管理中的"产品入库",销售出库单的操作参考销售管理中的"销售出库",生产领料单的操作参考生产管理中的"生产领料",在此不赘述。

二、岗位任务(无)

任务 11.2　盘　　点

活动 11.2.1　盘 点 流 程

一、知识链接

盘点表示企业定期或者不定期地对物料进行清查。

二、岗位任务

2023 年 3 月 31 日,盘点原材料库,盘盈电源 1 件,盘亏硬盘 1 件。

三、操作步骤

第一步,修改系统日期为"2023 年 3 月 31 日",使用"雷娟"的身份登录,点击【仓存管理】→【盘点】,系统弹出"盘点方式选择"窗口,点击【盘点方案】按钮,如图 11-3 所示。

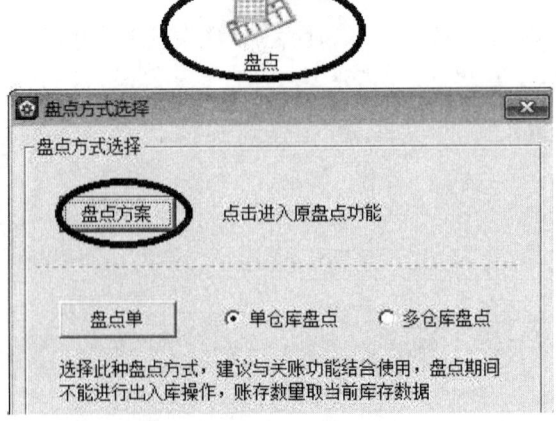

图 11-3　盘点方式选择

第二步,系统进入"盘点方案"窗口,点击【新建】按钮,选择"原材料库"和"截止日期",点击【下一步】按钮,如图 11-4 所示。

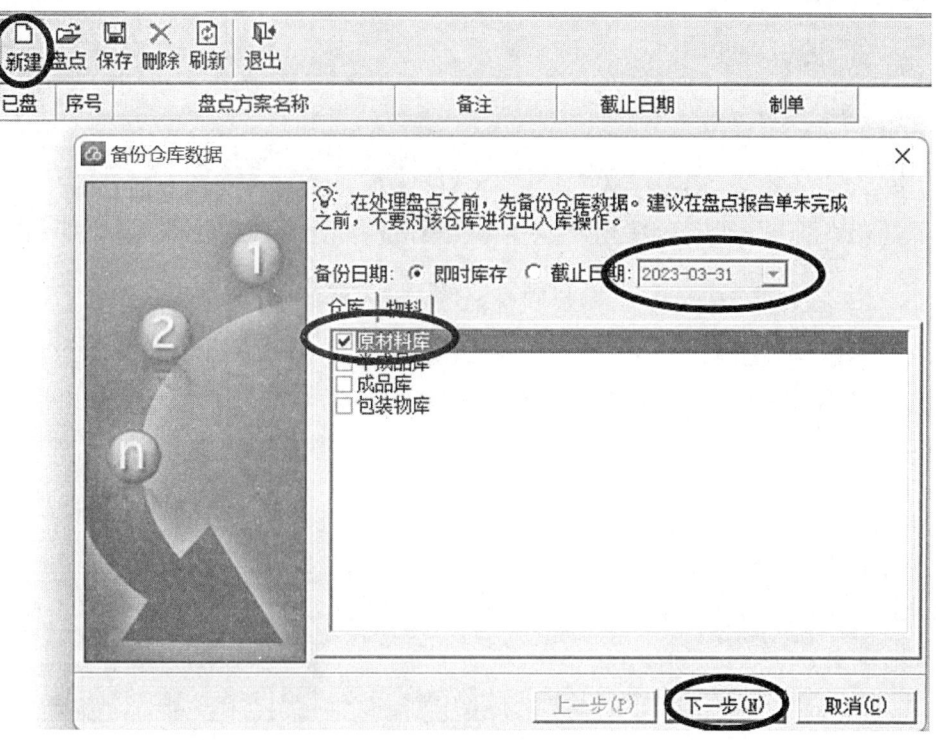

图 11-4 盘点方案

第三步,系统弹出"仓存备份已经完成提示",点击【完成】按钮,如图 11-5 所示。

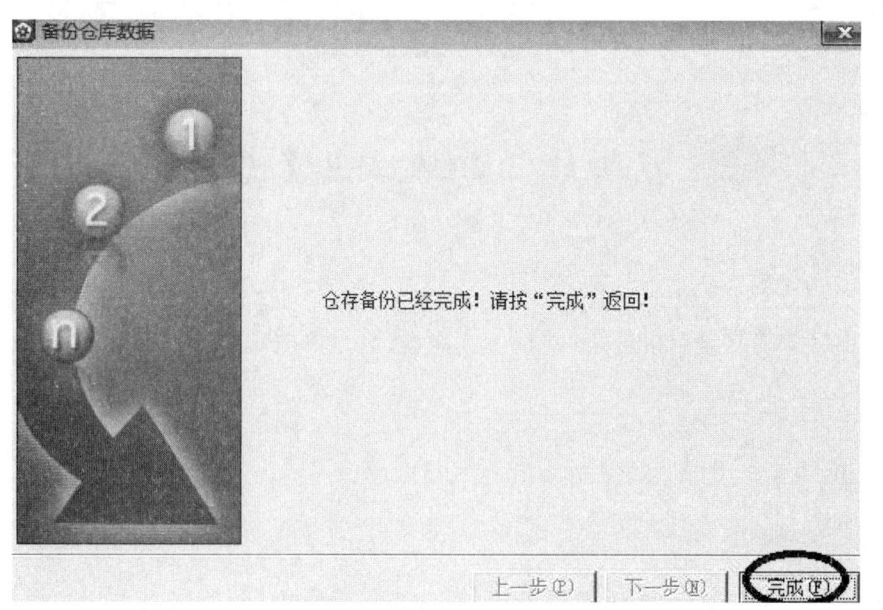

图 11-5 仓库备份完成

第四步,系统回到"盘点方案"界面,点击【盘点】按钮,如图 11-6 所示。

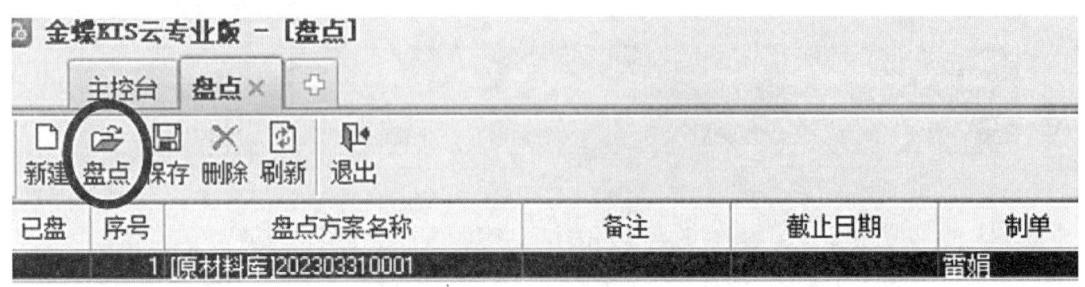

图 11-6　原材料盘点方案

第五步,系统进入"物料盘点表"窗口,将物料名称为"电源"的基本单位实存数量改为"18",将物料名称为"硬盘"的基本单位实存数量改为"16",点击【编制】按钮,如图 11-7 所示(该操作步骤承接活动 11.2.2 的操作步骤)。

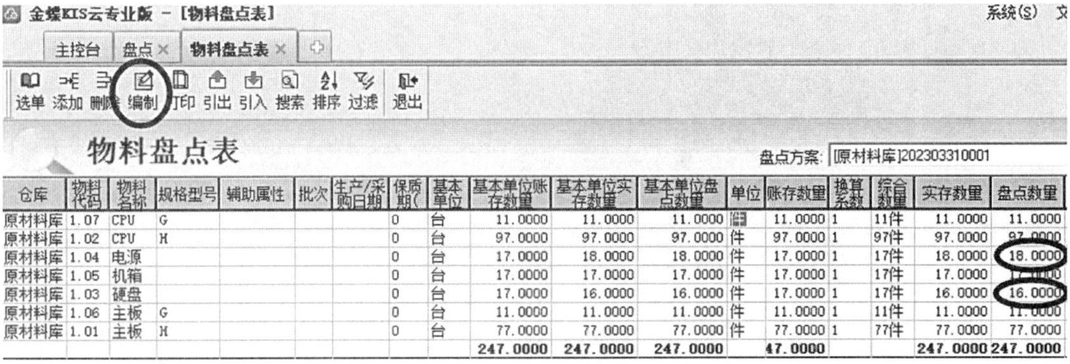

图 11-7　物料盘点单

活动 11.2.2　生成盘盈、盘亏单据

一、知识链接

盘点结束后需编制盘点报告表,并且生成盘盈、盘亏单据。

二、岗位任务

承接活动 11.2.1,生成盘盈入库单和盘亏损毁单。

三、操作步骤

第一步,承接活动 11.2.1 的操作步骤(第五步),系统进入"物料盘点报告单"界面,点击【盘盈】按钮,如图 11-8 所示。

图 11-8　物料盘点报告单

第二步,系统弹出成功生成盘盈单提示,点击【确定】按钮,系统进入"盘盈入库单"界面,点击【保存】→【审核】,系统弹出审核成功提示,点击【退出】按钮,如图 11-9 所示。

图 11-9　盘盈入库单

第三步,系统回到"物料盘点报告单"界面,点击【盘亏】按钮,系统弹出成功生成盘亏单提示,点击【确定】按钮,系统进入"盘亏损毁单"界面,点击【保存】→【审核】,系统弹出审核成功提示,点击【退出】按钮,如图 11-10 所示。

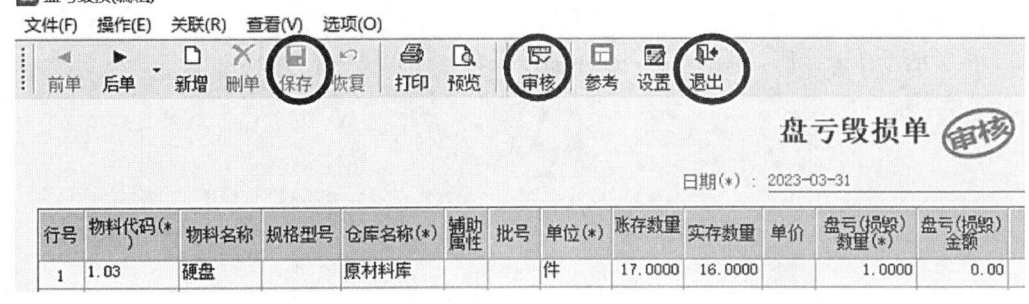

图 11-10　盘亏损毁单

模 块 测 试

参考答案

一、单项选择题

1. (　　)键可实现仓库的调入。

A. "Shift" B. "F7" C. "Ctrl" D. "F4"

2. （　　）可用于查询每一物料在所查询时间范围内的入库、出库和结存情况，所查询情况可以与"物料卡"上的流水账进行核对。

A. 库存台账 B. 安全库存预警分析表
C. 即时库存 D. 库存账龄分析表

二、多项选择题

1. 入库的方式有（　　）。
A. 采购入库 B. 产品入库 C. 盘盈入库 D. 其他入库

2. 出库的方式有（　　）。
A. 销售出库 B. 盘亏损毁 C. 生产领料 D. 其他出库

3. 盘点仓库有（　　）。
A. 原材料仓 B. 半成品仓 C. 成品仓 D. 包装物仓

4. 盘点管理窗口的功能有（　　）。
A. 新建 B. 盘点 C. 刷新 D. 删除

三、判断题

1. 其他入库是指非销售行为和非生产行为形成的入库业务，包含样品出库。（　　）

2. 在备份仓库数据中，"即时库存"是指系统当天日期的库存数据。（　　）

3. 先制作盘盈单或盘亏单，系统进行账存数据与实训数据差异比较，再编制盘点报告单。（　　）

4. 仓库管理与采购管理中的采购入库同步，同时仓存管理将收货信息和可用量反馈到采购管理系统中去。（　　）

四、业务题

1. 参考活动11.1.1，使用"蒋园"的身份登录，11月28日，新增供应商（天津威振科技）收到天津威振科技发来的样品B材料1件，在"硕通科技2022"账套中录入其他入库单。

2. 参考活动11.2.1，使用"蒋园"的身份登录，11月30日，期末盘点成品库，盘亏甲商品1件，在"硕通科技2022"账套中生成盘亏损毁单。

3. 参考活动11.2.2，使用"蒋园"的身份登录，11月30日，在"硕通科技2022"账套中生成盘亏损毁单。

模块 12

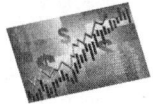

应 收 应 付

【考核目标】	1. 认知收款单、付款单和其他收款单功能。 2. 认知核销单的种类和功能。
【实践目标】	1. 掌握收款单、付款单和其他收款单的操作。 2. 掌握核销单的操作。 3. 掌握收付款单、其他收款单和核销单凭证生成的操作。 4. 掌握应收应付单据和报表查询的操作。
【思政目标】	1. 培养学生细致、谨慎、有条不紊的财经专业素质。 2. 培养学生爱国主义情怀,提升学生民族自信心。

【知识点思维导图】

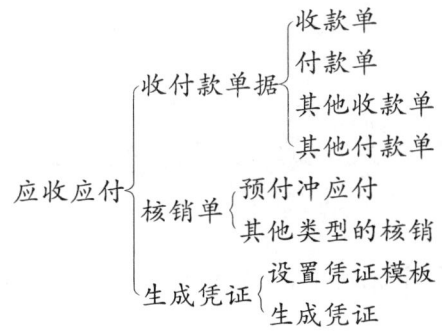

思政案例

××市××某古典家具制造厂生产的主要产品是仿古家具。该厂所生产的家具产品对原材料的要求较高,家具制造厂采购原料时必须现货付款。而销售产品后,货款回收期较长,一般为30至90天。工厂由于自有资金有限,且没有固定资产可以融资,造成资金缺乏,无力接受大的订单,在扩大经营规模时遇到阻碍。就在该企业为了融资一筹莫展的时候,一次偶然的机会,该厂管理者听说某商业银行有专门针对中小企业的信贷业务,随即与该行进行沟通。银行对该企业的融资需求和经营特点进行调查了解。了解到该企业的固定客户均为高档家具的销售公司,与该企业已有两年以上的业务往来,付款能力较强且均能按时付款,而且一般单笔订单的金额较高。通过了解,银行提出了应收账款质押融资的方案,即企业将未来销售家具产生的应收账款质押给银行作为贷款的担保。20××年10月份该企业尝试做了第一笔应收账款质押融资业务,贷款金额500万元。10月初,企业接到了一笔金额为850万元的订单,企业管理层随及与银行联系,银行对下订单的客户公司的实际情况进行了调查,认为该客户实力雄厚,该笔订单符合融资的条件。于是企业提交了基本资料、订单的详细信息以及质押融资的书面申请。之后,银行与该企业签订了融资协议和应收账款质押合同,并在中国人民银行征信中心的应收账款质押公示系统将该笔业务进行了登记。

随后银行发放了500万元贷款。该企业在获得贷款后随即开始采购原材料,并加班加点开始生产,在11月中旬生产完毕并交货,比合同约定时间提前了一个星期。12月中旬,客户将款项支付给该古典家具制造厂。企业按照贷款合同的规定,在12月底将银行贷款还清。至此,该企业首次通过应收账款质押获得贷款的尝试获得了成功,并且银行与企业之间也建立了良好的合作关系。

资料来源:https://www.sodocs.net/doc/2f14569628-2.html。

问题: 通过对案例的分析与讨论,你从中得到何种启示?结合应收应付管理系统中对收付款单据的处理操作,分析2020年至今为促进经济发展,国家给了小微企业哪些融资优惠政策?

任务 12.1 收付款单据

活动 12.1.1 收 款 单

一、知识链接

应收应付系统是处理赊销后续事项的系统,收款单有收款、预收款和收款退款三种类型。

二、岗位任务

2023年3月16日,给南宁高科电汇付款250 000元,电汇结算号为DH006,录入收款单。

三、操作步骤

第一步,修改系统日期为"2023年3月16日",使用"陈婕"的身份登录,点击【应收应付】→【收款单】,如图12-1所示。

第二步,点击"客户"右边的""图标,系统弹出客户选择的各选项,选择并双击"01南宁高科",如图12-2所示。

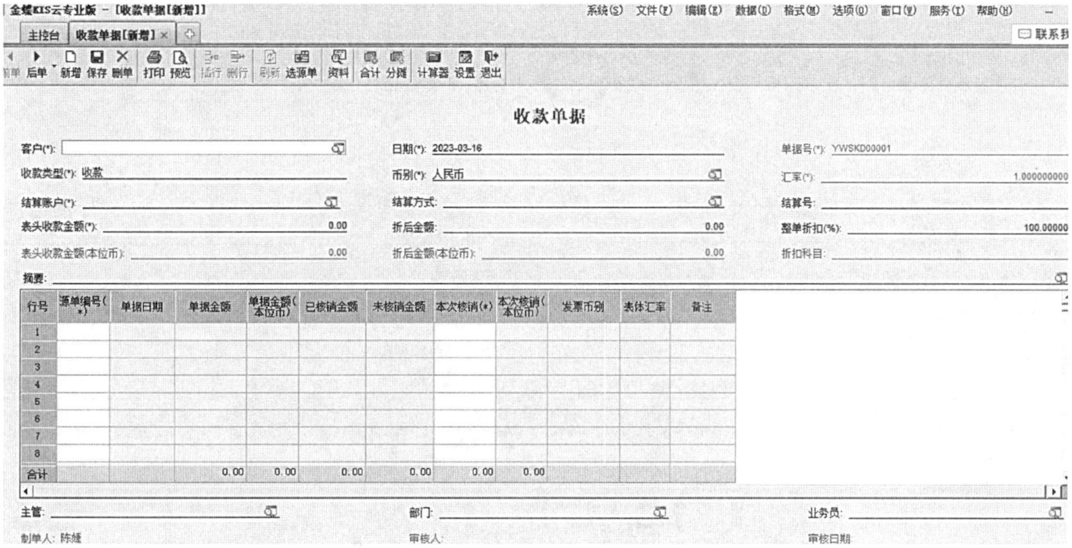

图 12-1 收款单

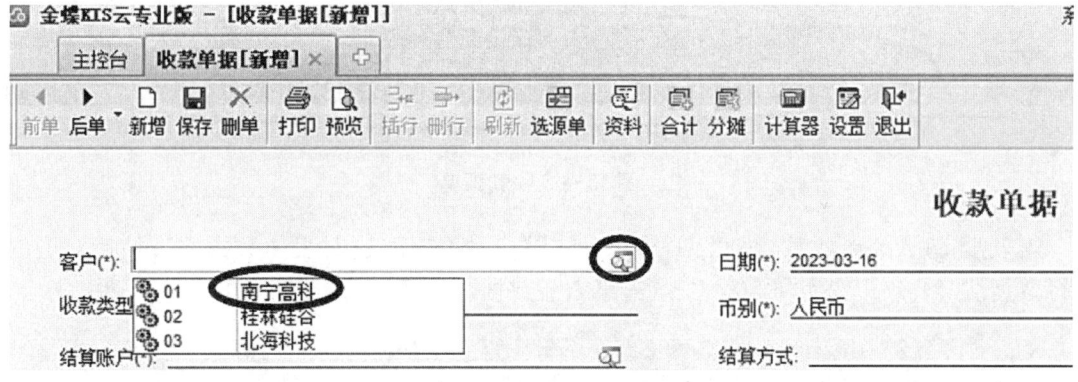

图 12-2 选择客户

第三步,将收款类型默认为"收款",点击结算账户右边的"▣"图标,系统弹出会计账户选择的各选项,选择并双击"1002.01 交行高新支行 655",结算方式选择"电汇",输入结算号"DH006",如图 12-3 所示。

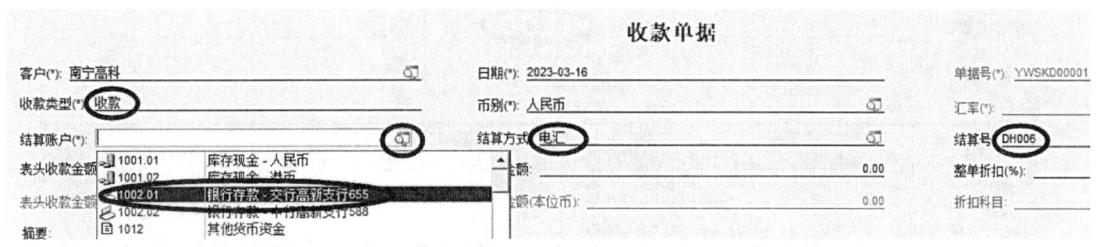

图 12-3 选择结算账户

第四步,点击"源单编号"栏下方对应的第一行,再点击【资料】按钮,按"Shift"键,选中全部三条记录,点击【返回】按钮,如图12-4所示。

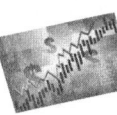

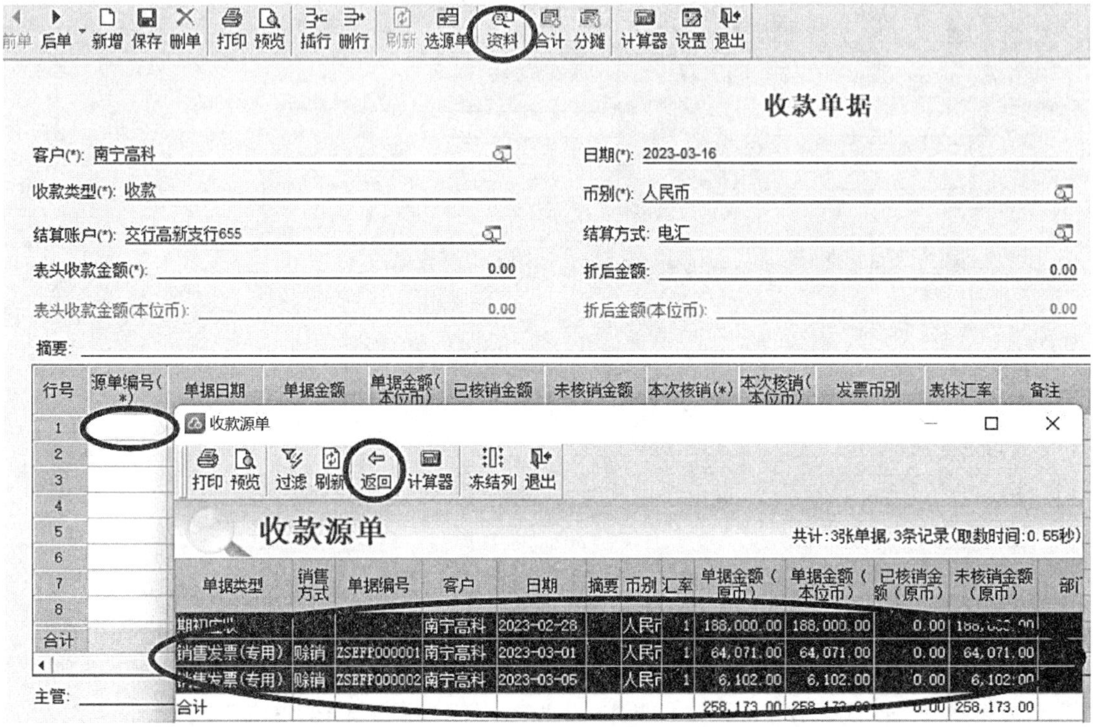

图12-4 收款源单

第五步,输入表头收款金额"250 000",点击【分摊】按钮,这时表体数据本次核销对应的第二行数据从"64 071"变为"62 000",点击第三行数据,点击【删行】按钮,如图12-5所示。

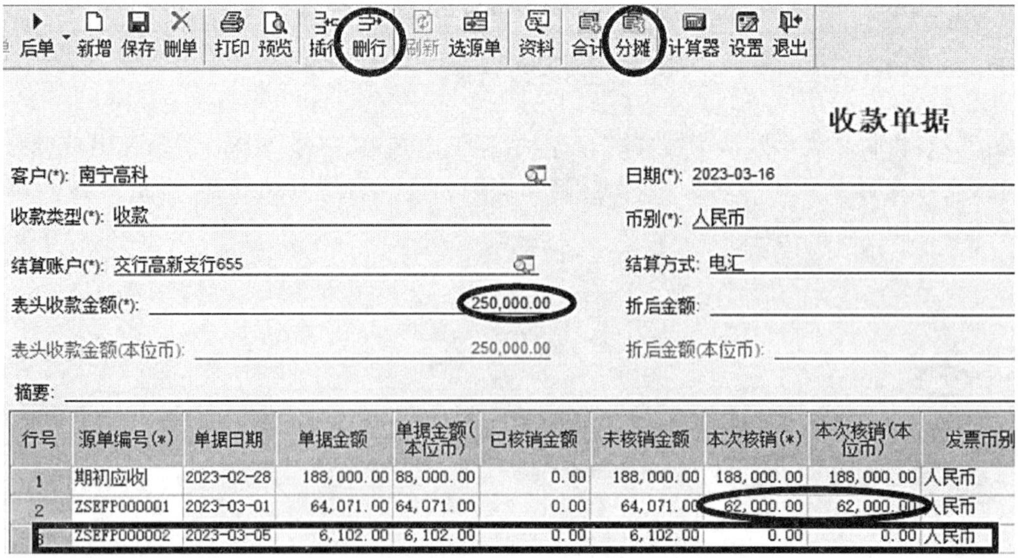

图12-5 分摊金额

第六步，点击【保存】→【审核】，如图 12-6 所示。

行号	源单编号(*)	单据日期	单据金额	单据金额(本位币)	已核销金额	未核销金额	本次核销(*)	本次核销(本位币)	发票币别	表体汇率
1	期初应收	2023-02-28	188,000.00	88,000.00	0.00	188,000.00	188,000.00	188,000.00	人民币	1.0000000000
2	ZSEFP000001	2023-03-01	64,071.00	64,071.00	0.00	64,071.00	62,000.00	62,000.00	人民币	1.0000000000

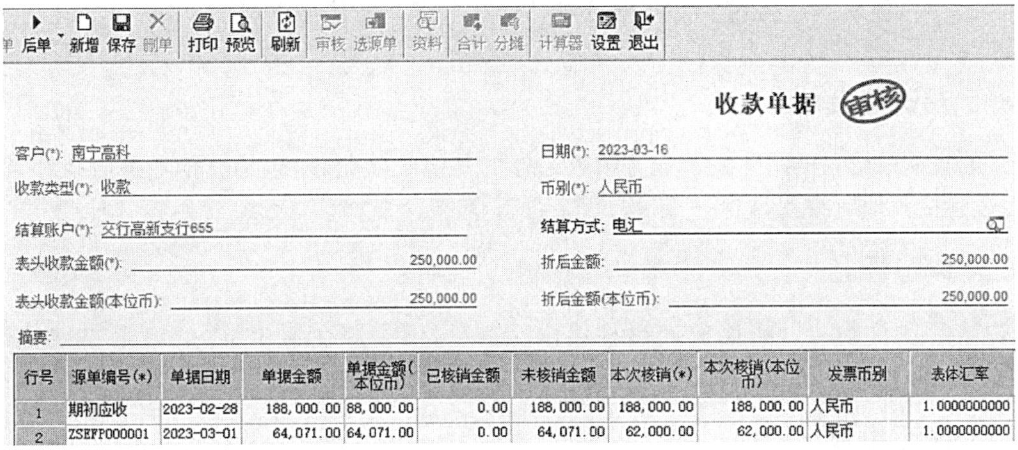

图 12-6 收款单

活动 12.1.2 付 款 单

一、知识链接

应收应付系统是处理赊购后续事项的系统，付款单有付款、预付款和付款退款三种类型。

二、岗位任务

2023 年 3 月 16 日，电汇预付玉林科技 15 000 元，结算号为 DH007，录入付款单。

三、操作步骤

参考活动 12.1.1 收款单，修改系统日期为“2023 年 3 月 16 日”，使用“陈婕”的身份登录，点击【应收应付】→【付款单】，选择供应商“02 玉林科技”，选择付款类型“预付款”，选择结算账户“交行高新支行 655”，输入表头付款金额“15 000”，点击【保存】→【审核】，如图 12-7 所示。

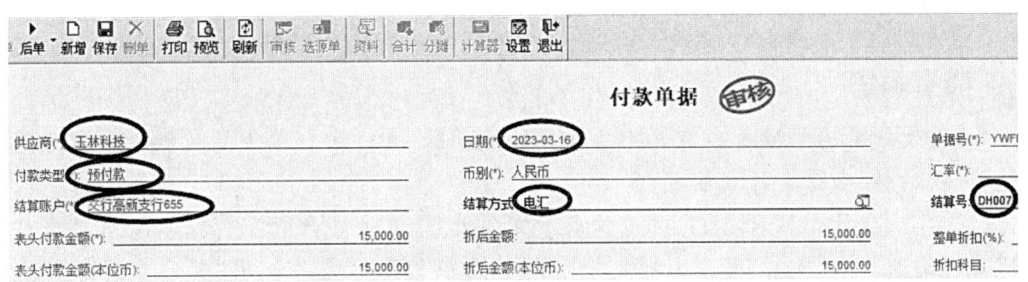

图 12-7 付款单

活动 12.1.3 其他收款单

一、知识链接

其他收款单记录的是除主营业务收入之外的其他收款业务,包括其他业务收入和营业外收入,还包括其他应收款,如各种赔款、租金收入、员工借款等。

二、岗位任务

2023 年 3 月 16 日,将比亚迪出租给南宁高科 3 天,租金是 600 元,电汇收款,结算号为 DH008。

三、操作步骤

第一步,使用"陈婕"的身份登录,点击【应收应付】→【收支类别】,系统进入"收支类别"界面,点击【收入类别】→【新增】,系统弹出"收支类别【新增】"窗口,输入代码"01",输入名称"固定资产出租收入",双击科目右边的" "图标,选择并双击"6051",点击【保存】按钮,如图 12-8 所示。

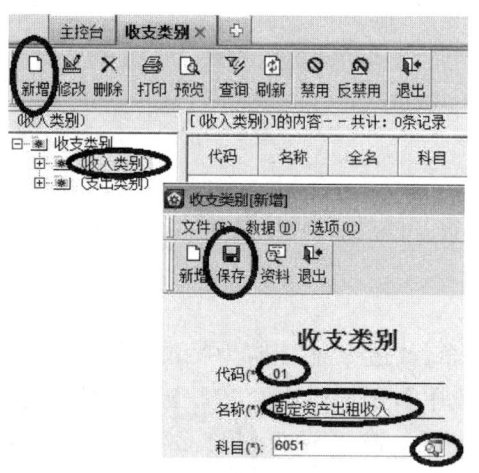

图 12-8 收支类别

> **随堂思考**
>
> 其他收款单的单据类型有其他应收和收款结算,其他付款单中的单据类型有其他应付和付款结算,两者有什么区别?
>
> 提示:从会计科目来看,其他应收表示需要使用"其他应收款"科目,收款结算需要使用"其他业务收入"或者"营业外收入"科目,其他应付表示需要使用"其他应付款"科目,付款结算需要使用"其他业务成本"或者"营业外支出"科目。

第二步,点击【其他收款单】,系统进入"其他收款单"界面,选择单据类型"收款结算",双击客户右边的" "图标,选择"01 南宁高科",双击结算账户右边的" "图标,选择"1002.01",点击"收入类别"栏下方对应的第一行,再点击【资料】按钮,系统弹出"收入类别"界面,选择并双击"01 固定资产出租收入",如图 12-9 所示。

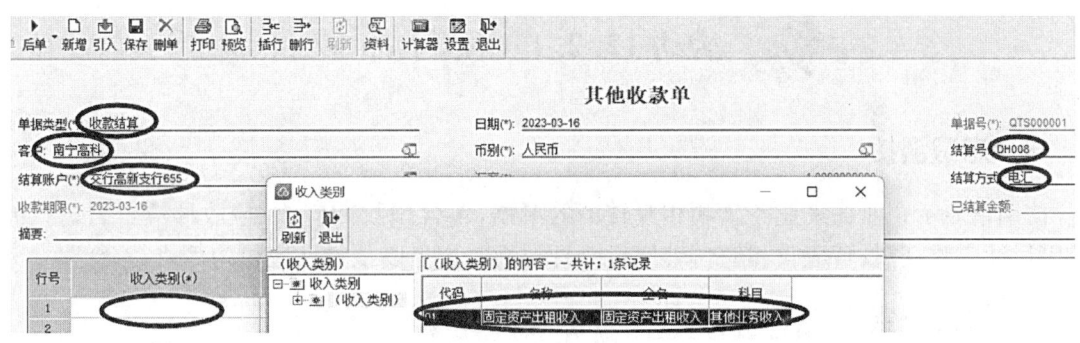

图 12-9　选择收入类别

第三步,系统回到"其他收款单"界面,输入收款金额"600",点击【保存】→【审核】,如图 12-10 所示。

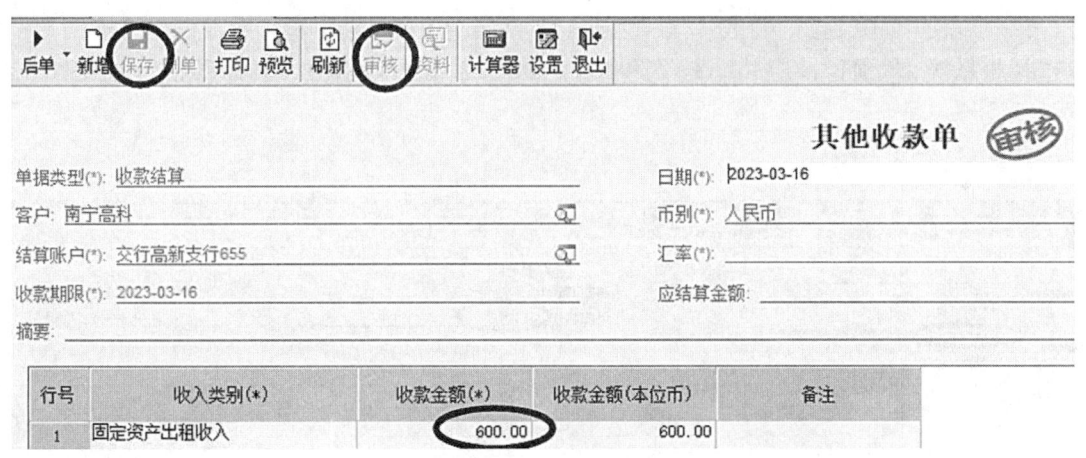

图 12-10　其他收款单

活动 12.1.4　其他付款单

一、知识链接

其他付款单是记录除主营业务支出以外的其他付款业务,如租金支出、差旅费支出等,业务操作的方法参考其他应收款。

二、岗位任务(无)

任务12.2 核 销 单

活动12.2.1 预付冲应付

一、知识链接

核销单表示企业往来业务款项相互转销的单据,包含预收冲应收、应收冲应付、预付冲应付、应付冲应收、应收转应收和应付转应付六种类型。这里以预付冲应付为例进行介绍。

二、岗位任务

2023年3月16日,将活动12.1.2付款单中预付给玉林科技的15 000元作为前期应付货款核销。

三、操作步骤

第一步,使用"陈婕"的身份登录,点击【应收应付】→【核销单】,系统进入"核销单"界面,选择核销类型"预付冲应付",输入供应商"02",系统自动弹出"玉林科技",如图12-11所示。

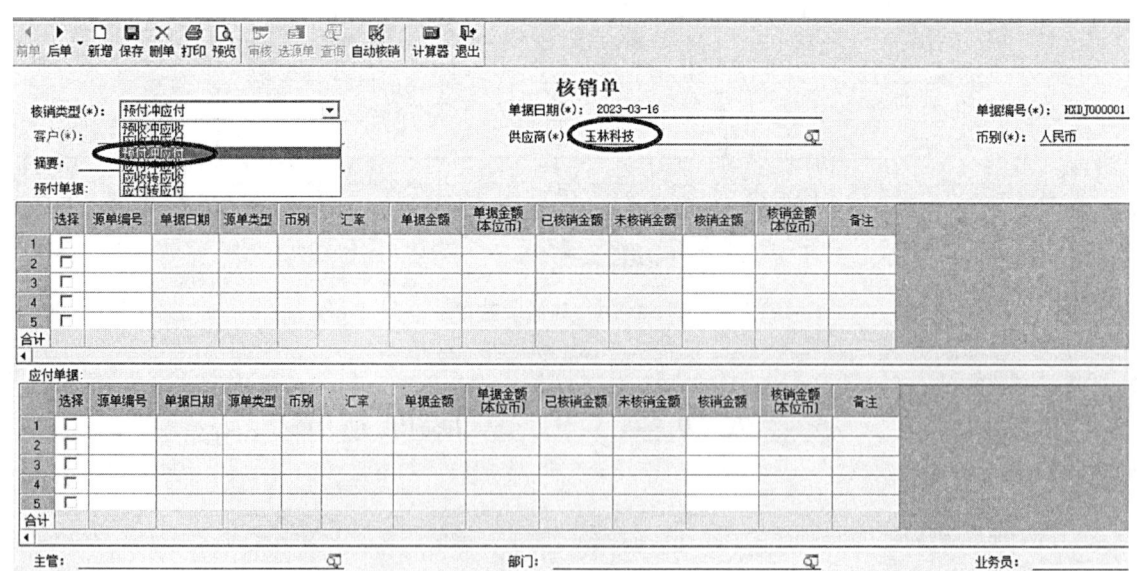

图12-11 核销单

第二步,点击预付单据表体的"源单编号"栏下方对应的第一行,再点击【选源单】按钮,系统弹出"预付源单"窗口,选择唯一的预付款单,点击【返回】按钮,如图12-12所示。

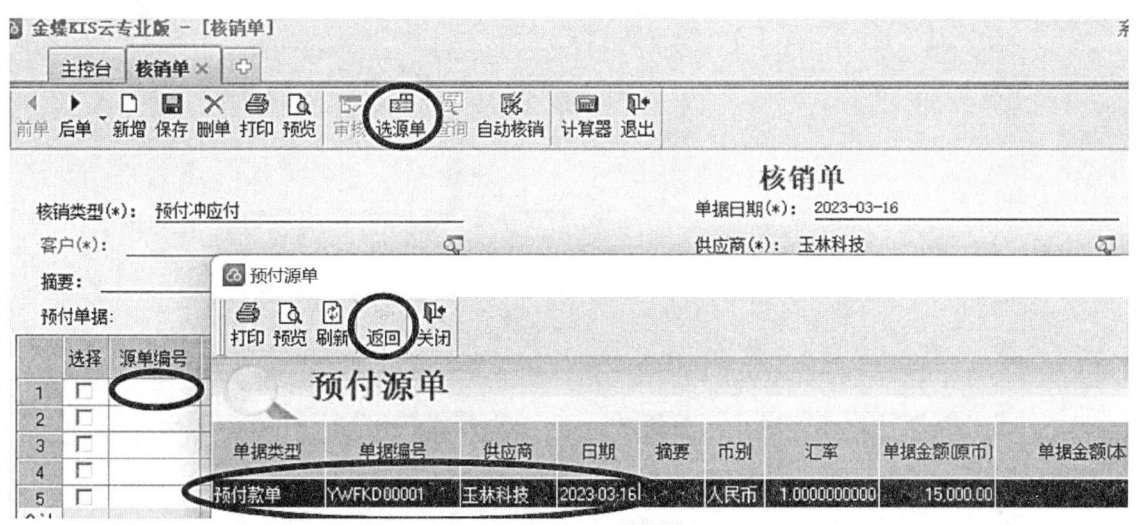

图 12-12 预付源单

第三步，点击应付单据表体的"源单编号"栏下方对应的第一行，再点击【选源单】按钮，系统弹出"应付源单"窗口，按"Ctrl"键，同时选择前面的两个源单，点击【返回】按钮，如图 12-13 所示。

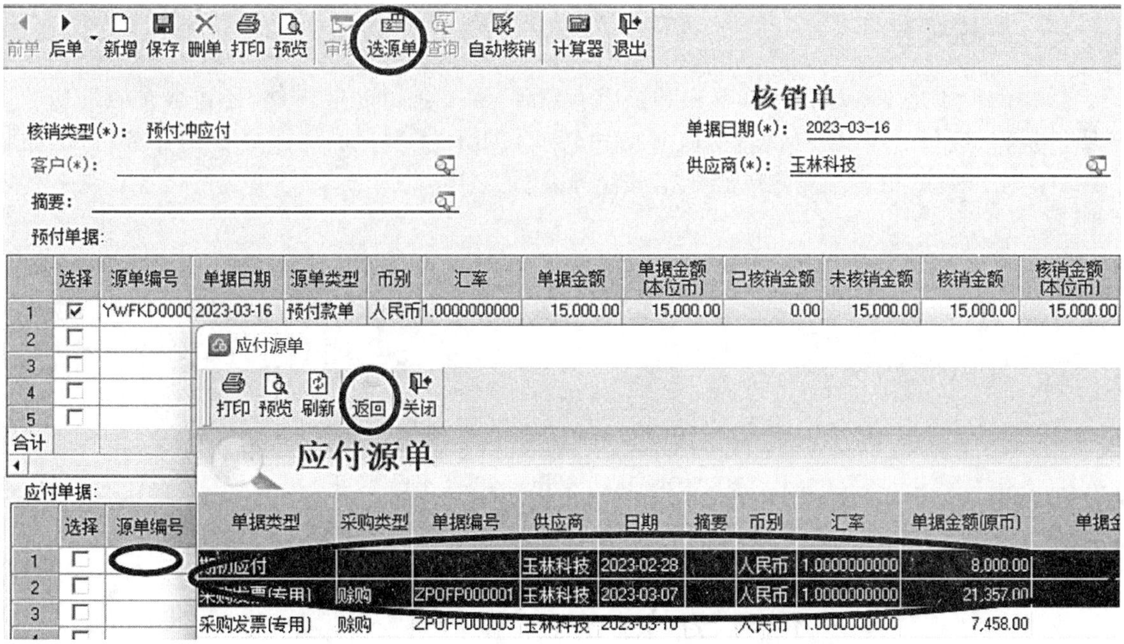

图 12-13 应付源单

第四步，点击【自动核销】按钮，这时应付单据中核销金额的第二栏次从"21 357"变为"7 000"，点击【保存】→【审核】，如图 12-14 所示。

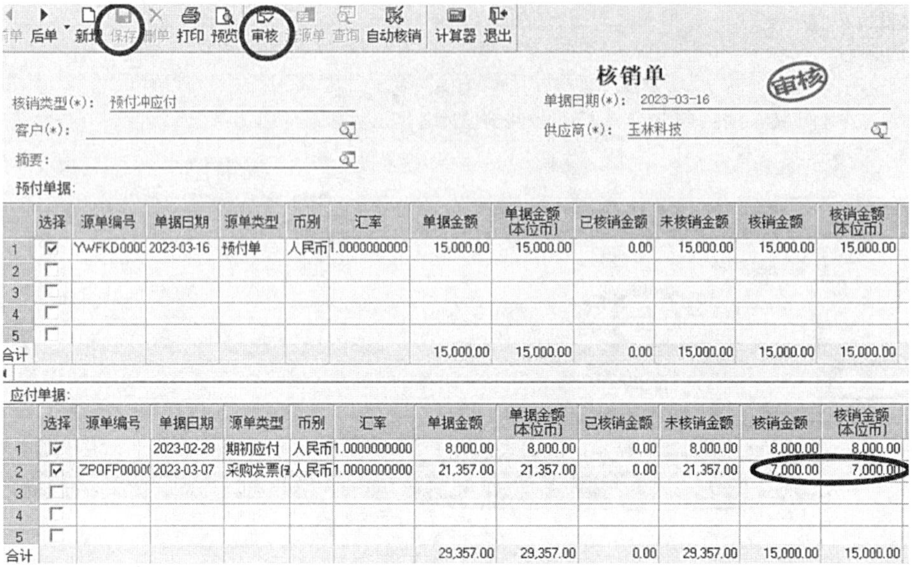
后单 新增 保存 删单 打印 预览 审核 查询 自动核销 计算器 退出

核销单

审核

核销类型(*)：预付冲应付　　单据日期(*)：2023-03-16

客户(*)：　　供应商(*)：玉林科技

摘要：

预付单据：

	选择	源单编号	单据日期	源单类型	币别	汇率	单据金额	单据金额(本位币)	已核销金额	未核销金额	核销金额	核销金额(本位币)
1	☑	YWFKD0000	2023-03-16	预付单	人民币	1.0000000000	15,000.00	15,000.00	0.00	15,000.00	15,000.00	15,000.00
2	☐											
3	☐											
4	☐											
5	☐											
合计							15,000.00	15,000.00	0.00	15,000.00	15,000.00	15,000.00

应付单据：

	选择	源单编号	单据日期	源单类型	币别	汇率	单据金额	单据金额(本位币)	已核销金额	未核销金额	核销金额	核销金额(本位币)
1	☑		2023-02-28	期初应付	人民币	1.0000000000	8,000.00	8,000.00	0.00	8,000.00	8,000.00	8,000.00
2	☑	ZPOFP0000	2023-03-07	采购发票(	人民币	1.0000000000	21,357.00	21,357.00	0.00	21,357.00	7,000.00	7,000.00
3	☐											
4	☐											
5	☐											
合计							29,357.00	29,357.00	0.00	29,357.00	15,000.00	15,000.00

图 12-14　核销单

活动 12.2.2　其他类型的核销

一、知识链接

核销的本质是合并或者转移客户和供应商款项，除了预付冲应付外，还包含预收冲应收、应收冲应付、应付冲应收、应收转应收和应付转应付五种类型。取消已经核销业务可以通过"核销单据序时簿"窗口中删除已经核销的业务。

二、岗位任务

理解预收冲应收、应收冲应付、应付冲应收、应收转应收和应付转应付五种类型核销单的含义。

三、操作步骤(无)

任务 12.3　生 成 凭 证

活动 12.3.1　设置凭证模板

一、知识链接

应收应付系统中预设了收款单、付款单、其他应收款和各类核销单等凭证模板，企业可以根据实际情况重新设置或者调整凭证模板。

二、岗位任务

检查任务 12.1 和任务 12.2 完成的单据涉及的凭证模板,如不适用于本次生成,修改凭证模板。

三、操作步骤

第一步,使用"陈婕"的身份登录,点击【应收应付】,再点击基础资料下方的【应收应付凭证模板】,系统进入"凭证模板"界面,事务类型选择"收款",点击模板编号为"B001"的凭证模板,点击【修改】按钮,系统弹出该收款单的"记账凭证模板",如图 12-15 所示。

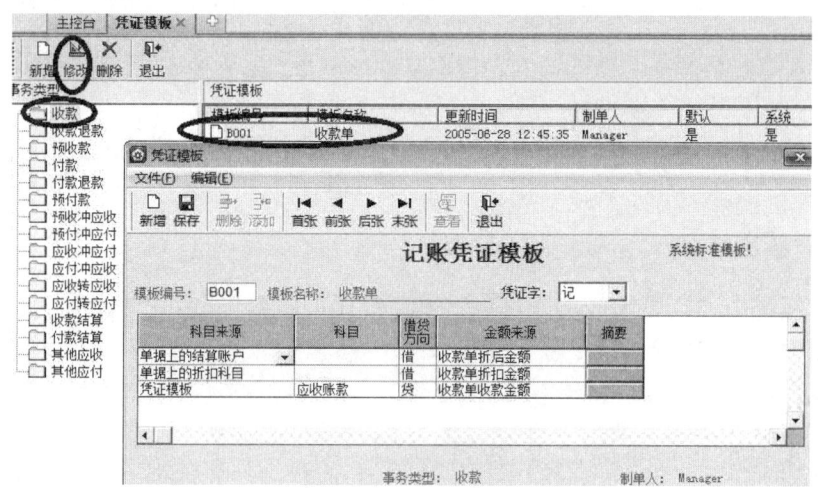

图 12-15　凭证模板

第二步,查看所需生成的凭证模板是否正确,如图 12-16、图 12-17 和图 12-18 所示。

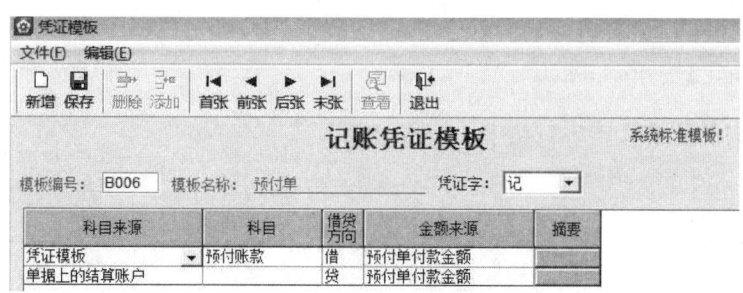

图 12-16　预付款凭证模板

图 12-17　预付冲应付凭证模板

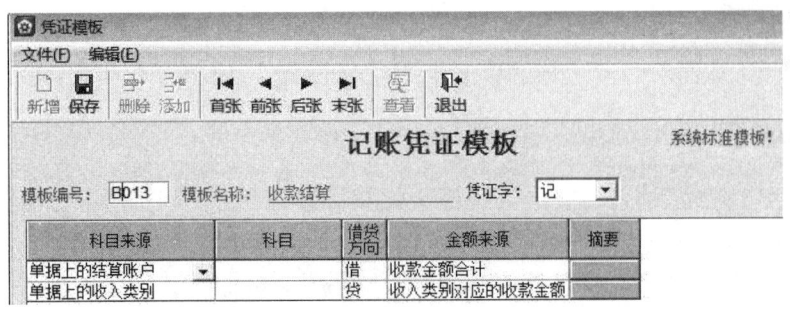

图 12-18　收款结算凭证模板

活动 12.3.2　生成凭证

一、知识链接

应收应付系统中的生成凭证功能可以将本系统中的收款单、付款单、其他应收款和各类核销单等按凭证模板生成凭证,并传递至总账系统。

二、岗位任务

将任务 12.1 和任务 12.2 完成的单据生成凭证,假设全部凭证都不考虑增值税。

三、操作步骤

第一步,修改系统日期为"2023 年 3 月 16 日",点击【应收应付】→【应收应付生成凭证】,系统弹出"选择事务类型"窗口,选择"收款",点击【确定】按钮,如图 12-19 所示。系统弹出"过滤"窗口,点击【确定】按钮,如图 12-20 所示。

图 12-19　选择事务类型

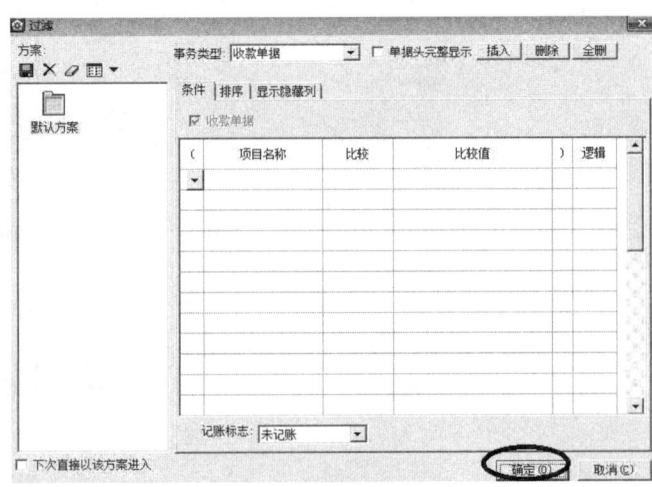

图 12-20　过滤界面

> **随堂思考**
>
> 如果没有进行【选项】设置,生成的凭证在哪里查询、修改和删除?
>
> 提示:点击【应收应付】→序时簿下的【业务凭证序时簿】,系统弹出"过滤"窗口,点击【确定】按钮,系统进入业务凭证序时簿,所有业务系统生成的凭证都可以查询、修改和删除。

第二步,系统进入"单据序时簿"界面,点击【选项】按钮,系统弹出"生成凭证选项"窗口,选择"异常处理"选项卡下的"忽略错误继续处理下一张单据"和"保存凭证前调出凭证修改界面手工调整"选项,点击【确定】按钮,如图12-21所示。

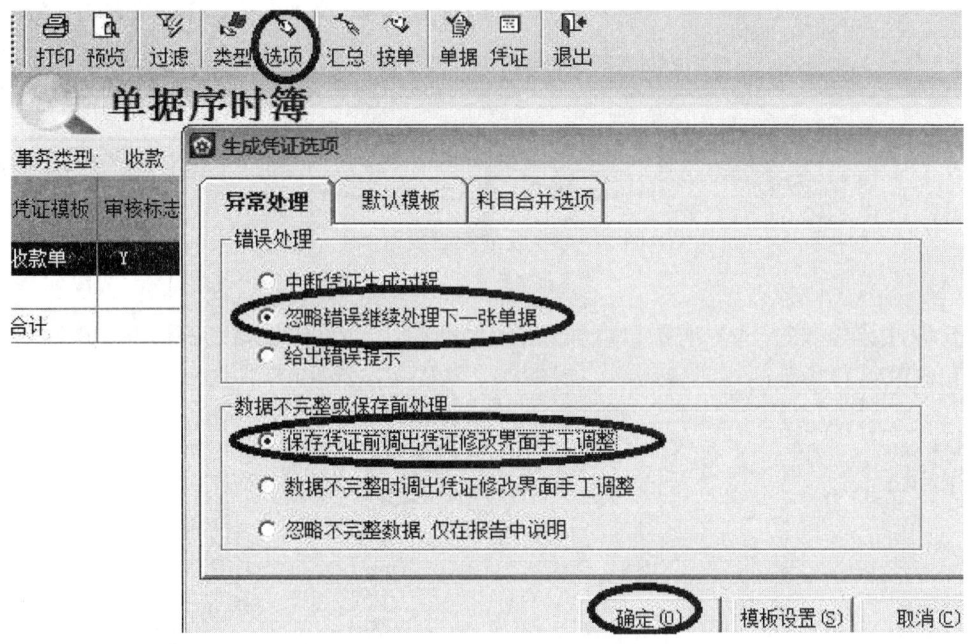

图 12-21　生成凭证选项

第三步,系统弹出"单据序时簿"界面,选择单据号"YWSKD00001",点击【按单】按钮,如图12-22所示。

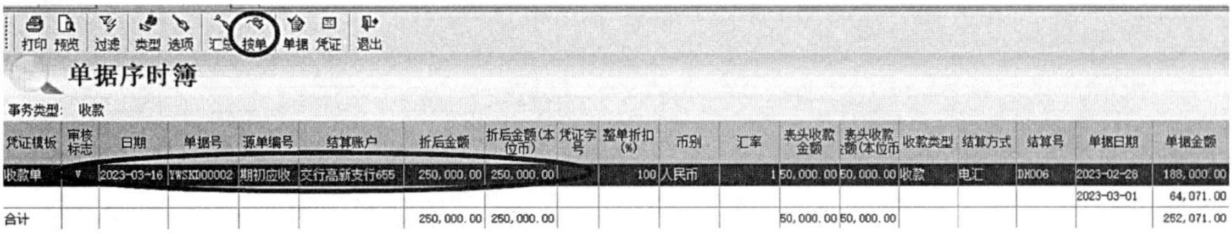

图 12-22　单据序时簿

第四步,系统弹出生成的凭证,点击【流量】按钮,系统弹出"现金流量项目指定"窗口,选择"CI1.01.01-销售商品、提供劳务收到的现金",点击【确定】→【保存】,如图12-23所示。

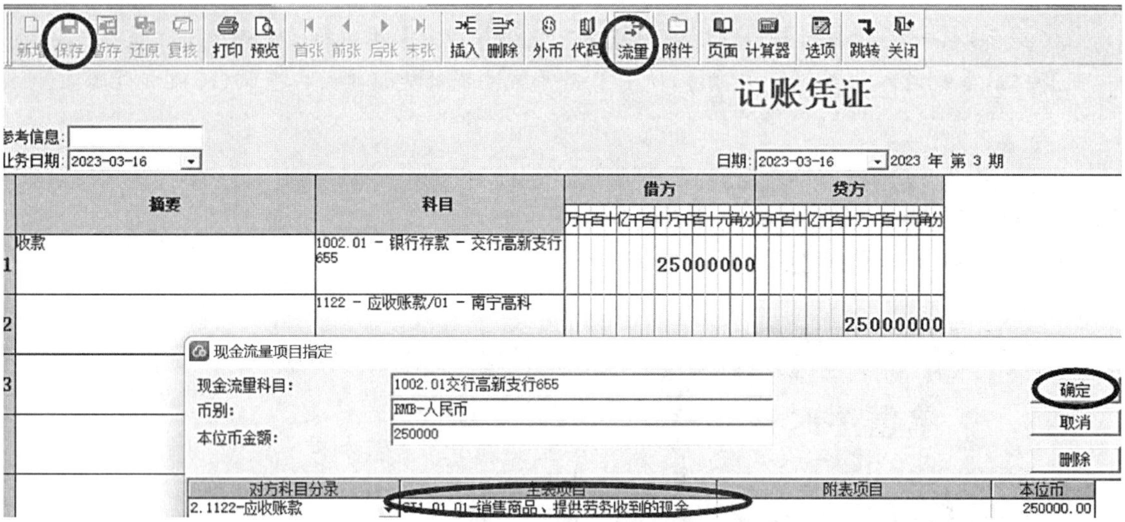

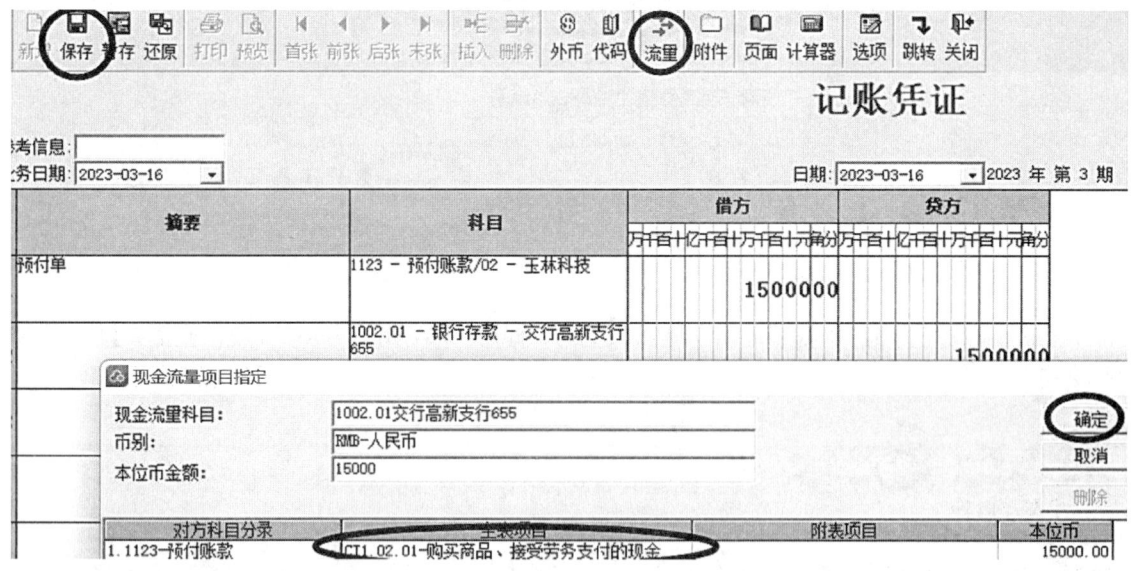

图 12-23　收款凭证及现金流

第五步,用同样的方法生成预付款凭证、预付冲应付凭证和收款结算凭证,并且完成预付款凭证和收款结算凭证的现金流设置,如图12-24、图12-25和图12-26所示。

图 12-24　预付款凭证及现金流

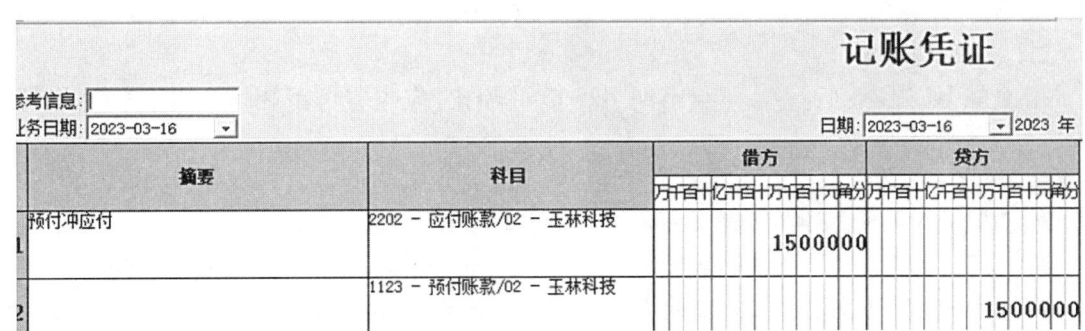

图 12-25 预付冲应付凭证

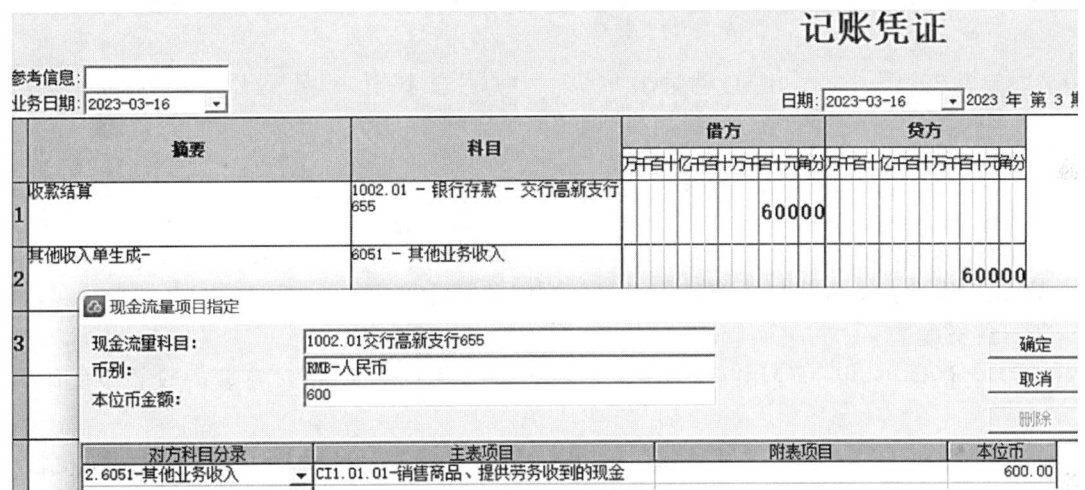

图 12-26 收款结算凭证及现金流

 随堂思考

为什么预付冲应付不用设置现金流？

提示：与货币资金科目无关的凭证都不用设置现金流。

模 块 测 试

参考答案

一、单项选择题

1. 账龄分析表是用于对往来核算项目的往来款项余额的时间分布进行分析的（　　）。
   A. 应收账款预警表　　　　　　　　B. 账龄分析表
   C. 应收账款汇总表　　　　　　　　D. 应收账款明细表

2. 销售管理的（　　）传到应收应付系统，提供收款单处理时关联源单，同时自动进行赊销处理。

A. 销售订单　　　　B. 销售发票　　　　C. 销售出库　　　　D. 报价单

二、多项选择题

1. 金蝶 KIS 专业版 V13.0 与前期 KIS 软件相比,应收应付系统增设有(　　)等核销方式。

　　A. 预收冲应收　　B. 应收冲应付　　C. 应收转应收　　D. 应付转应付

2. 应收应付系统提供的收款类型有(　　)。

　　A. 收款　　　　　B. 预收款　　　　C. 预收款退款　　D. 收款退款

3. 其他收款单是处理非主营业务收入的其他收款业务,包括(　　)。

　　A. 租金支出　　　B. 押金收入　　　C. 员工借款　　　D. 差旅费支出

4. 其他收款单的单据类型有(　　)。

　　A. 收款结算　　　B. 预收款结算　　C. 其他应收　　　D. 其他应付

5. 往来业务核销时,可以采用(　　)。

　　A. 自动核销　　　B. 自动对账　　　C. 手工核销　　　D. 手工对账

三、判断题

1. 在预收款单处理时,不用选择"源单",直接在表头收款金额处录入收款金额即可。(　　)

2. 取消该笔核销业务的方法是在"核销单据序时簿"窗口中删除该笔业务。(　　)

3. 销售发票是应收应付系统唯一可以使用的关联源单。(　　)

四、业务题

1. 参考活动 12.1.1,使用"蒋园"的身份登录,在"硕通科技 2022"账套的收款单操作以下业务:

(1) 11 月 6 日,收到深圳远华公司前欠购货款 500 000 元,款项已存入交行,录入收款单,电汇结算号为 D006。

(2) 11 月 30 日,交行预收上海华能公司货款 300 000 元,电汇结算号为 D007。

2. 参考活动 12.1.2,使用"蒋园"的身份登录,11 月 30 日,偿还 11 月 5 日应付天津中大有限公司货款 90 000 元,在"硕通科技 2022"账套中录入付款单,电汇结算号为 D008。

3. 参考活动 12.1.4,使用"蒋园"的身份登录,11 月 30 日,以交行存款支付市环保局污染款 5 000 元,在"硕通科技 2022"账套录入其他应付款单(付款结算),电汇结算号为 D009。

4. 参考活动 12.2.1,使用"蒋园"的身份登录,11 月 30 日,在"硕通科技 2022"账套中,预收上海华能公司货款 300 000 元,将其作为前期的应收款核销,电汇结算号为 D010。

5. 参考活动 12.3.2,使用"蒋园"的身份登录,在"硕通科技 2022"账套中生成所有应收应付凭证。

模块 13

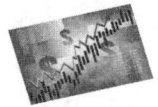

存 货 核 算

【考核目标】
1. 认知存货入库核算的作用和功能。
2. 认知存货出库核算的作用和功能。
3. 认知业务系统生成凭证的范围和功能。
4. 认知业务系统期末处理事项的作用和功能。

【实践目标】
1. 掌握存货入库核算的操作。
2. 熟练找出存货核算出错原因,掌握存货出库核算的操作。
3. 掌握凭证模板和业务生成凭证的操作。
4. 掌握业务系统期末处理事项的操作。

【思政目标】
1. 培养学生细致、谨慎、有条不紊的财经专业素质。
2. 宣扬我国优质企业的奋斗精神,提升学生民族自信心。

【知识点思维导图】

存货核算
- 存货出入库核算
  - 外购入库核算
  - 估价入账核算
  - 其他入库核算
  - 其他常见入库核算
  - 存货出库核算
- 业务生成凭证
  - 生成生产管理系统凭证
  - 生成采购管理系统凭证
  - 生成仓存管理系统凭证
  - 生成销售管理系统凭证
- 期末处理事项
  - 期末业务关账
  - 业务与总账对账
  - 业务期末结账

思政案例

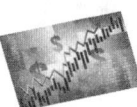

美的公司1980年正式进入家电业，1981年开始使用美的品牌。目前美的公司以家电业为主，其在2010年成为年销售额突破1 000亿元的国际化消费类电器制造企业集团，跻身全球白色家电制造商前五名，成为中国最有价值的家电品牌。这主要得益于美的的存货周转速度，其具体周转策略如下。

1. 夹缝中的生存之道："成本领先"战略

在白色家电营销战背景下，一边是钢材等上游原材料价格的上涨，一边是渠道库存压力的逐年递增，再加上价格大战、产能过剩、利润滑坡，在过度竞争压力之下，除了产品和市场营销创新外，挤压成本成为众多同类企业舍此无它的存活之道。面对行业内的价格战，美的有高管指出，美的前些年对价格挑战一直没有展开全面反击，不是没有能力，而是在积极备战。在降低市场费用、裁员、压低采购价格等方面，美的始终围绕成本与效率，在供应链这条维系着空调企业的生死线上绞尽脑汁，实行"业务链前移"策略，力求用"供应商管理库存"和"管理经销商库存"形成整合竞争优势。

2. 控制供应链前端：供应商管理库存

美的作为供应链里的"链主"，即核心企业，居于产业链上游，其较为稳定的供应商共有300多家。其中60%的供应商是在美的总部顺德周围，还有部分供应商距离美的总部只有3天以内车程，美的只有15%的供货商距离较远。在这个现有供应链之上，美的实现合作性策略模式（Vendor Managed Inventory，VMI）的难度并不大。对于剩下15%的远程供应商，美的在顺德总部建立了很多仓库，然后把仓库分成很多片。外地供货商可以在仓库里租赁一个片区，并把零配件放到片区里面储备。美的需要用到这些零配件的时候，就会通知供应商，然后进行资金划拨、取货等工作。此时零配件的产权才由供应商转移到美的手上，而在此之前，所有的库存成本都由供应商承担。也就是说，在零配件的交易之前，美的一直把库存转嫁给供应商。

3. 理顺供应链后端

在经销商环节上，美的近年来公开了与经销商的部分电子化往来，实现了业务往来的实时对账和审核，运用这些信息，通过合理预测，制订其生产计划和安排配送计划以便补货。也就是说，美的作为经销商的供应商，为经销商管理库存。理想的模式是：经销商基本不用备货，缺货时，美的立刻自动将货送过去，而不需经销商提醒。这种存货管理的前移，可以有效地削减和精准地控制销售渠道上昂贵的存货，而不是任其堵塞在渠道中，让其占用经销商的大量资金。

4. 双向挤压成本

美的在全国有数千家的经销商，要做到基本覆盖，需要花费一年半到两年的时间，费用相当大。但这样的方案能却的确能提高供应链的配套能力和协同能力。库存周转率提高一次，能为美的空调节省超过2 000万元人民币的费用。VMI实施后，美的库存管理成效显著，美的零部件库存周转率上升到70~80次，零部件库存也由原来的5~7天存货水平，大幅降低为3天左右的存货水平，而且这3天的库存也是由供货商管理并承担相应成本。库存周转率提高后，一系列相关的财务"风向标"也随之"由阴转晴"：资金占用降低、资金利用效率提高、资金风险下降、库存成本直线下降。

资料来源：https://zhuanlan.zhihu.com/p/402936642。

问题：通过对案例的分析与讨论，你从中得到何种启示？结合存货核算管理系统中对存货成本的核算操作，分析假如一个企业想创造一个国际化的品牌，应具备怎么样的奋斗精神。

任务 13.1 存货出入库核算

 活动 13.1.1 外购入库核算

一、知识链接

外购入库核算功能用于核算外购入库单上存货的实际成本,由采购管理系统中采购入库单和采购发票进行钩稽后传递至本模块,货到票未到的外购入库单在估价入账核算中处理(见活动 13.1.2)。

二、岗位任务(无)

活动 13.1.2 估价入账核算

一、知识链接

估价入账核算表示期末存货已经入库发票未到的估价核算。暂估价是需要回冲的,系统参数中有单到回冲和差额调整两种回冲方式,大多数企业使用单到回冲这种方式,如图 13-1 所示。

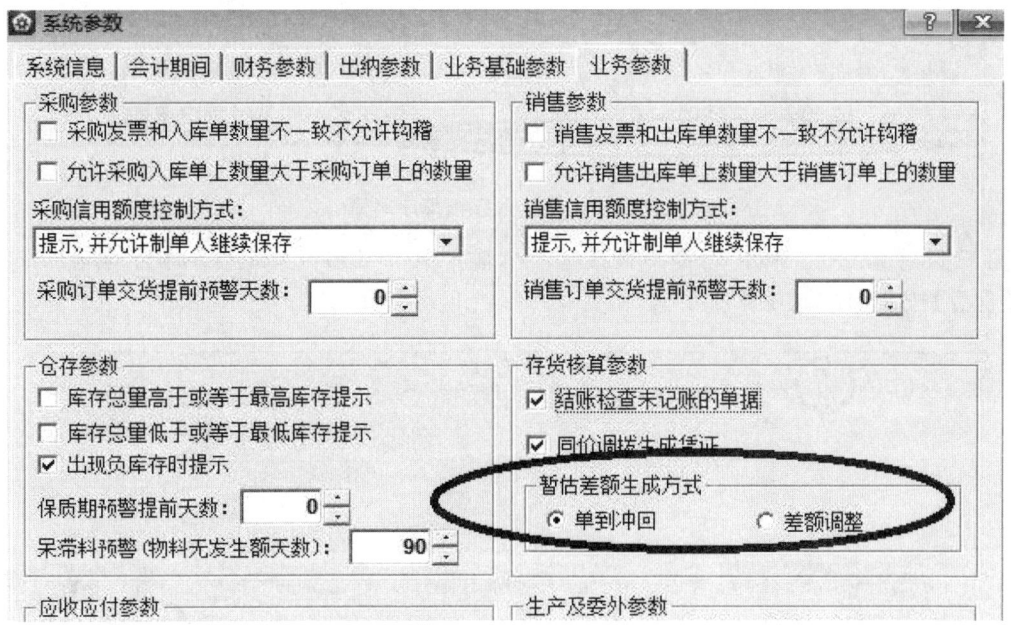

图 13-1 估价入账方式

二、岗位任务

2023年3月31日,收到南宁电科城发来的机箱100件,先录入采购入库单,再进行估价入账核算,暂估价为140元/件。

三、操作步骤

第一步,修改系统日期为"2023年3月31日",使用"雷娟"的身份登录,点击【仓存管理】→【采购入库】,系统进入"采购入库单"界面,选择供应商"南宁电科",点击"物料代码"栏下方对应的第一行,选择并双击"1.05 机箱",选择收料仓库为"原材料库",输入实收数量"100",点击【保存】→【审核】,如图13-2所示。

图13-2 采购入库单

第二步,点击【存货核算】→【估价入账核算】,系统弹出"过滤"界面,点击【确定】按钮,系统进入"估价入账核算序时簿",选择唯一的一条暂估记录,点击【修改】按钮,如图13-3所示。

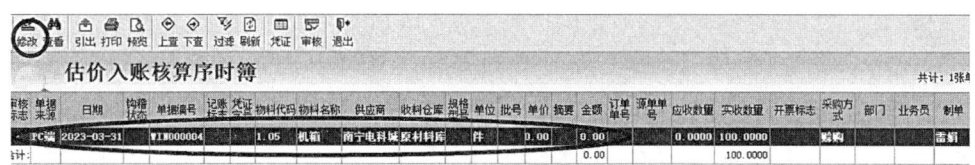

图13-3 估价入账核算序时簿

第三步,系统进入"采购入库单-修改"界面,输入单价"140",系统自动显示金额"14 000",点击【保存】按钮,如图13-4所示。

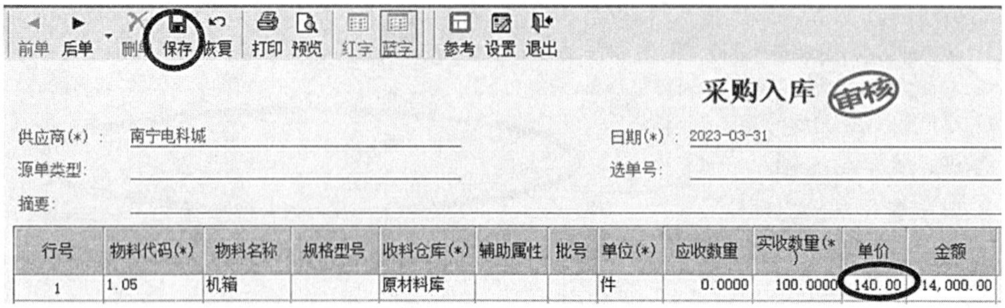

图13-4 暂估单价

活动 13.1.3 其他入库核算

一、知识链接

其他入库核算功能用于核算非外购入库存货的实际成本,活动 11.1.1 已经完成了其他入库单(玉林科技赠送型号为 G 的主板和 CPU 各 1 件),但是这张入库单里面只有数量,没有单价,在单据已经经过审核的情况下,补充单据的单价即完成核算。

二、岗位任务

根据本期南宁新新科技的价格,核算玉林科技赠送的主板(型号 G)和 CPU(型号 G)的成本,分别是 580 元/件和 1 050 元/件。

三、操作步骤

第一步,使用"雷娟"的身份登录,点击【存货核算】→【其他入库核算】,系统弹出"过滤"窗口,点击【确定】按钮,系统进入"其他入库核算序时簿"界面,选择单据编号"QIN000001",点击【修改】按钮,如图 13-5 所示。

图 13-5 其他入库核算序时簿

第二步,系统进入"其他入库单—修改"界面,输入主板单价"580"和 CPU 单价"1 050",点击【保存】按钮,如图 13-6 所示。

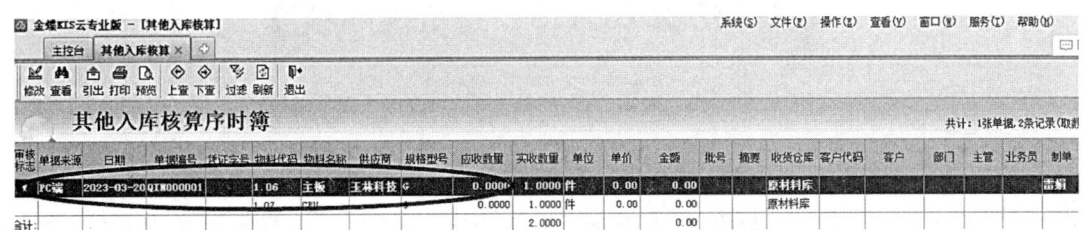

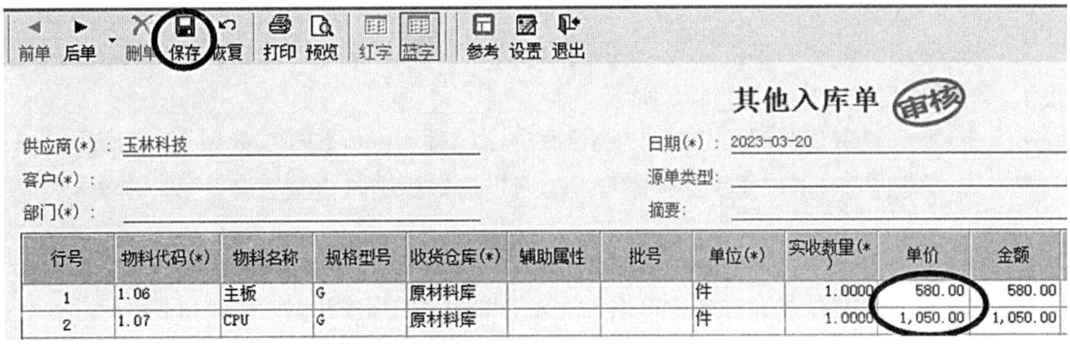

图 13-6 其他入库核算

活动 13.1.4　其他常见入库核算

一、知识链接

存货入库核算还包含外购入库核算和自制入库核算。外购入库核算用于核算外购入库单的存货实际成本,该外购入库单由采购系统中的采购入库单和采购发票钩稽后,再传递至本模块,适用于外购入库单未录入存货单价的情况,"高新电脑公司"账套中所有入库单都已经包含单价,无需进行外购入库核算操作;自制入库核算是针对半成品和产成品入库成本进行核算,适用于产品入库单无关联生产任务单和生产领料的情况,用户也可以在"不能确定单价序时簿"中进行单价更新。

二、岗位任务

关注活动 13.1.5 存货出库核算中"不能确定单价序时簿"的操作。

三、操作步骤(无)

活动 13.1.5　存货出库核算

一、知识链接

存货出库核算对本期所有出入库的存货进行成本核算,根据已经钩稽和核算过的各类出入库单据,按照物料设置中的物料成本计价方法,系统自动计算出存货的出库成本(注意区分生产管理中的生产成本核算)。

二、岗位任务

核算本期所有存货出库成本。

三、操作步骤

第一步,使用"雷娟"的身份登录,点击【存货核算】→【存货出库核算】,系统弹出未生成凭证提示,点击【确定】按钮,如图 13-7 所示。

第二步,系统弹出"结转存货成本-介绍"窗口,点击【下一步】按钮,如图 13-8 所示。

第三步,系统进入"结转存货成本-第一步"窗口,选择"结转本期所有存货",点击【下一步】按钮,如图 13-9 所示。

第四步,系统进入"结转存货成本—第二步"窗口,点击【下一步】按钮,如图 13-10 所示。

第五步,系统弹出存在没有单价单据的提示,点击【确定】按钮,如图 13-11 所示。

第六步,系统回到"结转存货成本-完成"窗口,点击【查看】按钮,选择"不能确定单价序时簿",如图 13-12 所示。

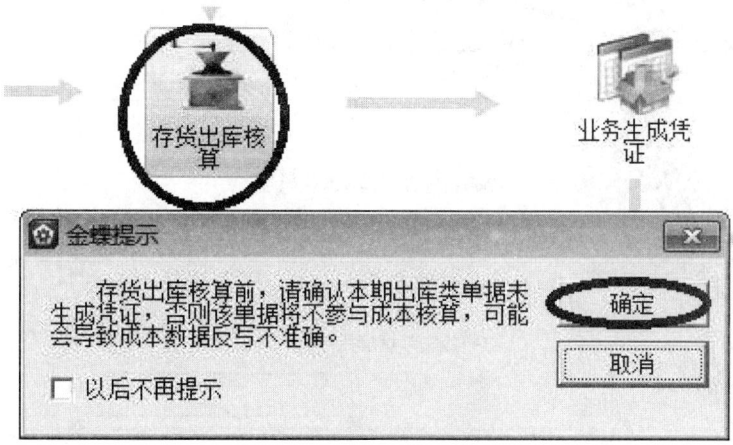

图 13-7 未生成凭证提示

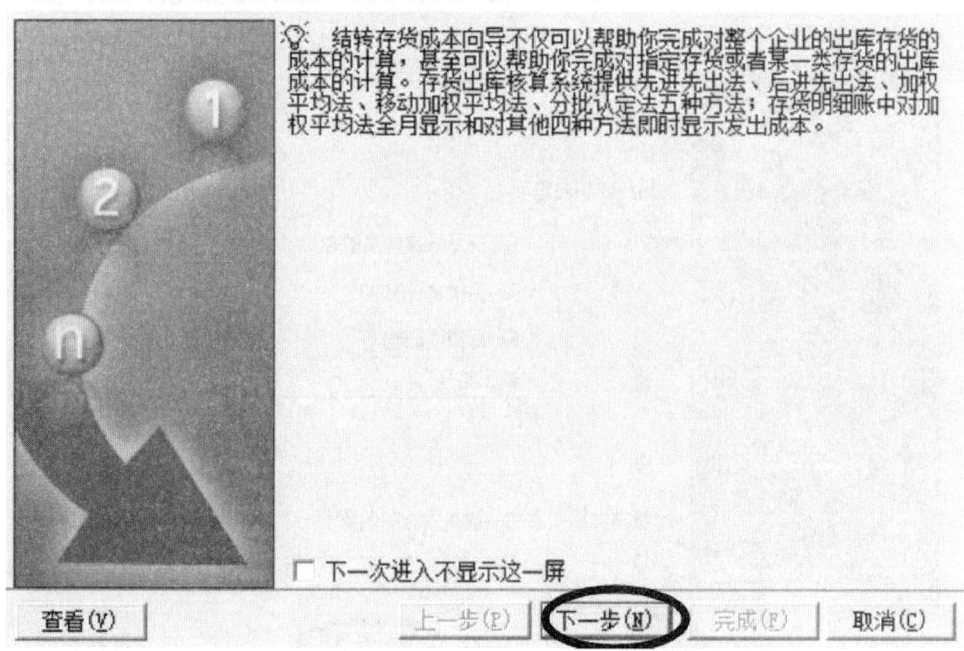

图 13-8 结转存货成本-介绍

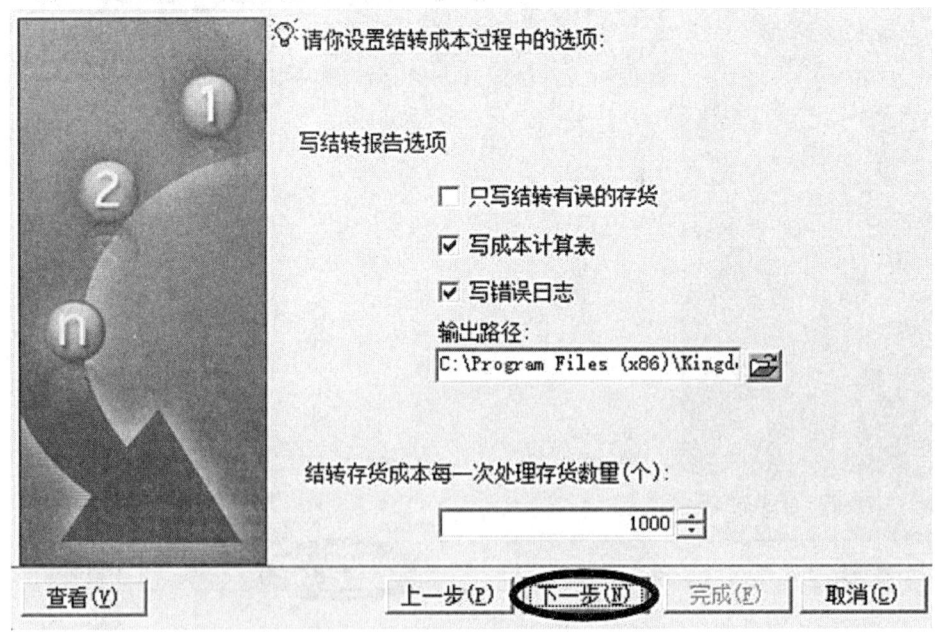

图 13-9　结转存货成本-第一步

图 13-10　结转存货成本-第二步

图 13-11　存在没有单价单据的提示

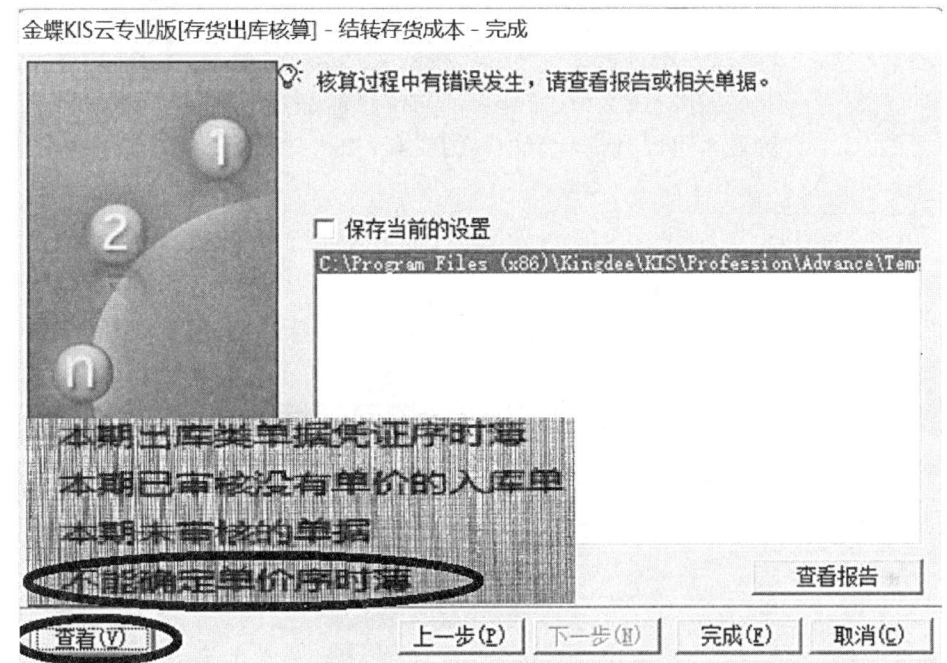

图 13-12　结转存货成本-完成

第七步，系统进入"不能确定单价单据序时簿"界面，选择唯一的一条不能确定单价单据记录，点击【修改】按钮，如图 13-13 所示。

图 13-13　不能确定单价单据序时簿

第八步，系统进入"盘盈入库（编辑）"界面，按照正常采购价格，输入单价"260"，系统自动显示盘盈金额"260"，点击【保存】→【退出】，如图 13-14 所示。

第九步，系统回到不能确定单价单据序时簿，点击【退出】按钮，系统回到结转存货成本—完成窗口，点击【查看报告】按钮，如图 13-12 所示。

行号	物料代码(*)	物料名称	规格型号	仓库名称(*)	辅助属性	批号	单位(*)	账存数量	实存数量	单价	盘盈数量(*	盘盈金额
1	1.04	电源		原材料库			件	17.0000	18.0000	260.00	1.0000	260.00

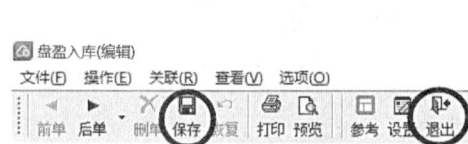

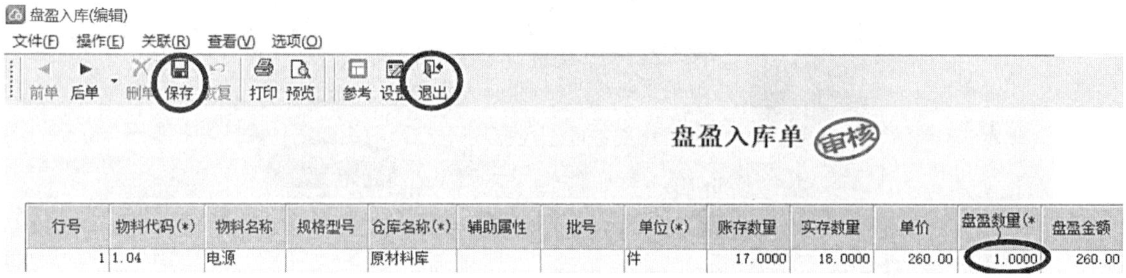

图 13-14 盘盈入库单

第十步，系统进入“结转存货成本报告”网页，所有存货状态都显示结转成功状态，如果点击附件栏下的“成本计算表”，可以查询每个物料的成本，如图 13-15 所示，关闭网页，点击【完成】按钮，如图 13-12 所示。

物料名称	仓库（组）	状态	附件
主板(1.01)	总仓	结转成功	成本计算表
CPU(1.02)	总仓	结转成功	成本计算表
硬盘(1.03)	总仓	结转成功	成本计算表
电源(1.04)	总仓	结转成功	成本计算表
机箱(1.05)	总仓	结转成功	成本计算表
主板(1.06)	总仓	结转成功	成本计算表
CPU(1.07)	总仓	结转成功	成本计算表
电脑(3.01)	总仓	结转成功	成本计算表

开始时间：10:50:38　结束时间：10:50:38　耗费时间：0.078 秒

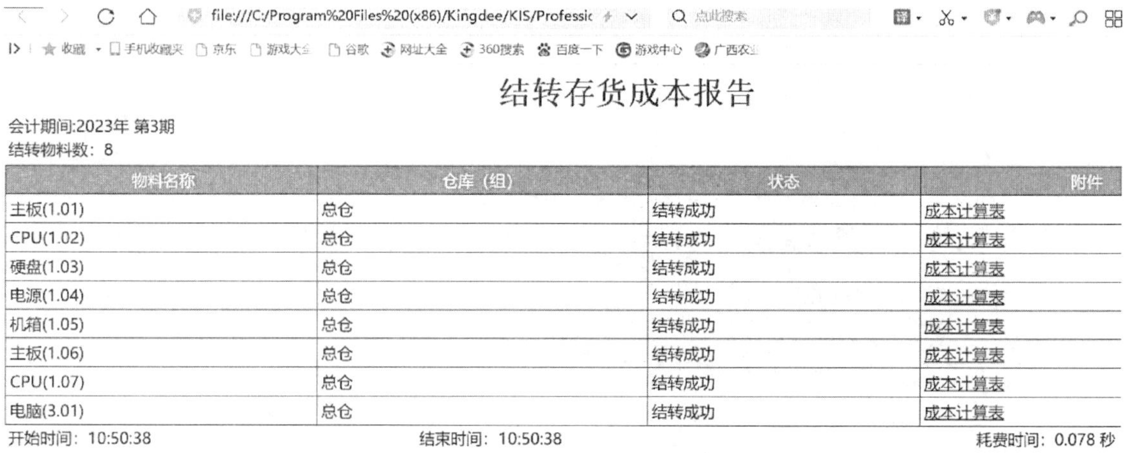

图 13-15 结转存货成本报告

任务 13.2 业务生成凭证

活动 13.2.1 生成生产管理系统凭证——产品入库

一、知识链接

存货核算系统中的生成凭证功能可以将销售系统、采购系统、生产系统和仓存系统中完成的任务按凭证模板生成凭证，并传递至账务处理系统。从核算功能和凭证生成功能可知，该系统不单独使用，必须和其他业务系统一起使用。存货核算系统中预设了生产管理中已完成的单据涉及的凭证模板，企业可以根据实际情况重新设置或者调整凭证模版，将生产系统中完成的单据按凭证模板生成凭证。

二、岗位任务

2023年3月31日，修改或新增产品入库的凭证模版，并将产品入库按凭证模板生成凭证。

三、操作步骤

第一步，修改系统日期为"2023年3月31日"，使用"陈婕"的身份登录，点击【存货核算】→【业务生成凭证】，系统弹出进行存货出入库核算的提示，点击【确定】按钮，如图13-16所示。

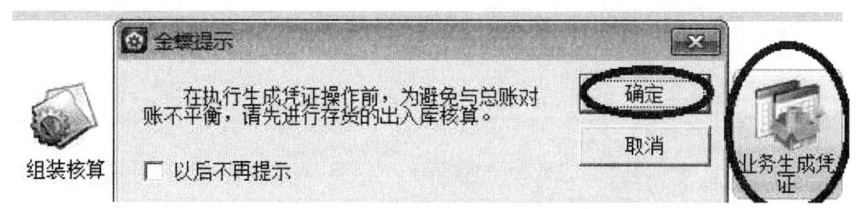

图13-16　进行存货核算提示

第二步，系统进入"生成凭证"界面，点击【选项】按钮，系统弹出"生成凭证选项"窗口，选择【异常处理】选项卡下的"忽略错误继续处理下一张单据"和"保存凭证前调出修改界面手工调整"选项，如图13-17所示。点击【科目合并选项】选项卡，选择"借方相同科目合并""贷方相同科目合并""借方金额来源相同合并""贷方金额来源相同合并"等选项，点击【确定】按钮，如图13-18所示。点击【计量单位设置】选项卡，选择"计量单位自动取用对应科目预设'缺省单位'"，点击【确定】按钮，如图13-19所示。

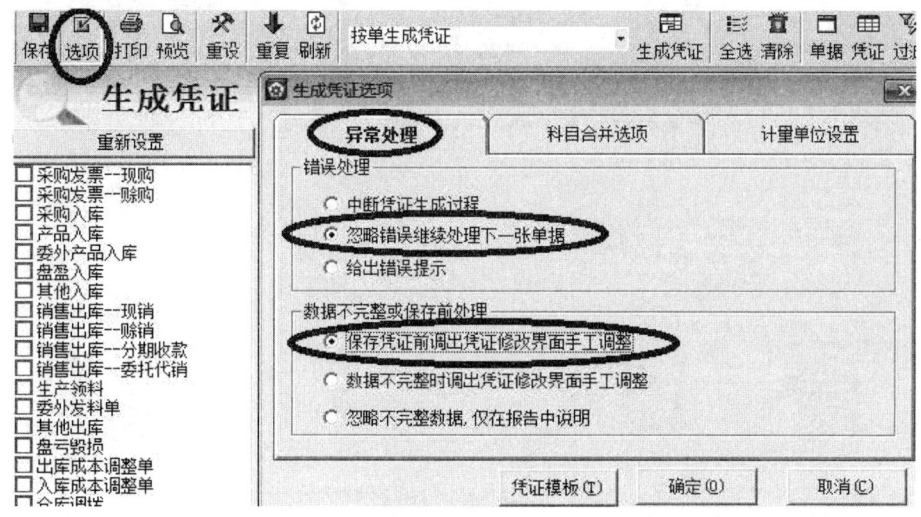

图13-17　异常处理

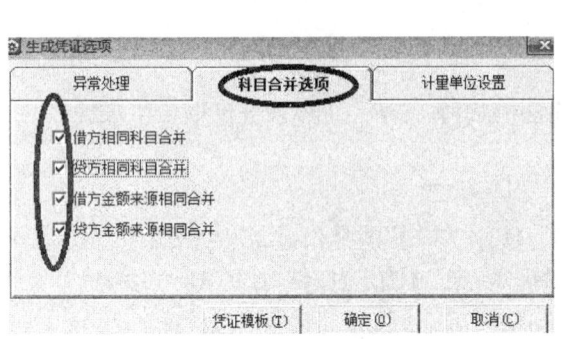
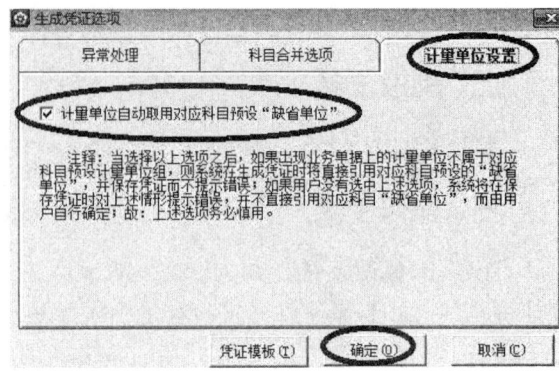

图 13-18　科目合并选项　　　　　　　　图 13-19　计量单位设置

第三步,选择"产品入库",点击【重设】按钮,系统弹出"过滤"窗口,点击【确定】按钮,如图 13-20 所示。

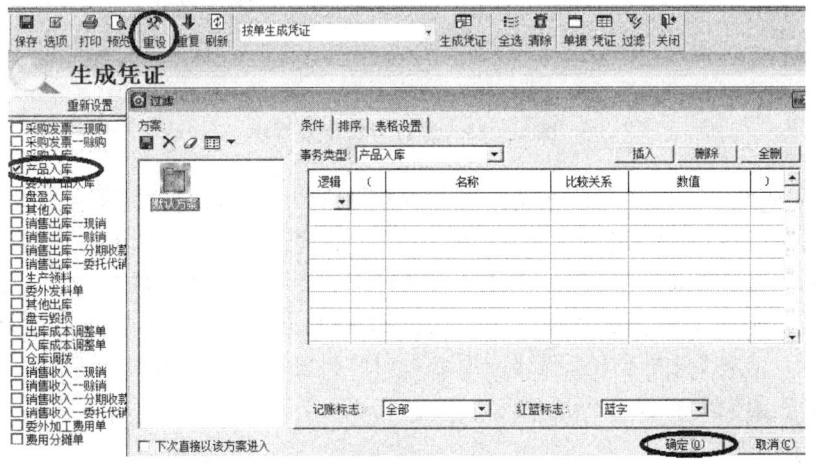

图 13-20　生成凭证

第四步,选择【产品入库单】,点击【生成凭证】按钮,系统弹出生成凭证失败提示,点击【查看报告】按钮,如图 13-21 所示。

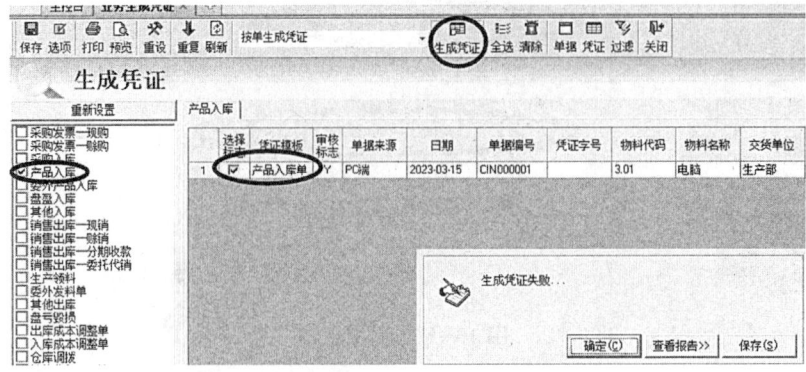

图 13-21　生成凭证

第五步,系统弹出生成凭证失败的原因,点击【查看报告】按钮,如图 13-22 所示。

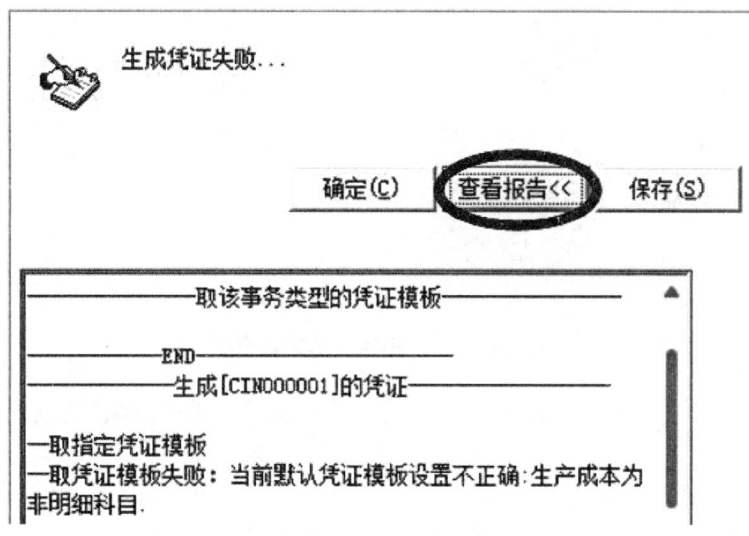

图 13-22　查看报告

第六步,返回"存货核算"界面,点击辅助功能下的【业务凭证模板】,系统进入"凭证模板"界面,点击"产品入库",双击模板编号为"A005"的产品入库单,系统进入产品入库单的"记账凭证模板"窗口,如图 13-23 所示。

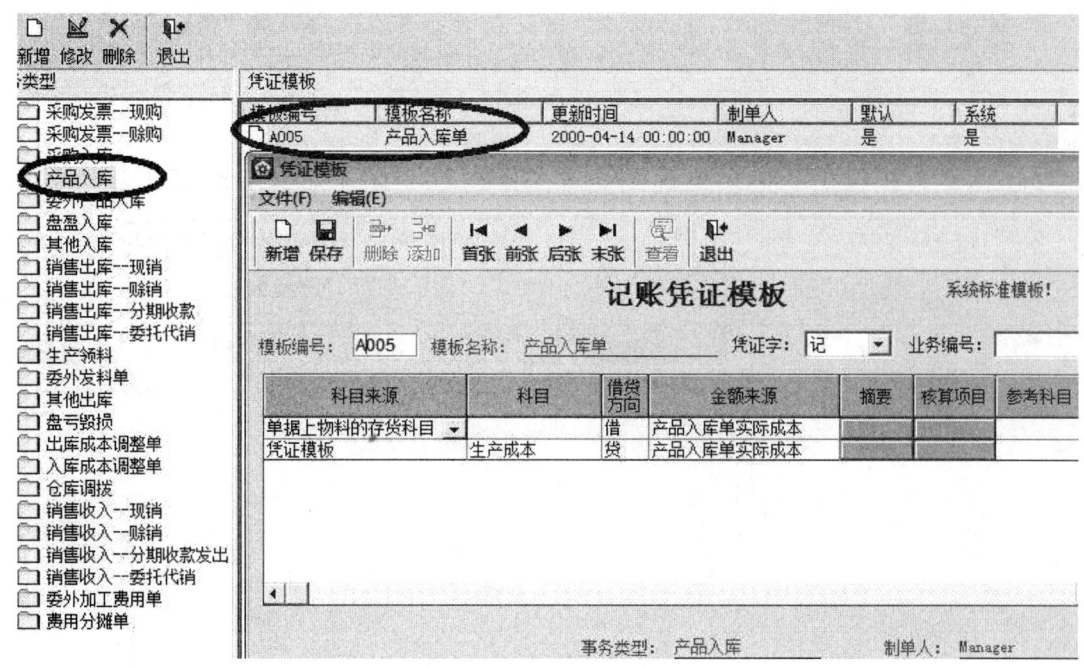

图 13-23　凭证模板

第七步,点击"科目"栏下对应的第二行,再点击【查看】按钮,选择"5001.01.01-直接材料",点击【确定】→【保存】,如图 13-24 所示。

图 13-24 产品入库单凭证模板

第八步,使用"吕增"的身份登录,重新进行生产核算。使用"雷娟"的身份登录,重新进行存货出库成本核算。

第九步,参考操作步骤第三步到第四步,生成产品入库凭证,如图 13-25 所示。

第十步,重新根据生产管理系统"费用分摊单"中材料成本金额"49 645.74",如图 13-26 所示,修改产品入库凭证。点击凭证上的【外币】按钮,数量和单价可以显示出来,修改生产成本—基本生产成本—直接材料金额"49 645.74",点击【插入】按钮,选择会计科目"5 001.01.02 生产成本—基本生产成本—直接人工",输入金额"3 900",点击【插入】按钮,选择会计科目"5 001.01.03 生产成本—基本生产成本—制造费用转入",输入金额"3 500",点击【保存】,如图 13-27 所示。

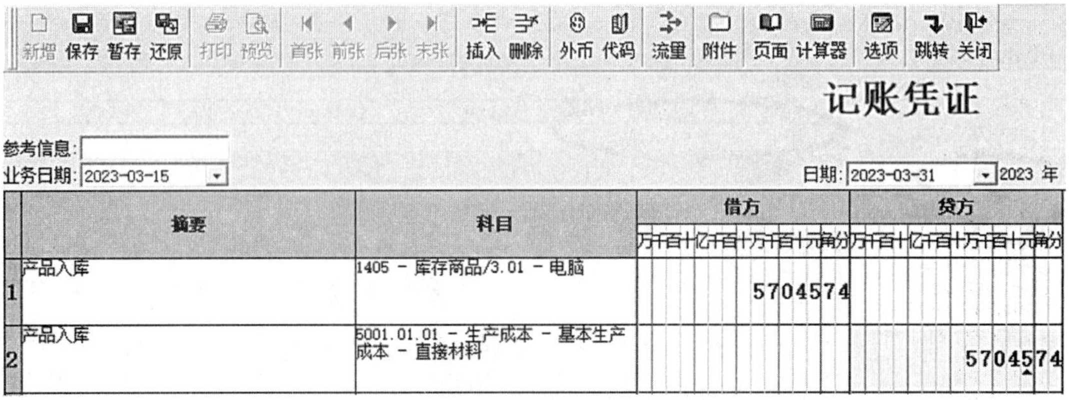

图 13-25 产品入库

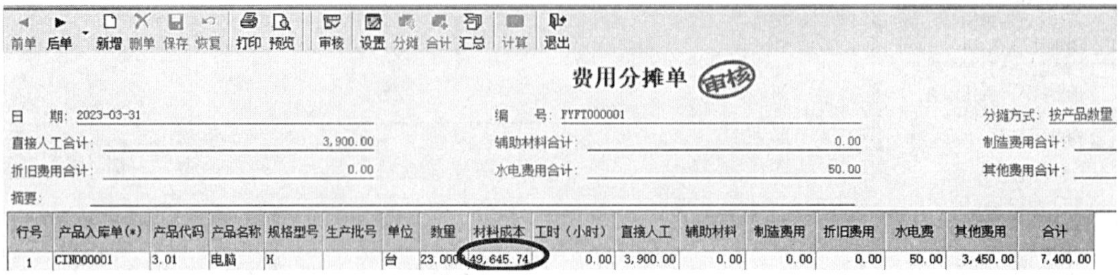

图 13-26 费用分摊单

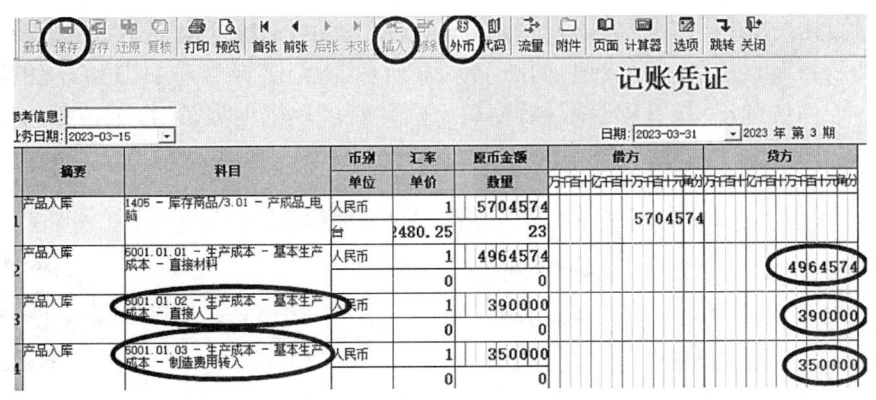

图 13-27 产品入库 2

活动 13.2.2 生成生产管理系统凭证——生产领料

一、知识链接

参考活动 13.3.1。

二、岗位任务

2023 年 3 月 31 日，修改或新增产品入库的凭证模版，并将生产领料按"凭证模板"生成凭证。

三、操作步骤

第一步，参考活动 13.2.1，生成凭证发生错误后，进入业务的"凭证模板"界面，事务类型选择"生产领料"，系统弹出记账凭证模版，输入模版编号"B0012"，输入模版名称"生产领料（新增）"，选择凭证字"记"，第一行选择科目来源为"凭证模板"、科目为"直接材料"、借贷方向为"借"和金额来源为"生产领料单实际成本"，第二行选择科目来源为"凭证模板"、科目为"原材料"、借贷方向为"贷"和金额来源为"生产领料单实际成本"，如图 13-28 所示。

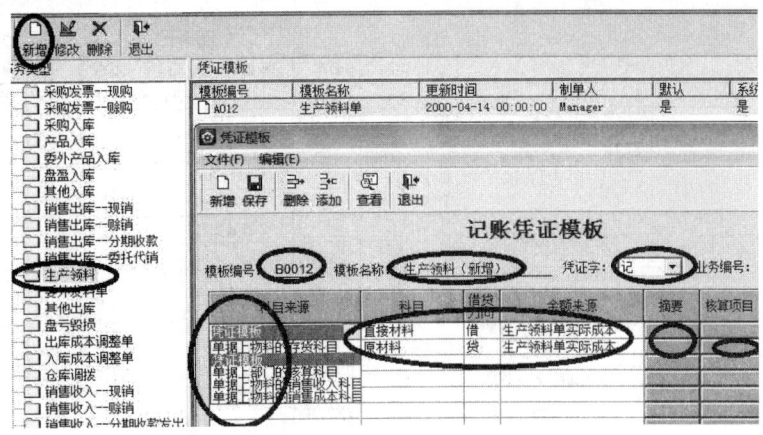

图 13-28 生产领料凭证模板

第二步,点击"摘要"栏对应的第一行,如图13-28所示,系统弹出"摘要定义"窗口,输入摘要公式"生产领料",点击【确定】按钮,如图13-29所示。点击"核算项目"栏对应的第二行,如图13-28所示,系统弹出"核算项目取数"窗口,选择"对应单据上项目"栏下拉菜单中的"物料"选项,如图13-30所示。

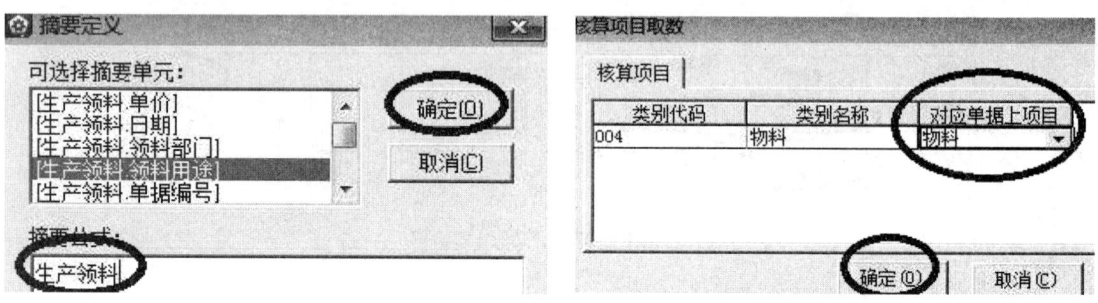

图13-29 摘要定义　　　　　　　　图13-30 核算项目

第三步,选择"生产领料(新增)"的凭证模板,点击【编辑】→【设为默认模板】,如图13-31所示。

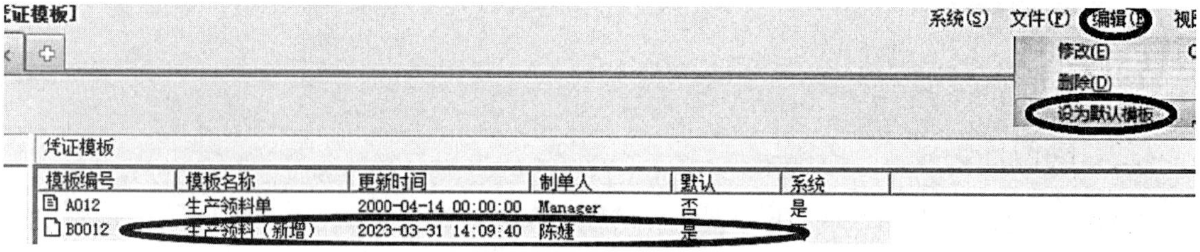

图13-31 设置默认模板

第四步,参考活动13.2.1第三步和第四步,用同样的方法生成生产领料凭证,如图13-32所示。

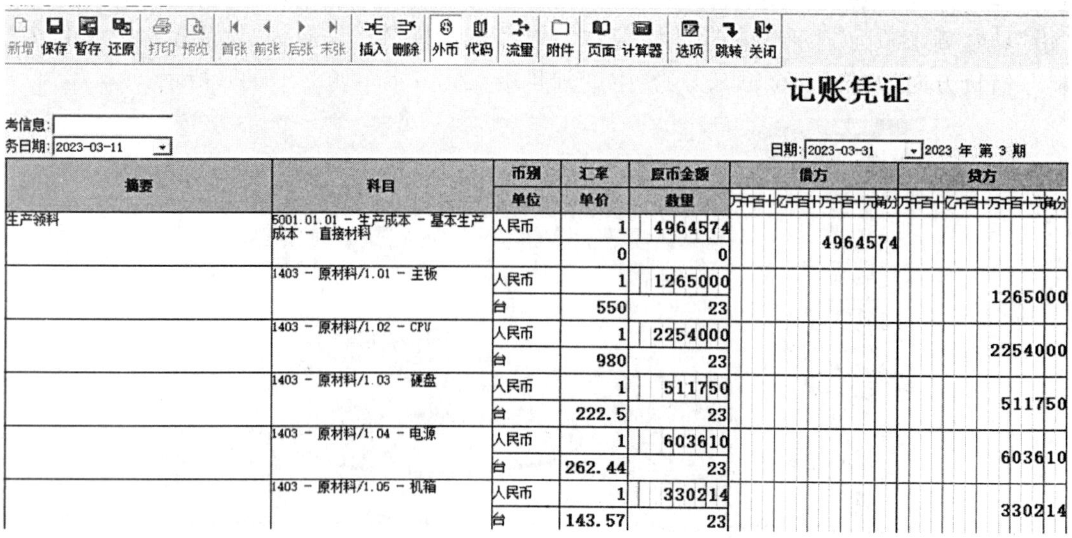

图13-32 生产领料

活动 13.2.3 生成生产管理系统凭证——费用分摊单

一、知识链接

参考活动 13.2.1。

二、岗位任务

2023 年 3 月 31 日,修改或新增费用分配单的凭证模版,并将费用分配单按凭证模板生成凭证。

三、操作步骤

参考活动 13.2.1 和活动 13.2.2,系统原配的凭证模版生成凭证失败,先增加新的凭证模版,并将其设置成默认模版,如图 13-33 所示,完成费用分配单的凭证生成,如图 13-34 所示。

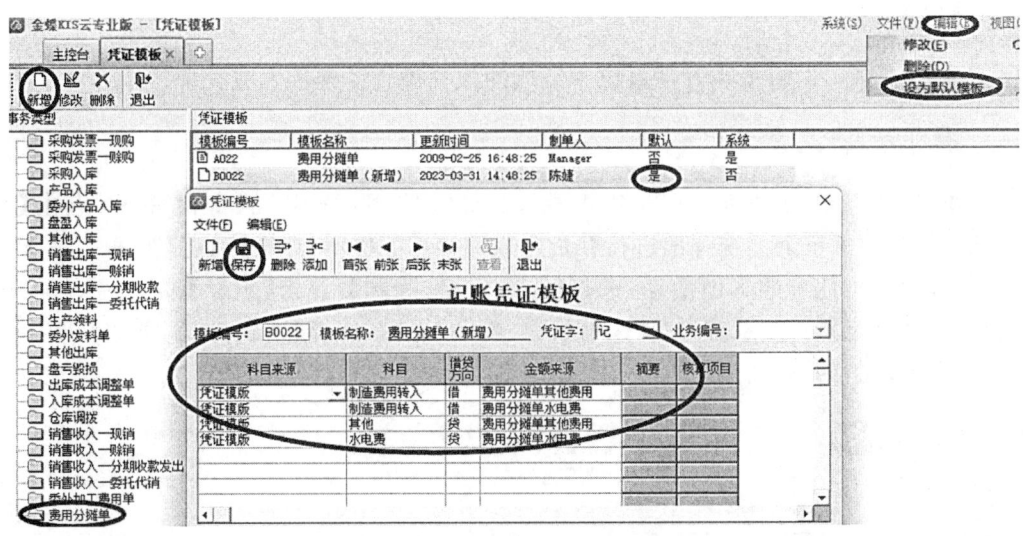

图 13-33 费用分配单凭证模板

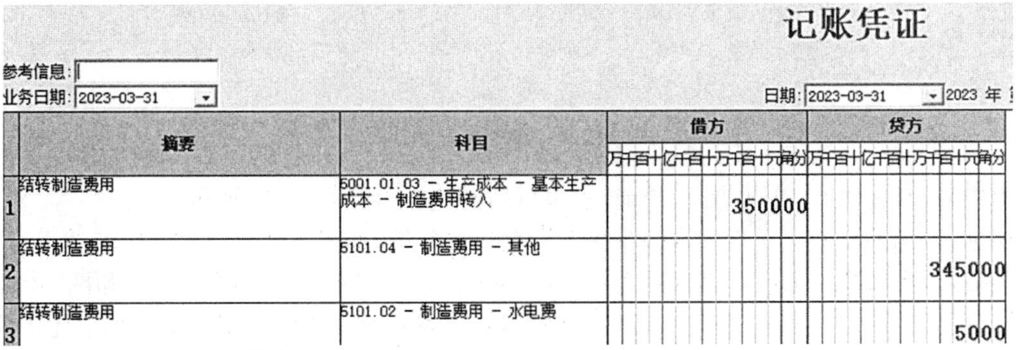

图 13-34 费用分配单

随堂思考

在存货核算系统生成的结转制造费用凭证,如图 13-34 所示,与在模块 5 中设置公式生成或者手工录入有什么区别?

提示:启用了业务系统后,业务系统所完成的单据必须在存货核算系统生成凭证;反之,可以在账务处理系统中生成或者手工录入。

活动 13.2.4　生成采购管理系统凭证

一、知识链接

参考活动 13.2.1。

二、岗位任务

2023 年 3 月 31 日,将采购管理系统中完成的任务按凭证模板生成凭证。

三、操作步骤

第一步,修改系统日期为"2023 年 3 月 31 日",使用"陈婕"的身份登录,点击【存货核算】→【业务生成凭证】,系统弹出进行存货出入库核算的提示,点击【确定】按钮。

第二步,参考本任务的其他活动,选择【采购发票-赊购】,点击【重设】按钮,系统弹出"过滤"窗口,点击【确定】按钮,系统进入"采购发票-赊购"界面,选择"发票号码 ZPOF000001",点击【生成凭证】按钮,如图 13-35 所示。

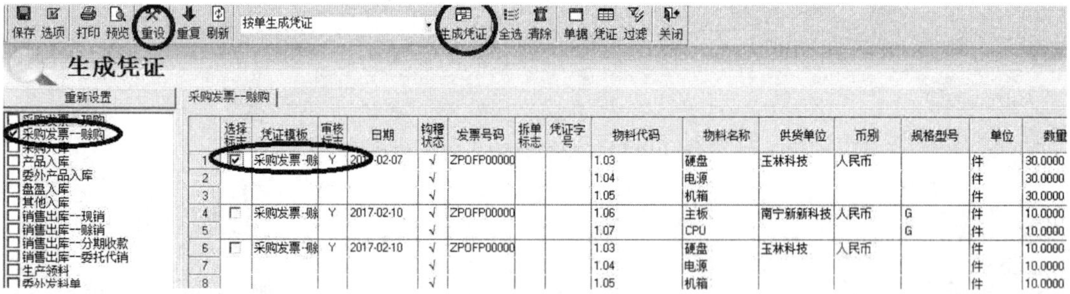

图 13-35　采购发票-赊购

第三步,系统进入"凭证修改"界面,点击【保存】按钮,如图 13-36 所示。

第四步,用同样的方法将剩余两张采购发票生成凭证,如图 13-37 和图 13-38 所示。

第五步,用同样的方法生成采购入库凭证,如图 13-39、图 13-40、图 13-41 和图 13-42 所示,其中图 13-39、图 13-40、图 13-41 的贷方科目需修改成"1402 在途物资",点击【外币】按钮,单价和数量即可显示出来,图 13-42 还需要设置应付账款的核算项目为"南宁高科"。

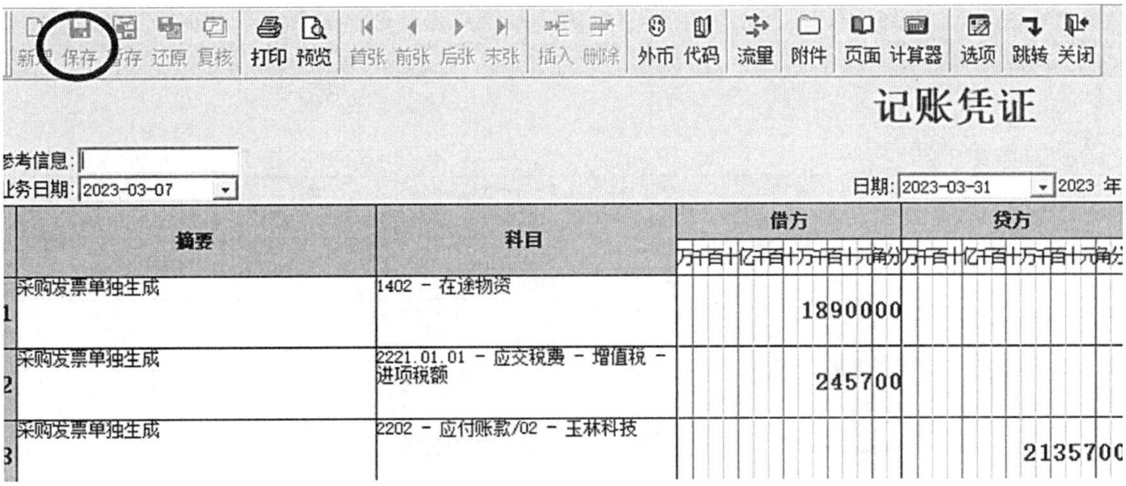

图 13-36　采购发票-赊购

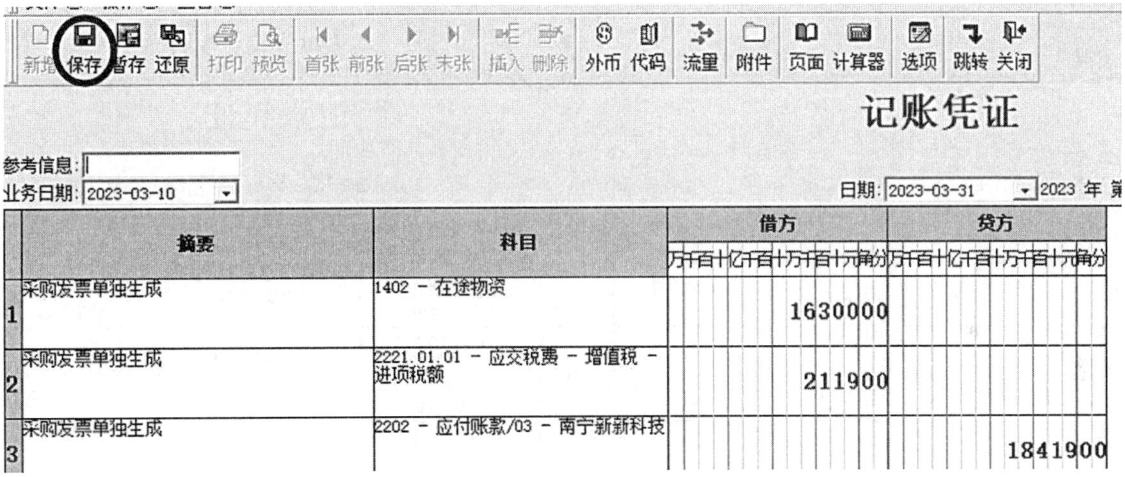

图 13-37　采购发票-赊购

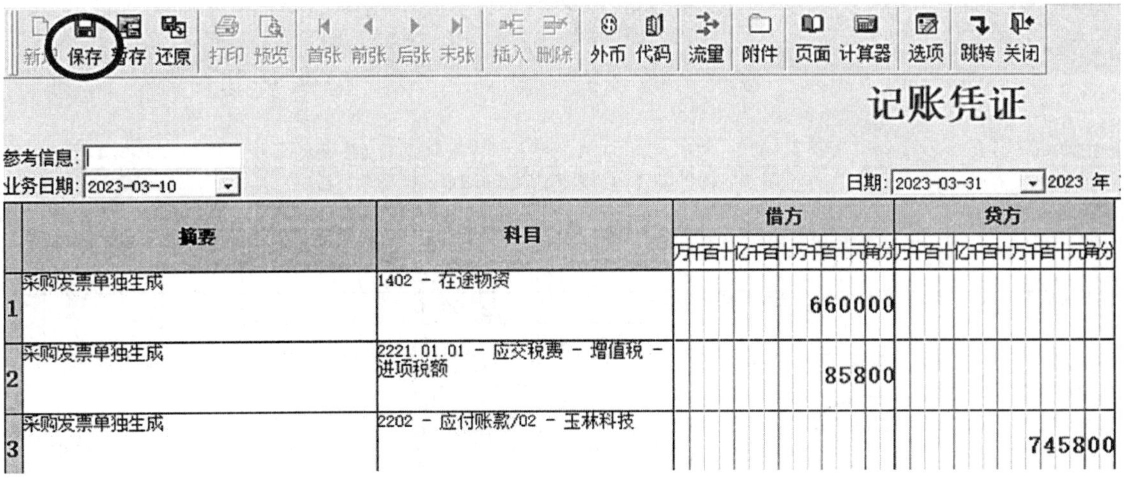

图 13-38　采购发票-赊购

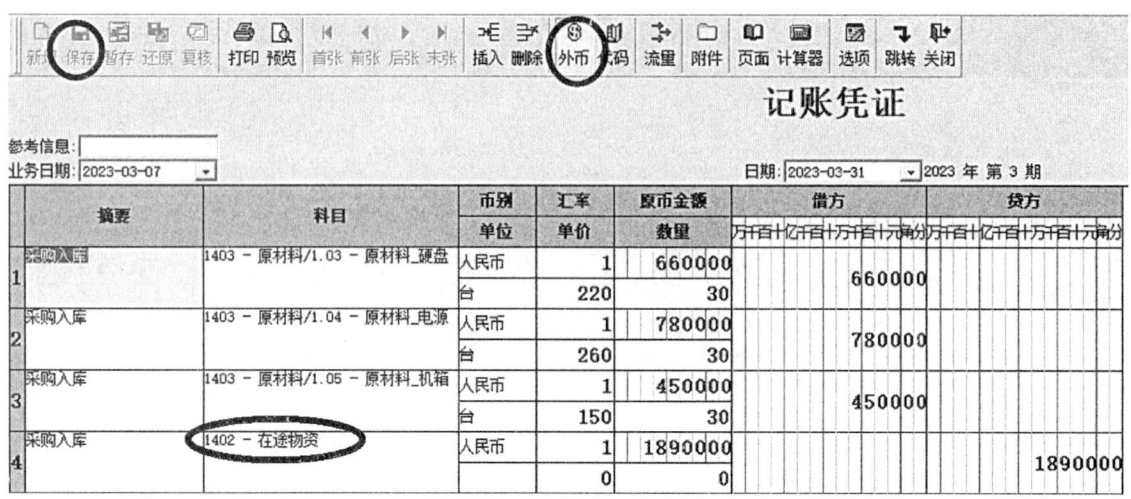

图 13-39 采购入库

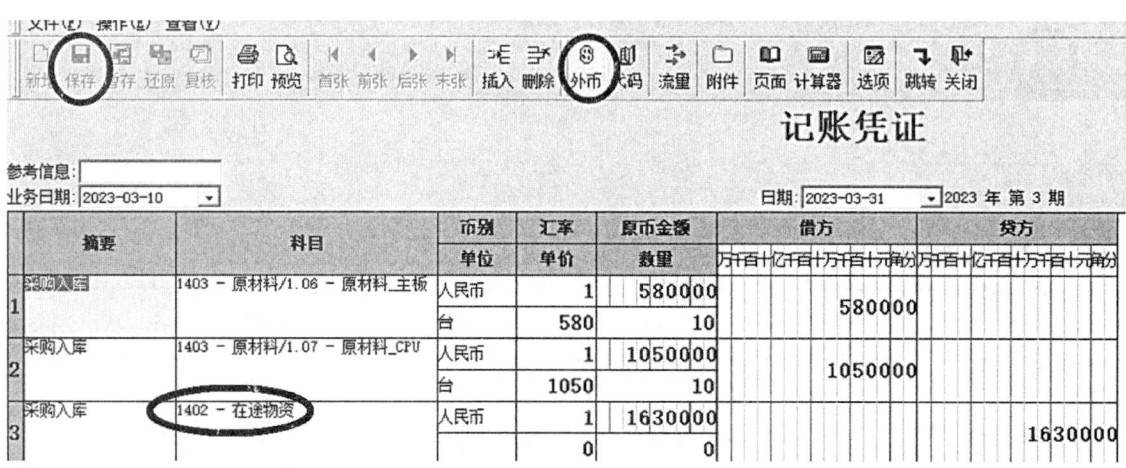

图 13-40 采购入库

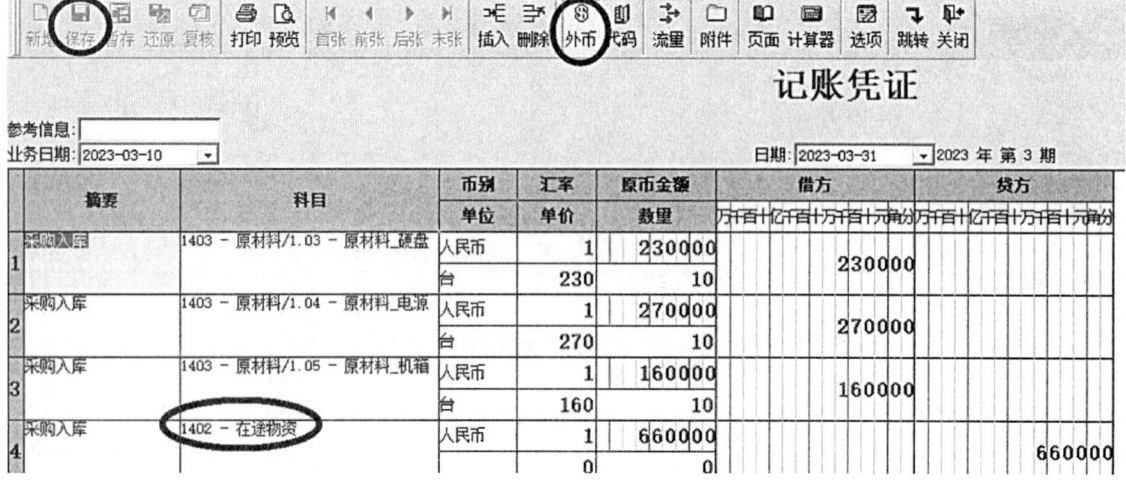

图 13-41 采购入库

图 13-42　采购入库

> **随堂思考**
>
> 采购发票-赊购和采购入库生成的凭证可以是汇总凭证吗？
>
> 提示：采购发票-赊购可以选择【所有选择单据生成汇总凭证】，前 3 张采购入库单可以选择【所有选择单据生成汇总凭证】，最后 1 张采购入库单是暂估入库，最好不要合并制单，它的贷方是"应付账款"，后续还需要回冲。

活动 13.2.5　生成仓存管理系统凭证

一、知识链接

参考活动 13.2.1。

二、岗位任务

2023 年 3 月 31 日，将仓存管理系统中完成的任务按凭证模板生成凭证。

三、操作步骤

第一步，参考本任务的其他活动，生成盘盈入库的凭证，如图 13-43 所示。

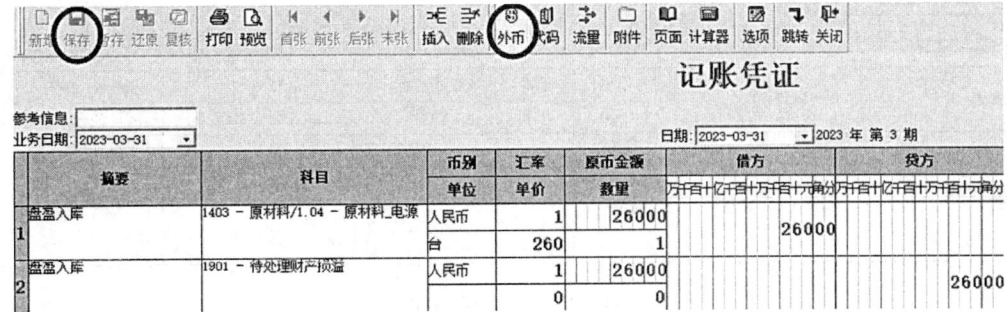

图 13-43　盘盈入库

第二步，生成完成其他入库的凭证，如图 13-44 所示。

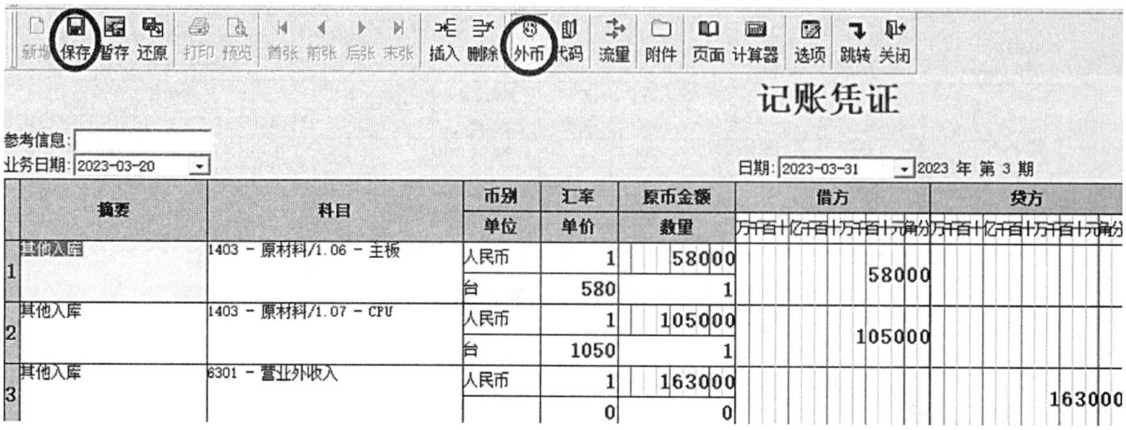

	摘要	科目	币别 / 单位	汇率 / 单价	原币金额 / 数量	借方	贷方
1	其他入库	1403 - 原材料/1.06 - 主板	人民币	1	58000	58000	
			台	580	1		
2	其他入库	1403 - 原材料/1.07 - CPU	人民币	1	105000	105000	
			台	1050	1		
3	其他入库	6301 - 营业外收入	人民币	1	163000		163000
				0	0		

图 13-44 其他入库

第三步，生成其他出库的凭证，如图 13-45 所示。

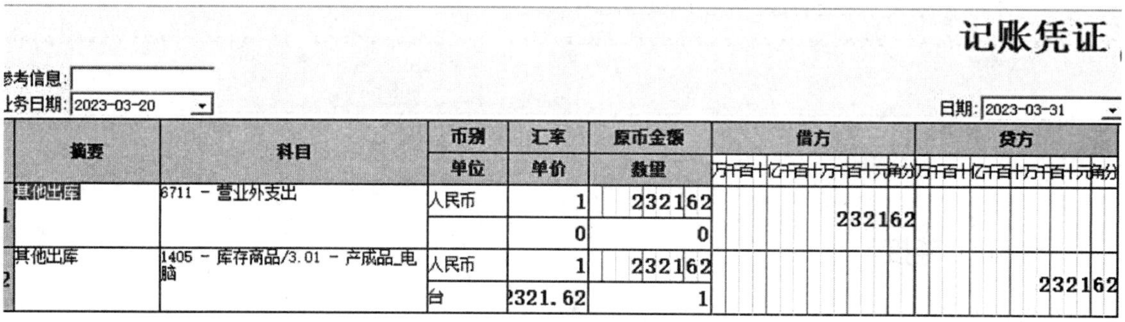

	摘要	科目	币别 / 单位	汇率 / 单价	原币金额 / 数量	借方	贷方
1	其他出库	6711 - 营业外支出	人民币	1	232162	232162	
				0	0		
2	其他出库	1405 - 库存商品/3.01 - 产成品_电脑	人民币	1	232162		232162
			台	2321.62	1		

图 13-45 其他出库

第四步，生成盘亏毁损的凭证，如图 13-46 所示。

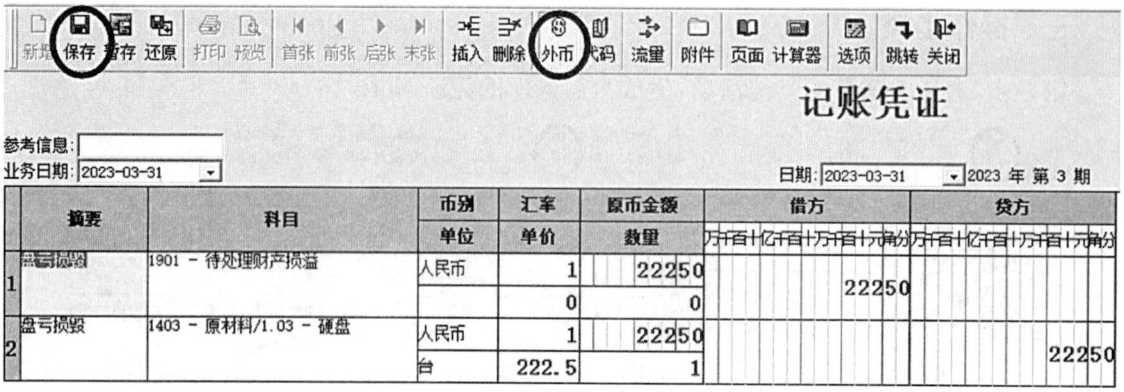

	摘要	科目	币别 / 单位	汇率 / 单价	原币金额 / 数量	借方	贷方
1	盘亏损毁	1901 - 待处理财产损益	人民币	1	22250	22250	
				0	0		
2	盘亏损毁	1403 - 原材料/1.03 - 硬盘	人民币	1	22250		22250
			台	222.5	1		

图 13-46 盘亏毁损

随堂思考

盘亏毁损的账务处理不记入损益类科目吗?

提示:可以先转入"待处理财产损溢"科目,待管理层作出决策后,再记入损益类科目或者其他相关科目。

活动 13.2.6　生成销售管理系统凭证

一、知识链接

参考活动 13.2.1。

二、岗位任务

2023 年 3 月 31 日,将销售管理系统中完成的任务按凭证模板生成凭证,要求合并生成汇总凭证。

三、操作步骤

第一步,参考本任务的其他活动,同时选择单据编号"XOUT000001"和"XOUT000002",再选择【所有选择单据生成汇总凭证】,点击【生成凭证】按钮,如图 13-47 所示。生成"销售出库-赊销"的凭证,如图 13-48 所示。

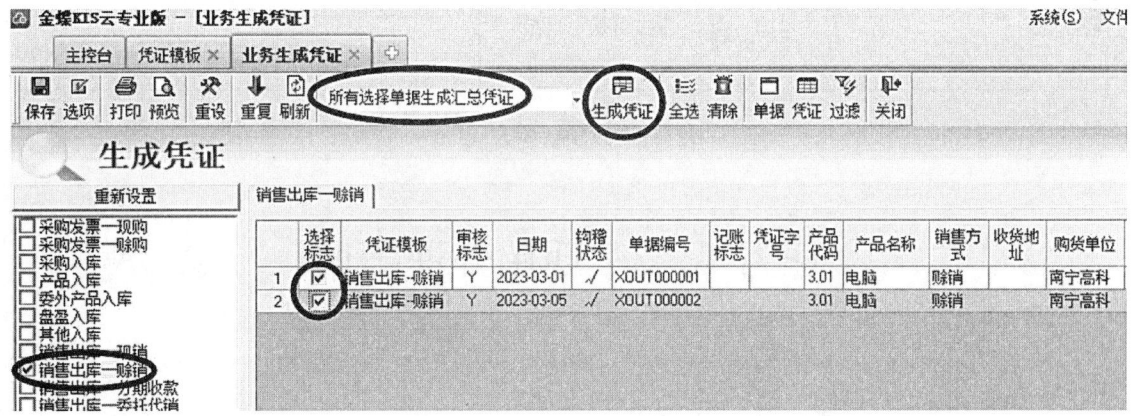

图 13-47　生成凭证

第二步,生成"销售收入-赊销"的凭证,如图 13-49 所示。

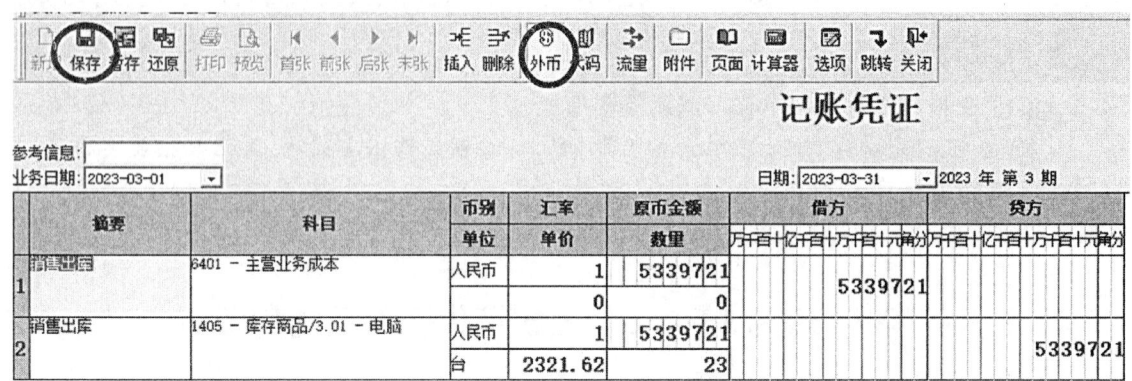

图 13-48 销售出库-赊销

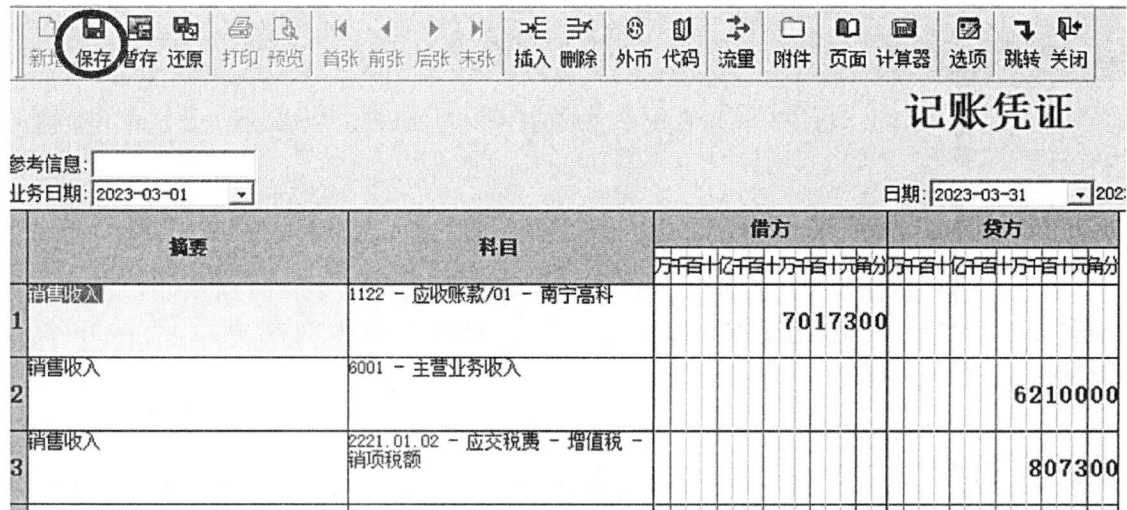

图 13-49 销售收入-赊销

任务 13.3　期末处理事项

活动 13.3.1　期末业务关账

一、知识链接

期末业务关账是指不允许再进行本期出入库单据、成本调整单的录入、修改等操作。

二、岗位任务(无)

活动 13.3.2 业务与总账对账

一、知识链接

与总账对账是为了确保业务系统中的存货发生额和余额，和账务处理系统中存货的发生额和余额一致。

二、岗位任务

(1) 完成活动 5.2.1 凭证整理及其他期末处理事项。

(2) 然后完成仓存和总账对账，如有差异，找出原因并调整。

三、操作步骤

第一步，使用“苏眉”身份登录，完成活动 5.2.1 期末其他处理事项的岗位任务。

第二步，点击【存货核算】→【业务与总账对账】，系统弹出过滤窗口，点击【确定】，如图 13-50 所示。

图 13-50 过滤窗口

第三步，系统进入“仓存与总账对账单”界面，如图 13-51 所示。

会计期间	存货明细科目代码	存货明细科目名称	仓存期初余额	总账期初余额	期初差额	仓存本期收入	总账借方发生额	收入差额	仓存本期发出	总账贷方发生额	发出差额	仓存期末余额	总账期末余额	期末差额
2023.3	1403	原材料	172,600.00	172,600.00		57,690.00	57,690.00		49,868.24	49,868.24		180,421.76	180,421.76	
2023.3	1405	库存商品	66,000.00	66,000.00		57,045.74	57,045.74		55,718.83	55,718.83		67,326.91	67,326.91	
2023.3		小计	238,600.00	238,600.00		114,735.74	114,735.74		105,587.07	105,587.07		247,748.67	247,748.67	

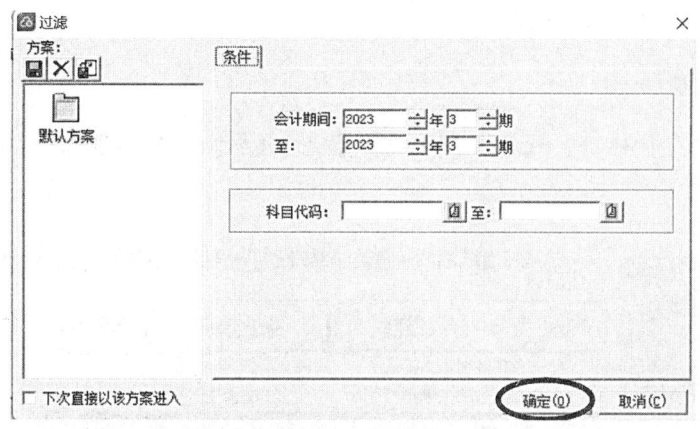

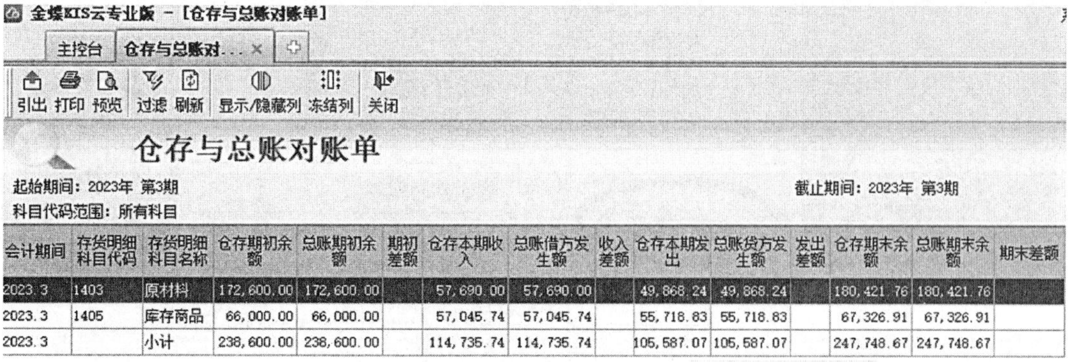

图 13-51 仓存与总账对账

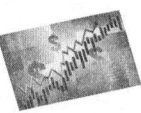

> **随堂思考**
> 如果图 13-51 有差额,是什么原因造成的?
> 提示:第一,有可能是业务系统还有单据没有生成凭证,如有暂估回冲后没有生成外购入库凭证;第二,有可能是本应在业务系统生成的凭证却在总账直接录入;第三,有可能是业务系统生成凭证后,修改凭证上的总金额。

活动 13.3.3　业务期末结账

一、知识链接

本期业务系统全部处理完毕后,可以进行结账,结账完毕才能进入下一期间的相关业务处理。

二、岗位任务

由苏眉完成本期业务系统结账。

三、操作步骤

第一步,点击【存货核算】→【业务期末结账】,点击【结账前检查】按钮,如图 13-52 所示。

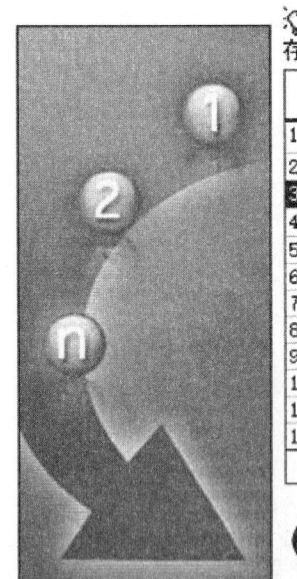

图 13-52　存货系统期末结账

第二步，系统弹出"期末结账检查"窗口，窗口中所有"是否可结账"栏都显示"√"，点击【关闭】按钮，如图13-53所示。

序号	检查项	是否可结账	查看明细
1	本期未审核的库存单据	√	
2	本期已审核未生成凭证的库存单据	√	
3	本期单价或金额不正确的库存单据	√	
4	本期未审核凭证对应的库存单据	√	
5	本期未审核的生产任务单据	√	
6	本期未审核的委外加工单据	√	
7	本期未审核委外加工费用单	√	
8	本期未审核的费用分摊单据	√	
9	本期未审核的收款单据	√	
10	本期未审核的付款单据	√	
11	本期未审核的核销单据	√	
12	本期未审核的其他收款单据	√	
13	本期未审核的其他付款单据	√	
14	不能确定单价序时簿	√	
15	本期未生成凭证的收款单据	√	
16	本期未生成凭证的付款单据	√	
17	本期未生成凭证的核销单据	√	
18	本期未生成凭证的其他收款单据	√	
19	本期未生成凭证的其他付款单据	√	
20	本期未生成凭证的费用分摊单据	√	
21	本期未生成凭证的委外加工费用单据	√	
22	本期未审核的盘点单据	√	
23	本期未审核的组装拆卸单据	√	

图13-53 期末结账检查

随堂思考

如果期末结账检查中有"是否可结账"栏下方有的单据没显示"√"，该如何处理？

提示：还要继续根据提示检查和处理，不能立刻结账。

第三步，系统回到存货系统"期末结账"窗口，点击【下一步】按钮，系统弹出确定结账的信息提示，点击【确定】按钮，如图13-54所示。

第四步，系统弹出"结账处理完毕"窗口，点击【完成】按钮，这时系统右下角存货核算期间是"2023年第3期"，如图13-55所示。

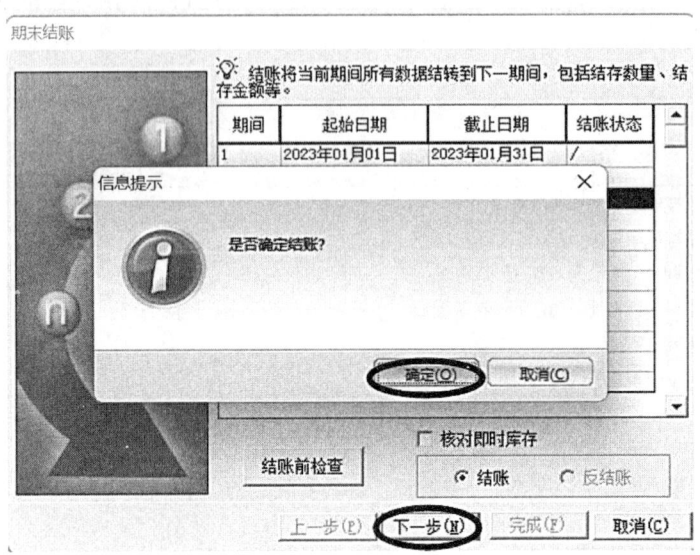

图 13-54　确定结账

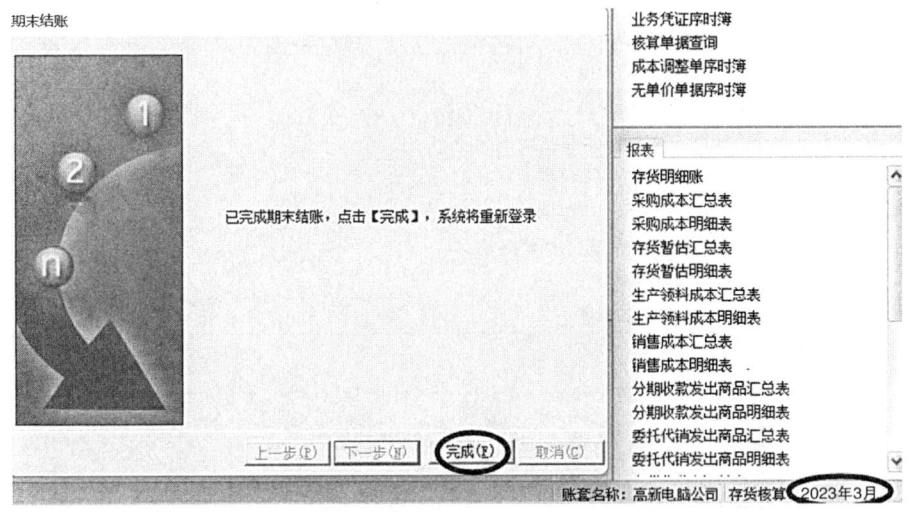

图 13-55　存货系统结账完成

 随堂思考

结账后如果发现之前操作有错误怎么办？

提示：可以使用反结账功能回到 2017 年第 2 期。

第五步，系统自动退出，并弹出"系统登录"窗口，如图 13-56 所示，点击【确定】按钮。再次登录"存货核算"界面，系统右下角存货核算期间变为"2023 年第 4 期"，如图 13-57 所示。

图 13-56 重新登录

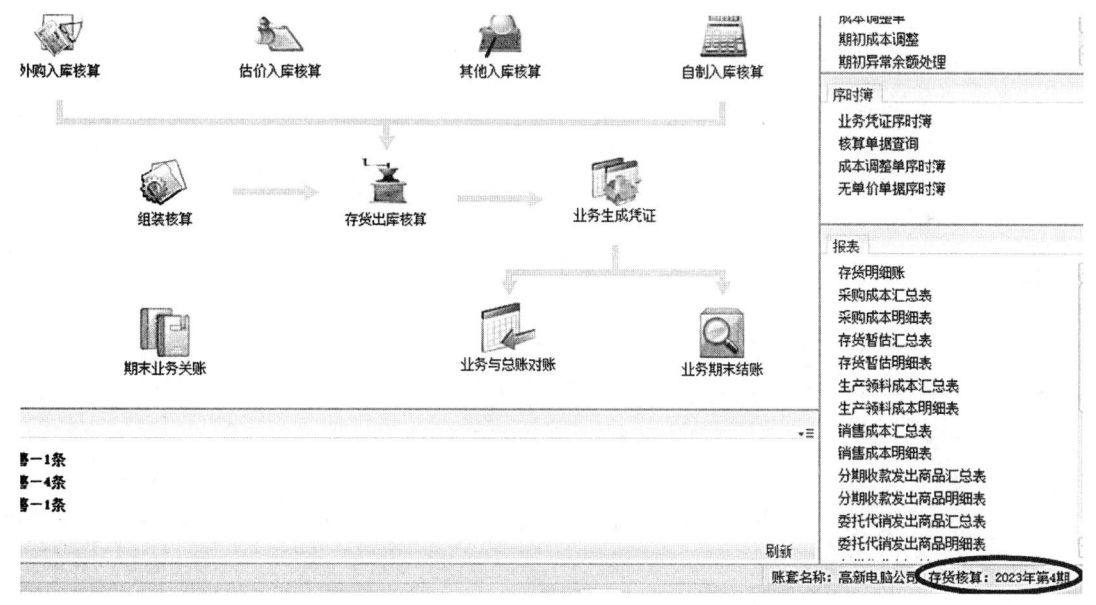

图 13-57 存货核算期间变化

模 块 测 试

参考答案

一、单项选择题

1. （　　）是用于查询选定会计期间外购入库明细情况的报表。
   A. 存货明细表　　　　　　　　　B. 采购成本明细表
   C. 销售毛利润汇总表　　　　　　D. 采购成本汇总表

2. 所有购销存系统中,业务单据的反审核快捷键是( )。
A. "Shift"+"F7"   B. "Shift"+"F4"   C. "Ctrl"+"F4"   D. "Ctrl+F7"

二、多项选择题

1. 金蝶 KIS 软件中,存货入库核算包含( )。
A. 外购入库核算   B. 暂估入库估价
C. 其他入库核算   D. 自制入库核算

2. 自制入库核算主要针对产品入库单无关联( )时使用,因为关联两种以上两种单据时,可以直接在生产管理系统下的生产成本功能中核算。
A. 生产任务单   B. 生产领料单
C. 产品入库单   D. 费用分摊单

3. 存货核算系统与总账对账不平,可能的原因有( )。
A. 仓库单据未全部生成凭证。
B. 凭证模板设置不正确
C. 存货收发未与存货科目借贷相对应
D. 总账中有直接录入的涉及存货科目的凭证

4. 存货核算系统期末结账前,需要检查是否存在( )。
A. 未审核仓存单据
B. 金额为零的出入库单据
C. 未生成凭证的核算单据
D. 未生成凭证的应收应付单据

5. 在存货核算系统中,可以生成( )销售管理系统相关单据的凭证。
A. 销售出库-赊销   B. 销售收入-分期收款发出
C. 销售出库-委托代销   D. 销售收入-现销

三、判断题

1. 暂估是一种估价行为,暂估的单据必须回冲。 ( )
2. 存货核算中的暂估入库单据是接受仓存管理中的未钩稽的采购发票单据,所以只有外购入库单经审核后,才能在存货核算中进行入库成本的核算。 ( )

四、业务题

1. 参考活动 13.1.2,使用"蒋园"的身份登录,2022 年 11 月 30 日,收到天津中大发来的 B 材料 1 000 千克,在"硕通科技 2022"账套中先录入采购入库单,再进行估价入账核算,估价为 202 元/千克。

2. 参考活动 13.1.3,使用"蒋园"的身份登录,在"硕通科技 2022"账套中核算天津威振科技发来的样品 B 材料,重量为 1 千克,参考期初 B 材料价格。

3. 参考 13.1.4,使用"蒋园"的身份登录,在"硕通科技 2022"账套中核算本期所有存货出库成本。修改第一张采购入库单贷方科目为:在途物资—A 材料。

4. 参考活动 13.2.1,使用"蒋园"的身份登录,在"硕通科技 2022"账套中将采购系统中完成的任务按凭证模板生成凭证。

5. 参考活动 13.2.2,使用"蒋园"的身份登录,在"硕通科技 2022"账套中将仓存管理系统中完成的任务按凭证模板生成凭证。

6. 参考活动 13.2.3,使用"蒋园"的身份登录,在"硕通科技 2022"账套中将销售管理系统中完成的任务按凭证模板生成凭证。回到【仓库管理】—出库类单据序时簿修改单价为 500 元。

7. 参考活动 13.3.2,使用"蒋园"的身份登录,在"硕通科技 2022"账套中完成仓存和总账对账,即业务系统与账务处理系统的对账,如有差异,找出原因并调整。

8. 参考活动 13.3.3,使用"蒋园"的身份登录,在"硕通科技 2022"的账套中完成本期业务系统结账。

模块 14

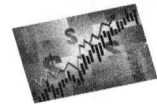

出 纳 管 理

【考核目标】
1. 认知现金日记账、现金盘点单和现金对账的作用和功能。
2. 认知银行存款日记账、银行对账单、银行存款对账、银行存款与总账对账的作用和功能。
3. 认知支票管理的作用和功能。
4. 认知出纳结账的作用和功能。

【实践目标】
1. 掌握现金日记账、现金盘点单和现金对账的操作。
2. 掌握银行存款日记账、银行对账单、银行存款对账、银行存款与总账对账的操作。
3. 掌握支票管理的操作。
4. 熟练找出对账不一致原因,掌握出纳结账的操作。
5. 掌握出纳管理单据和报表查询的操作。

【思政目标】
1. 培养学生细致、谨慎、有条不紊的财经专业素质。
2. 加深学生对不相容职务相分离原则的理解,引导学生深刻认知会计工作岗位职责的重要性和严肃性。
3. 培养学生严守纪律红线和法律底线的思想意识。

【知识点思维导图】

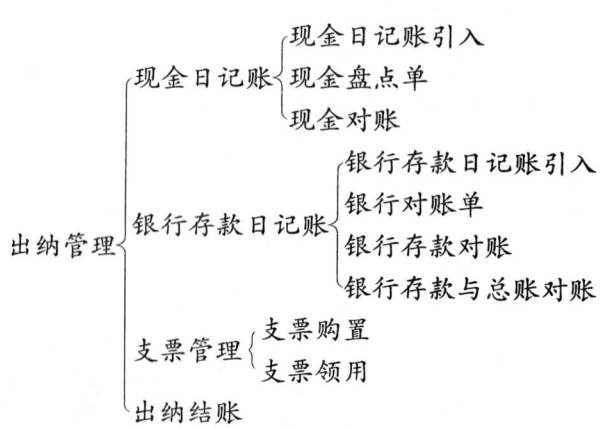

思政案例

在财务人员违纪违法典型案例中,不乏自以为有财会知识背景、具备经济头脑的人,企图"借鸡生蛋",将挪用、贪污的公款用于炒股、购买理财产品、投资实业等,结果却"鸡飞蛋打",得不偿失。

浙江省永康市下园朱农贸综合市场开发服务部原出纳胡春洁以发工资、退押金、退摊位费等名义,先后12次挪用单位资金2 074万余元用于投资,亏损高达1 800多万元,到案发时单位账户中只剩下200多万元。

为了炒股,中共建德市委统战部原部务会议成员兼会计咸秀娟采取蚂蚁搬家的方式,先后83次作案,单笔金额从千余元到十万元不等。她将128万余元公款放进了自己的口袋,为了骗取1 000元的慰问金,甚至不惜编造同事亲人去世、生病住院的谎言。

因沉迷网络炒股,湖南省吉首市新兴城乡公路建设投资有限责任公司原出纳彭某花7个月挪用公款776.52万元用于网络平台投资。当她想回收资金时,相关平台均以各种借口拒绝让她取钱。直到报案后她才意识到,那些网络平台都是虚拟平台,自己遇到的其实是典型的网络诈骗。

有的财务人员一门心思指望"天上掉馅饼",深陷赌博的泥沼,赌徒心理驱使他们一次次铤而走险,将手伸向了公款。例如,湖南省常德市国土资源局武陵区分局京副股长兼出纳姚正斌在两年多的时间里挪用公款4 484.83万元用于网络赌博,却输得一无所有。因犯挪用公款罪,姚正斌被判处有期徒刑12年。

资料来源:https://wenku.baidu.com/view/1e1e407fbd1e650e52ea551810a6f524ccbfcb0a.html?_wkts_=1669878828018&bdQuery=%E5%87%BA%E7%BA%B3%E6%A1%88%E4%BE%8B。

问题: 通过对案例的分析与讨论,你从中得到何种警示教育?结合出纳管理系统银行存款的操作,谈谈你对会计工作岗位职责的重要性和严肃性的理解。

任务14.1 现金日记账

活动14.1.1 现金日记账引入

一、知识链接

现金日记账新增有两种方式:第一种是手工录入;第二种是从总账中"引入"数据。

二、岗位任务

(1)设置新进出纳赵小颖人员信息、出纳管理权限和全部查询权限。
(2)从总账引入本期现金日记账。

三、操作步骤

第一步,使用"苏眉"身份登录,参考活动3.1.5核算项目和活动3.1.7用户管理设置出纳人员信息、管理权限、账务处理查询及基础资料查询权限。

第二步,使用"赵小颖"的身份登录,点击【出纳管理】→【现金日记账】,系统弹出"现金日记账"窗口,选择科目"1001.01 人民币",点击【确定】按钮,系统进入"现金日记账"窗口,点击【引入】按钮,如图 14-1 所示。

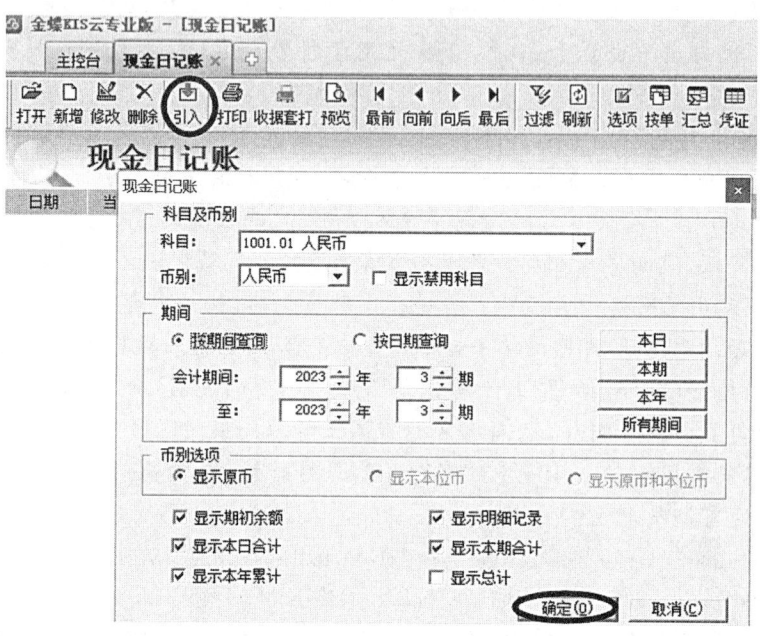

图 14-1　日记账过滤条件

第三步,点击【引入】按钮,系统弹出"引入日记账"窗口,选择科目"1001.01 人民币-人民币"和期间模式"引入本期所有凭证",保持默认设置,点击【引入】按钮,如图 14-2 所示。

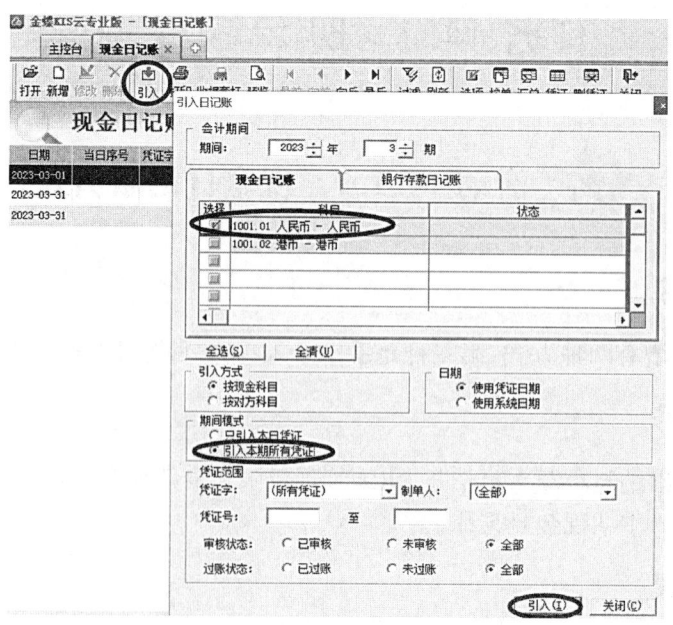

图 14-2　引入日记账

第四步，系统弹出引入现金日记账完毕提示，点击【确定】按钮，再点击"引入日记账"窗口中的【关闭】按钮，这时现金日记账发生变化，如图14-3所示。

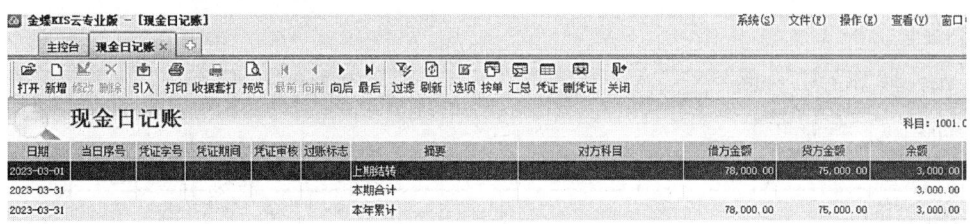

图 14-3　现金日记账

活动 14.1.2　现金盘点单

一、知识链接

现金盘点单用于记录现金盘点的数据，盘点时间可以是每日出纳工作结束时，也可以是月末，还可以是其他不定期的时间。

二、岗位任务

2023年3月31日，剩余库存现金29张100元和2张50元，录入现金盘点单，要求全部录进尾款数。

三、操作步骤

第一步，使用"赵小颖"的身份登录，点击【出纳管理】→【现金盘点单】，系统进入"现金盘点单"界面，点击【新增】按钮，如图14-4所示。

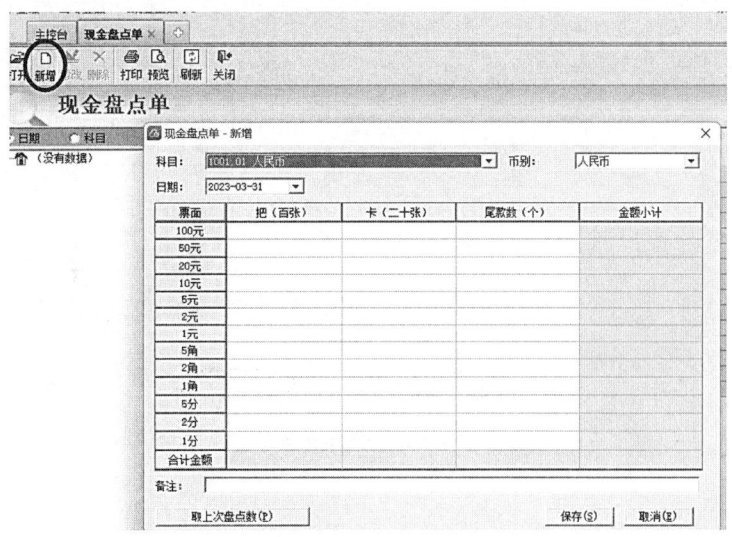

图 14-4　现金盘点单

第二步，系统弹出"现金盘点单-新增"窗口，选择日期"2023年3月31日"，输入100元的尾款数"29"，输入50元的尾款数"2"，点击【保存】按钮，如图14-5所示。

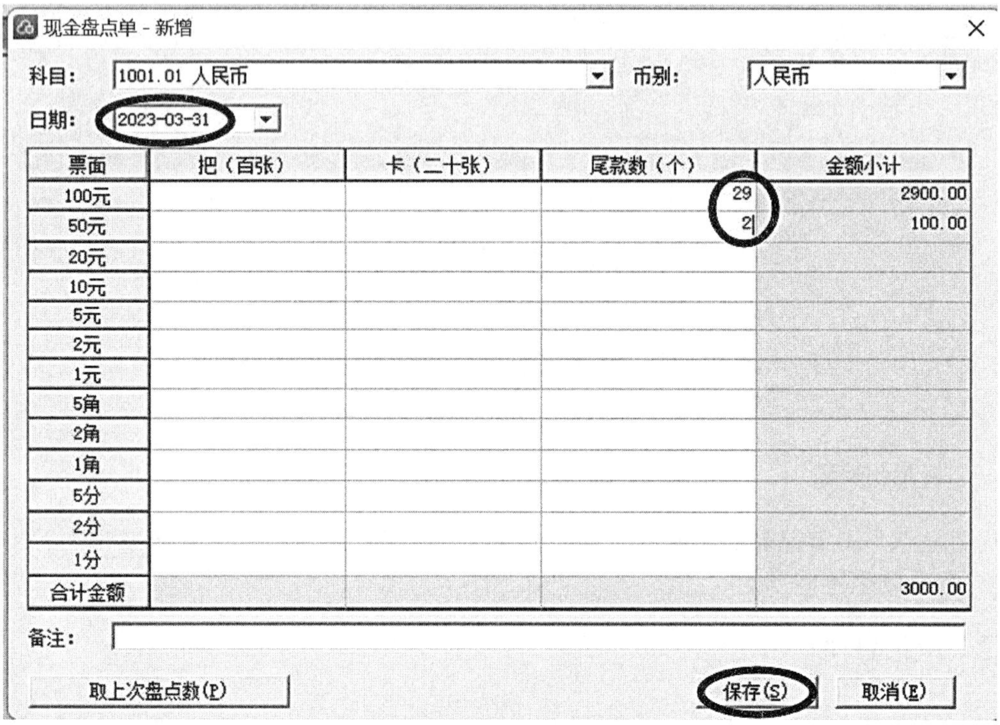

图 14-5 现金盘点单-新增

第三步，系统回到"现金盘点单"界面，如图14-6所示。

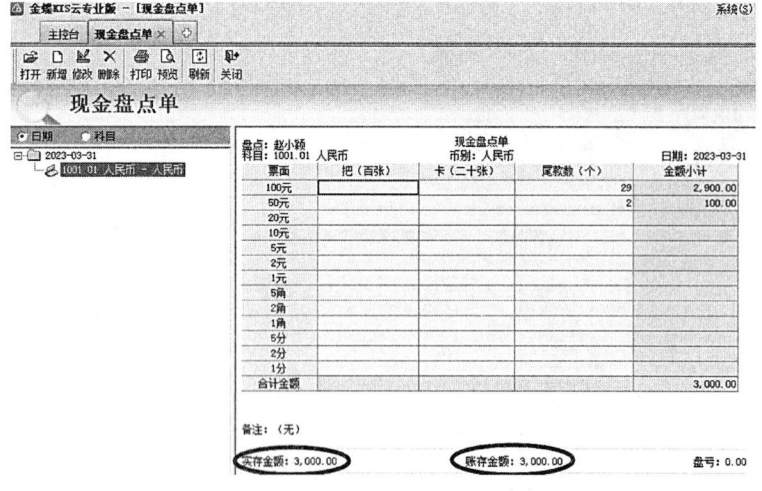

图 14-6 现金盘点单

活动 14.1.3 现金对账

一、知识链接

现金对账用于出纳管理系统和总账系统中现金发生额和现金余额的核对,同时生成对账表。

二、岗位任务

2023 年 3 月 31 日,将本期总账系统和出纳管理系统的现金本期借、贷方发生额和期末余额进行对账。

三、操作步骤

第一步,使用"赵小颖"的身份登录,点击【出纳管理】→【现金对账】,系统进入"现金对账"界面,并弹出"现金对账"窗口,点击【确定】按钮,如图 14-7 所示。

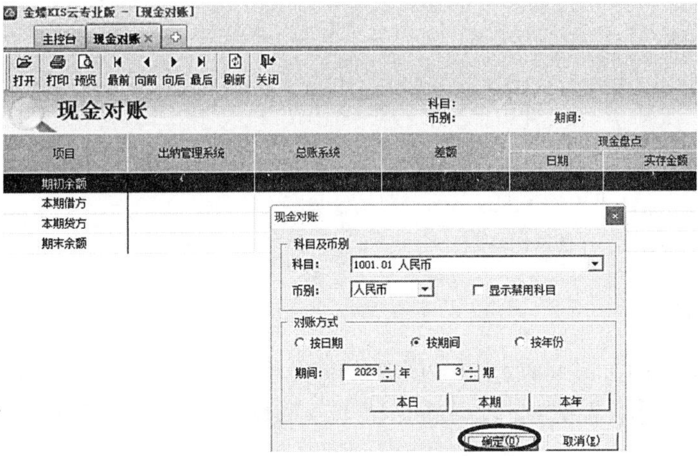

图 14-7 现金对账

第二步,系统显示现金对账结果,如图 14-8 所示。

图 14-8 现金对账

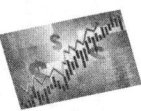

> **随堂思考**
>
> 现金对账有差额,是什么原因?
>
> 提示:本期业务处理中,先从账务处理系统中引入库存现金数据至出纳管理系统,然后在账务处理系统中录入新的涉及库存现金的凭证,就会造成数据的差额,这时可以考虑重新引入。银行存款与总账对账有差额,同理。

任务 14.2 银行存款日记账

 ### 活动 14.2.1 银行存款日记账引入

一、知识链接

银行存款日记账新增有两种方式:第一种是手工录入;第二种是从总账中"引入"数据。

二、岗位任务

从总账引入本期银行存款日记账。

三、操作步骤

第一步,参考活动 14.1.1,使用"赵小颖"的身份登录,点击【出纳管理】→【银行存款日记账】,分别引入银行存款日记账-交行高新支行 655 和银行存款日记账-中行高新支行 588,如图 14-9 和图 14-10 所示。

凭证字号	凭证期间	凭证审核	过账标志	摘要	对方科目	结算方式	结算号	借方金额	贷方金额	余额
				上期结转				626,430.00	395,000.00	231,430.00
记-2	2023年3期	√	√	许雄报销业务招待费	6602.02 管理费用-业务招待费	电汇	DHD02		452.00	230,978.00
				本日合计					452.00	230,978.00
记-3	2023年3期	√	√	支付吕增报销差旅费和车间水电费	5101.04 制造费用-其他	电汇	DHD03		3,750.00	227,228.00
记-4	2023年3期	√	√	支付2月应交增值税、城市维护建	2221.02 应交税费-未交增值税	电汇	DHD04		22,000.00	205,228.00
记-5	2023年3期	√	√	支付2月工资	2211 应付职工薪酬	支票	ZP001		25,000.00	180,228.00
				本日合计					50,750.00	180,228.00
记-6	2023年3期	√	√	购入固定资产	1601.01 固定资产-交通工具	支票	ZP002		65,540.00	114,688.00
记-7	2023年3期	√	√	出售固定资产	1601.01 固定资产-交通工具	电汇	DHD05	4,746.00		119,434.00
记-7	2023年3期	√	√	出售固定资产	1602 累计折旧	支票	ZP003		50.00	119,384.00
记-10	2023年3期	√	√	收款	1122 应收账款/01-南宁高科	电汇	DHD06	250,000.00		369,384.00
记-11	2023年3期	√	√	预付单	1123 预付账款/02-玉林科技	电汇	DHD07		15,000.00	354,384.00
记-13	2023年3期	√	√	收款结算	6051 其他业务收入	电汇	DHD08	600.00		354,984.00
				本日合计				255,346.00	80,590.00	354,984.00
				本期合计				255,346.00	131,792.00	354,984.00
				本年累计				881,776.00	526,792.00	354,984.00

图 14-9 银行存款日记账

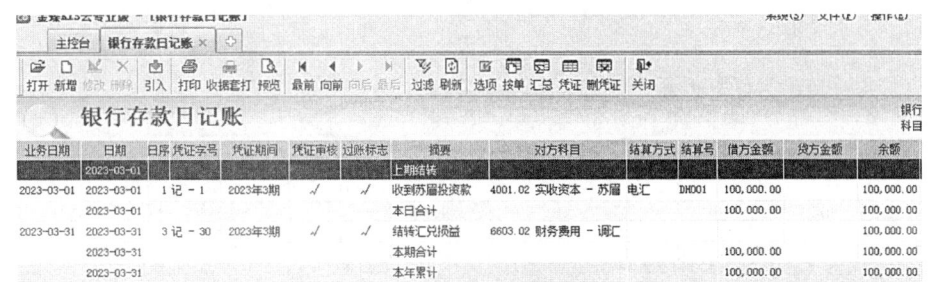

图 14-10 银行存款日记账

活动 14.2.2 银行对账单

一、知识链接

银行对账单是在一定期间内银行与企业的收支情况表,即银行的日记账,用于核对企业的银行存款日记账。

二、岗位任务

录入银行对账单。交行高新支行 655 的银行对账单,如表 14-1 所示。

表 14-1　　　　　　　　　高新支行 655 银行对账单

日期	摘要	结算方式	结算号	借方金额	贷方金额
2023 年 3 月 3 日	报销差旅费	电汇	DH002	452.00	
2023 年 3 月 5 日	报销差旅费	电汇	DH003	3 750.00	
2023 年 3 月 5 日	扣 2 月税费	电汇	DH004	22 000.00	
2023 年 3 月 6 日	支付 2 月职工工资	支票	ZP001	25 000.00	
2023 年 3 月 16 日	购买固定资产	支票	ZP002	65 540.00	
2023 年 3 月 16 日	出售固定资产收益	电汇	DH005		4 746.00
2023 年 3 月 16 日	清理固定资产费用	支票	ZP003	50.00	
2023 年 3 月 17 日	出租固定资产收入	电汇	DH008		600.00
2023 年 3 月 17 日	预付货款	电汇	DH007	15 000.00	
2023 年 3 月 17 日	收到货款	电汇	DH006		250 000.00

三、操作步骤

第一步,使用"赵小颖"的身份登录,点击【出纳管理】→【银行对账单】,系统进入"银行对账单"界面并弹出"银行对账单"窗口,选择"1002.01 交行高新支行 655",点击【确定】按钮,如图 14-11 所示。

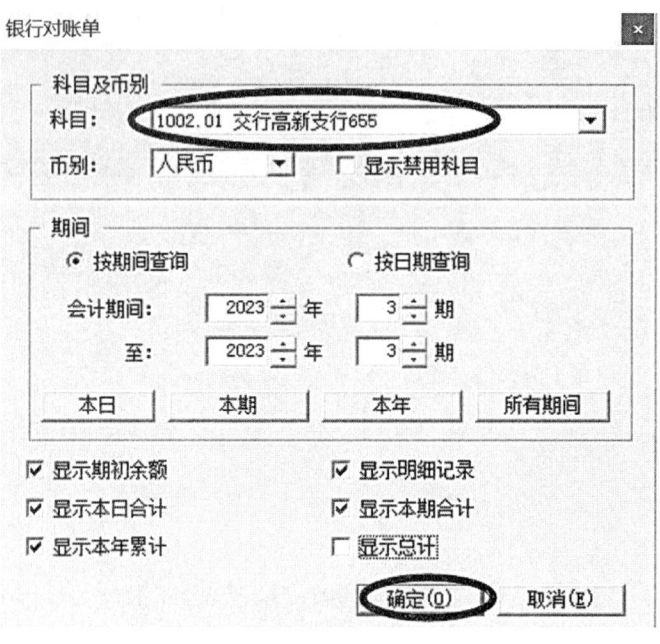

图 14-11 银行对账单

第二步,系统进入"银行对账单-新增"界面,点击【新增】按钮,如图 14-12 所示。

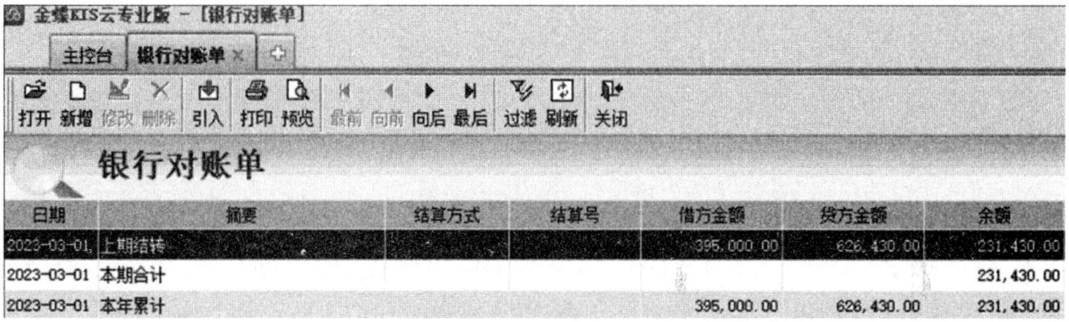

图 14-12 银行对账单

第三步,系统进入"银行对账单录入"界面,将表 14-1 的资料录入银行对账单,点击【保存】按钮,如图 14-13 所示。

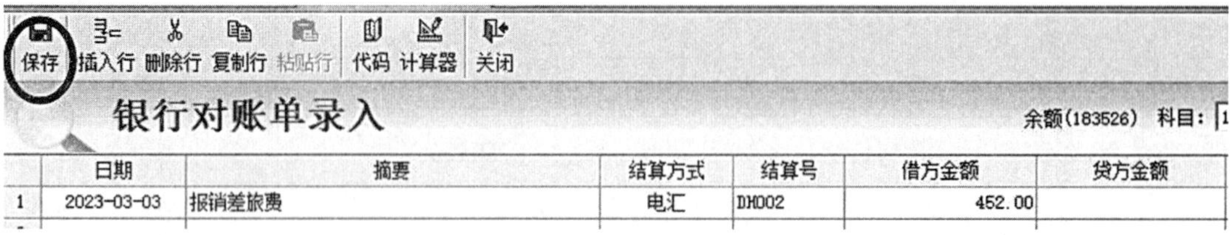

图 14-13 银行对账单录入

第四步,全部数据录入完毕后,系统回到"银行对账单"界面,这时系统显示第三步录入的全部数据,如图 14-14 所示。

日期	摘要	结算方式	结算号	借方金额	贷方金额	余额	勾对	勾对期间	制单人
2023-03-01	上期结转				395,000.00	628,430.00	231,430.00		
2023-03-03	报销差旅费	电汇	DH002	452.00		230,978.00	已勾对	2023年3期	赵小颖	手工录入
2023-03-03	本日合计			452.00		230,978.00			
2023-03-05	报销差旅费	电汇	DH003	3,750.00		227,228.00	已勾对	2023年3期	赵小颖	手工录入
2023-03-05	扣2月税费	电汇	DH004	22,000.00		205,228.00	已勾对	2023年3期	赵小颖	手工录入
2023-03-05	本日合计			25,750.00		205,228.00			
2023-03-06	支付2月职工工资	支票	ZP001	25,000.00		180,228.00	已勾对	2023年3期	赵小颖	手工录入
2023-03-06	本日合计			25,000.00		180,228.00			
2023-03-16	购买固定资产	支票	ZP002	65,540.00		114,688.00	已勾对	2023年3期	赵小颖	手工录入
2023-03-16	出售固定资产收益	电汇	DH005		4,746.00	119,434.00	已勾对	2023年3期	赵小颖	手工录入
2023-03-16	清理固定资产费用	支票	ZP003	50.00		119,384.00	已勾对	2023年3期	赵小颖	手工录入
2023-03-16	本日合计			65,590.00	4,746.00	119,384.00			
2023-03-17	出租固定资产收入	电汇	DH008		600.00	119,984.00	已勾对	2023年3期	赵小颖	手工录入
2023-03-17	预付货款	电汇	DH007	15,000.00		104,984.00	已勾对	2023年3期	赵小颖	手工录入
2023-03-17	收到货款	电汇	DH006		250,000.00	364,984.00	已勾对	2023年3期	赵小颖	手工录入
2023-03-17	本日合计			15,000.00	250,600.00	354,984.00			
2023-03-31	本期合计			131,792.00	255,346.00	354,984.00			
2023-03-31	本年累计			526,792.00	881,776.00	354,984.00			

图 14-14　银行对账单

活动 14.2.3　银行存款对账

一、知识链接

银行存款对账用于银行对账单和银行存款日记账的核对，它包括自动对账和手工对账两种方式。精确的自动对账前提条件是结算方式和结算号都必须录入在凭证内。

二、岗位任务

2023 年 3 月 31 日，将本期银行对账单和银行存款日记账（交行高新支行 655）进行手工核对。

三、操作步骤

第一步，使用"赵小颖"的身份登录，点击【出纳管理】→【银行存款对账】，系统弹出"银行存款对账"窗口，点击【确定】按钮，选择"1002.01 交行高新支行 655"，如图 14-15 所示。

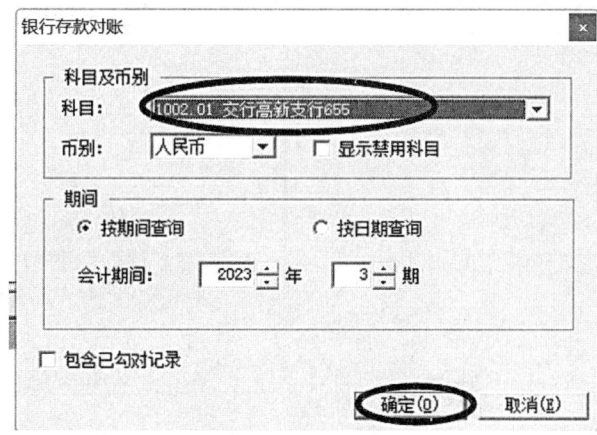

图 14-15　银行存款对账

第二步，系统进入"银行存款对账"界面，点击【设置】按钮，如图14-16所示。

图 14-16 银行存款对账

第三步，系统弹出"银行存款对账设置"窗口，选中【自动对账设置】选项卡，选择"结算方式相同"和"结算号相同"，点击【确定】按钮，如图14-17所示。系统弹出"自动对账完毕"窗口，点击【确定】，如图14-18所示。

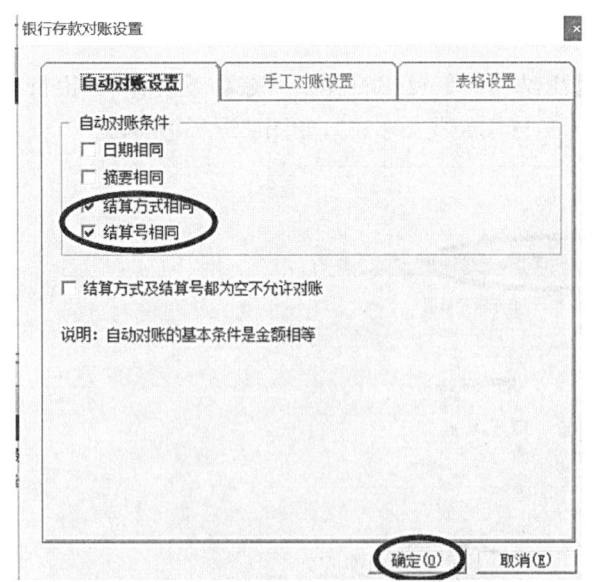

图 14-17 银行对账设置

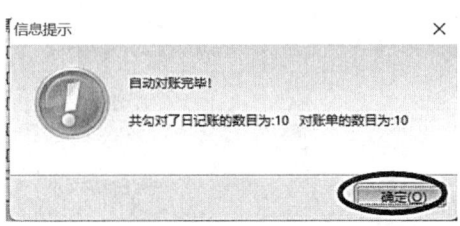

图 14-18 自动对账完毕

第四步，系统完成勾对后，如图 14-19 所示。

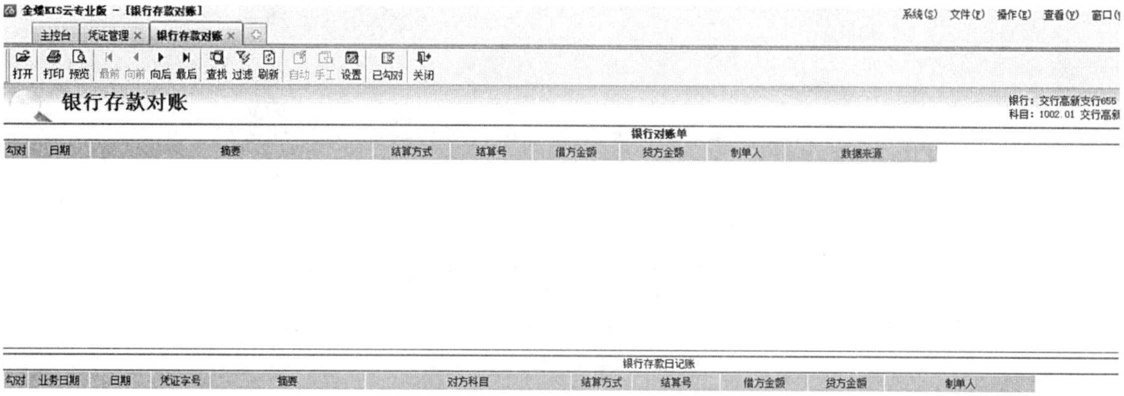

图 14-19　已勾兑记录列表

随堂思考

承接活动 14.2.3，已勾对的记录如何取消？

提示：点击图 14-19【已勾兑】按钮，进入"已勾对记录列表"，有"取消对账"按键。

活动 14.2.4　银行存款与总账对账

一、知识链接

银行存款与总账对账用于出纳管理系统和总账系统中银行存款发生额和现金余额的核对，并生成对账表。

二、岗位任务

2023 年 3 月 31 日，将本期总账系统和出纳管理系统的银行存款（交行高新支行 655）本期借、贷方发生额和期末余额进行对账。

三、操作步骤

第一步，使用"赵小颖"的身份登录，点击【出纳管理】→【银行存款与总账对账】，系统弹出"银行存款与总账对账"窗口，选择"1002.01 交行高新支行 655"，点击【确定】按钮，如图 14-20 所示。

第二步，系统显示银行存款对账结果，如图 14-21 所示。

第三步，用同样的方法将中行高新支行 588 进行对账，如图 14-22 所示。

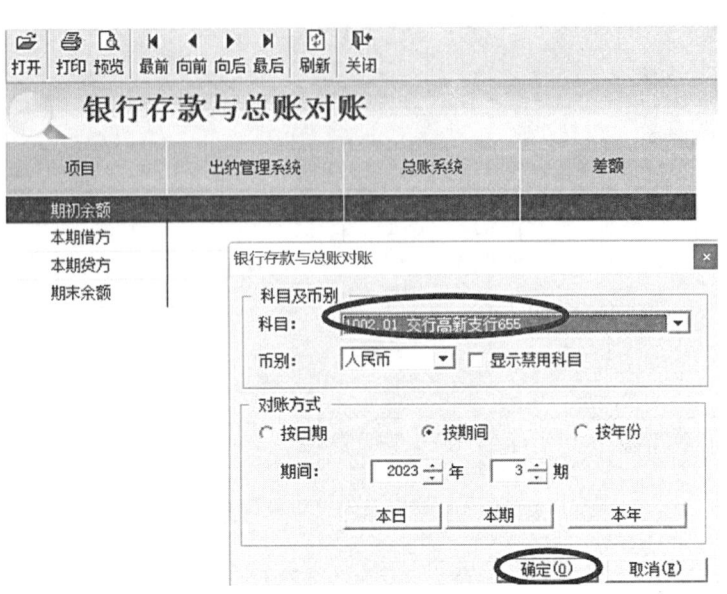

图 14-20 银行存款与总账对账

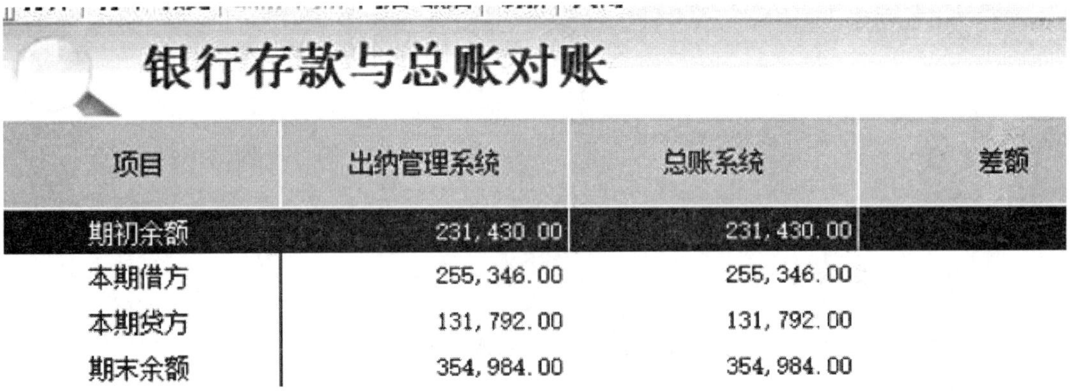

银行存款与总账对账

项目	出纳管理系统	总账系统	差额
期初余额	231,430.00	231,430.00	
本期借方	255,346.00	255,346.00	
本期贷方	131,792.00	131,792.00	
期末余额	354,984.00	354,984.00	

图 14-21 银行存款与总账对账

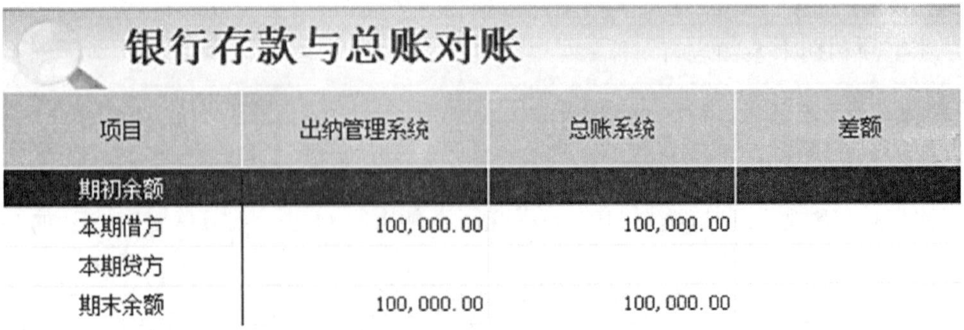

银行存款与总账对账

项目	出纳管理系统	总账系统	差额
期初余额			
本期借方	100,000.00	100,000.00	
本期贷方			
期末余额	100,000.00	100,000.00	

图 14-22 银行存款与总账对账

任务 14.3 支票管理

活动 14.3.1 支票购置

一、知识链接

支票管理用于所有种类支票的数量和金额管理,包含支票购置与领用。

二、岗位任务

录入支票购置信息(表 14-2)。

表 14-2　　　　　　　　　　　支票购置信息

银行账户	支票类型	支票规则	起始号码	结束号码	购置日期
交行高新支行 655	转账支票	ZP***	001	020	2023.3.1

三、操作步骤

第一步,使用"赵小颖"的身份登录,点击【出纳管理】→【支票管理】,系统进入"支票管理"界面,点击【购置】按钮,如图 14-23 所示。

图 14-23　支票管理

第二步,系统进入"支票购置"窗口,点击【新增】按钮,如图 14-24 所示。

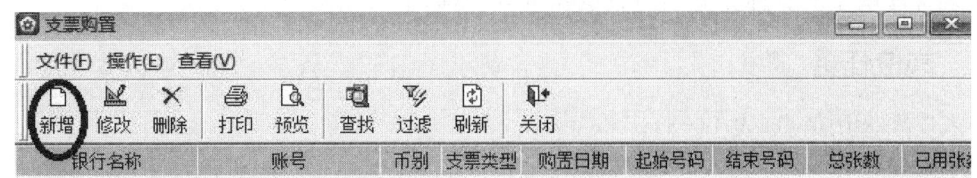

图 14-24　支票购置

第三步,系统弹出"新增支票购置"窗口,选择银行名称"交行高新支行 655",根据表 14-2 录入新增支票购置数据,点击【确定】按钮,如图 14-25 所示。

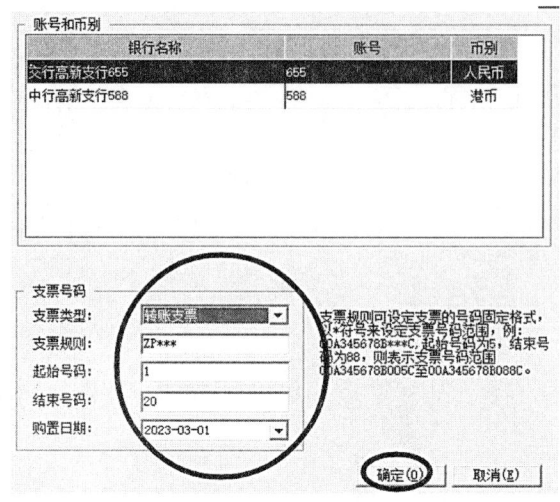

图 14-25 新增支票购置

第四步,系统回到"支票购置"窗口,点击【关闭】按钮,系统回到"支票管理"界面,如图 14-26 所示。

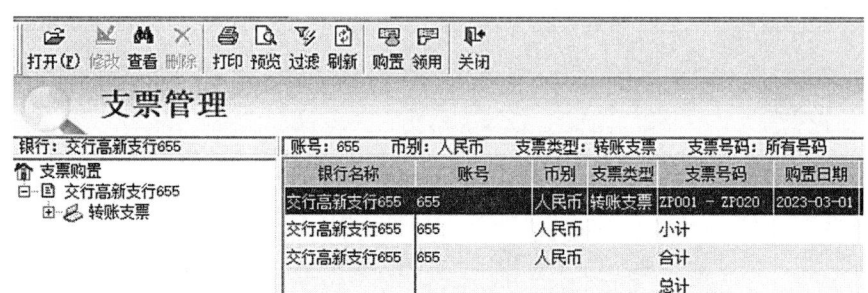

图 14-26 支票管理

活动 14.3.2 支 票 领 用

一、知识链接

支票管理用于所有种类支票的数量和金额管理,包含支票领用。

二、岗位任务

录入支票领用信息(表 14-3)。

表 14-3　　　　　　　　　支票领用信息

银行账户	支票号码	领用日期	领用人	对方单位	使用限额	用途	领用部门	预计报销日期
交行高新支行 655	002	2023.3.16	许雄	高玲汽车公司	65 540	付固定资产款	采购部	2023.3.20

三、操作步骤

第一步,承接活动 14.3.1,点击【领用】按钮,系统弹出"支票领用"窗口,输入支票号码"002",选择领用日期"2023 年 3 月 16 日",选择预计报销日期"2023 年 3 月 20 日",输入使用限额"65 540",输入领用部门"采购部",输入领用人"许雄",输入领用用途"付固定资产款",输入对方单位"高玲汽车公司",点击【确定】按钮,如图 14-27 所示。

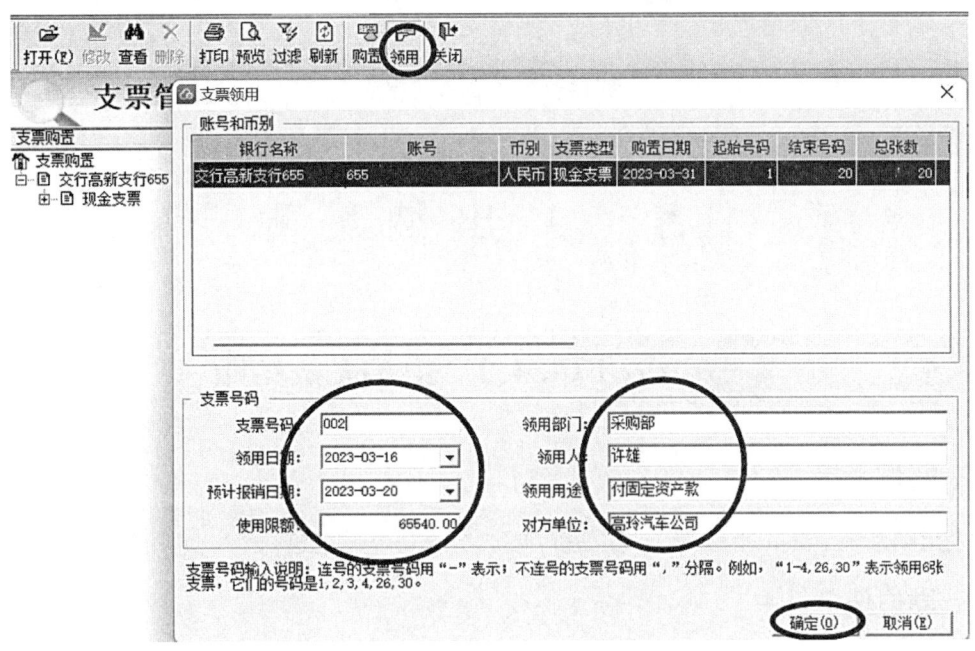

图 14-27 支票领用

 随堂思考

支票领用登记备案有什么作用?

提示:方便查阅,明确责任,体现企业内部控制质量。

第二步,系统弹出已领用数目提示,点击【确定】按钮,如图 14-28 所示。

图 14-28 领用数目提示

第三步，支票领用完毕后，如图14-29所示。

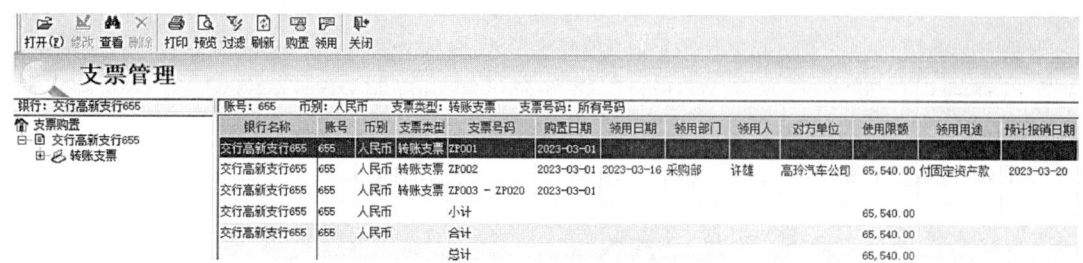

图14-29　支票领用完毕

任务14.4　出　纳　结　账

活动14.4.1　出纳系统结账

一、知识链接

本期出纳系统全部处理完毕后，可以进行结账，结账完毕才能进入下一期间的出纳业务处理。

二、岗位任务

由赵小颖完成本期出纳系统结账。

三、操作步骤

第一步，使用"赵小颖"的身份登录，点击【出纳管理】→【出纳结账】，系统弹出"期末结账"窗口，点击【开始】按钮，如图14-30所示。

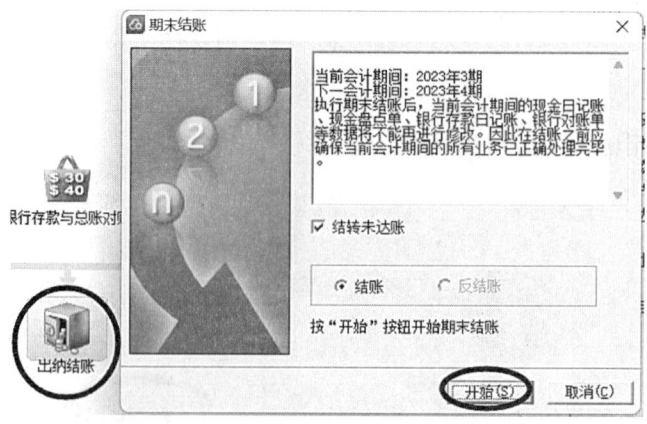

图14-30　出纳期末结账

第二步,系统弹出确定期末结账提示,点击【确定】按钮,如图14-31所示。

图 14-31　确定结账

第三步,系统弹出"期末结账"窗口,显示期末结账成功,点击【关闭】按钮,这时系统右下角的出纳管理期间变成"2023 年第 4 期",如图 14-32 所示。

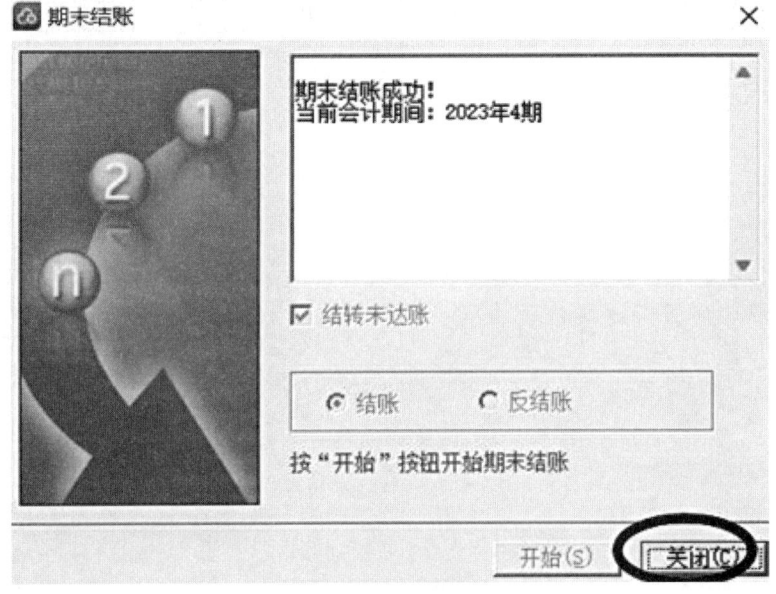

图 14-32　出纳系统结账成功

模 块 测 试

参考答案

一、单项选择题

1. 日记账的新增有(　　)种方式。
   A. 1　　　　　　　B. 2　　　　　　　C. 3　　　　　　　D. 4
2. 现金日记账在(　　)功能下处理生成凭证。
   A. "现金收付流水账"中生成凭证　　　B. "现金收付流水账"中录入凭证
   C. "银行对账单"中生成凭证　　　　　D. "银行对账"中生成凭证
3. 付款票据下的各类支票可以在(　　)模块中处理。
   A. 出纳"支票管理"　　　　　　　　　B. 账务处理"自动转账"
   C. 出纳"银行对账单"　　　　　　　　D. 出纳"现金盘点单"

二、多项选择题

1. 银行对账单的录入可以采用（　　）等方式。
   A. 根据银行对账单手工录入　　　　B. 根据银行对账单 Excel 文件导入
   C. 根据银行对账单 txt 文件导入　　D. 根据银行对账单 Word 文件导入
2. 日记账有（　　）等格式。
   A. 单张录入　　B. 双行录入　　C. 多行录入　　D. 批量导入

三、判断题

1. 银行存款余额调节表是在对账完毕后，为检查对账结果是否正确或查询对账结果，系统自动编制的银行存款报表。（　　）
2. 结转未达账项不一定打上标记，系统也会自动标记，下期银行存款余额调节表依然可以平衡。（　　）
3. 在银行存款对账时，可以选择自动对账设置，也可以选择手工对账设置，手工对账设置需要勾选自动对账条件。（　　）

模块 15

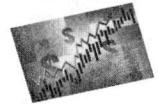

报表与分析

【考核目标】
1. 认知资产负债表、利润表和现金流量表功能。
2. 认知自定义生成简单报表功能。
3. 认知报表分析功能。

【实践目标】
1. 掌握生成资产负债表、利润表和现金流量表的操作。
2. 掌握自定义生成简单报表的操作。
3. 掌握报表分析功能的操作。

【思政目标】
1. 培养学生细致、谨慎、有条不紊的财经专业素质。
2. 培养学生忠于职守、尽职尽责、坚持原则的职业操守。
3. 培养学生严守纪律红线和法律底线的思想意识,引导学生树立社会责任意识。

【知识点思维导图】

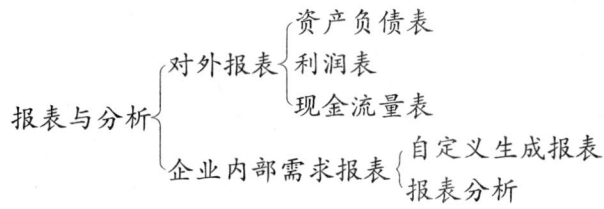

 思政案例

2022 年全国一般公共预算收入决算表
National General Public Budget Revenue

单位:亿元

项　目	预算数	决算数	决算数为预算数的%	决算数为上年决算数的%
一、税收收入	180 080.00	166 620.10	92.5	96.5

(续表)

项　目	预算数	决算数	决算数为预算数的%	决算数为上年决算数的%
国内增值税	63 020.00	48 717.71	77.3	76.7
国内消费税	14 965.00	16 698.81	111.6	120.3
进口货物增值税、消费税	18 190.00	19 994.78	109.9	115.4
进口货物增值税	17 430.00	18 964.79	108.8	114.2
进口消费品消费税	760.00	1 029.99	135.5	143.0
出口货物退增值税、消费税	−18 350.00	−16 258.05	88.6	89.5
出口货物退增值税	−18 328.00	−16 219.99	88.5	89.4
出口消费品退消费税	−22.00	−38.06	173.0	186.1
企业所得税	45 390.00	43 695.38	96.3	103.9
个人所得税	15 550.00	14 922.85	96.0	106.6
资源税	2 505.00	3 388.61	135.3	148.1
城市维护建设税	5 265.00	5 075.25	96.4	97.3
房产税	3 420.00	3 590.35	105.0	109.5
印花税	3 840.00	4 390.15	114.3	107.7
其中:证券交易印花税	2 150.00	2 759.33	128.3	111.4
城镇土地使用税	2 210.00	2 225.62	100.7	104.7
土地增值税	7 260.00	6 349.11	87.5	92.1
车船税	1 070.00	1 071.96	100.2	105.0
船舶吨税	55.00	53.02	96.4	95.1
车辆购置税	3 550.00	2 398.36	67.6	68.1
关税	2 920.00	2 860.29	98.0	101.9
耕地占用税	1 100.00	1 256.84	114.3	118.0
契税	7 790.00	5 793.80	74.4	78.0
烟叶税	130.00	133.13	102.4	111.5
环境保护税	200.00	211.22	105.6	103.9
其他税收收入		50.91		128.9
二、非税收入	30 060.00	37 029.19	123.2	124.2
专项收入	8 110.00	8 451.79	104.2	104.1
行政事业性收费收入	4 140.00	4 214.79	101.8	101.4

(续表)

项 目	预算数	决算数	决算数为预算数的%	决算数为上年决算数的%
罚没收入	3 760.00	4 283.98	113.9	115.4
国有资本经营收入	1 030.00	2 512.34	243.9	254.2
国有资源(资产)有偿使用收入	10 340.00	14 578.82	141.0	144.6
其他收入	2 680.00	2 987.47	111.5	108.1
全国一般公共预算收入	210 140.00	203 649.29	96.9	100.5
全国财政调入资金及使用结转结余	23 285.00	24 742.32	106.3	222.5
支出大于收入的差额	33 700.00	33 700.00	100.0	94.4

注:1. 全国一般公共预算支出大于收入的差额＝支出总量(全国一般公共预算支出＋补充预算稳定调节基金＋向政府性基金预算调出资金)－收入总量(全国一般公共预算收入＋全国财政调入资金及使用结转结余)

2. 全国财政调入资金及使用结转结余,是中央和地方财政按照建立跨年度预算平衡机制、推进财政资金统筹使用以及盘活财政存量资金等要求,从预算稳定调节基金、政府性基金预算、国有资本经营预算调入的资金,以及地方财政使用的以前年度结转结余资金(按照现行规定,地方财政结转结余资金当年不列预算支出,在以后年度实际使用时再列预算支出)。

案例来源:http://yss.mof.gov.cn/2022zyjs/202308/t20230825_3904172.htm。

问题:通过对案例的分析与讨论,请你谈谈对一般公共预算收入决算表的理解。

任务 15.1 对外报表

活动 15.1.1 资产负债表

一、知识链接

金蝶 KIS 云专业版 V15.1 预设了资产负债表、利润表、简易现金流量表和所有者权益变动表,公式可以修改。

二、岗位任务

由苏眉生成本期资产负债表。

三、操作步骤

第一步，使用"苏眉"的身份登录，点击【报表与分析】，再点击右上角报表的【资产负债表】，系统进入"资产负债表模板"界面，点击【公式取数参数】按钮，设置报表公式取数参数的默认参数，如图15-1所示。

图 15-1 资产负债表模板

第二步，系统弹出"设置公式取数参数"窗口，输入缺省年度"2023"，输入开始期间和结束期间"2"，输入或者选择开始日期"2023年3月1日"，输入或者选择结束日期"2023年3月31日"，选择"报表打开时自动重算、ACCT公式取数时包括总账当前期间未过账凭证"，点击【确定】按钮，如图15-2所示。

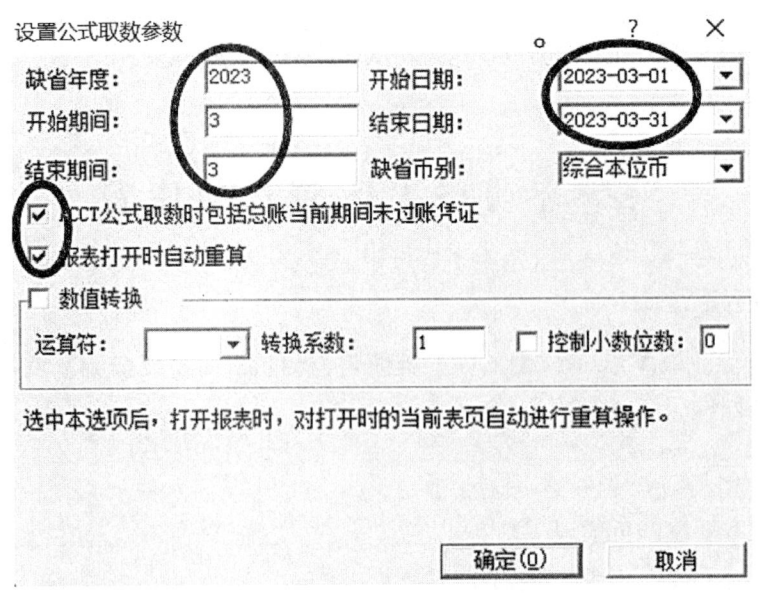

图 15-2 设置公式取数参数

第三步，点击资产负债表模板中的【报表重算】按钮，系统自动算出本期资产负债表，点击【保存】按钮，如图15-3和图15-4所示。

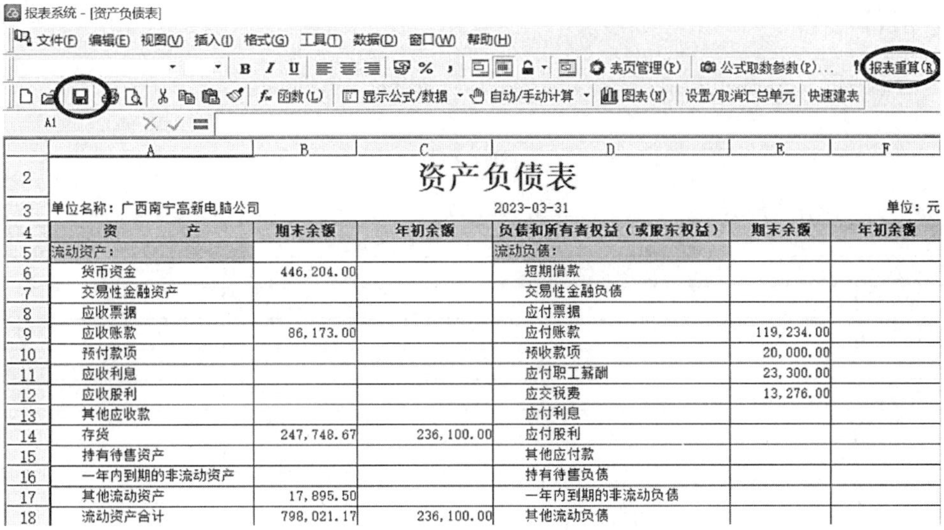

	A	B	C	D	E	F
2	资产负债表					
3	单位名称：广西南宁高新电脑公司			2023-03-31		单位：元
4	资　　产	期末余额	年初余额	负债和所有者权益（或股东权益）	期末余额	年初余额
5	流动资产：			流动负债：		
6	货币资金	446,204.00		短期借款		
7	交易性金融资产			交易性金融负债		
8	应收票据			应付票据		
9	应收账款	86,173.00		应付账款	119,234.00	
10	预付款项			预收款项	20,000.00	
11	应收利息			应付职工薪酬	23,300.00	
12	应收股利			应交税费	13,276.00	
13	其他应收款			应付利息		
14	存货	247,748.67	236,100.00	应付股利		
15	持有待售资产			其他应付款		
16	一年内到期的非流动资产			持有待售负债		
17	其他流动资产	17,895.50		一年内到期的非流动负债		
18	流动资产合计	798,021.17	236,100.00	其他流动负债		

图 15-3　资产负债表 1

21	持有至到期投资			长期借款		
22	长期应收款			应付债券		
23	长期股权投资			其中：优先股		
24	投资性房地产			永续债		
25	固定资产	283,972.00	239,430.00	长期应付款		
26	在建工程			专项应付款		
27	工程物资			预计负债		
28	固定资产清理			递延收益		
29	生产性生物资产			递延所得税负债		
30	油气资产			其他非流动负债		
31	无形资产			非流动负债合计		
32	开发支出			负债合计	175,810.00	
33	商誉			所有者权益（或股东权益）：		
34	长期待摊费用			实收资本（或股本）	438,880.00	
35	递延所得税资产			其他权益工具		
36	其他非流动资产			其中：优先股		
37	非流动资产合计	283,972.00	239,430.00	永续债		
38				资本公积		
39				减：库存股		
40				其他综合收益		
41				盈余公积		
42				未分配利润	467,303.17	475,530.00
43				所有者权益（或股东权益）合计	906,183.17	475,530.00
44	资产总计	1,081,993.17	475,530.00	负债和所有者权益（或股东权益）总	1,081,993.17	475,530.00

图 15-4　资产负债表 2

活动 15.1.2　利　润　表

一、知识链接

参考活动 15.1.1。

二、岗位任务

由苏眉生成本期利润表。

三、操作步骤

参考活动 15.1.1，用同样的方法生成利润表，如图 15-5 所示。

利润表

单位名称：广西南宁高新电脑公司　　　　2023-03　　　　　　　　　　单位：元

项目	本期金额	上期金额
一、营业收入	62,700.00	
减：营业成本	53,397.21	
税金及附加		
销售费用	8,500.00	
管理费用	15,428.00	
财务费用	660.00	
资产减值损失		
加：公允价值变动收益（损失以"－"号填列）		
投资收益（损失以"－"号填列）		
其中：对联营企业和合营企业的投资收益		
资产处置收益（损失以"－"号填列）	-1,090.00	
其他收益		
二、营业利润（亏损以"－"号填列）	-16,375.21	
加：营业外收入	1,630.00	
减：营业外支出	2,321.62	
三、利润总额（亏损总额以"－"号填列）	-17,066.83	
减：所得税费用		
四、净利润（净亏损以"－"号填列）	-17,066.83	
（一）持续经营净利润（净亏损以"－"号填列）		
（二）终止经营净利润（净亏损以"－"号填列）	-17,066.83	
五、其他综合收益		
六、综合收益总额	-17,066.83	

图 15- 利润表

活动 15.1.3　现金流量表

一、知识链接

参考活动 15.1.1。

二、岗位任务

由苏眉生成本期简易现金流量表。

三、操作步骤

参考活动 15.1.1，用同样的方法生成简易现金流量表，如图 15-6、图 15-7 和图 15-8 所示。

	A	B	C	E	G
			现金流量表		
					会企03表
	单位名称：广西南宁高新电脑公司		2023-03		单位：元
	项目		行次	本期金额	上期金额
5	一、经营活动产生的现金流量：				
6	销售商品、提供劳务收到的现金		1	251,146.00	
7	收到的税费返还		2		
8	收到的其他与经营活动有关的现金		3	18,668.88	
9	现金流入小计		4	269,814.88	
10	购买商品、接受劳务支付的现金		5	29,587.88	
11	支付给职工以及为职工支付的现金		6	25,000.00	
12	支付的各项税费		7	39,933.00	
13	支付的其他与经营活动有关的现金		8		
14	现金流出小计		9	94,520.88	
15	经营活动产生的现金流量净额		10	175,294.00	
16	二、投资活动产生的现金流量：				
17	收回投资所收到的现金		11		
18	取得投资收益所收到的现金		12		
19	处置固定资产、无形资产和其他长期资产所收回的现金		13		
20	处置子公司及其他营业单位收到的现金净额		14		
21	收到的其他与投资活动有关的现金		15		
22	现金流入小计		16		
23	购建固定资产、无形资产和其他长期资产所支付的现金		17	52,400.00	

图15-6　现金流量表1

	A	B	C	E	G
24	投资所支付的现金		18		
25	取得子公司及其他营业单位支付的现金净额		19		
26	支付的其他与投资活动有关的现金		20		
27	现金流出小计		21	52,400.00	
28	投资活动产生的现金流量净额		22	-52,400.00	
29	三、筹资活动产生的现金流量：				
30	吸收投资所收到的现金		23	88,880.00	
31	取得借款收到的现金		24		
32	收到的其他与筹资活动有关的现金		25		
33	现金流入小计		26	88,880.00	
34	偿还债务所支付的现金		27		
35	分配股利、利润或偿付利息所支付的现金		28		
36	支付的其他与筹资活动有关的现金		29		
37	现金流出小计		30		
38	筹资活动产生的现金流量净额		31	88,880.00	
39	四、汇率变动对现金的影响		32		
40	五、现金及现金等价物净增加额		33	211,774.00	
41	加：期初现金及现金等价物余额		34	234,430.00	
42	六、期末现金及现金等价物余额		35	446,204.00	
43	补充资料				
44	现金流量表附表项目				
45	1.将净利润调节为经营活动现金流量				
46	净利润		36	-17,066.83	
47	资产减值准备		37		

图15-7　现金流量表2

48	固定资产折旧、油气资产折耗、生产性生物资产折旧	38	4,128.00
49	无形资产摊销	39	
50	长期待摊费用摊销	40	
51	处置固定资产、无形资产和其他长期资产的损失	41	
52	固定资产报废损失	42	
53	公允价值变动损失	43	
54	财务费用	44	660.00
55	投资损失	45	
56	递延所得税资产减少	46	
57	递延所得税负债增加	47	
58	存货的减少	48	−9,148.67
59	经营性应收项目的减少	49	179,864.50
60	经营性应付项目的增加	50	17,877.00
61	其他	51	−1,020.00
62	经营活动产生的现金流量净额	52	175,294.00
63	2.不涉及现金收支的投资和筹资活动		
64	债务转为资本	53	
65	一年内到期的可转换公司债券	54	
66	融资租入固定资产	55	
67	3.现金及现金等价物净增加情况		
68	现金的期末余额	56	446,204.00
69	减：现金的期初余额	57	234,430.00
70	加：现金等价物的期末余额	58	
71	减：现金等价物的期初余额	59	
72	现金及现金等价物的净增加额	60	211,774.00

图 15-8　现金流量表 3

随堂思考

为什么【报表与分析】内右侧没有报表？

答：苏眉权限设置错误。

任务 15.2　企业内部需求报表

活动 15.2.1　自定义生成报表

一、知识链接

在经营过程中，企业管理者需要各种数据进行决策，金蝶 KIS 云专业版 V15.1 没有预设的内部报表，可以按需制作。

二、岗位任务

由苏眉制作一个自定义报表，报表名称是"应付账款"，单位名称是"广西南宁高新电脑公司"，要求涵盖所有供应商，包含期初余额、本期借方发生额、本期贷方发生额和期末余额，并设置相应公式，使其可以从资产负债表直接取数。

三、操作步骤

第一步,使用"苏眉"的身份登录,点击【报表与分析】→【自定义报表】,系统进入"自定义报表"窗口,点击【新建】按钮,如图 15-9 所示。

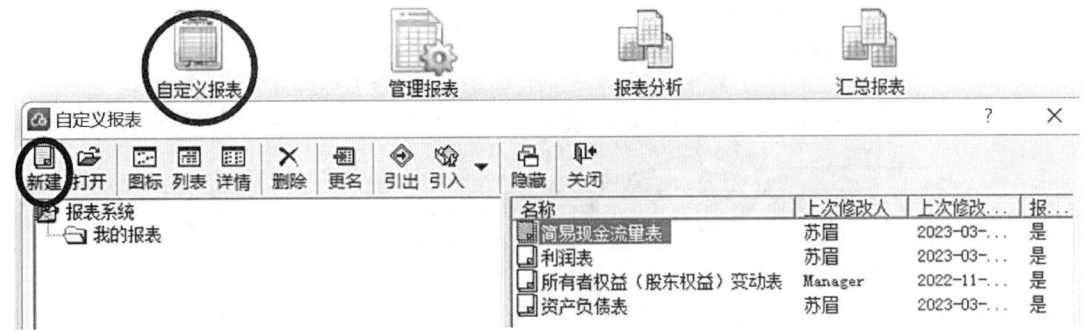

图 15-9 自定义报表

第二步,系统进入"报表系统"界面,点击左上角字母 A 左方的方框,表格全部显示黑色后,再点击字体调整的下拉框,选择大小合适的字体,单元格的长度和宽度也可以调整,其本质是 Excel 表格,如图 15-10 所示。

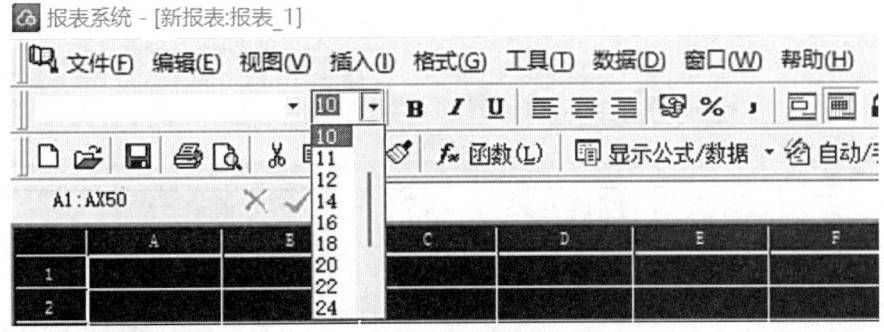

图 15-10 修改字体

第三步,点击【视图】→【显示公式】,如图 15-11 所示。

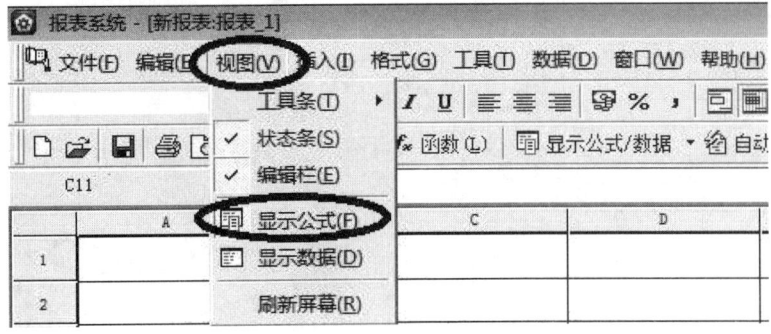

图 15-11 显示公式

第四步，点击 A1 单元格，鼠标移动至"＝"处，在"＝"右侧空白处输入"供应商名称"，输入完毕后点击【√】（或者双击 A1 单元格，再输入"供应商名称"）。用同样的方法，输入"期初余额""本期借方发生额""本期贷方发生额""本期余额""南宁电科""玉林科技""南宁新新科技"，如图 15-12 所示。

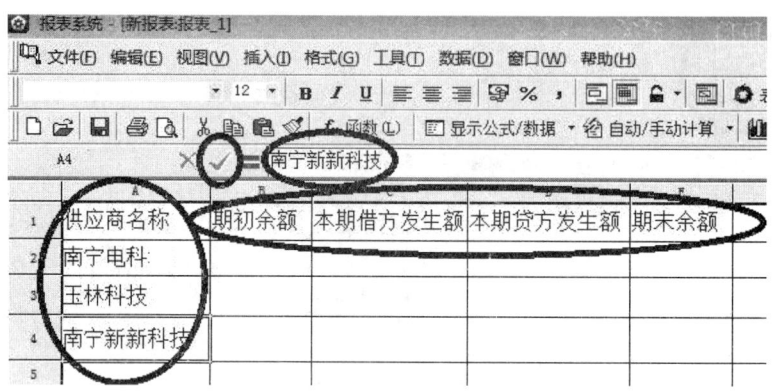

图 15-12　输入单元格名称

第五步，点击 B2 单元格→【fx 函数（L）】，系统弹出"报表函数"窗口，点击【ACCT】→【确定】，如图 15-13 所示。

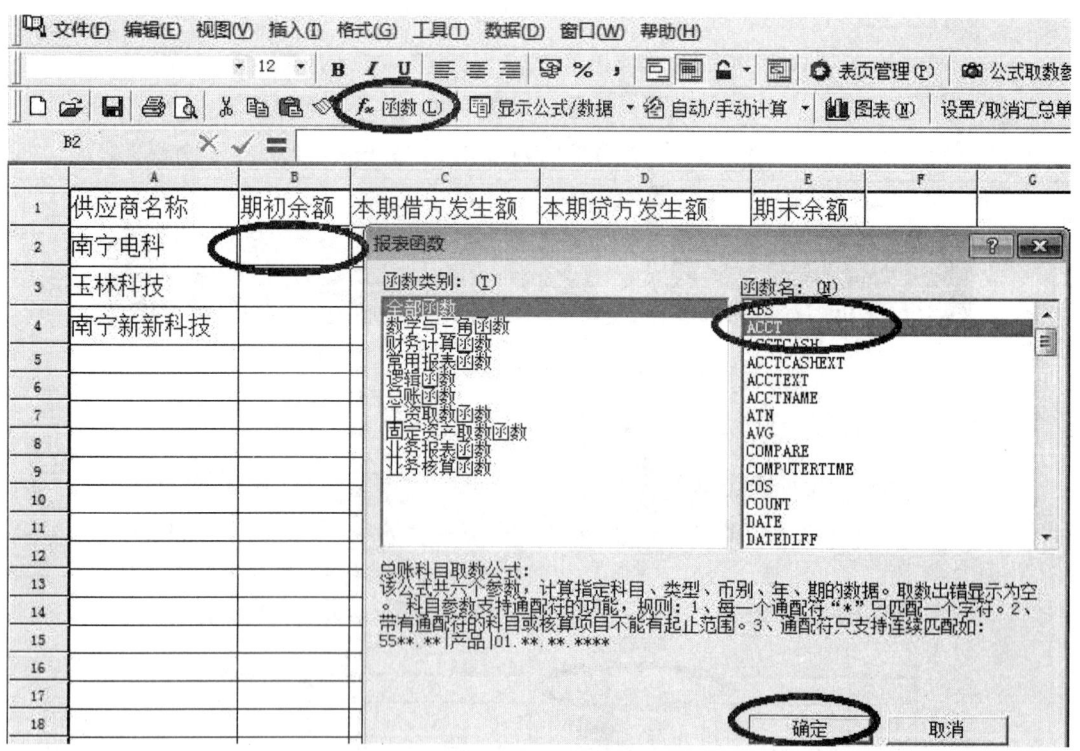

图 15-13　选择公式

第六步，系统弹出公式设置窗口，点击"科目"右边的空白格，按"F7"键，系统弹出"取数科

目向导"窗口,点击科目代码右边的"…"图标,双击负债类科目"应付账款"对应的代码"2202",选择核算类别"供应商",选择核算代码"01 南宁电科",点击【填入公式】按钮,这时科目参数显示"2202|供应商|",最后点击【确定】按钮,如图 15-14 所示。

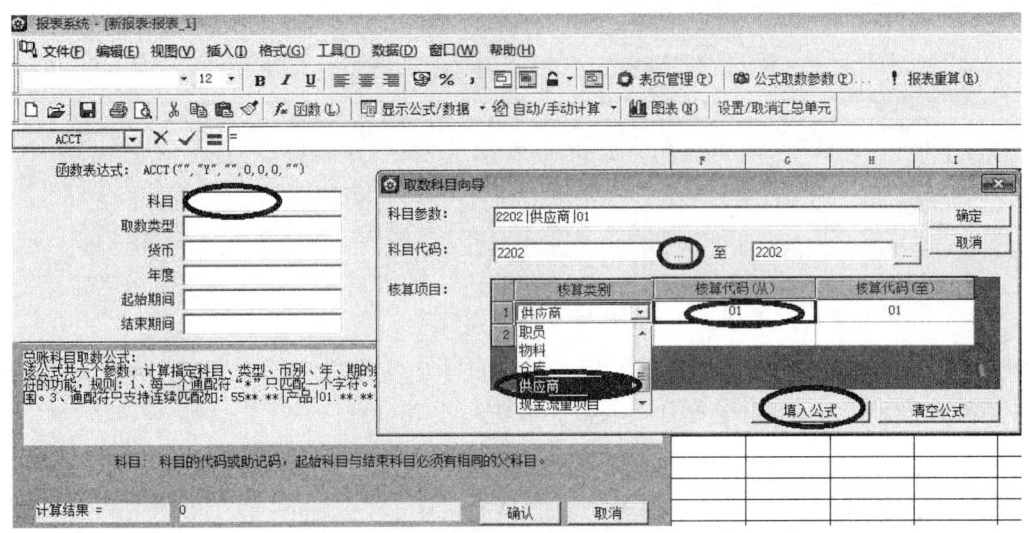

图 15-14　取数科目向导

第七步,系统回到公式设置窗口,这时科目显示"2202|供应商|",点击"取数类型"栏右边的空白格,按"F7"键,系统弹出取数类型的可选下拉菜单选项,选择"C 期初余额",点击【确定】按钮,如图 15-15 所示。

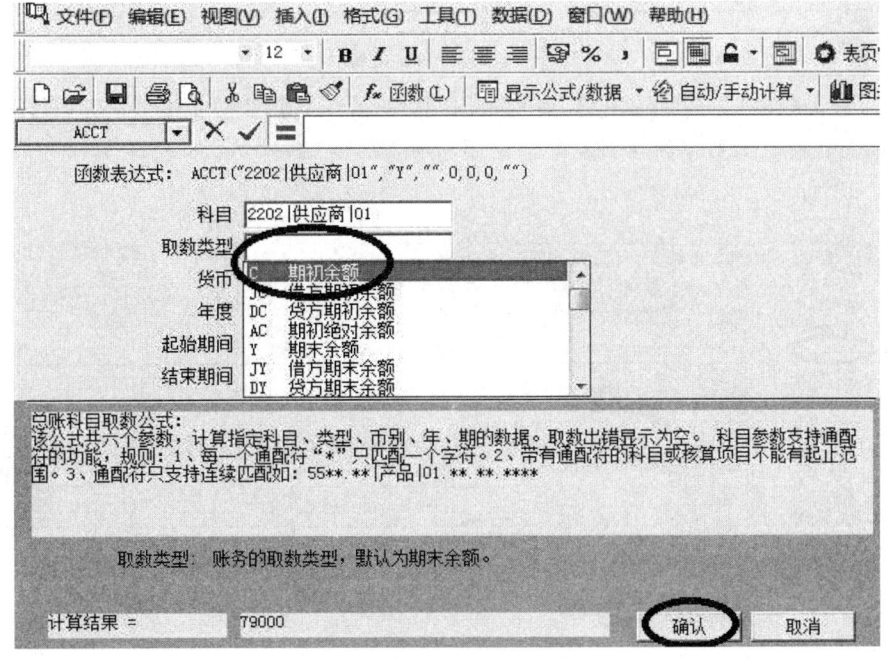

图 15-15　设置公式

第八步,系统回到报表界面,用上述同样的方法设置其他的公式,也可以将 B2 单元格的公式复制进其他单元格,然后修改和点击"√",如图 15-16 所示。

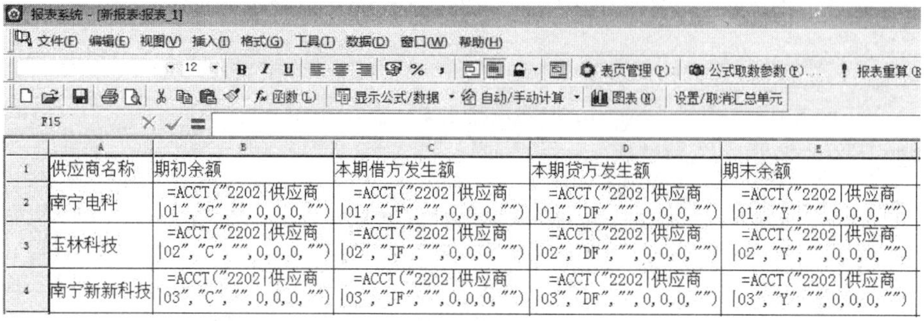

图 15-16 显示公式

第九步,点击【视图】→【显示数据】,报表自动显示出数据,如图 15-17 所示。如数据不正确,可参考活动 15.1.1,重新设置公式取数参数进行报表重算。

图 15-17 显示数据

第十步,点击【格式】→【表属性】,系统弹出"报表属性"窗口,选择【页眉页脚】,点击【报表名称】→【编辑页眉页脚】,系统弹出"自定义页眉页脚"窗口,输入"应付账款",点击【确定】按钮,如图 15-18 所示。

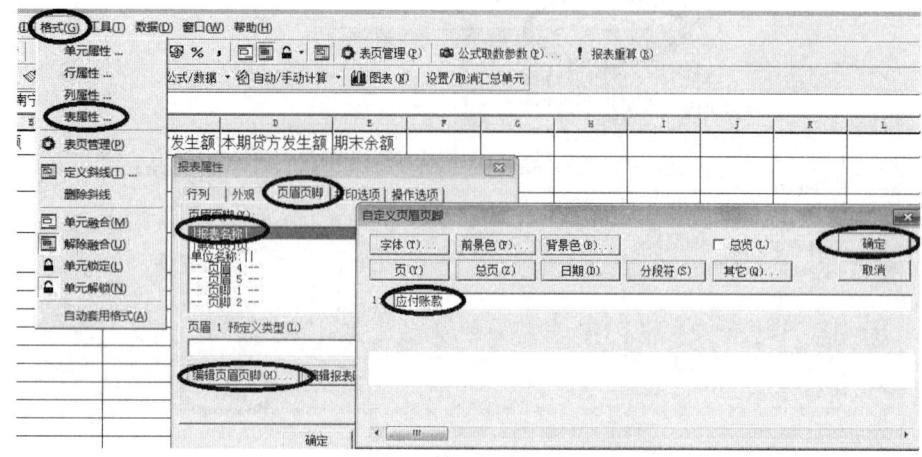

图 15-18 修改报表名称

第十步,用上述同样的方法将报表属性中的单位名称修改为"广西南宁高新电脑公司",点击打印预览图标" ",如图 15-19 所示。

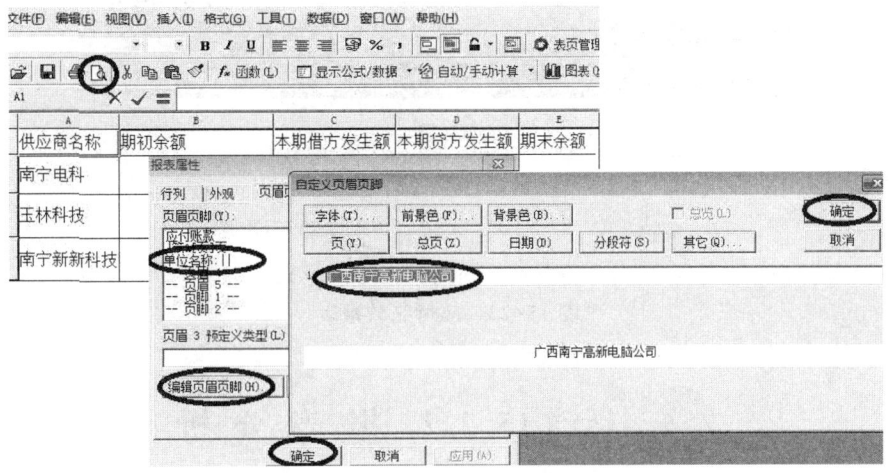

图 15-19　修改单位名称

第十一步,系统进入应付账款报表的"打印预览"界面,如图 15-20 所示。

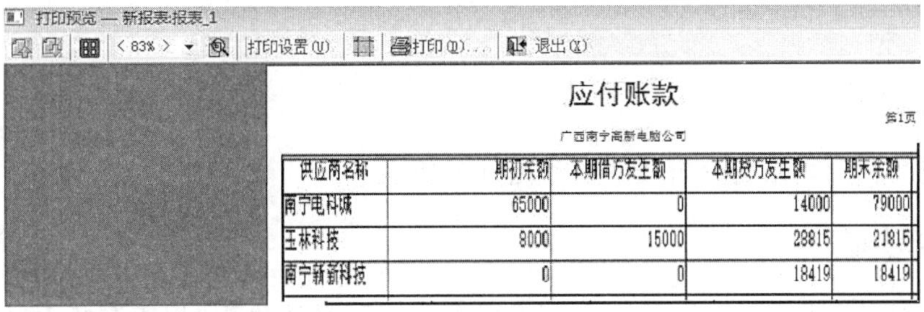

图 15-20　打印预览

第十二步,点击界面右上角的" "图标,系统弹出保存提示,点击【是】按钮,如图 15-21 所示。系统弹出"保存位置"的窗口,修改报表名为"应付账款",点击【确定】按钮,如图 15-22 所示。

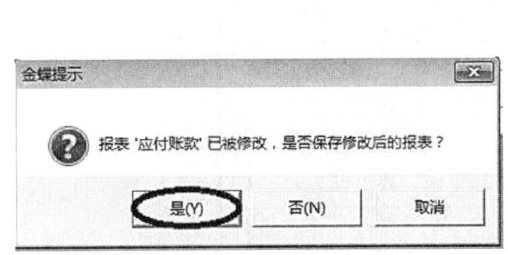

图 15-21　保存报表

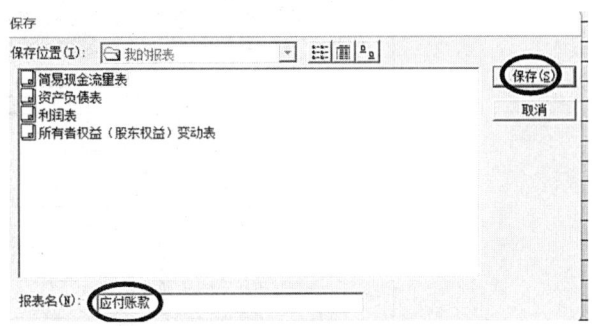

图 15-22　修改报表名为"应付账款"

第十三步,系统回到【报表与分析】的界面,这时右上角的"报表"中出现应付账款,如图 15-23 所示。

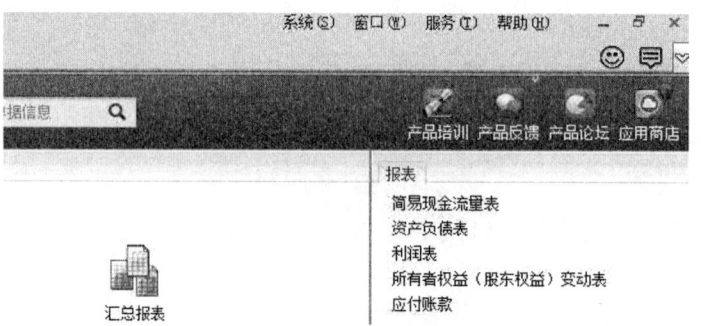

图 15-23　应付账款报表

 活动 15.2.2　报 表 分 析

一、知识链接

金蝶 KIS 云专业版 V15.1 预设资产负债表和利润表的结构分析表,以及其他财务指标数据。

二、岗位任务

由苏眉查询利润表结构分析表和财务指标分析表。

三、操作步骤

第一步,使用"苏眉"的身份登录,点击【报表分析】,系统进入"报表分析系统"界面,双击"利润表",系统自动计算后,如图 15-24 所示。

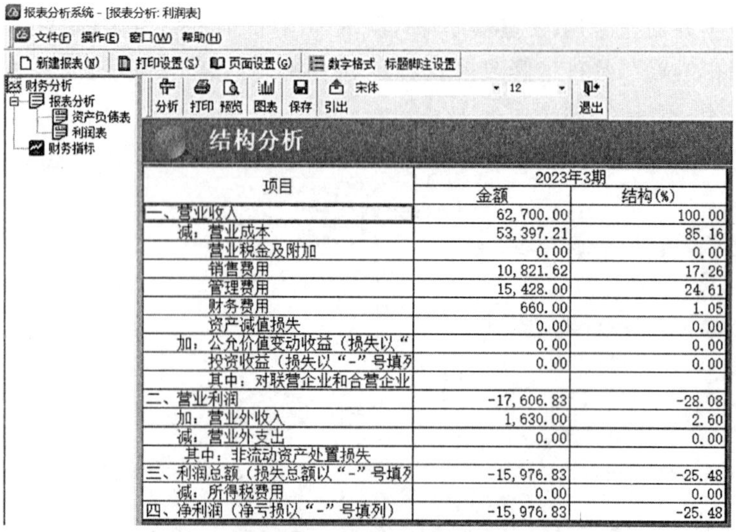

项目	2023年3期	
	金额	结构(%)
一、营业收入	62,700.00	100.00
减：营业成本	53,397.21	85.16
营业税金及附加	0.00	0.00
销售费用	10,821.62	17.26
管理费用	15,428.00	24.61
财务费用	660.00	1.05
资产减值损失	0.00	0.00
加：公允价值变动收益（损失以"-"号填列）	0.00	0.00
投资收益（损失以"-"号填列）	0.00	0.00
其中：对联营企业和合营企业		
二、营业利润	-17,606.83	-28.08
加：营业外收入	1,630.00	2.60
减：营业外支出	0.00	0.00
其中：非流动资产处置损失		
三、利润总额（损失总额以"-"号填列）	-15,976.83	-25.48
减：所得税费用	0.00	0.00
四、净利润（净亏损以"-"号填列）	-15,976.83	-25.48

图 15-24　利润表结构分析表

第二步，双击【财务指标】，系统自动计算后，如图 15-25 所示。

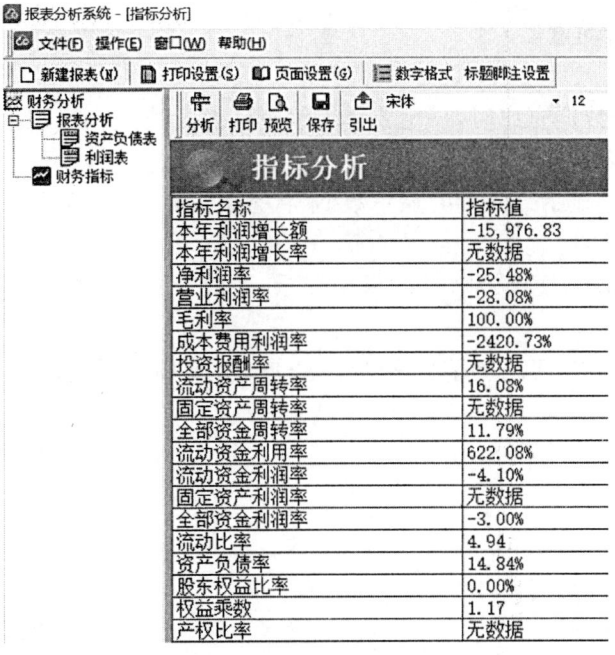

图 15-25　财务指标分析表

模 块 测 试

一、单项选择题

1. 在金蝶 KIS 专业版中，现金流量表的编制方法有（　　）种。
A. 1　　　　　　　　B. 2　　　　　　　　C. 3　　　　　　　　D. 4
2. 下列应收账款（1131）的期末借方余额报表取数公式中，正确的是（　　）。
A. ＝＜1131＞.JY　　　　　　　　　　B. ＝＜1131＞.DY
C. ＝＜1131＞.Y　　　　　　　　　　 D. ＝＜1131＞.YJ
3. 总账科目取数公式使用的是（　　）。
A. COUNT　　　　B. ABS　　　　C. DATE　　　　D. ACCT

二、多项选择题

1. 利润表不正确，可能是因为（　　）。
A. 手工结转本期损益　　　　　　　　B. 结转本期损益时，还有未过账的凭证
C. 没有进行期末调汇　　　　　　　　D. 没有设置损益类科目
2. 在函数表达式中，下列取数类型中，正确的有（　　）。
A. Y 期末余额　　　　　　　　　　　B. C 期初余额
C. DC 借方期末余额　　　　　　　　 D. DY 贷方期末余额
3. 设置公式取数参数，可以实现（　　）功能。
A. 筛选开始日期和结束日期

B. 筛选 ACCT 公式取数时包含未过账凭证
C. 筛选综合本位币
D. 报表打开时自动重算

三、判断题

1. 修改单元格的数据完成时,一定要单击编辑框前面的"√",以表示最后确认,没有点击"√",系统默认没有修改。   (   )

2. 自定义报表在"显示公式"和"显示数据"状态下编辑,效果完全一致。   (   )

四、业务题

1. 参考活动 15.1.1,使用"郑钰"的身份登录,生成"硕通科技 2022"账套中 11 月的资产负债表。

2. 参考活动 15.1.2,使用"郑钰"的身份登录,生成"硕通科技 2022"账套中 11 月的利润表。

教学课件索取单

敬爱的老师:

  感谢您使用我们出版社的教材。为了方便教学,教材配有相关教学课件。如果您需要,请您填写下面表格中的相关信息,并以电子邮件的形式发到我社,我们在核对您的信息后,即免费向您提供教学课件。

  我们的联系方式:
  地   址:上海市中山西路 2230 号 1 号楼 1507 室 邮 编:200235
        立信会计出版社
  电子邮件:pastwater11@163.com   联系人:孙勇

教材名称					作者姓名	
教师姓名		性　别		身份证号		
学　校			院　系		教研室	
学校地址					邮　编	
职　务			职　称		办公电话	
E-mail			手　机		宅　电	
通信地址					邮　编	
所选材料			教材用量			册
委托订购单位						

您对本教材的意见和建议是: